本书是国家自然科学基金项目（编号：71071118/G 0104；编号：70773081/G 0301）及武汉大学人文社会科学研究院基金项目研究成果。

经济学方法论：
思考、批判与案例

JINGJIXUE FANGFALUN
SIKAO PIPAN YU ANLI

[美] 龙 斧 (Frank Fu Long) 著

人民出版社

责任编辑：周果钧

封面设计：徐　晖

图书在版编目(CIP)数据

经济学方法论:思考、批判与案例/(美)龙斧(Frank Fu Long)著. —北京：
人民出版社,2022.7(2022.9重印)
ISBN 978－7－01－024742－7

Ⅰ.①经…　Ⅱ.①龙…　Ⅲ.①经济学-方法论　Ⅳ.①F011

中国版本图书馆 CIP 数据核字(2022)第 072860 号

经济学方法论:思考、批判与案例
JINGJIXUE FANGFALUN SIKAO PIPAN YU ANLI

［美］龙斧(Frank Fu Long)　著

人民出版社 出版发行
(100706　北京市东城区隆福寺街 99 号)

北京九州迅驰传媒文化有限公司印刷　新华书店经销

2022 年 7 月第 1 版　2022 年 9 月北京第 2 次印刷
开本:710 毫米×1000 毫米 1/16　印张:27.25
字数:415 千字

ISBN 978－7－01－024742－7　定价:136.00 元

邮购地址 100706　北京市东城区隆福寺街 99 号
人民东方图书销售中心　电话 (010)65250042　65289539

目　　录

方法论理论篇

中国案例篇

序　言

改革开放后，西方经济学在中国的传播可谓铺天盖地、势不可当；无论是期刊杂志、学术会议、文章书籍，还是大学课堂、专业教材、科研机构、媒体宣传，对其理论、思想和方法的运用俨然千军万马、浩浩荡荡。这个以新古典经济学为主流的西方经济学对中国经济发展模式、政策手段乃至社会发展方向、性质也不乏影响。20 世纪 80 年代，英国经济学家弗里德里希·哈耶克（F. A. von Hayek）的新古典经济学理论甚至被描绘成吹拂中国这个沉睡、封闭了几千年的古老国家的"春风"；20 世纪 90 年代，类似"帕累托效率""市场配置""边际革命""均衡状态""价格机制""反对国家干预""私有化至上""自由竞争""公地悲剧""集体行动逻辑""明晰产权"等大量西方（新古典）理论在中国改革讨论中俯拾即是；进入 21 世纪后，以新古典主义为代表的西方经济学理论更是如潮水般涌入中国，不仅在学术、教育、理论、思想、价值观、意识形态上，而且在经济发展模式、宏观政策制定上产生影响。纵观中国漫长历史，外来思想、理论、哲学方法及其所蕴含的价值观与意识形态在如此短的时间里产生如此巨大的影响和作用，还不多见。因此，从方法论角度分析西方经济学的科学性问题，揭开其"中性""普适"的面纱，揭示其价值观、意识形态本质，剖析其封闭系统特征，对中国本土社会主义经济学的构建与发展不可或缺，对检验中国经济改革的实践是否与中国的制度性质、价值观取向保持一致，也是不无裨益的。

一、西方经济学为什么能在中国蔓延

本来，西方经济学只是以西方资本主义经济制度为基础，以这个基础上几百年发展而形成的市场结构为范畴，以这个范畴里的宏微观行为、现象、关系特征、运行规律、机制作用为对象，并由诸多流派所构成的一个知识体系，而新古典经济学只是其中之一（尽管被视为西方主流）。但它对中国产生如此"划时代"的影响却是西方经济学家们始料不及的。毕竟，西方流派诸多，对新古典的批判不少，过去几十年尤为系统、广泛。但这个新古典经济学又为什么能够对一个"以马克思主义为指导"、以"社会主义公有制为主体"、以坚持"三个代表"为宗旨的经济制度、发展模式、政策制定、理论思想、教育宣传乃至价值观、意识形态产生如此作用呢？难道它真是现代经济科学理论的代表，是认识并指导人类经济发展与实践的普世真理吗？中国社会主义的市场经济改革只有依靠西方经济学理论才能取得成功吗？

本书作者不否认西方经济学针对西方资本主义市场进行研究、分析、认识所产生的理论和方法中有可以借鉴、学习、参考的方面，也不否认西方经济学在微观层面上、条件控制下、封闭系统中的一些经济、管理、市场领域的研究与分析中有可以借鉴、学习、参考的方面，但更要强调的则是这种借鉴、学习是立于批判、甄别基础上的，是立于"不忘初心、牢记使命"基础上的，是立于实践适用性、价值观一致性分析基础上的。毛泽东早在 1956 年 4 月发表的《论十大关系》中就指出："我们提出向外国学习的口号，我想是提得对的。"① "外国资产阶级的一切腐败制度和思想作风，我们要坚决抵制和批判。但是，这并不妨碍我们去学习资本主义国家的先进的科学技术和企业管理方法中合乎科学

---

① 毛泽东：《毛泽东文集》第七卷，人民出版社 1999 年版，第 41 页。

的方面。"① 改革开放伊始，中国老一代经济学家也指出西方经济理论的阶级性，强调只能借鉴、不能照搬。然而，一面是毛泽东的思想、中国老一代经济学家的警示以及诸多西方学者对新古典经济学的批判，另一面却是新古典主义经济学在中国的空前传播、推崇和运用。这个现状又是怎样形成的呢？难道这种带有西方新保守主义、新自由主义色彩的经济学理论对中国的社会主义市场经济的发展、对为了人民的利益（而不是资本的利益）的改革开放真有这么强的发展针对性、制度适用性和实践指导性吗？以下背景、原因分析有助于对这些问题的思考。

第一，20 世纪 70 年代末，中国刚刚经历了影响社会发展、经济正常运行的 1966—1976 年长达 10 年的"文化大革命"，而西方国家却经历了第二次世界大战后资本主义快速发展的"黄金时代"，从而在生活水平、物质条件、科学技术、经济发展等方面形成一个感官上的鲜明对比和情感上的"高低立判"。

第二，"文化大革命"结束后随即开始的中国改革是一个前所未有的经济发展模式转型的探索，即从 1953—1966 年奠定中国现代工农业基础的社会主义公有制计划经济，向多种所有制经济并存的社会主义市场经济转型。它是人类经济发展史上的第一次，没有任何现成的指导理论，也没有可借鉴的经验、可效仿的模式、可遵循的原则，因而主要靠"摸着石头过河"。

第三，一方面，中国 2 000 多年封建社会是教条主义、形而上学方法论的制度基础，封建传统文化则是其一个重要思想基础。另一方面，在中国 2 000 多年封建社会的历史长河中，"三纲五常""程朱理学""陆王心学"构建了从客观唯心主义到主观唯心主义的"唯正统""唯权威"思想观，而这个思想观又与形而上学、教条主义方法论互为土

---

① 毛泽东：《毛泽东文集》第七卷，人民出版社 1999 年版，第 43 页。

壤、互为支撑、互为纲目，虽经改朝换代、社会变革，但却根深蒂固。在中国现代史中，它们虽经新民主主义革命与社会主义建设的时代冲击与荡涤，一遇到发展变革、道路探索，一面临"应该怎么办"，就卷土重来了。

第四，中国的改革以向市场经济转型为主要特征，在唯心主义、形而上学、教条主义方法论作用下，有些人坚持这样一个认识论上的简单线性逻辑：这个改革既然是市场化改革，既然要发展市场经济，而西方是市场经济鼻祖，那么基于西方市场经济之上产生的西方资本主义经济学理论也必然正确、先进、科学、普适。一方面，这个唯心主义、形而上学方法论产生的线性认识与20世纪30年代的"苏联十月革命成功靠的是城市武装暴动，那么中国革命也应照此办理"的观点，在认识论上别无二致；另一方面，这个唯心主义、形而上学方法论指导下产生的简单、封闭、孤立的线性认识全然忘却了西方经济、科技发达这个"必然结果"背后的几百年资本积累、剩余价值榨取，全然忘却了其背后的经济殖民主义、经济帝国主义对这个"必然结果"所起的作用，全然忘却了这个作用产生的国家之间的一般线性关系——西方国家越发达，被其经济殖民主义、经济帝国主义"眷顾"的国家就越落后，更是全然忘却了中国社会主义市场化改革的"初心""使命"与西方资本主义市场经济的"初心""使命"在制度性质上、发展目的上、服务对象上的本质不同。

正是因为中国10年"文化大革命"（1966—1976年）对其经济发展的影响与西方经济发展的"黄金时代"同时空发生，正是因为西方经济繁荣、物质丰富和中国经济落后、物质匮乏的感官对比及其所引起的情感波澜，正是因为中国的市场化改革在经济体制、运行方式、结构变化等方面史无前例而要"摸着石头过河"，正是因为对西方市场经济与"必然结果"之间线性关系认识中存在上述4个"全然忘却"，更是因为在所有这些因素的综合、交叉作用下，在依托唯心主义、形而上学、教条主义方法论对事物表象进行简单的逻辑推演、抽象加工、因果设立基础上，以新古典主义为代表的西方经济学在中国的空前传播及其"正统""权威""普适"的地位建立，就有了广泛的理论、思想和价值观土壤。

鉴于上述，对西方经济学在中国经济发展与改革模式的适用性问题进行思考与分析，对西方经济学方法论指导下产生的理论进行开放系统、复杂系统的方法论分析，不仅对去除西方经济学的迷信、揭示其方法论问题和价值观、意识形态本质十分必要，而且对中国本土的社会主义经济学构建十分重要，对中国经济发展模式的转型十分重要，对这个转型的指导理论、实践方法是否与中国的制度性质、价值观取向具有一致性的检验，也是不无裨益的。鉴于此，本书从方法论角度，运用开放系统方法论（Open-system Methodology）、一般系统理论（General System Theory）和交叉科学方法，分析新古典经济学自身的方法论问题，尤其是它在经济学研究范畴、对象、方法、逻辑结构等方面表现出的封闭系统方法论（Close-system Methodology）特征，并从整体主义方法论、辩证唯物主义方法论、毛泽东哲学思想以及多元主义、相对主义等角度剖析新古典经济学，剖析其还原主义、约定主义、理性主义、个人主义等方法论实质（详见本书第一、二、三章），并揭示它所蕴含的社会达尔文主义价值观、极端资本主义意识形态本质以及理论构建的一般科学性问题。在此基础上，本书针对一些中国经济发展模式与宏观政策问题及其研究，结合对新古典等西方经济理论的方法论批判做案例分析，并构建经济学方法论的科学性基本检验、衡量模型。

二、对方法论与经济学方法论的五点思考

思考一：从哲学角度看，方法论是关于人们认识、探索、改造世界

的日的与方法的哲学基础，以及围绕这个基础而产生的相关理论、原则。再从一般和具体科学角度看，方法论是人们对（某一领域）事物的现象、本质、关系、规律等产生认识、探索过程中使用的方法、手段、工具的系统理论性、原则性分析（详见本书第一章）。

正是由于方法论的哲学属性和科学属性受到各种因素的差异性影响，对方法论本身的学习、认识显得抽象、深奥。由于这种抽象性，再加上其本身的发展复杂性、构建差异性，在社会科学领域里，美国即便是一类科研型大学也不会都为研究生专门开设方法论课程（Methodology 或 Theories of Methodology）。但这并不代表方法论对科学研究、领域构建及其相关理论分析与验证不重要。恰恰相反，当一个领域的具体事物的现象、本质、关系、规律成为研究对象时，使用什么方法，为什么使用这个方法，要达到什么目的，以及这个方法和目的一致性，基于这个一致性所产生的逻辑性，基于这个逻辑性产生的方法合理性和可靠性（反之亦然），基于这个合理性和可靠性产生的普适性、针对性（相较于特殊性、差异性），就可以显示出这个研究的方法论功底、科学性及其所支撑的理论、观点、结论、发现的价值和意义。

思考二：研究具体问题时的方法使用、理论构建的科学性程度，以及因此产生的研究价值和意义，是由方法论的科学性决定的，而不是由学者发表多少文章、出版多少专著来决定，更不能由在什么样的期刊发表文章来决定。这个认识论上的科学态度，在社会科学领域（如经济学领域）尤其如此。一个在中国连续读完小学、中学、大学又直接去美国或西方某个大学读研、读博的年轻人在毕业后尽管能在 SSCI、SCI 期刊上发表文章，不代表其研究就有很高的学术造诣，不代表其研究就没有方法论问题，不代表其研究就具有在使用的方法、要达到的目的与事物本质、关系特征、运行规律的一致性基础上的科学价值与实践意义。例如，有着这样成长经历的一个经济学学者在研究中国问题时，如果对这个中国问题产生的历史背景、环境条件、影响因素、共性和特性及其形成方式等等不甚了解，而只是找到一些相关数据（在大数据时代这并不难，这些数据产生的条件性、限制性、方向性、目的性对封闭系统方法论来说并不重要，只要能放进模型进行封闭式实证就行），然后用西方理论、西方方法，进行机械、封闭式测试，虽能得出一个被某个中国权威或 SSCI、SCI 期刊主观判定"有意义"的研究结果，但方法论的科学性问题就可能出现，尤其是当这个学者对使用的西方理论所针对的西方具体经济实践问题并不了解时，也不了解所研究的中国问题在产生的条件和作用因素上与西方具有差异性时，那么他关于中国问题研究即使能在 CSSCI、SSCI 期刊或 SCI 期刊上发表但也可能在各种方法论、理论甚至具体方法运用上存在科学性问题。可以说，没有科学的方法论支撑的具体问题研究，当陷入西方（新古典）经济学封闭系统方法论陷阱后，对研究中国具体实践问题的学者来说可能就是一种学术生命的浪费。

思考三：从社会科学方法论看，对某一经济事物的分析而产生的认知和理解，与对这个事物的性质、特征、关系、规律进行带有概念化、抽象化、笼统化、归纳化加工后的理论界定，二者之间是有很大距离的。后者容易产生以偏概全、针对性有误、结构识别错误等方法论问题。这也是西方经济学与其他一些社会科学（如管理学）的方法论和研究范式的差异性之一（西方管理学理论相对经济学理论较少受到封闭系统方法论的束缚）。比如，一个美国培养的中国经济学博士生能在 SSCI 期刊上发表文章不代表他对西方经济学赖以产生的西方资本主义市场经济的具体运行（operations）、功能（functions）领域的实践条件、组织方式、市场结构、关系特征、运行机制等有亲身或全面的了解和认识。就经济学的消费行为概念而言，为什么同属中产阶级、同等教育程度、同等家庭结构、同等宗教信仰、同等种族、同等文化、同等年龄、同等职业、同等收入、同等子女数量、同等配偶状况、同等业余爱好、同等消费偏好、同等身体状况甚至同等长相身高的人群，也会在消费习惯、消费方式上有明显、带有规律性和普遍性的不同？① 而仅因此就可能引起的企业、市场、产品、物流、价格、仓储等多方面的变化就具有无限性，如企业模式（批发商、零售商、连锁商、区域或地区商或实体商、网商、电子商等）、企业战略（外包、自主、纵向链接、横向链接、战略同盟）、SWOT 分析、市场战略如 "4P"②、每一个 "P" 的战略手段、4P 的交叉影响、企业市场研发、产品研发、物流方式、成本核算、资本结构（股份与非股份、有限与无限责任、上市与非上市、合资与独资、既合资又独资等）、金融手段（借贷、发行债券、短中长期债务安排等）、财会方法、信息系统、竞争手段、组织行为、企业内外部管理与结构等等。同时，不仅一个具体运行或功能领域之中的各种作用因素可以双向、交叉、多元影响，而且不同运行或功能领域的因素之间也会产生双向、交叉、多元影响。因此，一个西方经济学理论即便在西方市场制度下都难以"普适"（如果"普适"真存在，西方国家早就解决所有经济、管理、市场、企业的大量问题了），更不要说对不同国家、不同制度、不同阶段、不同发展路径、不同文化、不同技术水平、不同生产力条件、不同生产方式和生产关系的经济现象、问题、行为、关系、规律的分析、研究了。

---

① 本书作者曾在美国普林斯顿、锡拉丘斯、纽约与俄勒冈州立大学、印第安纳大学和杜克昆山大学供职、任教长达 30 年，多次带领学生对美国市场进行一手实地调查并进行定性、定量分析，也曾带领科研团队为美国的世界 500 强集团制定并实施总体市场战略构成的策划咨询项目。作者发现：那些在中国读完小学、中学、大学又到美国读研、读博，读完后直接回到中国的经济学领域的学生，尽管能在中美期刊发表文章，却对美国资本主义市场经济的实际运作方式缺乏一手了解，而且对西方经济学（理论）与这个资本主义市场经济的实际运作方式（实践）的一致性、差异性更是缺乏实践基础上的了解和认知。在这两个"缺乏"前提下，这些美国培养的中国经济学博士再用西方经济学的理论、方法来研究中国经济问题，方法论的科学性问题就可能发生。

② "4P" 为：Production——市场生产、Price——市场价格、Promotion——市场推营、Place——地点。

　　思考四：再从社会科学方法论角度看，任何一个科学领域的理论构建，以及方法论形成的本身，都受到制度特性、时代特征、价值观等影响（见本书《第六章　中国经济学本土化的六大方法论决定》）。当新古典经济学理论、方法论（如研究范式）在中国被一些人敬奉为"正统""权威""普适"经济学知识时，包括新古典在内的西方学者们在过去几十年里却对它的各种理论、方法论问题做出批判、修正。欧美一类科研型大学的经济学研究、教学对新古典方法论和理论的批判、质疑甚多，并针对其封闭系统方法论，积极倡导基于整体主义方法、多元主义、交叉科学方法的经济学研究与分析。这些批判与修正被多位诺贝尔得主如荷兰经济学家简·丁伯根（J. Tinbergen）、英国经济学家威廉·阿瑟·刘易斯（A. Lewis）、瑞典经济学家冈纳·缪尔达尔（G. Myrdal）、美国经济学家道格拉斯·诺斯（D. North）、美国政治学和经济学家埃莉诺·奥斯特罗姆（E. Ostrom）、印度经济学和社会学家阿马蒂亚·森（A. Sen）的研究成果所证实。而正是在这种经济学的不断批判和质疑中，西方经济学派生诸多流派，如发展经济学、信息经济学、制度经济学、公共经济学、环境经济学、实验经济学、行为经济学等经济学流派、分支。这样看来，以西方资本主义经济制度为基础、以这个基础上几百年发展而形成的市场结构为范畴、以这个范畴里的宏微观行为、现象、关系特征、运行规律、机制作用为对象，并由诸多流派所构成的西方（新古典）经济学仍在自我批判和否定中发展、修正、探索，如果简单奉其为"正统""权威""普适"和"主流"，就会产生方法论上的合理性、科学性问题。

　　思考五：如果说中国一些西方经济学的崇拜者可能在学术研究上存在上述方法论问题（如中国问题研究的普适性、针对性、条件性等等），那么还有一些学者在"只有资本主义私有化才能救中国"的价值观驱使下，为达到预设的目的，刻意选定某个中国问题如发展模式、改革方法、国有企业效益、消费内需、比较优势等（见本书第八至第十六章案例分析），并将其置于西方经济学的理论、方法框架中进行研究，结果无论在逻辑严谨性和方法合理性上，或是在变量关系的结构识别上，或是在测试手段的可靠性上，各种错误甚至荒谬就更是难免了。他们使用大量西方数理模型和实证手段，在条件控制下孤立、割裂研究所选定的对象、问题并得出了自己想要得到的、与自己价值观和意识形态相一致的结果；而一些"精英""大师""权威"在学术评审、文章评审、项目评审中也会根据自己的价值观，对某个中国经济问题的看法来决定评审对象的"学术""科学"与否，通常对那些与自己价值观不一致的评审对象，这些"精英""大师""权威"执鞭西方经济学理论，他们空洞、抽象、概念性的否定性评语具有惊人的一致性。因此，对西方（新古典）经济学如果不从方法论角度剖析，就很容易被其看似复杂的研究方法所迷惑，被其所列举的"高大上"西方（新古典）经济学理论所欺骗。所以，只有从方法论角度的剖析、批判，才能在西方（新古典）理论的字里行间看出它的世界观、价值观，探究其研究方法、范式和理论构建的条件、根源和哲学基础，才能解释或揭示它的合理性、科学性、适用性问题及其原因。

基于上述思考，本书对相关中国问题的研究加以方法论角度的案例分析。比如，本书第十一至第十四章针对中国国有企业效率效益科学衡量问题，第十五章针对中国内需不足问题，第十六章针对"比较优势"理论问题。这些案例分析揭示中国经济（学）研究中存在的方法论问题，同时展示方法论科学性的属性和要素构成方法。

三、本书目的及特点

本书不是一般经济学类的教科书。在中国市场化改革浪潮所掀起的前所未有的西学东渐风暴中，西方（新古典）经济学对中国产生了全方位、制度性影响（见本书《第五章 新古典经济学对中国的影响与经济学建构的国家、社会特性》）。大量"科研"成果、政策思想依从西方经济学封闭系统方法论的研究范式、话语体系，而有些思想、理论、概念甚至浸透资本主义市场经济（学）价值观、意识形态和思维模式。鉴于此，本书试图从历史和辩证唯物主义方法论、开放系统方法论、整体主义方法论（holisic methodology 或 holistic approach）等角度，分析西方（新古典）经济学方法论及其框架中产生的理论、方法所存在的科学性问题，揭示它们所蕴含的价值观和意识形态属性，批判它们所秉承的资本主义市场经济的制度本质和服务宗旨（见本书第一至第四章），并在此基础上思考中国本土经济学科学发展的重大方法论理论问题（见本书第五至第七章）。没有这类分析、思考与批判，中国本土社会主义经济学就难以发展，中国特色的社会主义就可能背离其"初心"与"使命"，中国的市场经济就可能背离社会主义之性质、方向和宗旨，中国百年后就可能出现类似戈尔巴乔夫、叶利钦的社会力量、代表人物。针对这些"可能"，本书是一个努力，是融入中国本土社会主义经济学对抗西方（新古典）经济学"千军万马"的一个努力；本书试图通过方法论科学性问题的思考、分析与批判，力褫西方（新古典）经济学"普适""中性""科学"之华衮，摘去其界定经济学范畴、对象、领域、研究范式与方法之权杖，拆除西方（新古典）经济学在市场经济理论中建立起来的"神坛"，动摇它在中国经济学研究中"号令天下"之权威，弘扬中国本土经济学的社会主义之制度本质，以及为人民服务（而不是为资本、市场、GDP 服务）之根本宗旨。本书正是为此目的而撰写。

美国经济学家约瑟夫·斯蒂格利茨（Joseph E. Stiglitz）在《美国真相：民众、政府和市场势力的失衡与再平衡》一书中直言美国的经济新自由主义已经失败。① 至少该书从一个侧面说明西方（新古典）经济学

---

① 参见［美］约瑟夫·斯蒂格利茨著：《美国真相：民众、政府和市场势力的失衡与再平衡》，刘斌、刘一鸣、刘嘉牧译，机械工业出版社 2020 年版，第 1—30 页。

作为一个知识体系的理论、研究范式没有取得成功，那么到中国就会成功，就是普适真理、科学知识了吗？当然，斯蒂格利茨不可能从方法论科学性角度剖析出美国的经济新自由主义为什么会失败，就像美国（包括其"世界一流大学"）的学者在封闭系统方法论框架里无法分析出为什么中国人民（即西方认定的一个国家的民主基础）20世纪40年代不跟着美国所支持的拥有"民主"、金钱、枪炮、面粉的国民党政府走，却要跟着山沟里的共产党走；无法分析出为什么在21世纪20年代初，人均医疗资源只是美国几十分之一，既没有美国式"人权"又不搞印度式"民主"的中国能够取得抗击新冠病毒的巨大成就；无法理解本书《第六章　中国经济学本土化的六大方法论决定》中所阐述的由中国的时代特征、制度特性所决定的中国经济（学）的研究对象和问题，由中国历史和实践底蕴所决定的中国经济（学）的研究领域、范式、范畴。但坚持中国社会主义制度信念的经济学学者、学生、学人则有必要从方法论科学性高度来理解上述这些问题从而具备在科学方法论指导下研究中国问题、分析西方理论的能力。本书正是为此目的而撰写。同时，本书以下几个特点值得注意：

第一，经济学方法论差异性基础上的科学性检验模型构建。本书的方法论思考与批判强调：社会科学与自然科学在研究对象、事物变化条件与作用因素等方面的不同，决定了它们在方法论形成、构建上的不同，在研究范式和方法上的不同，在理论的科学性衡量上的不同。而这些不同又决定了西方经济学不可能是什么"普适理论"。看不到这些不同，就会把在西方社会、历史、经济与政治制度等特定时空条件下产生的经济学视为"纯粹经济学"。鉴于此，本书分析了封闭系统与开放系统方法论及其对西方经济学的影响，尤其对被称为"主流"且在中国有广泛影响的新古典研究范畴、逻辑结构、逻辑基础、研究方法、研究任务、研究目的这6个方面的封闭主义特征进行了分析，揭示其还原主义、约定主义、个人主义、理性主义的方法论哲学基因（见本书第二至

第四章分析）。正因此，这种方法论下产生的理论具有条件制约性和时空限制性；正因此，新古典充其量只是以西方资本主义制度为前提，以西方资本主义几百年发展而形成的市场机制为范畴，以这个前提、范畴下宏微观领域的行为、关系、特征为对象的一个西方经济学流派。它所揭示的经济规律和事物本质，即便对西方国家来说，也只有相对性、条件性、控制性、封闭性而不具有普适性、标准性。

本书从整体主义、多元主义、相对主义角度的论证表明，方法论科学性决定理论的科学性，而二者科学性又受到条件假设和环境限定差异性检验和制约，也受到实践结果与理论目的一致性的检验与制约。在此基础上，本书从实证主义角度分析、阐述了经济学理论、流派的方法论差异性、条件性、限制性、相对性、多元性问题，并设立了以 17 个特性、差异性要素（见本书第二至第四章）为基础的方法论差异性检验与衡量模型。

第二，经济学方法论的价值观和新古典方法论的"暗藏玄机"研究。本书提出并分析了经济学方法论的价值观属性问题。它表明，无论是依靠封闭系统下的约定主义方法论还是现代计量方法，新古典方法论都无法回避其资本主义价值观属性问题。比如，新古典方法论在理论的逻辑有效性和演绎的逻辑一致性上表现出双重标准，这使其很多理论难免脱离科学轨道、滑入神学主义幽径。本书分析还表明：无论是新古典经济学的研究范畴和方法上的"两个凡是"特征，还是其"神学主义基因"，都表现出资本主义市场经济价值观本质（见本书第二、四章）。

与上述分析相对应，本书从整体主义角度，运用交叉科学方法总结出新古典方法论的六大"暗藏玄机"，即方法论构建中的双重标准和社会达尔文主义基因、对宏观经济的形而上处理、经济学范畴的资本主义限定、资本主义市场经济行为准则、以新古典理性主义为经济学研究的排他性基石等。

　　第三，对西方经济学（新古典）的数理、计量模型主义的方法论分析。本书分析表明，在开放系统方法论基础上使用计量、数理等定量分析方法、工具时就会产生科学性高的成果；在封闭系统方法论框架里使用这些方法、工具时，研究成果的"封闭"性质及其产生的问题就更加明显和严重。比如，本书分析表明，新古典计量研究的因果识别能力受到来自数据和方程设定的影响，从计量所约定的"因果"概念来说，数据概念和衡量的不确定性、数据解释的主观性、数据产生过程对外生变量的依赖性是导致计量难以准确、全面识别因果的原因之一。而从计量方程角度看，其逻辑结构设定正确与否，以及它与事物的开放性本质的一致性程度的高低，决定了计量方程所蕴含的因果识别准确性、全面性和客观性。

　　本书分析也表明，新古典方法论对逻辑基础和结构做了约定主义"封闭"，在还原论指导下限定了研究范畴，从而对具体研究方法的"封闭"几乎难免。也正因此，它在微观研究中根据目的、范畴建立了"假设—演绎模型"并配以复杂的计量方法。比如，新古典约定主义方法论认为，约定以外的因素与"经济人"本身的行为规律性、心理差异性无关，那么它就必须在研究方法上依靠形而上的计量假设与限定才能保证逻辑关系和演绎的合理性、可靠性。这种新古典方法论对中国学界产生巨大影响，在一定程度上导致了把手段作为目的，为数理而数理、为计量而计量的经济学范式。本书，无论是方法论理论的阐述部分（见第一至第七章）还是中国问题分析的案例部分（见第八至第十六章），都是针对这种经济学范式而展开的分析与批判。

　　第四，具有中国本土经济学特色的方法论、认识论问题及其案例分析。本书分析了中国经济（学）领域研究中的具有"中国特色"的几大方法论问题（如事物逻辑关系的简单化，把对事物的认识推向极端化、从一个极端跳到另一个极端，事物认识与分析上的矫枉过正、事物认识与衡量上的双重标准，用事物现象代替事物本质，等等）和几大认识论问题（"近因效应""光环效应""代表性启发式思维"的影响等等）。① 针对此，本书从唯物主义、开放系统方法论和实证主义角度做了一些案例分析，不仅揭示中国研究中的方法论问题，也展示了在同一问题研究上的方法论对抗，如封闭主义、绝对主义、理性主义、还原主义、约定主义、个人主义等与唯物主义、开放系统、整体主义、相对主义、多元主义等的对抗。比如，针对新古典封闭系统下产生的效率效益决定，本书基于唯物主义、开放系统、整体主义三大方法论，运用交叉科学方法构建了国有企业效率效益决定的 13 个要素，并用计量方法把它们的多重、交叉函数代入笛卡尔积空间进行衡量。由此建立的效率效益衡量模型比西方经济学封闭系统下建立的孤立、割裂的企业效率效益决定、衡量更具有合理性、可靠性，从而也更具有普遍性、科学性。这些经济（学）问题的研究为中国本土经济学方法论的基础建设提供了理论分析和实证研究的参考范式。

龙斧（Frank F. Long）

2022 年 5 月 1 日

---

① 关于"近因效应""光环效应"和"代表性启发式思维"，参见本书第十四章第二部分。

致读者

　　本书作者 20 世纪 80 年代末至 90 年代曾在美国普林斯顿大学伍德威尔逊研究院和锡拉丘兹大学麦克斯威尔研究院、惠特曼商学院攻读经济学、管理学、社会学、国际政治经济学。普林斯顿大学的一位经济学教授曾对学生调侃说：任何一个科学理论都要与具体实践发生关系，但经济学没有这个要求，经济学是"关于理论的理论"，常常在做数理、数量的游戏，不对或不能对实践提供具体、有针对性的指导。当学生问他既然如此，为何学者们还要致力经济学研究并使其成为一个科学领域时，这位教授幽默地解释说：美国经济学教授曾秘密集会研究这个问题并达成一致意见，即学者们必须用复杂数理方法把经济学搞成一种绝大多数人看不懂、理解不了的学科领域，这种手段上的复杂性、理论上的抽象性可以使他们自己在美国经济萧条时都保住工作。这个解释无疑是玩笑，但从一个方面显示了西方学者自身对西方经济学封闭系统方法论的看法。同时，本书作者在美国大学执教、从事科研 30 年，在中国大学执教、从事科研 16 年，深感有些中国学者对西方经济学的崇拜和认可程度远超西方学者，而有的学术平台、教育机构甚至把西方经济学（或西方式中国经济学）捧到一个"普适知识系统"的高度。鉴于此，本书的交流对象来自但不限于以下几个领域。

一、经济学和社会科学研究领域

　　对无论在国内还是西方"一流大学"获得经济学（或其他社会科

领域）博士学位的中国学生、学者、研究者，本书是一个交流和警醒。西方不少学者曾表现出无奈和哀叹：在封闭系统方法论基础上建立的西方经济学领域里，他们按照一个套路，耗尽毕生精力做"实验室"研究、搞"真空状"模型，到头来没有产生多少现实价值和意义——尤其是当他们意识到西方经济学理论与西方市场经济的实践、现实之间存在的巨大差距。那么当西方经济学的理论、方法用于中国经济实践、现实问题的分析时，这个差距就会缩小吗？当然不会。那些如此践行并希望能够用西方经济学来分析、解释甚至影响、指导中国经济发展实践的中国学者发出的无奈和哀叹声会更小吗？当然也不会。因此，中国的经济学学生、学者、研究者在学习西方经济学并应用其理论方法进行中国问题研究时要避免陷入这种"学术生命陷阱"。毕竟，将自己毕生的学术积淀、知识积累、时间精力来为"实验室"做"嫁衣裳"，到头来只是学术生命的虚度与浪费！这里可以做一个历史的回闪：今天有谁记得多少民国时期国民党政府、南京中央大学、燕京大学或其他中国著名大学从事中国经济学、政治经济学研究的"大师""精英""权威"呢？又有谁记得他们顶着桂冠、戴着光环分析那时中国经济、社会发展问题的许多文章和理论呢（无论他们运用了什么西方理论、从哪所"世界一流大学"获得学位）？围绕中国新民主主义革命时期的革命根据地经济，围绕中国社会主义建设时期的计划经济，围绕改革开放后发展起来的社会主义市场经济，以及围绕它们的发展模式、内在关系、矛盾与规律、成功与失败、经验与教训、共性与特性、原因与结果等方面而产生的中国本土化研究、思考（参见本书《第六章　中国经济学本土化的六大方法论决定》），将具有长久的历史意义和价值。中国经济发展的这个现代历史脉络对西方经济学来说是无解或难解的。但将来或许有一天，会有西方经济学学者使用开放系统、整体主义、唯物主义方法论来研究中国经济发展的这个历史脉络，他们会发现中国社会主义市场经济的成功中有其社会主义计划经济的成功因素、失败教训、独特优势和深厚底蕴，而其社会主义计划经济的成功中有其新民主主义革命时期红色革命根据地经济发展的成功因素、失败教训、独特优势和深厚底蕴。那中国的年轻学生和学者们又为什么不现在就融入这个中国经济学理论及其方法论基础的发展与构建中去呢？哪怕有一点贡献，就可能成为中国本土经济学"长征"中的一点星星之火。

二、教育、科研管理领域

西方（新古典）经济学的理论、方法、方法论、思维模式及其所依附的价值观、意识形态已在中国的经济学发展领域具有一定的代表性（详见本书第五章分析）。而这个统治性又与制度性产生结合——正是由于各种制度的规定和要求，今天经济学领域的一代代学生、学者既不断产出为学历、学位、职称"指标"的研究，也产出为仕途、为升迁、为名利的应景之作。对这一切虽不敢恭维却难以求全责备——毕竟这些都是制度规范出的中国学者的学术研究行为。而这种统治性与制度性的结合在中国产生了大量满嘴满脑满眼西方经济学理论与方法的"精英""大师""权威"。为什么要制度规定外国的期刊（月亮）比中国的期刊（月亮）学术水平指数高（圆）？为什么要制度规定期刊文章的学术水平以西方经济学理论、数理方法运用为主要标志与衡量？这种制度性的以西方（新古典）经济学为标杆的价值观往往打着"坚持社会主义""坚持改革"的旗号，实际秉承的却是西方资本主义经济学宗旨。对本书《第六章　中国经济学本土化的六大方法论决定》中所列举的、体现中国时代特征与制度特性的研究，对在研究领域、范畴、范式上表现中国历史和实践底蕴的经济学理论或实践问题的研究，如果不运用西方经济学理论又没有遵从西方经济学数理范式，能在今天这种以西方经济学理论、方法、范式、范畴为标杆的中国"顶尖"期刊发表吗？马克思本人的那些没有数理模型、不符合西方经济学范式的经济学、政治经济学文章，能在今天这种中国期刊发表吗？没有数理模型的、不完全符合西方经济学范式的、坚持马克思主义的历史唯物主义和辩证唯物主义方法论的经济学、政治经济学文章能在这种中国期刊发表吗？即便能发表又能占多少比例呢？民国时期中国的一流大学（无论是国立中央大学还是燕京大学、清华大学）的期刊、报刊有哪一个、哪一期发表过毛泽东或那一代共产党人的任何关于中国经济、社会的文章？在国民党时期的教育制度与科学研究机制培养下，产生真正坚持马克思主义、社会主义、为人民服务的经济学家、经济学研究是极其困难的，而产生满嘴满脑满眼西方经济学理论及其思维模式、价值观的"大师""精英""权威"则是十分容易的——尽管100年后他们可能仍打着"坚持改革""坚持社会主义"的旗号。

在以西方经济学为"正统""权威""普适"知识系统的教育培养与科研机制作用下，不仅大量经济学学生、学者而且大量社会科学领域的学生、学者都认为西方国家之所以能有今天的发达程度是因为它们遵循了西方经济学的"科学"理论。而事实并非如此。西方经济学的理论是在原始资本主义、经济帝国主义、经济殖民主义、经济法西斯主义、经济资本奴隶主义走向今天的发达基础上才构建起来的理论！这个"每个毛孔都滴着肮脏的血"、由"市场决定"的"资本发达"却因西方经济学名人、诺贝尔奖得主、著名理论家加上"世界一流大学"的光环，更因中国一些"大师""权威""精英"对西方经济学的宣扬和对"建立和健全竞争性的市场体系"的鼓噪，而摇身一变成了"美丽、善良、天真、自由、遵循法治"的扑扇着一双可爱小翅膀的和平鸽。①

不发达国家、发展中国家的经济落后真是因为没有按照西方经济学

---

① 参见龙斧、刘媛媛：《从资本属性看劳资关系的平等性和公平性》，《当代经济研究》2009年第2期，第1—7、72页。

理论来发展经济、建立和健全竞争性的市场体系吗？还是因为它们早就成为这个西方国际资本建立的"竞争性市场体系"的剩余价值索取对象、奴役和剥削对象、不平等贸易对象、国际分工对象？在国际资本主义的历史进程中，这些不发达、发展中国家正是因为西方国家这个"市场体系"的血腥建立和健全而难以产生与自己国情相结合的经济体制、发展模式（"自力更生、奋发图强"的经济学意义由此可见）。但西方式中国经济学却在教育、科研领域里制造出这样一种幻觉，似乎只要按照西方（资本主义）经济学理论来发展经济，世界上所有国家都会像西方国家一样发达（见本书第十六章案例分析）。如果带有这种经济学知识和幻觉的人成为中国经济发展的领导人、决策人、政策制定人、"顶层设计"人时，如果在迷幻中把中国改革的成功、经济的发展归功于西方经济学理论的"伟大"时，如果幼稚地或受意识形态驱使而幻想在中国建立健全西方式"法治"的"竞争性市场体系"时，中国的社会主义"初心"和"使命"将丧失殆尽，中国的"戈尔巴乔夫"或"叶利钦"就有可能出现。尽管这不是中国教育、科研制度的"初心"，但却可能成为无意为之的"使命"。鉴于此，本书对中国教育、科研管理领域的改革与发展是一个参考。

三、经济学和社会科学学术、理论期刊和主流媒体

在中国学术界、理论界和媒体中，直接使用西方理论分析中国宏观经济发展的研究俯拾皆是——套上一个（或几个）西方经济学理论，把某个中国问题置于封闭系统方法论研究范式，配以西方数理方法，再对其进行封闭性实证分析，最后就给中国实践或理论问题做出结论甚至定性，如此产生的一些观点、思想甚至被吹捧成"指导理论"，似乎西方经济学在中国比在西方还神奇（世界上没有一个西方国家把某个西方经济学理论作为国家或某个领域发展的"指导理论"）。中国

不用西方类似"宗教＋种族（民族）＋居住民自治＝科索沃"的模式、理论来解释台湾、香港、新疆、西藏问题，中国的社会、经济理论与实践问题为什么一定非要西方经济学来解释才是学术、科学呢？可以说，敌对中国的西方政治家、政客、政府也许没有意识到，当他们对中国的抹黑、诋毁、诽谤、包围、制裁、威胁受到中国抵制时，他们的经济学及其所承载的价值观、意识形态却常常被中国学术界、理论界、媒体奉为上宾。

学术、理论研究引用西方理论、使用西方范式、学习西方方法都无可厚非，但必须从方法论角度分析其理论、范式、方法的产生背景、针对对象和方法论特征，分析这些理论、范式、方法对中国问题的适用性、针对性、条件和作用因素的差异性，分析它们对条件、作用因素进行控制、限定和排除的合理性。尤其是，学术界、理论界、教育界无需给西方（新古典）经济学所指导的研究及其作者戴上无数桂冠和光环，反倒应该广开思路，允许并欢迎质疑、反驳、批判的意见和思想（这是一个值得中国学习的西方社会科学学术、理论期刊的一种运行模式），平等接受甚至鼓励与西方经济学不同的理论、范式、方法的运用，不能为了"学术规范"而形成偏向西方（新古典）经济学的中国学术期刊制度、政策和评审机制。

比如，经济学领域的大量 CSSCI（《中文社会科学引文索引》）[①] 长期以西方（新古典）经济学数理范式为学术标杆，而该索引评判一个期刊是否达到"CSSCI"标准时，完全使用西方 SSCI（社会科学引文索引）依据，如被引频次、影响因子、即年指标、影响广度等多种定量指标分析和统计，还为出版社、期刊与各学科著作的学术评价提供定量依

[①] 《中文社会科学引文索引》（CSSCI）于 1999 年南京大学和香港科技大学共同研制开发并设立评判标准，其中并没有方法论科学性衡量标准，基本按照西方 SSCI 的标准。

据。首先，套用这些西方 SSCI 的指标体系，加上对西方（新古典）经济学的理论与范式运用的要求，再加上学者就职、晋职、职称评审、基金申请等需要，必然产生偏向西方（新古典）经济学理论、研究范式的制度效应，而这个制度的所谓的"科学依据"并不考虑定量分析指标的合理性（validity）、可靠性（reliability）和方法论科学性。其次，如果一个期刊的文章较少用或不用西方（新古典）经济学研究范式来研究中国问题，较多或仅使用马克思主义理论、唯物主义方法论，其发表几率、被引频次、影响因子无疑会直接受到影响——考虑到绝大多数 CSSCI 期刊在文章发表的上述要求和偏向性制度效应。这个问题本身就是一个封闭系统方法论的研究合理性问题。再次，1999 年这个索引制度设立时，CSSCI 的统计方法、定量依据的制定者或许没有把马克思主义和社会主义经济学理论、唯物主义和整体主义方法论及其产生的研究范式与西方资本主义制度下产生的 SSCI 所支撑的西方经济学理论、范式做同等对待，或许没有在评判标准的统计方程式中考虑、纳入、量化类似本书序言《二、对方法论与经济学方法论的五点思考》中所提到的因素，或许没有在其评判标准的统计方程式中考虑、纳入、量化本书第五章所提到的关于国家与社会特性中 13 个方面的差异性及其对中国本土经济学构建的决定，或许没有在评判标准的统计方程里考虑、纳入、量化本书第六章所提到的中国经济学本土化的六大方法论决定，或许没有在其评判标准的统计方程式中考虑、纳入、量化本书第七章所提到的对经济学数理方法的七点方法论思考。这 5 个"或许没有"并非经济学研究的科学评审之硬性标准，但如果一个评价体系全部做到了这 5 个"或许没有"，再加上对西方（经济学）SSCI 的照葫芦画瓢，只是在前面加了一个"C"，即"中国"而已，西方（新古典）经济学方法论、理论、研究范式、范畴、方法、对象及其所负载的西方资本主义价值观、意识形态就可能像长江决堤的洪水一般涌入中国，中国本土社会主义经济学、马克思主义经济学理论和方法论指导的研究就被淹没或边缘化。

而值得注意的是：一方面是这种 CSSCI 的西方经济学制度性标配；另一方面却是 CSSCI 期刊网站众口一词的"宗旨"，即以马克思主义为指导，以推动与繁荣中国特色社会主义政治经济学研究为己任，立足中国现实，坚持学术性、时代性、创新性和前沿性，致力于发表研究中国特色社会主义经济建设事业中重大现实问题的高水平理论研究类文章，忠实地为经济理论学习与研究者、经济政策决定与执行者以及社会各界朋友服务，为构建中国特色经济学而努力。1999 年中国大陆某大学和中国香港某大学（后者负责提供西方 SSCI 指标模式）设立 CSSCI 定量统计依据时真的考虑这些中国期刊的宗旨了吗？如果把宗旨的五脏六腑掏空再塞进 SSCI 指标范式和西方（新古典）经济学研究范式、理论运用的要求，"宗旨"不就成为一个空壳了吗？对这些已经形成的制度、机制问题只有通过制度性、机制性改革才能解决。而本书正是从方法论角度，为支持这种制度性改革而作。

四、中国改革与发展政策制定、决策领域

对于中国社会主义市场经济发展模式、宏观政策的设计和制定（者）来说，本书具有参考意义。改革开放后，无论是对一些经济发展领域的政策措施或具体模式、方法、手段的分析，还是对经济转型中各种现象、问题、行为、特征、规律的解释与认识，多多少少、直接或间接受到西方（新古典）经济学理论的影响或与其挂钩；对有些人来说，似乎只要与西方经济学某个理论、某个概念挂钩就是"改革"，因而也就是"科学、正确"的（详见本书第五章分析）。

首先，这种影响和挂钩常常忽略中国改革的实践与西方的差异性问题。比如，对国有企业套用西方经济学针对西方资本主义市场经济私有企业的"效率效益衡量"，并据此产生了带有价值观、意识形态性质的

"国有企业必然效率效益低下"的"理论"，还因此形成对国有企业进行"国退民进"的私有化改造政策，结果不仅使大量国有资产严重流失，而且迅速导致带有浓厚封建色彩的贪污腐败、官商勾结利益集团的形成（参见本书第十一至第十四章）。再比如，进入21世纪后，西方许多国家在住房、教育、医疗、社会保险领域的公益化、事业化趋势不断加强，而中国这些原来的社会保障领域却向私有化、商业化、市场化迅速转型，不仅构成具有必要、必然等性质的家庭"核心消费"结构，而且形成一个新的巨大的私有资本投资、营利领域，而这两个方面又恰恰成为中国扩大消费内需、促进"国内大循环"的最大障碍（参见本书第十五章）。

其次，当把某个宏观经济政策或理论冠以西方经济学名称时，那些崇拜西方（新古典）经济学的"精英""大师""权威"，常常争先恐后地打着"要不要改革""顶层设计"①的旗号使用西方理论来解释、分析中国问题，并以此推出西方市场经济的方法来解决中国问题（参见本书第十、十六章）。比如，中国"供给侧结构性改革"中的"供给侧"概念源于在西方广受批判的供给侧经济学；但一些中国"智库"或"大师""精英"却依据这个西方供给侧理论来解释中国供给问题并提出这个西方理论所推崇的解决方法，结果所实施的"降低税收"政策使私有资本获得利益，对解决中国的供给侧问题适得其反（参见本书第六章）；又比如，中国1998年、2008年针对长期消费内需不足（即"国内大循环"问题）提出"以投资拉动内需"的西方理论和政策，结果消费内需不足仍没有得到很好的解决，反而

---

① "顶层设计"本身只是一个中义词。纳粹德国搞的法西斯统治、发动第二次世界大战就是"顶层设计"的结果，日本占领中国东三省以及后来的全面侵华都是"顶层设计"的结果。"顶层设计"本身既不代表科学也不代表人民利益，而且时常与毛泽东所强调的从群众中来到群众中去、没有调查研究就没有发言权、实事求是、兼听则明、偏听则暗等科学方法论原则相违背。即便从具体科学领域的方法论要求看，它也是违背科学衡量原则与范式的。

导致了中国供给侧的严重问题。① 再比如，2015 年中国提出的"发展混合所有制经济"（与"发展多种所有制经济"一样）是一个国家经济成分所有制形式的宏观制度安排而中国的一些"大师""精英""权威"却扭曲概念的内涵，试图把这个宏观经济制度安排解释成微观层面具体经济领域里的一个企业的具体资本结构的私有化"重组"，一步步将"发展混合所有制经济"变成"对国有企业的混合所有制改造"，推出"政府行为主导的把私有资本混进国有企业资本结构"的实施方法。关于"混合所有制经济"以及对国有企业进行资本结构改造问题的分析，本书作者发表了系列研究。②

---

① 参见龙斧、傅征：《中国"核心消费"对供给有效性的机理关系决定——供给侧结构性改革的辩证唯物主义与整体主义思考》，《当代经济研究》2021 年第 6 期，第 88—102、113 页；龙斧、薛菲：《房价上涨抑制家庭消费 淤堵国内大循环畅通》，《中国社会科学》（内部文稿）2020 年第 6 期，第 127—142 页；龙斧、王今朝：《核心消费决定论——从市场与消费的结构性扭曲看中国内需不足的根本影响因素》，《河北经贸大学学报》2015 年第 6 期，第 27—37 页；龙斧、王今朝：《从中国房地产业与"内需不足"机理关系看中国经济发展模式问题》，《社会科学研究》2012 年第 1 期，第 17—25 页；龙斧：《房地产业畸形发展与内需消费不足》，《中国社会科学文摘》2012 年第 5 期，第 154 页；龙斧：中国国家自然科学基金项目《中国内需市场结构合理性与"扩大内需"政策效应性的机理研究——决策优化模式探求》（编号：71071118/G 0104）；龙斧、王今朝：《20 世纪中国经济发展与社会和谐的非线性关系论证》，《南京社会科学》2009 年第 3 期，第 12—20 页。

② 参见龙斧：《对"混合所有制经济"、"交叉持股"概念与实践科学性的唯物主义再认识》，载汤吉军主编：《国有经济论丛——国有企业深化改革与发展》，吉林大学出版社 2015 年版，第 17—22 页；龙斧、傅征：《西方混合所有制经济的属性辨析与中国"终止论"的终结——四评"资本混合型企业"》，《当代经济研究》2017 年第 11 期，第 48—57、97 页；龙斧、薛菲：《对"交叉持股、资本融合"作为中国混合所有制经济实现形式的理论、实践与方法论检验——基于经济学与政治经济学的辨析》，《社会科学研究》2017 年第 5 期，第 39—47 页；龙斧、高万芹、王今朝：《西方与中国混合所有制经济的社会与政治属性——五评"资本混合型企业"的决策科学性》，载中华外国经济学说研究会编：《外国经济学说与中国研究报告（2015）》，社会科学文献出版社 2015 年版，第 279—282 页。

　　简言之，对中国宏观经济理论、政策、发展模式冠以西方经济学名称，简单套用西方理论或简单套用其政策手段解决中国问题，不仅会使改革偏离社会主义的"初心"与"使命"，而且导致理论上的混乱、政策上的失误和实践中的失败。

方法论理论篇

第一章 方法论与经济学方法论

纵观人类历史，对方法论问题的认识和定义可以因不同历史阶段（时间）而变化、发展或不同，又因受到国家、民族、文化、宗教、发展历程、价值观、政治与经济制度（空间）等差异性而不同。而时空因素对这些变化、发展、差异性所产生的交叉作用使方法论的统一性、理论的普适性等科学性问题复杂化——在社会科学领域尤其如此。但有一点是肯定的，对一个科学领域的知识体系构建来说，一个研究的理论价值、实践意义、科学属性、知识体系的构建都与方法论科学性紧密相关。鉴于此，本章分析自然科学与社会科学的方法论，对新古典经济学与马克思主义经济学做方法论的差异性比较分析，并剖析新古典经济学方法论的五个理论原则，揭示其存在的科学性问题。

一、方法论及其科学性问题

本章从研究对象、范式、方法、价值观、意识形态以及科学属性等方面分析自然科学与社会科学的相同性与差异性，以此揭示方法论的科学性问题。

（一）方法论（methodology）与方法（methods）

首先，从哲学角度看，方法论是关于人类认识、探索并改造世界的目的与方法的哲学基础，以及在这个基础上，人类的主观认知与客观事物发生关系并产生相关知识体系的方法理论和原则依据。方法论常常针对的问题包括：什么是世界（如世界事物或现象及其本质、本体、本性）？怎样了解、认识它？其目的是什么？应该用什么方法体系来实现这个认识？这些方法体系（应该）怎样形成人类对客观世界的主观认知？这个认知产生的系统化知识的依据是什么？根据什么哲学思想来决定为什么、怎样产生这些认知的领域和方面？主观认知与客观事物结合所产生的知识是否在任何时空都能成立（从而产生普适性）？为什么在相同时空里对事物的主观认知会有不同？这个主观认知能否、怎样帮助实现改造世界的目的？……

其次，再从一般和具体科学角度看，方法论是人们对事物的现象、本质、关系、规律等产生认识时使用的方法、手段、工具、路径的系统性理论与原则分析，如研究范式、理论构建、实验方法、技术手段及其功能，以及它们的合理性、可靠性、逻辑性及其所体现的科学性。从这个角度看，方法论以具体方法、手段、工具、路径及其构建作为研究、分析对象，并形成方法论知识体系，其中包括具体研究方法构建的目的、原则、范式与研究结果之间的关系等等。

再次，方法与方法论不同。前者指人类在认识、探索、分析、研究具体事物、现象、问题过程中带有（科学领域）规范性的具体分析/研究手段、工具、路径，而后者则是为方法能否、怎样产生知识提供理论依据和科学规范。方法虽与方法论不同，但当一个研究使用了某种具体研究方法，它就会受到方法论的"审核"。例如：为什么使用这种方法？要达到什么目的？这个目的对某个领域的知识体系构建的作用、意义和价值是什么？它能否产生对客观事物、现象、问题的正确、准确、科学、合理的主观认识？用这个方法对选定对象进行研究、分析、测试是否具有严谨的逻辑性、科学的合理性、程度上的可靠性？使用它时应该遵循哪些原则？这些原则基础上产生的理论结果具有怎样的基于实践（实证）的归纳性？在这些原则基础之上产生的理论是否具有演绎性？它的普适性达到怎样的程度？……从这一点看，任何方法的产生、使用都可以追溯其方法论根源。

（二） 自然科学的方法论特征

首先，从研究对象看，自然科学某一具体领域的研究对象具有统一性、同质性、相对稳定性。一般来说，人们可以依据相同的方法论基础来设立相同的范式，使用相同或不同的科学方法来构建、发展具有时间、空间一致性的知识体系，如产生超越一般时空条件限制、具有相对普适性的物理定理、化学原理等等。

其次，从研究范式看，自然科学的大量研究范式基于封闭系统方法论而设立。它们具有试验环境和条件的孤立性、割裂性、封闭性等特征，但这些特征由于研究对象的统一性、同质性、相对稳定性而对研究结果的一致性、稳定性不产生影响（研究结果本身的对错、不同是另外的问题）。当然，自然科学的方法论（理论、理念、原则甚至哲学基础）也从封闭系统方法论转向开放系统、一般和复杂系统方法论，20 世纪 70 年代起尤为明显。这个转变进一步发展了原有知识体系、知识领域、知识理论，又产生了新的知识体系、知识领域、知识理论以及相关的实践行为，从而不断增强、改善人类对自然事物的认识，并改变了人类与自然界的关系。

再次，从研究方法看，在进行封闭条件下的科学实验时，研究者根据科学目的与需要，对研究对象的相关条件、环境、作用因素进行控制、限定，并根据试验或分析需要做各种假设，最终使用相同或不同的衡量、测试、分析工具来产生结果。因为研究对象的统一性、同质性、相对稳定性等性质，加上试验条件、环境、作用因素的封闭性，无论这些控制、限定和假设相同还是不同，无论使用的手段与工具相同或不同，研究产生的认识、结果、概念、理论一般不会因为时空变化而产生本质性变化。一般来说，自然科学在研究范式、研究过程、研究结果等方面具有科学上的相对稳定性、一致性。比如，水的成分在中国和美国都是一样的——在其他条件控制下。

(三) 自然科学方法论与价值观、意识形态

从哲学层面看，自然科学方法论作为认识、改造自然世界的目的与方法的哲学基础、理论原则，与价值观，尤其是与意识形态似乎不相关。的确，当一个具体的研究范式、工具、方法、手段、路径被孤立地审视时，它本身与价值观、意识形态不具有直接联系。然而，其一，方法论是人构建的，而人本身是社会构建的产物；其二，研究目的和行为是带有人的主观意识、意志的；其三，研究工具、方法、手段、路径又是人设立、选定的；其四，无论是研究对象还是研究结果一定会与人在社会制度作用中发生关系。这样看来，自然科学方法论实际上也有"人为"因素。从这一点看，世上没有什么天然、中性、超然的方法论。因此，尽管自然科学方法论不像社会科学那么直接、那么明显、那么广泛、那么普遍地受到人的价值观、意识形态影响和作用，但这种影响和作用依然存在。比如，1945 年 11 月美国物理学家阿尔伯特·爱因斯坦（Albert Einstein）曾发文指出："我认为原子能在可见的将来不会是一种福音，因此我必须说，它当前是一种威胁。"[1] 1948 年 7 月，他在给"国际知识界和平大会"的信中指出："作为世界各国的知识分子和学者，身负着历史重任，我们今天走到了一起……我们从痛苦的经验中懂得，光靠理性还不足以解决我们社会生活的问题。深入的研究和专心致志的科学工作常常给人类带来悲剧性的后果"，"科学家的悲剧性命运使我们帮忙制造出来了更可怕、威力更大的毁灭性武器，因此，防止这些武器被用于野蛮的目的是我们义不容辞的责任"。[2] 再比如，纳粹德国

---

[1] 转引自杨建邺著：《科学的双人器——诺贝尔奖和蘑菇云》，商务印书馆2008 年版，第 269 页。

[2] 转引自杨建邺著：《科学的双人器——诺贝尔奖和蘑菇云》，商务印书馆2008 年版，第 269—270 页。

的医学、生物和遗传工程领域的科学家用"科学"手段、方法来证实日耳曼民族比其他任何民族更"伟大"、更"文明"、更"优秀"。从方法论看，这些纳粹科学家基于自身价值观、意识形态预先设定研究目的和与这个目的相一致的结果，即证明日尔曼民族是人类最优秀、最文明、最先进的民族从而应该享受更多空间、土地、资源和对其他种族的奴役，再确立具体研究方法、手段、工具和路径，再挑选特定研究对象并使之符合想获取的结果和要达到的目的。这时的自然科学研究就成了伪科学。还比如，日本731细菌部队的这些魔鬼"科学家"运用科学知识、方法、手段产生的毁灭人性的"科学"结果，从方法论角度看，是受到法西斯价值观和意识形态的驱使。这样看来，当自然科学的方法、工具被运用于类似灭绝人类、种族屠杀、毒品生意、霸权霸凌时，科学方法及其使用就成了价值观、意识形态或资本利益驱使的"雇佣军"。所以，即便在自然科学领域里，当方法论与人类社会制度相结合时，也不具有超脱一切、目的中性、结果中性的超然性质，仍然具有价值观和意识形态属性。

（四）社会科学的方法论特征

首先，从研究对象看，与自然科学不同，社会科学领域的研究对象一般不具有超越时空的统一性、同质性、相对稳定性，所以试图依据相同的方法论思想、设立相同范式、使用相同方法来建立具有时间、空间一致性、普适性的知识体系本身就违背方法论科学性原则。比如，西方经济学的"收入—消费"定理就不具有力学等物理定理那样科学意义上的稳定性、一致性、普适性。① 这个西方资本主义市场经济体系里经过

---

① 公平而论，大多数经过严谨方法论训练的西方经济学家并不认为他们这个定理是普天下真理，不认为就一定适用中国市场经济，也少有经济学家用这个定理来分析中国的"收入—消费"关系。倒是中国新自由主义者和西方经济学崇拜者常常这样做（详见本书第五、六、七章分析）。

验证且被普遍接受的"收入—消费"定理无法解释中国形成"国内大循环""扩大内需"所涉及的收入—消费关系问题（详见本书第十五章分析）。因此，在中国市场经济框架下这个定理出现"不成立"现象，而西方"投资就能拉动内需"的"定理"在中国经济结构中也同样南辕北辙。① 从研究对象的统一性、同质性和相对稳定性以及因此产生的研究结果上的一致性、稳定性看，从因此产生的理论、定理、定律、概念的普适性看，社会科学的方法论和因此产生的研究范式，相比自然科学来说，更具有复杂性。

其次，从研究范式看，社会科学中许多领域沿袭了自然科学封闭系统方法论产生的研究范式，西方（新古典）经济学尤其如此。它们根据科学目的需要，具有试验环境和条件的孤立性、割裂性、封闭性等特征。然而，这些表面相同的研究对象却不像自然科学领域的研究对象那样具有统一性、同质性、相对稳定性，因而会对结果的一致性、稳定性的科学性产生影响。自 20 世纪 70 年代起，一些社会科学领域对封闭系统方法论的批判性分析增多，出现了许多强调开放系统、一般和复杂系统的方法论理论思想，尤其对整体主义方法论、交叉科学方法论的讨论、运用也越来越多。这种带有交叉科学、整体主义、多元主义性质的范式可以从 20 世纪八九十年代一些新兴学科领域的发展反映出来（如信息系统管理、国际工商管理、企业法律与道德等等）。然而必须看到的是，就产生新的知识体系、知识领域、知识理论来说，社会科学领域

---

① 关于"投资拉动内需"问题，见本书第十五章；也参见龙斧、傅征：《中国"核心消费"对供给有效性的机理关系决定——供给侧改革的辩证唯物主义与整体主义思考》，《当代经济研究》2021 年第 6 期，第 88—102、113 页；龙斧、薛菲：《房价上涨抑制家庭消费 淤堵国内大循环畅通》，《中国社会科学》（内部文稿）2020 年第 6 期，第 127—142 页；龙斧、王今朝：《从中国房地产业与"内需不足"机理关系看中国经济发展模式问题》，《社会科学研究》2012 第 1 期，第 17—25 页。

依然落后于自然科学领域。这里既有原来的封闭系统方法论研究范式的强大力量，也有社会科学领域所涉及的研究对象及其各种因素的作用（如社会、经济、文化、价值观差异性等）。一方面，西方社会科学领域的方法论和研究范式仍占据主导地位；另一方面，由于国家之间社会、政治、经济、文化、价值观、意识形态等多方面的差异性影响，研究范式的完全统一的标准难以形成。

再次，从研究方法看，社会科学领域的实验、实证也对研究对象、条件、环境、作用因素进行带有科学目的的控制、限定，并根据试验或分析需要做各种假设。然而，在社会科学领域里，不仅研究对象不具有自然科学那样的统一性、同质性、相对稳定性，而且这些控制、限定和假设本身就带有主观性及其可能产生的差异性、片面性、偏向性甚至目的性。比如，什么条件、因素应该控制？什么条件、因素不能控制？哪些控制、限定可以作为普遍适用的方法？在什么（时空）条件下能控制或不能控制？控制与不控制的结果差异性可能是巨大的，甚至会产生完全相反的研究结果。就方法本身来说，即便在条件、因素、环境的控制和限定不存在主观差异性问题时，表面看似一样的研究对象可能性质、本质上不一样，研究结果的差异性依然可能是巨大的，甚至可能完全相反。比如，改革开放后，崇拜西方经济学的中国新自由主义者热衷的一个研究就是把中国国有企业与私有企业拿来做封闭式比较，从而证实国有企业效率效益低下，中国应该搞私有化。从方法论科学性看，中国社会主义建设时期或改革时期的国有企业效率效益很难与私有企业效率效益在封闭系统方法论基础上进行比较。如果简单用西方经济学的企业效率效益衡量方法，在进行各种控制、限定和假设后进行这两者的投入产出比来衡量效率效益，结果根本不符合方法论科学原则（详见本书第十一至十四章分析）。由于国有企业与私有企业在制度性质、发展目的、纳税标准、服务对象、社会与经济宗旨、管理与运行方式、成本与利润核算方法等等方面都有本质性差异，那些通过控制、限定、假设把这些差异都排除在外的"投入产出比"的衡量方法是极为不科学的。① 毕竟，私有企业受市场、利润、成本等因素控制，以资本利益为杠杆，当市场良好、经济发展时为扩大（再）生产就招聘工人，当市场疲软、经济萧条时就解雇工人——毕竟对资本来说工人只是在实现其增值中所需要的劳动力的载体。但当工人被解聘后，国家（政府）要发放失业救济金，要提供一定社会保障（如医疗），要解决由失业、贫困引起或与其相关的各种社会问题，如自杀、犯罪、疾病、离婚等等。对所有类似的"社会经济成本"，私有企业丝毫不会承担，但获得的"效率效益"（资本利润）却统统归为己有。而在中国社会主义计划经济建设时期，一个国有企业不仅性质、目的、宗旨与西方或中国私有企业本质、性质、目的、宗旨不同，不仅生产按计划、按比例、按需求，不仅生产方式、成本核算、效率效益衡量不同，而且还承担了上述所有方面的"社会经济成本"，更是承担了中国经济、社会综合发展的重任。即便是中国社会主义市场经济条件下，国有企业与私有企业也在诸多方面具有差异性。类似的研究对象的本质差异性及其条件、作用因素差异还有很多，这里不一一列举（详见本书第十一至十四章）。这样看来，西方经济学在封闭系统方法论下产生的衡量资本主义市场经济中的私有企业效率效益的方法怎么能够科学、准确、客观、全面、整体、实事求是地来衡量中国社会主义市场经济中的国有企业效率效益呢？② 这种研究对象上的本质

---

① 中国的新自由主义者可能会说，没有完全排除这些"差异性"，只是排除一些、平稳处理一些；但他们心里留了后半句话没说，即排除和不排除那些因素、条件，怎样做平稳处理，都由主观决定，前提是只要达到预先设定的目的、目标就行。

② 即便在西方资本主义国家，经济学家和学者也鲜有对自己国家的国有企业与私有企业进行类似中国新自由主义者的这种"效率效益"比较研究，唯一的例外就是当西方政府推行极端资本主义（如新保守主义、新自由主义）政策时，雇用典型的政治御用学者来做这种比较研究从而对国有企业进行私有化改造（详见本书第十一至十四章分析）。

差异性，条件与因素控制、限定和假设的主观性，方法与工具要求的实验封闭性、试验割裂性、对象孤立性的方法论特征决定了在研究范式、研究过程、研究结果等方面都不具有科学上的稳定性、一致性，从而使这个比较研究具有伪科学性。可以说，这种研究中的数理方法越高深、范式越复杂、计算越精确、产生的结论貌似越"正确"，其理论的科学性就越低、谬误就越大！

（五）社会科学方法论与价值观、意识形态

与自然科学相比，社会科学方法论更直接、更明显、更广泛、更普遍地受到价值观、意识形态影响和作用，其价值观、意识形态属性十分鲜明。这里再用国有企业与私有企业效率效益比较的例子来说明，这个例子不仅展示具体方法论科学性问题，而且与前文所举的德国纳粹科学家的例子在方法论上有惊人的相似之处。例如，一些中国（新自由主义）的"精英""大师""权威"先根据自己的价值观、意识形态取向，先认定私有企业、私有制效率效益一定高于国有企业、公有制，先认定只有私有制、私有化才能救中国（尽管表面上他们会打着"社会主义""改革"的招牌）。在这种价值观驱使下，他们预先设下研究目的，使用看似中性的科学研究方法、工具、手段和路径，再挑选自己认为合适的研究对象，然后再把其他作用因素、条件、环境、制度、时空等差异通通排除在外（或做非科学性的平稳处理），或把任何阻碍他们达到自己预先设定的目的的因素考虑统统称为"非经济因素或非经济学研究"。一方面，如此研究产生的结果吻合、支持了他们的价值观，证实了他们想要得到的结果，达到了他们预设的目的；但另一方面，他们的方法论、方法使用、实证过程、研究结果、理论构建与上述纳粹科学家如出一辙，堪称伪科学的现代标板。如果按照这种伪科学方法论下使用"科学"方法产生的伪科学成果来制定中国国有企业改革发展的政策、决策、策略、战略，必然是没有科学性的，必然是唯心主义的，必然是经

不起历史的检验的。国有企业需要提高效率效益，就像所有私有企业一样，但不是私有化（或部分私有化）才能提高效率效益，否则从方法论看，就走进了科学的死胡同。纵观资本主义市场经济发展的历史，经营失败、亏空、破产、倒闭的私有企业成千上万，效率效益低下的私有企业成千上万，日复一日、年复一年、世纪复世纪，是因为这些私有企业还不够私有化吗？那么全世界私有化程度最高的企业也有破产、倒闭、效率效益低下的，它们该怎么办呢？半私有化半国有化？或全面国有化？中国新自由主义对自己的伪方法论所"导演"出来的伪研究结果所呈现的荒谬逻辑、混乱逻辑、死胡同逻辑是不在乎的，只要在封闭条件下的研究达到价值观、意识形态驱使的目的就行。在方法论这一点上，他们与纳粹科学家别无二致。

（六）方法论的几个科学属性问题

上述方法论分析表明，方法论的科学性决定某一种研究范式或方法及其实际运用中的科学性程度，接下来才是这种方法本身的技术要求和规范。西方经济学尤其是新古典经济学、中国新自由主义者和西方经济学崇拜者，通常用后者代替前者，用后者掩盖前者，其中有些盲目崇拜者甚至根本不懂前者（不懂方法论、方法论科学性为什么决定方法科学性等等），不懂前者与后者的区别。

上述方法论分析也表明，在不同方法论基础上的相同研究方法的运用可以产生不同的结果，而正是因为这种方法论上的差异性可以反过来证实在科学领域里对同一事物的现象、关系、规律、本质研究可以产生不同的结果，证实不同方法论框架里研究产生的理论的差异性，以及这个差异性所反映出来的价值观、意识形态等方面的差异性，这一点在社会科学领域里尤为明显、尤为普遍、尤为直接、尤为广泛。从这个角度讲，世界上没有一个社会科学的理论可以在不同时空里被所有人群、所有社会阶层、所有社会文化同时接受、认可并产生相同的适用性，而即便在同一时空内，由于价值观与意识形态的差异性、方法使用的主观性以及由此产生的片面性、偏向性、误导性甚至欺骗性、伪科学性，一个看似科学方法产生的理论也可能是谬误。这个方法论思想正是历史唯物主义方法论的科学基础之一。

上述方法论分析还表明，在相同方法论指导下的不同研究方法对同一研究对象的运用，既可以产生相同结果又可以产生不同结果。这种相同结果可以从方法论角度加强证实研究结果及其产生的理论、概念构建的合理性、可靠性，而不同结果不仅可以帮助发现研究对象的其他特征、本质、关系或运行规律，而且也可以反过来对方法论及其研究方法使用的合理性、可靠性进行检验并提出问题。这个方法论思想正是辩证唯物主义方法论的科学基础之一。

二、新古典经济学方法论与马克思主义的差异

建立在边际效用基础上的新古典经济学为资本主义自由市场经济提供了理论依据，也已成为中国的一个主流经济学理论。新古典经济学的数理化方法更是让许多中国主流经济学学者对新古典情有独钟。而西方国家和中国的马克思主义学者们则对这个"主流"理论进行了广泛批判。

（一）新古典方法论与马克思主义的哲学基础、方法原则

新古典经济学是西方资本主义市场经济的产物，却常常把上述方法论科学性的本质问题隐藏起来。它根据事物、行为、现象的某些特征、规律、关系或某些研究结果之上产生的理论思想，参照自然科学范式与方法，构建了自己的方法论哲学基础，比如理性（人）主义、约定主义、原子主义、边际主义、个人主义等等（见本书第二至四章），并试图以这些"主义"来把自己构建成与自然科学"相同"的知识体系

（原子主义、约定主义等都是自然科学领域方法论的哲学基础之一；参见本书第二至四章分析），并以"中性"、普适和普世"经济学"自居。然而，它的方法论所诉诸的哲学基础却出卖了它。边际主义、个人主义、理性主义等都是典型的西方资本主义市场经济学的哲学理念，无法"中性"、普适或普世。而且，从经济学这个社会科学知识领域所涉及的研究对象、研究目的来看，这些解释或揭示西方资本主义市场经济事物的单一层面、单一方面的哲学思想作为方法论基础是无法与马克思主义经济学的方法论基础相比拟的。

　　马克思主义在历史和辩证唯物主义方法论基础上对人类社会经济行为、现象、关系、规律所构成的生产方式进行政治性经济制度分析，解释并揭示这个制度所蕴涵的政治性本质，从而围绕人类社会发展方式、规律、路径，围绕"资本主义""社会主义"社会形态等，形成了哲学思想并构建了经济学科学理论。由此看来，新古典经济学方法论（以下简称新古典方法论，全书如此）基础上产生的经济学理论充其量在封闭系统里静态分析、解释西方资本主义市场经济的某些方面、层面的行为、现象、关系、规律，而且即便在这个封闭系统里它都受到西方经济学学者的广泛批评甚至批判。而① 对人口众多、资源贫乏、生产力水平低下、曾经历过半殖民地半封建（即中国封建主义、封建官僚买办资本主义和西方经济帝国主义、经济殖民主义的共同产物）的中国来说，② 对20 世纪经过毛泽东为首的中国最优秀知识分子和民族精英及其领导的人民大众英勇奋斗所建立的与西方制度、价值观、意识形态完全不同的经济、社会、政治制度来说，③ 对这个制度在前所未有的复杂、多重困难、挑战、威胁中不断摸索、探求、发展的社会主义计划经济来说，④ 对由初步建成现代工农业基础设施的社会主义计划经济转型而来的社会主义市场经济来说，是用不同方法论基础上产生的新古典经济学还是用马克思主义经济学来解释、分析、指导呢？答案不言而喻，科学性程度也高低立判。新古典经济学的方法论科学性问题决定了其研究范式、理论构建的科学性问题，用它解释、分析西方资本主义市场经济或许达到"诺贝尔"程度，而用来解释、分析具有上述 ① 至 ④ 特征的中国来说，那就是方枘圆凿、驴唇不对马嘴。

（二）新古典的价值观与意识形态属性

新古典经济学带有极其鲜明的政治性、制度性及价值观、意识形态，却试图以"中性""纯粹"（如"我只分析经济问题本身"）、普适（如"这就是经济学、这才是经济学"）、正确（如"这是研究经济问题的方法、方式"）的形象示人，继而就把经济研究和经济学都变成资本主义的制度"专利"。这样看来，中国新自由主义学者套用新古典经济学既是方法论问题，更是价值观、意识形态问题。毕竟，只要在原子主义、个人主义、约定主义基础上产生的"纯粹经济学"科学能够掩盖、否定人与人之间经济关系中的社会、政治关系以及这些关系的利益对立性，就可能从制度上改变中国的社会主义经济。因而，科学的经济学方法论，不是把自己装扮为"中性"的新古典方法论，而是可以用于指导科学、客观、全面地分析、解释不同的经济制度、经济实践、经济关系、经济规律，在差异性基础上总结出共性和特性，无论从本体论还是认识论来看，都是如此。

认识论是关于什么是知识及其来源以及如何获得它的方法论理论。在社会科学中，知识包括科学方法论下产生的对事物的科学认识（如马克思的生产资料公有制对社会主义的根本决定的理论），它们归根究底是基于对实践分析和发展规律的探索。遵循马克思的认识论观点，就能发现一个知识体系的相对性、条件性、差异性本性。从这个方法论角度看，对中国的社会主义市场经济的分析、解释、探求和指导来说，马克思主义的哲学、经济学、社会学、政治经济学具有相对当今一切西方哲学、经济学、社会学理论的更高的科学性和真理性。中国的新自由主义者却诉诸与马克思主义对立的新古典经济学理论，不仅把新古典标榜为

"纯粹经济学""普适经济学"，而且带有鲜明价值观、意识形态目的。无论是"公地悲剧"还是"产权明晰"，无论是"囚徒困境"还是"集体行动逻辑"，无论是"帕累托效率"还是"市场配置"，无论是"反对国家干预"还是"自由竞争"，中国新自由主义对它们的运用都是带有鲜明的、但又极力想掩盖的只有资本主义、市场经济、私有制才能救中国的价值观、意识形态。

（三）新古典的研究范式与方法

一方面，新古典经济学对西方市场经济的行为、现象、关系、规律在封闭系统方法论基础上的知识体系构建并非乏善可陈；在封闭、静态、孤立和限定条件下它产生了对西方资本主义市场经济的认知以及因此构建的知识和理论体系，但其科学性仅限于此。对所有非西方资本主义国家来说，这些知识和理论可以被参考、学习、了解甚至有条件地借鉴，但绝非什么普适经济学理论，更不是经济学作为一门社会科学知识体系的标准、范畴、领域的界定或划定依据。另一方面，尽管它所秉承的封闭系统方法论在西方经济学知识体系和理论构建中十分流行，它也因理论构建、研究范式和实证方法等方面的逻辑性、适用性、可靠性、一致性、合理性、稳定性等科学性问题受到西方经济学家和学者的质疑、商榷甚至批判。①

马克思主义经济学分析人们在经济活动中产生的经济关系、社会关系、政治关系，并揭示资本怎样建立这些关系以及一个否定人的经济制度和市场功能。而新古典经济学则是研究资本、市场与经济之间产生的关系，以及这些关系怎样影响资本主义的市场经济制度。二者研究目的、对象、范式不同，方法论科学性自然也就不在一个层面上。

---

① 参见龙斧、王今朝著：《社会和谐决定论：中国社会与经济发展重大理论探讨》，社会科学文献出版社 2011 年版，第 18—50 页。

(四) 新古典对经济学范畴的界定

新古典经济学要么把经济学定义为"研究稀缺资源在多种经济用途之间进行（资本与市场主导的——本书作者注）合理配置的学问"，要么定义为"研究（资本与市场控制的——本书作者注）经济活动中各种两难冲突的学问"。① 无论是"研究合理配置"也好还是"研究两难冲突"也罢，无论是强调生产和成本还是注重效用和需求，无论是英国经济学家阿尔弗雷德·马歇尔（Alfred Marshall）的微观理论还是英国经济学家约翰·梅纳德·凯恩斯（John Maynard Keynes）的宏观理论，无论是美国经济学家保罗·萨缪尔森（Paul Samuelson）的"主流经济学"还是美国经济学家约瑟夫·斯蒂格利茨（Joseph E. Stiglitz）建于微观经济学基础之上的宏观理论，这些西方理论和研究的一个典型却又常被忽视的共性特征就是，经济学不是研究人与人、人与社会、人与经济的关系，而是研究资本与市场的关系，所有方面的研究都以资本为轴心、为基点、为根本，和人与人、人与社会的关系没有本质关联。从这一点讲，新古典经济学是资本主义市场经济发展进程中资本诞生的政治性、经济性御用科学，看不到人或根本不去、不想看到人；在西方（新古典）经济学的研究中无论是掌握资本的人还是被资本掌握的人，无论是"理性人""经济人"还是"劳动（力）人"都不是从人权、人性、人本、人道角度定义的人，都实际成为资本的牵线木偶、市场的衣冠沐猴。

对一个国家的上层建筑与资本、市场的关系，或前者对后者的作

---

① Diamond, Arthur M., Jr., "Economics of Science", in *The New Palgrave Dictionary of Economics*, John Eatwell, Murray Milgate and Peter Newman (eds.), UK: Palgrave Macmillan, 1987, pp. 328 – 334; Backhouse, Roger E. and Medema, Steven, "Retrospectives: On the Definition of Economics", *Journal of Economic Perspectives*, Vol. 23, No. 1 (Winter 2009), pp. 221 – 233.

用，西方经济学一般闭口不谈——除了对现实中政府为了资本的终极利益而是否干预、怎样干预市场；而新古典经济学更是认为这种"干预"应该降到最低程度，经济应该任由资本支配的市场来配置一切、调节一切、均衡一切。实际上，这种西方"政府干预"一直存在，无论程度高低。也正是因为"干预"服务于资本及其市场利益这个政治经济性本质，才被西方经济学划归"经济学"研究范畴。实际上，历史上的经济帝国主义、经济殖民主义及帝国主义战争、殖民主义战争，无不是西方资本操纵并试图获利的具有政治性的资本效用最大化产物，尽管形式不同。只是今天，西方资本在对非西方国家采取控制、奴役、掠夺和剥削时，当"人权""民主""自由"好用时（即能够导致内战不断、冲突四起、社会混乱、政权更迭、国家分裂等等），西方资本就用"自由""人权""民主"；当它们不好用时，西方资本就用航母、轰炸机、军事包围、经济制裁或战争威胁。这样看来，西方的军事与民主、人权等不都同样成了西方资本的御用工具吗？又怎能不是"经济学"呢？

（五）从马克思主义经济学看新古典经济学的方法论问题

马克思主义经济学理论的科学性首先基于其方法论的科学性。首先，在价值观上，新古典经济学借用自然科学的封闭系统方法论及其研究范式来表现"制度中性"、普适通用从而奠定"我才是经济学"，来掩盖自身资本主义价值观、意识形态属性和制度目的。而马克思主义经济学以唯物主义和辩证法为方法论特征，根本无须回避自身价值观。马克思主义的理论抓住一个资本主义最具普遍性的现象即商品，把现实中与商品紧密相关、有机相连的本质性机理、时代、制度关系、人与人之间的政治经济关系全部揭示出来，从而形成了在生产、分配、交换、消费过程中对资本的本质性分析：资本控制的劳动（力）基础上的生产、资本控制的价值分配、资本控制的市场交换、资本控制的消费方式，直到资本的盈利，以及盈利后的复始循环。正是在唯物主义方法论基础上，马克思主义的研究才能够从社会和制度两大层面上分析、解释、揭示这个资本驾驭的复始循环的制度性、社会性、政治性和规律性以及本身所孕育的矛盾性；而在辩证法这个方法论基础上，马克思主义经济学分析、揭示了资本要发展、要增值与自身（市场）运行规律产生的破坏发展、毁灭价值的矛盾两面性，分析、揭示了资本与劳动力既无法分离又存在本质对抗的矛盾两面性，分析、揭示了资本怎样把一个由人组成的社会变成一个在资本作用下否定人的政治经济社会，以及这个社会中的经济基础又怎样产生了一个与其相对应的上层建筑。

正是由于马克思科学地运用了唯物主义和辩证法方法论，他的理论科学性才能屹立至今。不是吗？与马克思生活的时代相比，今天的资本组织形式、劳动与生产形式、资本与劳动（力）关系、商品种类和功能、市场结构与运行、消费行为与方式、利润实现方法等已不断更"新"、焕然一"新"，但马克思主义经济学所揭示的资本及其产生的一系列制度性、社会性、政治性关系以及市场规律依然如故。显然，方法论科学性越高，理论科学性就越强，普适性就越大，生命力就越长久。

新古典经济学不谈资本与市场的内在一致性与矛盾性的共存，不谈资本与劳动力生产过程中的一致性和在社会（阶级）根本利益上的对抗性的共存，不谈具有政治社会性本质的分配、消费、劳动价值、市场、价格等之间既相关联又相矛盾的共存，等等。它把上述资本及其产生的一系列制度性、社会性、政治性关系封闭起来或作为先决条件加以控制，再来谈资本、市场关系，如供求规律、货币与需求关系、理性预期假说、自然失业率假说、政府无效假说、均衡分工、均衡供求、均衡价格、资源配置、经济增长机制（无论宏观还是微观）、价格关系、信息（不）对称、市场（不）完善等等。

这样看来，新古典经济学不也是西方资本主义市场经济的御用工具吗？又怎么能够成为纯粹、中性，犹如能量守恒定律一般的普适"经济学"呢？又怎么能在与西方具有诸多本质性不同的中国的社会主义市场经济发展模式、改革政策中被奉为"主流经济学""科学经济学"并产生所谓的"精英""权威""大师"呢？又怎么能用来作为中国发展模式、宏观政策制定的理论依据呢？这都是从根本上违背方法论科学性原则的。

三、新古典经济学方法论的几个理论原则

新古典经济学把孤立、割裂、封闭的研究范式与看似中性的数理工具、计量方法相结合，来试图构建犹如能量守恒定律一般的普适"经济学"。然而它所秉持的方法论哲学基础、理论原则却揭示出其封闭系统方法论的本质特征。这些基础、理论原则有很多，本书这里仅对其中几个进行分析，揭示它们的科学性问题。

（一）"与价值观无涉的实证主义"的一元论原则

新古典经济学的一元论原则体现在它的理论体系和基本概念对物理学的极度模仿和对数学的过度使用上。[①] 从方法论看，西方（新古典）经济学从自然科学那里借来哲学依据、理论与方法原则甚至实验范式，然后将其应用于资本主义市场经济的研究，构成了一种混同社会科学和自然科学的一元论方法论原则。[②]

在此基础上，新古典经济学对"实证"一词所赋予的方法论原则之

---

① 参见 P. Mirowski, *More Heat than Light*: *Economipcs as Social Physics*, *Physics as Nature's Economics*, UK: Cambridge University Press, 1989, pp. 217 – 222。

② 参见 [美] D. 韦德·汉兹著：《开放的经济学方法论》，段文辉译，武汉大学出版社 2009 年版，第 2、40、140 页；B. J. Caldwell, "The case for pluralism", in *The Popperian Legacy in Economics*, De Marchi, N. Y. Neil (eds.), UK: Cambridge University Press, 1988, pp. 231 – 244。

一就是与价值观无涉。① 作为一种科学检验手段，实证本身应是观察、认识现实以及其中的联系，并描述它们、解释它们。② 然而，在社会科学领域，实证具有以下无法避免的特征：第一，观察、认识现实的个人不仅具有价值观和主观意志，而且这些价值观和主观意志是有差异性的；西方经济学与马克思主义经济学对"资本"的"描述和解释"具有本质差异性，都与价值观紧密相关。第二，这种观察、认识本身在现实中也具有某种组织行为目的、目标、宗旨，因而也是具有差异性的。比如，要实证什么，指导思想、目的是什么，为什么要对某些事物进行实证，为什么要对事物的某些方面实证，等等。这两个"差异性"决定"实证"本身因进行实证的人、组织而带有价值观。第三，对这些动态性"现实"进行"描述和解释"又带有主观性，因而产生差异性。比如，从哪个角度进行描述且为什么，用什么方法来解释且为什么，等等。因此，在"描述和解释"中，这种"主观性"的"差异性"导致目的不同、角度不同、范式不同、方法不同。第四，"现实"具有时空相对性、差异性、变化性，从而使现实的本体、本性、本质变得复杂起来。这种时空相对性、差异性、变化性，以及对这样的"现实"产生认识的人的主观差异性，使孤立、割裂、静态、封闭条件下产生的某个理论对"现实"难以产生客观、全面的认识，更不要说科学预测。而这也在一定程度上反映了价值观对"实证"目的性影响的问题。

这样看来，在对"现实"的实证中通过抽象排除现实中的某些因素、控制某些条件、限定某些环境，在一个认识和知识体系构建中是必要的，但无法解决上述 4 个方面的差异性问题。而且，排除、控制、限

① 参见 C. Beed, "Philosophy of science and contemporary economics: an overview", *Journal of Post Keynesian Economics*, Vol. 13, No. 4 (July 1991), pp. 459 – 494。

② 参见 Stanley Wong, "positive economics", in *The New Palgrave Dictionary of Economics*, John Eatwell, Murray Milgate and Peter Newman (eds.), UK: Palgrave Macmillan, 1987, pp. 920 – 921。

定不应或不能排除、控制、限定的因素、条件、环境则是对方法论科学性、范式合理性、方法可靠性的原则性违背，也可能是价值观（目的性）差异性作用的结果。这个"排除、控制、限定"带有主观意志，无论是因为技术方法原因，还是主观认知与客观"现实"的一致性原因，或是研究者本身的价值观和意识形态作用的原因。但无论是哪种原因，试图用自然科学方法论及其范式、方法来证实方法论一元论、证实经济学"与价值观无涉"是徒劳的。连自然科学本身都无法保证自己的研究对象、方法范式不受价值观、意识形态的影响（见本章《一、方法论及其科学性问题》的分析），又何况社会科学、经济学呢？

在 20 世纪 30 年代以前曾在一定程度上主导了西方经济学方法论思想的英国哲学家约翰·斯图亚特·穆勒（John Stuart Mill）提出实证概念，强调实证分析与规范（normative approach）分析相分离。[①] 然而这种"分离"既无法解决主观认知与客观"现实"的一致性问题，也无法解决研究者价值观、意识形态差异性问题。实际上，法国社会学家埃米尔·迪尔海姆（Émile Durkheim）最早提出社会科学领域里学术研究的价值无涉观点。德国经济学家马克斯·韦伯（Max Weber）则认为完全无涉是困难的，因而提出在选择研究的课题时可以有自己的价值判断（价值观有涉），但在研究（实证）过程中则不能有任何偏见并应该遵循科学的原则对研究对象的本来面目进行探索，根据自己所发现的资料进行科学研究（价值观无涉）。一方面，韦伯这种"两分法"是社会科学方法论的一个进步——提出在选择研究课题时可以有自己的价值判断、目的；另一方面研究者应该遵循科学的原则对研究对象的本来面目进行探索，而这在现实中难以做到。设想美国出于冷战意识形态和价值观（价值观有涉）把新冠病毒（COVID - 19）起源归咎于中国的"实

---

① 参见［美］D. 韦德·汉兹著：《开放的经济学方法论》，段文辉译，武汉大学出版社 2009 年版，第 40 页。

验室"，难道美国中央情报局（CIA）会在具体研究（实证）过程中不带任何偏见并遵循科学原则对研究对象的本来面目进行探索？经济学领域也不例外。比如，新古典经济学用封闭系统方法论掩盖其价值观属性但却时常暴露其资本主义原教旨或极端资本主义价值观（如西方流行、一些中国学者秉承的新保守主义、新自由主义）。从根本上讲，当一个研究者带着价值观判断、目的选定研究对象进行实证时，他的方法论就受到价值观影响，研究对象选择、研究范式与方法都会受到价值观影响。中国新自由主义者用西方封闭系统方法论，用孤立、割裂、封闭的"实证"方法来"观察、认识"国有企业与私有企业效率效益现实以及其中的联系，并进行"描述、解释"，如此一来，韦伯"两分法"中提出的"在研究（实证）过程中则不能有任何偏见并应该遵循科学的原则对研究对象的本来面目进行探索"① 就已经成为一句空话。事实也证明了这是一句空话，中国有哪一个新自由主义者在坚持了韦伯的"两分法"后得出了与"国有企业效率效益必然比私有企业低下"相反的结论呢？新古典经济学的大师、精英、权威、诺贝尔奖获得者，又有谁得出了相反的结论呢？倒是一个精明的资本主义政治家、军事家、政客，英国前首相温斯顿·丘吉尔（Winston Leonard Spencer Churchill）曾运用了韦伯的"两分法"：当时丘吉尔和美国、西方国家预测苏联在德国法西斯进攻面前最多支撑不过 3 个月，苏联却在准备不足的情况下凭借自己的经济和社会制度产生的军事、经济、科技力量顽强地抵御了 3 个月以上，并在接下来的几年中成为世界规模最大的反法西斯中坚力量。丘吉尔敏锐、客观（韦伯的"两分法"）、准确地意识到：这个"社会主义经济制度"可以产生比老牌、发达、有百年历史的工业资本主义国家所

---

① 转引自王彩云、郑超：《价值理性和工具理性及其方法论意义——基于马克斯·韦伯的理性二分法》，《济南大学学报》（社会科学版）2014 年第 2 期，第 48—53 页。

无法产生的包括工业、制造业、科技、军事在内的经济效益和结果，尤其在集中力量发展必须、必要领域方面。在这一点上，丘吉尔根本没做什么封闭系统方法论下的中国新自由主义所做的孤立、割裂、封闭条件下的企业效率效益比较与衡量，前者的"经济学"能力远大于后者，而且不像后者在价值观、意识形态上"犹抱琵琶半遮面"，前者光明磊落得多！正因此，丘吉尔基于自己资本主义、殖民主义、帝国主义价值观、意识形态，以及对社会主义的极端仇视，在第二次世界大战接近尾声时，他甚至想与美国一起并联合纳粹德国残余、投降军事力量来消灭驻扎在德国和其附近其他欧洲国家的苏联红军；也正因此，作为资本主义政客的他成为第二次世界大战后挑起冷战、反对苏联及其社会主义阵营的第一急先锋。

（二）维也纳学者圈（Vienna Circle）的逻辑实证主义原则

20世纪20年代，一些维也纳学者推出逻辑实证主义方法论。他们主张以数理方式来体现实证主义，甚至认为数理即实证。[①] 虽然这个维也纳的逻辑实证主义与经济学还没有什么关系，而1870年时，德国经济学家赫尔曼·海因里希·戈森（H. H. Gossen）、法国经济学家里昂·瓦尔拉斯（L. Walras）、法国经济学家安东尼·奥古斯丁·古诺（A. A. Cournot）、英国经济学家威廉姆·斯坦利·杰文斯（W. S. Jevons）、奥地利著名经济学家卡尔·门格尔（C. Menger）等，都在用数学研究经济学了。英国经济学家阿·马歇尔（A. Marshall）、约翰·梅纳德·凯恩斯（J. M. Keynes）在他们自己的研究中很少使用数学工具，甚至对经济学中的数理方法合理性提出质疑。但后来美国经济学家保罗·萨缪尔森（Paul Samuelson）、肯尼斯·约瑟夫·阿罗（K. J. Arrow）、荷兰

---

① 参见［美］D. 韦德·汉兹著：《开放的经济学方法论》，段文辉译，武汉大学出版社2009年版，第78页。

经济学家佳林·库普曼斯（T. Koopmans）、法国经济学家杰拉德·德布鲁（G. Debreu）等人，则把数学作为经济学主要方法，但他们并没有从方法论角度系统分析这种数理方法、范式的科学性。从经济学方法论的高度把维也纳学者圈逻辑实证主义方法论与经济学联系起来的是美国经济学家米尔顿·弗里德曼（M. Friedman）。弗里德曼主张假设的真实性与理论的科学性无关，允许把建立在完全假设（即不关心是否有一个实践序列不断逼近这种假设）基础上的数理模型作为一种科学的经济学理论。这使得维也纳学者圈的逻辑实证主义成为西方经济学的一个方法论基础。也因此，有西方经济学者调侃道：西方经济学是"纯粹的数理游戏""理论的理论""真空中的理论"。德国政治经济学家理查德·阿贝尔·马斯格雷夫（Richard Abel Musgrave）认为：弗里德曼没有指出他到底指的是什么假设，因为并非所有假设在经济理论中都起同样的作用。马斯格雷夫把假设分成可忽略性假设、范畴假设和启发式假设。①本书作者也曾指出：弗里德曼没有讨论假设与现实存在不一致的可能，又错误地理解了物理学中牛顿力学和运动学的方法论。在牛顿力学和运动学中，一个没有摩擦的世界在现实生活中是不存在的，尽管有摩擦的世界却可以和一个没有摩擦的世界足够逼近，即让摩擦力足够小，从而使牛顿力学可以有效地预测物体运动的速度和位移。② 而弗里德曼所设想的经济学研究对象存在于完善市场、信息对称、没有阶级和利益冲突、零交易成本、没有外部性作用、没有垄断的"太空世界"，而这种"太空世界"在现实生活中并不存在。在动态的现实中，经济形式、结构、功能的复杂性越来越高，信息在不同交易主体之间越来越不对称，

---

① 参见［美］D. 韦德·汉兹著：《开放的经济学方法论》，段文辉译，武汉大学出版社 2009 年版，第 63 页。

② 参见龙斧、王今朝著：《社会和谐决定论：中国社会与经济发展重大理论探讨》，社会科学文献出版社 2011 年版，第 191—203 页。

交易成本越来越大，外部性作用越来越强，垄断越来越无法控制，阶级对立不仅没有消除，反而以新的形式愈演愈烈。因此把自然科学封闭系统方法论的假设范式照搬到社会科学，从而形成方法论基础，会在现实中产生诸多方面的科学性问题，而因此构建的逻辑实证主义经济学范式难以产生具有合理性、可靠性、稳定性的实证结果，哪怕使用的数理再高深再复杂（参见本书第七章关于经济学数理方法使用的分析）。

弗里德曼还用预测功效来证实其假设真实性无关紧要的方法论思想，即如果预测是对的，假设的不真实性不影响理论的科学性。对此，美国经济学家杰瑞·豪斯曼（J. Hausman）提出如下问题：一个正在良好运行的二手车一定不存在内部器件缺陷吗？一定不会因此缺陷而在下一时刻导致车毁人亡吗？弗里德曼的"预测功效说"就这样被两个简单问题驳倒了。弗里德曼的假设基础上的逻辑实证主义具有典型的唯心主义、形而上学和封闭系统方法论特征。本书第二至四章对这种在西方（新古典）经济学中极具代表性的封闭系统方法论进行分析。

（三）方法论的解释论原则

牛顿力学和运动学解释了物体的物理平衡和运动，并产生加速度的原理。但把这种物理学的方法用来研究经济学甚至形成范式就难免出现问题。特别是，人的行为在统一性、同质性、稳定性、时空一致性等方面不同于物体的加速度。人的行为远远复杂于物体的机械运动，绝不是这几个简单变量就可以决定的，即使如新古典经济学那样给定效用函数或无差异曲线，再给定预算约束，计算出来的消费行为最多只能作为商业上的孤立性、割裂性描述，即本书第二章所指出的封闭性的"实验室"预测。比如，一个开发商可以根据某地附近居民的购买力来设定其房屋建筑面积、质量及其基础上的定价，以保证卖出所有住房。然而，开发商的定价不一定是最优的。因为这种价格的优化程度还依赖于有无其他开发商竞争、人口流动、交通、发展前景、国家政策等众多变量。

从宏观经济学看，这种描述必然因本书第二至四章阐述、分析的统一性、同质性、稳定性、时空一致性等方面的问题而遭遇失败；从政治经济学角度看，这种描述的科学性程度更低，毕竟对于绝大多数社会成员来说，通过改变（资本）制度，从生产方式入手让社会变得更加平等、公平，他们的收入就可以提高，消费行为就可以改变，福利得到保障。①实际上，解释也好，预测也罢，都基于西方经济学所依赖的"理性人"基础。然而，这个"理性"是具有条件性、控制性、封闭性的理性，是西方经济学基于抽象的"中产阶级"基础之上的"理性"。毕竟，新古典的始作俑者大多既不是来自贫困阶层也不对贫困阶层感兴趣。这正如本书《第六章 中国经济学本土化的六大方法论决定》所指出的那样：从社会建构主义角度看，这些经济学家和学者们都是自身社会、政治、经济、文化阶层的产物，对不同社会阶层、不同经济制度中的人会怎样思考、行为不感兴趣也不了解，干脆说，他们对"人"不感兴趣。因此，他们所谓的理性是他们所从属或认可的那个阶层的行为、思维的理性。而他们抽象地谈论理性，仿佛他们所谈论的理性就是人类或绝大多数社会成员的统一的、稳定的、超越时空的人类共性理性。从实验室回到现实中就可以认识到：人群、社会阶层等诸多不同决定了理性的多元性、差异性甚至矛盾性。西方国家的绝大多数政客、"世界一流大学"学者和经济学家直到今天甚至永远都会百思不得其解：20 世纪 40 年代第二次世界大战后，美国是世界上最富有、最强大、最先进、最"理性"并自诩最民主、自由的国家，它所认可、支持、扶持的国民党政权在经济、军事、国家机器、国家资源等各个方面都比共产党强大好多倍，却为何失败、垮台？他们永远不会理解正是因为中国共产党人的"理性"被中国绝大多数人所认可、接受、拥护，并根据这个理性行动起来，实现了社会性、进步性的理性抉择。

---

① 参见 R. E. Backhouse, *New Directions in Economic Methodology*, London: Routledge, 1994, pp. 109 – 136。

(四) 证伪主义原则

一方面，奥地利哲学家卡尔·波普尔（Karl Popper）坚持可证伪性是科学的必要甚至唯一原则，认为科学通过猜想和反驳而发展，理论不能被证实而只能被证伪。他对经验观察（即提出问题、决定研究对象）加上科学实证来产生真理的逻辑实证主义方法论原则持批判态度，认为经验观察以某种理论为指导，而理论本身就可被证伪（disproved），因此提出"科学陈述不能被证实而只可能被证伪"的方法论思想。[①] 他对科学产生"绝对真理"的批判从现代物理学入手，来否定"科学定律"的绝对实证性和可靠性，然后将其证伪主义方法论用于人文领域和社会科学，对各种形式的绝对主义与决定论予以批判。对科学产生的理论本身具有证伪性属性（disprovable）这一点来看，他对方法论是有贡献的。不过，"证伪主义"只是科学属性之一，而不是全部。

另一方面，波普尔证伪主义是以一个理论的"绝对科学性"在被证明和证伪之间存在逻辑不对称特征为前提的：没有什么可以被彻底证实，但只要有一个证伪就足够了——包括假设和实证过程直到"科学"结果的产生等各个方面。这就出现逻辑问题了。

首先，这个波普尔从自然科学出发构建的方法论思想获得不少自然科学家的支持和肯定，包括爱因斯坦和一大批各个领域的诺贝尔奖得主。毕竟，这个方法论思想在自然科学领域里的（没有什么可以被彻底）证实与（只要有一个）证伪（就足够）之间反复发生，尽管能量守恒定律能否被证伪有待未来。

其次，波普尔对"逻辑"（作为科学方法）这个概念不认可。但他的这个"没有什么可以被彻底证实，但只要有一个证伪就足够了"本身

---

① 参见 ［英］ 波普尔著：《猜想与反驳》，沈恩明缩编，浙江人民出版社 1989 年版，第 9—29 页。

就是一个具有逻辑性的方法论思想，只是缺少辩证法。这样看来，他本人也在方法论理论构建时逃不出"逻辑"的科学世界。假设波普尔这个逻辑是对的，而他反对的"逻辑"是错的话，那么从逻辑性角度看，逻辑就有对有错：在一定时空里对，但在不同时空里可能错；在一些条件下对，但在另一些条件下可能错。对中有错，但错中也可能孕育对（这里的"绕口令"展示历史和辩证唯物主义方法论和思想观）；逻辑和其他方法结合产生的理论在科学性上亦然，在理论"真理"性上亦然——如果接受相对真理的话。从这一点看，波普尔的"证伪主义"不如中国的老子的"祸兮福所倚，福兮祸所伏"所展示的朴素辩证法思想。波普尔的这个方法论思想及其本质特征可以把研究者引入历史和辩证唯物主义方法论的轨道，也可以把一些人引入"不可知论"的幽径。研究者的科学研究及其意义、价值都将与这个"引入"的不同结果相关。

再次，波普尔对方法的科学性及其真理性是持质疑态度的，尤其是对科学、真理的绝对性。但他的"只要有一个证伪就够了"也表现出绝对性（方法上可以很容易就把这"一个证伪"排除或控制），而且是逻辑性的绝对性，也是方法论上的一个错误。比如，对美国种族主义的分析产生了相关社会学理论，对其科学性和真理性不能因为有一个"证伪"就足够否定了。这是社会科学与自然科学的一个最本质区别（这里不是说自然科学研究产生的真理只要有一个证伪就够了）。毕竟，在美国建国后的资本主义奴隶经济制下，某一个或几个或几十个奴隶主（地主、资本家），在某一个时空、某一条件下、某一事情上对奴隶比较好，就足够证伪社会学对种族主义、阶级制度批判的科学性和真理性吗？当然不能。毕竟，社会科学的科学性不是基于"小数点"科学性，是一个多元因素作用下产生的认知与知识体系的整体科学性。

最后，波普尔对证实方法的科学性以及产生的理论真理性质疑，加上"只要有一个证伪就足够了"，加上他对逻辑的科学性否定，实际上打了自己"一枪"。因为按照波普尔的逻辑，只要找到对"证伪主义"的一个证伪就足够了。在自然科学领域里不只是能量守恒定律迄今屹立，还有更多例子这里不一一赘述了。即便在社会科学领域里马克思关于资本主义的理论、生产力与生产关系的理论、经济基础与上层建筑的理论，迄今屹立。这些能够证伪波普尔的"证伪主义"吗？毕竟，证伪可以被再证伪，如果只停留在此，就像实验室松鼠跑玻璃球了，所以只有打破它，循着历史、辩证唯物主义方法论才能找到出路。

　　从证伪本身的方法逻辑性看，一些学者不赞同甚至反对马克思关于生产力与生产关系、上层建筑与经济基础的政治经济学理论，但反对这个理论或不同意这个理论，补充这个理论，发展这个理论，围绕相同问题创建一个新理论，等等，都不是证伪这个理论。比如，有女权主义社会学学者指出：马克思的资本主义理论只谈了资本对女性的歧视与压迫，而没有谈文化传统对女性的歧视与压迫；或认为经典马克思主义甚至没有提供关于女性受资本压迫的完整分析，因而有很深的缺陷，不能完全解释女性问题。首先，这不是证伪；其次，这根本不应该被称为"缺陷"，否则可以说马克思主义的缺陷也在于它没有为今天世界成百上千社会性、经济性、政治性问题做出解释，包括怎么解决新冠病毒引发的疫情。再比如，凯恩斯的资本主义经济危机源于有效需求不足的理论不同于马克思资本主义经济危机理论，压根谈不上证伪（凯恩斯不具备这个科学能力），反而正如一些西方学者所说是一种证实，尤其是当凯恩斯的政府干预理论失灵时更说明是对马克思主义理论科学性的一种证实。英国1825年第一次经济危机距今已近200年，马克思关于经济危机的理论距2021年也已150年左右。今天资本主义的经济危机还存在吗？当然存在。退一万步假设它不存在了，这也不是对马克思主义理论的证伪——从历史唯物主义方法论看。

　　封闭性、割裂性的证伪主义原则一方面会把糟粕从科学中剔除出去，但另一方面也把科学从科学中剔除了出去。① 这样看来，证伪主义作为方法论确实会使科学家得出错误的结论，作为认识论，它把事实如何支撑理论（即实践怎样能够产生真知、实践怎样成为检验真理的标准）的科学性都排除在外。证伪主义宣称自己不会引导人们建立正确的理论，但能消除错误，② 但真理的可能性、相对性、时空性等都已经排除了，还需要证伪吗？而且，在证伪主义提出之前，人类在知识领域就没有办法消除错误了吗？答案当然是否定的。这样看来，证伪主义方法论对经济学的理论构建既存在问题又有贡献。一个证伪不能代表对一个理论构建的否定，但是却提出了"普适性"问题，能够启发、激励研究者去分析、调查这个证伪的条件、环境、作用因素等方面的差异性（唯物主义方法论就是如此）。英国经济学家凯恩斯认为：经济危机的成因是有效需求不足。在他看来，普遍性生产过剩导致的经济危机和非自愿失业的存在，源于消费与投资两方面有效需求不足的内在结构，只要通过政府积极而主动的经济扩张政策，自由放任的资本主义就能转化为可调节的资本主义，经济危机就可以被医治。如果抛开这种"医治"的程度，现实中既有证实也有证伪。这个既有证实又有证伪的情况能够启发、激励研究者去分析、调查证实与证伪的条件、环境、作用因素等方面的差异性。不过，在西方（新古典）经济学的封闭系统方法论框架里的分析将使凯恩斯这个理论正确与否、科学与否成为西方经济学永远的"无头公案"。

（五）"划界"与方法论的多元主义论

划界问题始终是一个基本方法论问题。不同历史时期的不同学派对

---

① 参见 D. W. Hands, "Tesing, Rationality and Progress", in *Essays on the Popperian Tradition in Economic Methodology*, *Lanham*, MD: Rowman & Littlefield, 1993, p. 44。

② 参见 R. E. Backhouse, *New Directions in Economic Methodology*, London: Routledge, 1994, pp. 1–26。

科学概念的理解不尽相同，使得科学与非科学划界标准纷争迭起。如果以奥地利哲学家卡尔·波普尔（Karl Popper）的划界标准为主线，科学与非科学划界标准经历了不同阶段，比如，从逻辑实证主义的可证实性标准到波普尔批判理性主义的可证伪性标准；而美国科学史家托马斯·库恩的（Thomas Samuel Kuhn）"范式"和匈牙利数学哲学家伊姆雷·拉卡托斯（Imre Lakatos）的"经验预见性"标准则逐渐模糊了划界问题，形成了历史主义的相对标准。鉴于绝对标准到相对标准的发展，提出应置身更为广阔的视野，更加多元化地审视和思考划界标准问题。

新古典经济学对如何研究经济问题、如何获得真理性的方法论认识远没有在经济学界取得一致的意见。在划界问题坚持多元主义方法论的美国经济学方法论学家布鲁斯·考德威尔（Bruce Caldwell）认为：很多方法上的科学与非科学划界标准不是像波普尔等人所想象的那样简单，应该在对各种方法（论）的优势和局限进行批判性评估的基础上，使用包括各种方法在内的所有方法来进行研究，才能获得科学的认识。[1] 从这个观点来看，方法论多元主义与交叉科学的方法有类似之处，但前者也有自相矛盾之处。比如，考德威尔又认为：① 方法论的多元主义论属于一种元方法论，不以任何认识论为前提，而只是假设已有进行研究的各种方法，试图通过各种方法的主张者的相互批判取得真正的知识，因为通过批判，人们可以看到不同的研究纲领的优点和弱点；② 方法论的多元主义论没有一个关于真理的理论，无法对"理解"一词赋予含义，无法对理论的"改进"或"进步"与否进行判断，因而不对人们如何进行研究给出指导，也不对理论好坏做出抉择。

可以说，在新古典方法论占据实际主导地位的情况下，方法论多元主义论的主张构成对新古典主流地位的挑战。然而，方法论多元主义论

---

[1] 参见 B. J. Caldwell, "The case for pluralism", in *The Popperian Legacy in Economics*, De Marchi Neil (eds.), UK: Cambridge University Press, 1988, pp. 231 – 244。

者认为自己没有一个关于真理的理论，因为除了方法之间的相互批判之外，还有方法之间的批判性吸收。当然，一谈到吸收，就涉及吸收什么的问题。既然方法论多元主义论者是批判新古典的，那是否吸收马克思主义呢？这就涉及价值观问题了。在一些方法论学者看来，纵然批判新古典，也不妨碍经济学家继续使用新古典。可是，这样一来，不同性质、互相对抗的方法如何基于一致、共同的科学原则而被不同研究作者在不同研究中使用呢？这样看来，这种多元主义带有折中主义色彩，具有机会主义的基因，而整体主义基础上的交叉科学是比多元主义更为科学、更具有实际科学作用的一种方法论主张。

由于新古典经济学的方法论科学性问题始终存在，在相同的方法论框架（如封闭系统方法论）中想要彻底解决这些问题是不可能的。结果，一些西方学者对于西方经济理论的科学性失去了信心。例如，英国经济学家约翰·希克斯（J. Hicks）、琼·罗宾逊（J. Robinson）等人说：西方经济学是一种训练，而不是科学;[1] 是发现具体真理的引擎，而不是具体真理的体现；是经济学家所做的不精确工作，而不是科学的化身；是一种说服人的修辞，而缺少坚实的实证依据;[2] 是对私有财产社会制度中的竞争法则的辩护和捍卫，而不是"价值观无涉"、价值观中立的科学。确实，许多新古典学者或反新古典的学者所进行的工作就像蒙着眼拉磨的驴子，转来转去地兜圈子。[3] 与拉磨的驴子所兜的圈子

---

[1] 参见 M. Blaug, *Economic Theory in Retrospect. 5th Edition*, UK：Cambridge University Press, 1997, pp. 180 – 220。

[2] 参见 T. A. Boylan and P. F. O'Gorman, *Beyond rhetoric and realism in economics*, London：Routledge, 1995, pp. 183 – 204；A. Klamer, D. N. McCloskey and R. M. Solow, *The consequences of economic rhetoric*, UK：Cambridge University Press, 1988, pp. 117 – 163。

[3] 西方诸多社会科学理论都是如此。关于哲学上的例子，参见龙斧、王今朝著：《社会和谐决定论：中国社会与经济发展重大理论探讨》，社会科学文献出版社2011年版，第181—189页。

不同的是，这些西方学者所兜的每个圈子之中和不同圈了之间，会发生各种各样的难以调和的矛盾。因此，仅基于这种"多元主义"方法论原则是难以提高方法论科学性的。

四、结论：方法论的科学性决定经济学的科学性

本章在区分方法论与方法的基础上，从研究对象、范式、方法三方面分析了自然科学与社会科学方法论的特征、相同与不同，并论证了自然科学与社会科学方法论都会受到价值观与意识形态影响，尤其是后者。在此基础上，本章从辩证唯物主义角度确立了方法论的科学属性：一是方法论的科学性决定某种研究范式或研究方法及其实际运用中的科学性程度；二是在不同方法论基础上的相同研究方法的运用可以产生不同的结果；三是在相同方法论指导下的不同研究方法对同一研究对象的运用，既可以产生相同结果又可以产生不同结果。

本章也从哲学基础与方法原则、价值观与意识形态属性、研究范式与方法、对经济学范畴的界定及其政治属性等方面分析了新古典经济学与马克思主义的差异，说明了新古典经济学是西方资本主义市场经济的经济（学），根本不是什么普适、中性经济学，而基于历史和辩证唯物主义方法论的马克思主义理论更具有科学性、普适性。这表明，方法论科学性越高，理论科学性就越强，普适性就越大，生命力就越长久。

本章还分析了新古典方法论的几个理论原则："与价值观无涉的实证主义"的一元论原则、维也纳学者圈的逻辑实证主义原则、方法论的解释论原则、波普尔的证伪主义原则以及"划界"与方法论的多元主义论。本章分析表明，依靠这些理论原则本身存在方法论科学性问题，因而无法提高新古典方法论的科学性。本书下一章将进一步分析新古典经济学的封闭系统方法论本质以及因此产生的经济学科学性问题。

第二章　西方（新古典）经济学的
封闭系统方法论

新古典经济学的封闭系统方法论特征尤为明显。本章则从方法论角度，运用一般系统理论（General System Theory）、整体主义和交叉科学方法，分析西方（新古典）经济学方法论问题，尤其是它在经济学研究范畴、对象、方法、逻辑结构等方面表现出的"封闭系统"（close-system）特征，并揭示新古典经济学在变量关系划定、经济制度研究上所表现出来的"两个凡是"（见本章"三、新古典经济学'两个凡是'的方法论特征"）方法论特征，从而证明它不是也不可能是"普适经济学"。而西方经济学封闭系统方法论本身也带有鲜明的价值观色彩。

一、封闭系统与开放系统方法论
及其对经济学的影响

封闭系统方法论首先在西方自然科学领域（如物理学、生物学、生命学等）产生。这个方法论的指导原则之一就是：对自然界某个事物的认识通过对其组成部分进行封闭性、条件控制性研究即可获得。在现实与对现实的认识问题上，这种方法论认为现实是孤立存在、自身运行并形成规律（定律）的，而对这个现实的主观认识是基于对这个规律（定律）在封闭条件下进行研究而产生的（热力学第二定律当推典型）。①

（一） 两种方法论对事物内在联系、变化及其规律研究的区别

对事物内在联系、变化及其规律，不同的方法论指导下的研究，可以产生不同的认识结果。

1. 封闭系统方法论

西方（新古典）经济学在方法上不乏对自然科学的借鉴，方法论上受其影响也就在所难免。比如封闭系统下产生的不少理论认为：经济规律的形成、存在无须与社会环境、社会生产关系或社会其他领域、结构、功能等发生关系。可以说，无论是自然科学还是社会科学领域的封闭系统方法论，都具有以下共同特征：① 对客观事物及其本质的主观认识采取孤立、割裂的方法；② 对事物的"科学研究"应由主观来限定领域、范畴、对象，确立内容和研究方法，并在此基础上产生对其关系、特征和规律的认识；③ 基于 ① 和 ②，对事物之间关系的认知及其理论通常是定论性（deterministic）、权威性（authoritative）、恒定性（steady）和终极性（ultimate）的；④ 事物之间的相互作用以及因此产生的关系、规律可因"研究方法需要而主观排除在外"；⑤ 认为只有这样产生的"理论认识和知识"才能无价值观性、无社会性因而最具"科学性"和"普适性"。② 很显然，从这些特征看，封闭系统具有唯心主

---

① 参见 N. C. Rana and P. S. Joag, *Classical Mechanics*, New York：Tata McGraw-Hill, 1991, pp. 1 – 42；Bertalanffy, L. von, *General System Theory*, New York：George Braziller, 1988, pp. 1 – 36；L. D. Landau and E. M. Lifshitz, *Mechanics*, Oxford：Butterworth-Heinemann, 1976, pp. 1 – 27。

② 参见龙斧、王今朝著：《社会和谐决定论：中国社会与经济发展重大理论探讨》，社会科学文献出版社 2011 年版，第 3—23 页；M. Foucault, M. Senellart and A. I. Davidson, *Security, Territory, Population*：*Lectures at the Collège de France 1977 – 1978*, London：Palgrave Macmillan, 2007, pp. 1 – 5；Bertalanffy, L. von, *General System Theory*, New York：George Braziller, 1988, pp. 1 – 27。

义和形而上学本质。正如法国存在主义学者阿克谢洛斯（Kostas Axelos）指出的那样：用封闭系统构建一个科学领域的理论在本质上都依赖一种保守、静止的方法论。①

2. 开放系统方法论

针对上述封闭系统特征，也针对由此产生的具体理论、研究方法存在主观划定条件、脱离客观现实等问题，加拿大著名方法论学家、理论生物学家路德维希·冯·贝塔朗菲（Ludwig von Bertalanffy）提出了一般系统理论和开放系统（Open-System）方法论思想，认为一个社会系统（如经济制度、结构）的内部成分、功能、运行不仅相互作用，而且与外部环境（即其他系统）具有相互影响、相互作用的本质。② 在贝塔朗菲看来，所有具有生命和动态性质的事物、现象应该在开放系统方法论框架中来研究，而封闭系统模型难以合理、全面解释、分析事物动态甚至静态规律，即便"用于开放系统中哪怕具有稳定状态的生命有机体都是不合适的。这种有机体的诸多特征在物理规律中看上去是自相矛盾的，而这正是处于开放系统中的有机体表现出来的开放系统作用的事实结果"③。

在社会科学领域，开放系统方法论基于一个事物、现象的动态本质，允许其内部成分、要素分别与外界事物、环境交叉影响和作用，

① 参见 K. Axelos, "The World: Being Becoming Totality", *Environment and Planning D: Society and Space*, Vol. 24, No. 5（October 2006）, pp. 643 – 651; Bertalanffy, L. von "An Outline of General System Theory", *British Journal for the Philosophy of Science*, Vol. 1, No. 2（August 1950）, pp. 139 – 164。

② 参见 T. E. Weckowicz and Ludwig von Bertalanffy, *A Pioneer of General Systems Theory*, *Center for Systems Research Working Paper*, Edmonton AB: University of Albert, 1989, p. 2。

③ Bertalanffy, L. von, *General System Theory*, New York: George Braziller, 1988, pp. 1 – 27; M. Davidson, *Uncommon Sense: The Life and Thought of Ludwig von Bertalanffy*, Los Angeles: J. P. Tarcher, 1983, pp. 2 – 11。

即“与环境（或其他系统）具有紧密‘交换’关系而存在，具有输入
（input）和输出（output）共性本质，具有建立新的、重组旧的关系、
现象及规律的共性本质”①，即毛泽东《矛盾论》中所指出的不同事
物的本质内在联系。而封闭系统则画地为牢，把事物孤立起来、封闭
起来，把事物与外界不可避免的各种交叉影响和作用割裂开来，在静
态条件下“找出”事物规律、关系，仿佛热力学“均衡”的封闭研究
方法就是社会科学的方法。难怪西方对新古典均衡理论的批判多从其
“割裂、孤立、封闭”方法论本质出发，指出这个理论与现实相去
甚远。

开放系统方法论的另一特征要求交叉科学方法的运用。这是由事物
形成、发展、变化中与环境以及其他事物的内在联系本质、交叉影响的
复杂性、多元性和人类对事物认识的程度上升性、相对性所决定的，无
论自然事物还是社会事物都是如此。② 阿克谢洛斯（Kostas Axelos）认
为：社会科学领域中，开放系统指把物质、能源、人、资本、信息等各
种变量和它的环境进行纵横交错的交叉检验，发现交互作用和关系，从
而得出结论，这是因为社会本身无论从内在关联还是作用关系的程度和
范围来看，都具有开放系统本质。③ 这样看来，社会科学不同领域交叉
联合，运用不同方法和模式来研究现实社会，研究经济事物，就能解决
许多实际问题。而封闭系统创造了一个空间垄断和时间垄断，其指导下

---

① M. E. Milakovich and G. J. Gordon, *Public Administration in America*, New York：
Bedford/St. Martin's, 2001, pp. 4 – 47.

② 关于社会科学领域交叉科学方法论的阐述、解释及运用，参见龙斧、王今朝著：
《社会和谐决定论：中国社会与经济发展重大理论探讨》，社会科学文献出版社
2011 年版，第 1—14、318—383 页。

③ 参见 K. Axelos, "The World：Being Becoming Totality", *Environment and Planning
D：Society and Space*, Vol. 24, No. 5 （October 2006）, pp. 643 – 651；Bertalanffy, L.
von "An Outline of General System Theory", *British Journal for the Philosophy of Sci-
ence*, Vol. 1, No. 2 （August 1950）, pp. 139 – 164。

的研究否定一个社会事物的多重社会属性，试图在一个封闭、割裂、静止的世界里产生"纯粹科学"。20 世纪 50 年代后，开放系统方法论和其指导下的交叉科学方法不仅为自然科学而且为社会科学诸多领域的发展做出了巨大贡献。正如诸多西方学者所言，一般系统理论、开放系统方法论和交叉科学方法已经逐步影响了包括现代经济学、管理学、公共管理学、社会学、人类学、政治学、心理学在内的诸多领域的发展和演进。① 可以说，西方社会科学诸多领域成果的取得，正是基于对封闭系统下的"纯粹科学"方法论的批判、摒弃以及对开放系统方法论和交叉科学的运用。比如，在经济学领域里，荷兰经济学家简·丁伯根（J. Tinbergen）、瑞典经济学家冈纳·缪达尔（G. Myldal）、印度经济学家阿马蒂亚·森（A. Sen）、美国政治经济学家埃莉诺·奥斯特罗姆（E. Ostrom）、美国经济学家约瑟夫·斯蒂格利茨（J. E. Stiglitz）、美国经济学家道格拉斯·诺斯（D. North）等诺贝尔奖得主强调经济发展决定因素的多元性和复杂性，从而在研究对象分析上表现出不同事物内在联系的辩证法特征。再比如，在心理学领域，法国哲学家路易·阿尔都塞（L. Althusser）直接商榷奥地利精神分析学派创始人西格蒙德·弗洛伊德（S. Freud），强调事物都有多重性引发本质，而非单个封闭体下的内部作用结果。还比如，在社会学领域，法国社会学家埃米尔·迪尔海姆（Émile Durkheim）的自杀学理论研究运用交叉科学的方法揭示了人类自杀行为的社会属性、共性与特性，从根本上推翻了个人心理学的

---

① 参见 D. Pouvreau and M. Drack, "On the history of Ludwig von Bertalanffy's 'General Systemology', and on its relationship to cybernetics", *International Journal of General Systems*, Vol. 36, No. 3 (February 2007), pp. 281 – 337; D. Hammond, "Philosophical and Ethical Foundations of Systems Thinking", *TripleC*, Vol. 3, No. 2 (April 2005), pp. 20 – 27; P. Corning, "Fulfilling von Bertalanffy's Vision: The Synergism Hypothesis as a General Theory of Biological and Social Systems", *ISCS*, Vol. 3, No. 2 (June 2001), pp. 181 – 196。

还原论解释。① 这种例子在西方管理学和其他诸多应用性社会科学领域的发展更是不胜枚举。

纵观社会科学方法论发展历程，对事物形成、发展、变化和本质的规律认识长期存在开放系统与封闭系统的方法论对抗。可以说，法国哲学家勒内·笛卡尔（R. Descartes）的主体决定论、德国哲学家乔·威·弗·黑格尔（G. W. F. Hegel）的认识决定论等是社会科学中封闭系统方法论的代表，而英国文化理论家雷蒙德·威廉斯（R. Williams）的社会文化论、法国社会学家皮埃尔·布迪厄（P. Bourdieu）的实践理论则是开放系统的代表。法国哲学家米歇尔·福柯（M. Foucault）等的生命政治论也带有明显开放系统方法论特征，否定对事物本质和关系过程做出终极定论。② 法国哲学家布鲁诺·拉图尔（B. Latour）的主体认识网状论（Actor-network theory）确立了社会事物多形态和多元（polymorphous）性质。而德国经济学家、社会学家卡尔·马克思（Karl Heinrich Marx）不仅驾驭开放系统方法论，而且在其中加进了辩证法（如资本主义经济发展本身蕴涵了失败基因），对西方社会科学的影响不可忽略；对此，无论赞同还是反对马克思主义理论的学者都不否认。马克思与法国社会学家埃米尔·迪尔海姆（Émile Durkheim）、德国经济学家马克斯·韦伯（Max Weber）三人在西方被誉为"现代社会科学的主要建筑师"。

（二）封闭系统的还原主义论（Reductionism）与开放系统的整体主义论（Holism）的对抗

封闭系统的还原主义论与开放系统的整体主义论对社会科学领域的

---

① 参见 W. S. F. Pickering and G. Walford, *Durkheim's Suicide. A century of research and debate*, London：Psychology Press, 2000, p. 25。

② 参见 M. Foucault, M. Senellart and A. I. Davidson, *Security, Territory, Population：Lectures at the Collège de France 1977 – 1978*, London：Palgrave Macmillan, 2007, pp. 1 – 5。

研究产生了不同的影响。

1. 西方还原主义及其对社会科学的影响

还原主义是封闭系统另一方法论特征和逻辑基础，强调在前提假设、限定的时空范围内研究最基本、最基础的个体成分（masses、particles、atoms、elements 等），找出规律性，再把个体简单相加后得出的结论作为事物整体规律，并认为这样就完成了对事物的认识。比如，早期西方医学和生命科学研究基于这种还原式方法论，[1] 强调对身体各器官最基本细胞的功能、特征、现象和属性进行了解，加总后也就是对人整体的了解，就是生命规律，从而也就可以（用数理模式）找到、确立某个器官、某个细胞的"均衡状态"（新古典方法论何其相似！）。结果其早期医学也因此具有"头疼医头脚疼医脚"的特征。但还原论忽略了人体是一个有机生物整体（系统），如大脑可以影响胃的功能和状态，而后者又反过来影响前者，二者都不是孤立、封闭状态下的单独、自我运行，而且它们之间也不是简单、单向、单一的线性关系。这种复杂的、多元的、非线性的、交叉式的、相互的、多重性的、反复（但不一定重复）的影响与作用关系对医学和生命科学的目的与宗旨尤为重要——怎样通过整体关系研究保证这个有机整体的健康！这个共同目标、宗旨是基于整体主义思想基础上的，而某个器官和细胞的孤立、割裂研究后的加总对实现这个宗旨的意义是极为有限的。[2] 在这一方法论思想上，早期西医与中医有很大区别，后者与西方现代整体主义有相同方法论成分。

这种以还原论为特征的封闭状态下的"均衡"理论对西方社会科学

[1] 参见 Satir, Virginia M., *Conjoint Family Therapy*, Palo Alto, CA: Science and Behavior Books, 1983, pp. 1–42。

[2] 参见 Satir, Virginia M., *Peoplemaking*, Palo Alto, CA: Science and Behavior Books, 1972, pp. 1–23。

无疑产生影响。而新古典的均衡理论正是其典型代表之一。它认定经济学就是对个体现象或过程的研究，其假定的"经济人"（企业和消费者）就是经济现象、关系的最基本对象，只要对"经济人"这种基本"细胞"的"内生"函数关系进行分割研究后加总就可以得到人类社会经济活动的特征和规律。无论英国经济学家约翰·希克斯（J. R. Hicks）的消费者行为理论、美国经济学家萨缪尔森（P. A. Samuelson）的显示偏好理论、意大利经济学家皮埃罗·斯拉法（Piero Sraffa）的厂商理论，还是法国经济学家里昂·瓦尔拉斯（L. Walras）的一般均衡理论或美国经济学家加里·贝克尔（G. S. Becker）的人力资本理论，无不表现出这种还原主义特征。尽管货币主义兴起、"加里·贝克尔革命"、美国经济学家罗伯特·卢卡斯（R. E. Lucas）和美国经济学家托马斯·萨金特（T. J. Sargent）新古典宏观理论的出现使"经济人"内涵有所发展，新古典的还原主义本质并未改变：一切经济行为、现象以及产生的关系和规律最终无不是"经济人"个人心理主义和理性主义支配下"最大化、最优选择"的结果。比如，尽管博弈的均衡理论对理解、分析一些特定社会经济条件、环境、制度以及价值观体系下的某一类人群的某种类型经济行为和因此产生的现象、关系和规律有所助益，但它自身的"理性"假设与传统微观经济学的"经济人"假设没有本质区别。

2. 西方对还原论的整体主义批判

整体主义认为各个"系统"领域，无论是物理、生物、化学、社会、经济、心理甚至是语言等都应该被视为基本成分有机构成、动态组合的整体，而非各自成分的简单加总。这就是说，对一个系统（如经济规律）进行研究必须首先视之为有机整体，如果仅从其各个不同的基本成分入手而后加总，其功能、运行的现象与规律都是无法科学认识和理解的，其中内在、有机和辩证关系更是无法锁定。德国历史学派从社会结构的有机整体入手，分析各个功能领域行为、现象、特征和规律，是从整体到个体的研究路径；其方法论强调时空差异性（如历史差异性），因而认为经济学不存在普适合理性与规律性。① 它把经济学视为实验和历史分析的结果而非数学的结果，是西方与古典和新古典对抗的主要学派之一。② 这种方法论特征与德国历史、文化、经济、政治等原因不无关系。它的代表性人物不乏对古典、新古典的批判，德国经济学家马克斯·韦伯（Max Weber）是其中一个。③ 马克思政治经济学在整体主义运用上与德国历史学派相似，但在具体经济研究的切入点、路径上不同，而且由于在方法论中加入康德唯物主义和黑格尔辩证法的合理内核并使二者完美结合，其科学性、影响性远比德国历史学派理论要高。马克思不是为研究"纯粹经济"而研究经济，而是研究经济在人类社会发展中的规律性作用和二者之间所具有的普遍性的交叉作用，因而使商品、市场、货币、价格、价值、供求、资本、劳动力、阶级等成为其生产力—生产关系、经济基础—上层建筑大框架（mega-system）中的有机组成部分。这种整体主义方法论的辩证唯物主义运用所产生的理论不仅对社会主义国家而且对资本主义国家的发展都产生了巨大影响。英国经济学家凯恩斯（J. M. Keynes）的分析，无论是《巴黎和会的经济后果》还是《就业、利息和货币通论》，都可以说是经济学领域整体主义方法论运用的尝试。如果说，英国经济学家阿尔弗雷德·马歇尔（A. Marshall）对于德国历史学派具有强烈好感，④ 那么凯恩斯可以说是在运

① 参见 Y. Shionoya, *The German Historical School: The Historical and Ethical Approach to Economics*, London: Routledge, 2001, pp. 3 – 42。

② 参见 N. W. Balabkins, *Not by Theory Alone: The Economics of Gustav von Schmoller and Its Legacy to America*, Berlin: Duncker & Humblot, 1988, pp. 1 – 22。

③ 参见 E. Grimmer-Solem, *The Rise of Historical Economics and Social Reform in Germany, 1864 – 1894*, New York: Oxford University Press, 2003, pp. 23 – 37。

④ 参见［英］杰弗里·M. 霍奇逊著：《经济学是如何忘记历史的，社会科学中的历史特性问题》，高伟、马霄鹏、于宛艳译，中国人民大学出版社 2008 年版，第 3—23 页。

用与德国历史学派相似的方法论了。

针对还原论对社会科学的巨大影响，贝塔朗菲（Ludwig von Berta-lanffy）以其著名的差异性（不同）演变集合条件下的微分方程式强调自然与社会事物都具有整体主义性质；社会科学领域里那些诸如"社会物理学"（social physics）思维模式、"原子论"概念（atomistic concep-tions of social systems）等正是因其还原主义本质而无法把研究与现实世界相结合。而整体主义在任何一个领域的研究都接纳不断出现或发现的新系统（制度、结构、功能），并因此改变、发展了诸多科学领域的方法论以及研究方法和手段，如贝塔朗菲提出的"反馈、信息、通信等现代系统"已经融入经济学和其他社会科学的方法论。[①] 显然，对某个事物或系统中的某个成分进行孤立、限定、封闭式分析无法揭示事物本质、共性、特性和规律。因此，开放系统方法论鼓励无权威的代表性（non-authoritative representative）、无权威的参照性（non-authoritative ref-erential）且具有后人文主义（post-humanist）性质，在非终结性（non-deterministic）方法框架下揭示出社会事物的复杂性、多元性、变化性、规律的相对性和不同条件下的差异性。而所谓一个系统（如经济）领域的"均衡"不是其具体成分自身自然形成的，而是在与环境、其他多种力量作用—反作用、影响—反影响过程中出现的，具有时间和空间的相对性，因此不具有定论性、绝对性、终结性、权威性和普适性。[②] 当然，社会科学的开放系统方法论的使用将因为人类社会的复杂性、动态性、差异性而比自然科学更加困难，但这恰恰证明了还原论在社会科学的方法论和研究上更加没有出路。

---

① 参见 Bertalanffy, L. von, *General System Theory*, New York：George Braziller, 1988, pp. 1 – 27。

② 参见 M. E. Milakovich and G. J. Gordon, *Public Administration in America*, New York：Bedford/St. Martin's, 2001, pp. 3 – 10。

（三） 中国的整体主义方法论思想

中国的整体主义方法论思想集中表现在以下两个方面：

1. 中国古代的朴素整体主义思想

中国本不乏整体主义哲学思想，历史上有《周易》《皇帝内经》《道德经》，现代当推《矛盾论》和《实践论》。《周易》称：演绎为"涣"，归纳为"萃"。演绎指从太极（即事物的规律性认识"至大无外""至小无内"本质）到两仪（即天地、乾坤）、两仪到四象（即乾、坤、震、艮等现实中的天动地静）、四象到八卦（即乾、坤、震、巽、坎、离、艮、兑8种物质现象）、八卦到六十四卦（即64种社会现象）、六十四卦到万事万物这样一个人类认识从自然现象进入到社会现象的过程。这种演绎过程在认识论上含有朴素整体主义思想。从抽象的"太极"到具体的"八卦"构成人类对自然和社会的认识的第一次飞跃，而从自然现象（即八卦）到更为具体的社会现象（即六十四卦）构成人类认识的第二次飞跃。这两个认识飞跃，与《周易》阴爻、阳爻对万事万物的概括与演绎方法结合，体现了事物对立统一的朴素辩证法思想。周易对中国几千年政治、经济、文化、军事、哲学、文学、数学、自然科学、医学等各个领域的影响可谓无处不在。孙思邈的"不知易便不足以言知医"的整体主义思想与早期西医的还原主义方法论形成鲜明对照。无论是孔孟之学、老庄之道、法墨之术还是《史记》《孙子兵法》无不带有整体主义思想。而鞠躬尽瘁死而后已的诸葛亮实行"唯薄赋敛，无尽民财"[1]，裁减官职、精简机构，"田畴辟、仓廪实、器械利、蓄积饶"[2] 等治国方略，则集中体现了社会、政治、军事、经济有机相

---

[1] （三国）诸葛亮著：《诸葛亮集》，段熙仲、闻旭初编校，中华书局1974年版，第23—29页。

[2] （三国、西晋）陈寿著：《三国志》，岳麓书社1990年版，第746页。

关、协调发展的整体主义思想，与简单、割裂、孤立式、为经济指标而发展经济的还原主义思想更是有着本质区别。

2. 毛泽东思想的整体主义方法论

从中国现代史看，毛泽东的《论持久战》与国民党的"速胜论""亡国论"形成鲜明的整体主义与还原主义的方法论对照。后者用孤立、割裂式方法对国民生产总值、工业能力、军事科技、武器装备等最基本成分进行数理分析、简单加总和还原式对比，前者却运用辩证法分析事物各种因素的内外在有机联系、变化条件，从而看到弱小与强大的转化关系及变量作用。结果，两种不同方法论指导下的对同一事物的分析产生了截然不同的理论思想、预测结果和实践指导。毛泽东的《实践论》《矛盾论》运用辩证唯物主义，更是对整体主义方法论发展做出了贡献。《矛盾论》中无论是对矛盾的普遍性、矛盾的特殊性、主次矛盾和矛盾的主要方面、矛盾诸方面的对立统一规律分析，还是对矛盾普遍性与特殊性、共性与个性的关系以及内在联系、相互转化的阐述，无不体现整体主义与辩证唯物主义的结合。《实践论》针对教条主义和经验主义（在方法论上后二者都有封闭系统色彩，与新古典约定主义有吻合之处——见后文）所提出的实践—认识—再实践—再认识的认识论模型，以及所揭示的事物"均衡"相对性及其变化、发展绝对性的开放系统方法论思想，与封闭系统的保守性、静止性、孤立性、割裂性、还原性、普适性、终结性方法论特征形成鲜明对照。同时，这二"论"因为牢牢基于社会现实、紧密结合中国实践，不仅对整体主义、多元主义和辩证唯物主义方法论发展做出了杰出贡献，而且对分析今天中国改革的发展方向、性质、模式、理论以及矛盾、冲突、问题尤其具有极强的指导意义。

二、新古典经济学的封闭系统方法论特征分析

从方法论角度看，划定研究范畴无可厚非，建立自己的知识体系也

未尝不可，但如此通过"范畴封闭"使新古典经济学成为人类普世经济学，那就脱离科学之轨道了。如果再把不同学派、流派（如德国历史学派、马克思主义经济学和制度经济学等）排除在"经济学"范畴之外，那就更是滑向神学边缘了。

（一）研究范畴的封闭："经济人"假设

新古典经济学对研究范畴（如研究对象和领域）进行封闭，一方面把研究对象限定在"经济人"这个资本主义市场经济的"原子成分"上，认为对它的行为、现象加以研究再做代数加总就可以发现并揭示人类经济（制度）的规律和关系本质，另一方面把非资本主义经济制度（如社会主义）的行为、现象、关系和规律排除在经济研究范畴之外。正是这两个"封闭"把经济学定义为研究资本主义市场经济绝对自由竞争条件下微观行为、现象、关系以及因此产生的规律的"科学"，并以此确立经济学的具体研究领域与内容，也以此来判定其他流派是否属于经济学。

在范畴问题上，新古典经济学对宏观经济学也大都采取排斥的态度。美国新古典经济学家罗伯特·卢卡斯（R. E. Lucas）认为：宏观经济学无非由于自己不能处理两个以上变量的函数关系而产生，实际上就是微观个体研究的总量相加而已，因而没有形成理论基础，不能自我论证，在不久的将来就会消失，而微观经济学的微观前缀也就成为多余。[①]许多学者对这种"宏观否定"做了批判。法国经济学家施特劳斯·卡恩（D. Strauss-Kahn）指出：微观经济学的决定与宏观经济学的限制不吻合。如果要从整体主义来理解劳动力市场，当研究其中个人的微观决定时就会发现，在他们受到宏观经济影响时，会常常感到沮丧，这样就产

---

① 参见 Lucas, Robert. E. Jr., *Models of Business Cycles*, Basil Blackwell：Oxford, 1987, pp. 107 – 108。

生了宏观研究的条件，即在劳动力市场上并非个人微观决定的简单总量相加就等于是宏观结果。[①] 卡恩批判了新古典经济学把市场上各种复杂关系割裂开来的研究模式，指出许多不同的关系都有内在影响和函数关系。比如，劳动力市场的不均衡必定要影响其他市场的均衡条件，而且最终会影响市场经济的结构和机制；又比如，失业会使工人减少消费、降低需求，进而导致劳动力的市场需求进一步下降，引起更多的失业，从而使劳动力市场原有的不均衡状态更加恶化，而第二轮失业又会产生一个负的收入乘数效应，结果形成恶性循环。而新古典经济学否认或无视这种连锁反应及其整体后果。

再从现代管理理论看，大型企业组织的实际操作有许多不同于最大化的新古典经济学理性假设。比如，随着世界经济贸易的发展和经济一体化的形成，许多跨国集团不单一追求利润最大化，而更多从其他战略考虑出发，需要时会以利润为代价来实现某种市场占有、竞争布局或在竞争中寻求新的战略同盟或市场关系。[②] 再比如，日本的三菱作为世界500强企业集团之一，整个市场的指导理论并不以利润为唯一衡量，利润最大化甚至也不完全是该企业长期的战略宗旨。[③] 这其中既带有日本社会、文化等各种特性因素的作用，又在一定程度上表现出现代企业的社会、文化、政治和价值观属性，而非简单、纯粹、"钟摆式"的"经济人"行为。而这正是英国经济学家琼·罗宾逊（J. Robinson）在市场

---

① 参见 R. F. Kahn, "The Financing of Public Works-A Note", *Economic Journal*, September 1932, pp. 492 – 495。

② 参见 Y. He and F. Long, "Market Expansion vs. Cost Reduction: Financial Analysis of Foreign Direct Investment Advantages for Multinational Enterprises", *Japan and the World Economy*, Vol. 15, No. 4 (December 2003), pp. 407 – 417; F. Long, "A differentiation focus strategy provoked by changing environments", *Management Research Review*, Vol. 24, No. 1 (January 2001), pp. 1 – 20。

③ 参见龙斧、王今朝著：《社会和谐决定论：中国社会与经济发展重大理论探讨》，社会科学文献出版社 2011 年版，第 271 页。

类型理论和现代产业组织理论中所提出的一个观点。①

（二）逻辑基础的封闭："约定主义"

在经济学方法论的逻辑基础讨论中，新古典方法论认为归纳主义无法确立被所有人接受的定理、定律或终极真理从而无法保持逻辑一致性，只能踏入因果关系的"无限回归",② 因而提出了"约定主义"（Conventionalism）。首先，这种社会科学领域里对逻辑一致性的终极归纳要求是十分"庸俗"的，就如同科学证明肥胖者可经过锻炼减肥，而新古典方法论的"逻辑"非要说这一归纳不是终结性的，质问谁能从理论上证明下一个肥胖者也能锻炼减肥？谁能证明每个肥胖者经过锻炼都可以减肥或即使能减肥谁又能保证不会再肥胖起来？因此归纳在这里不成立，研究锻炼减肥也无法保持逻辑一致性、有效性。其次，正是以这个逻辑一致性为由，新古典方法论用约定主义来代替归纳主义作为演绎出发点和基础，认为建立在某种具有"社会共识""经验知识"基础之上的某种基本标准带有"约定性"，无需与事实和社会实际相关；因为这样的约定、假设是建立在"普遍接受的标准"之上的，所以它也无需与事实和社会现实相关。③ 而经济学研究就应该是以这种"社会约定"的标准为理论演绎的前提条件和出发点。比如，新古典方法论就是在用效用、稀缺等概念进行约定。

新古典方法论这种从逻辑概念出发的约定主义本身就存在逻辑性问题，带有唯心主义、形而上学色彩。因此加拿大著名方法论学者劳伦斯·

---

① 参见 J. Robinson, *The Economics of Imperfect Competition*, UK: Palgrave Macmillan, 1969, pp. 1 – 42。

② 参见［加］劳伦斯·博兰德著：《经济学方法论基础：一种普波尔主义视角》，马春文、肖前进、张秋红译，长春出版社 2008 年版，第 17—19 页。

③ 参见［加］劳伦斯·博兰德著：《经济学方法论基础：一种普波尔主义视角》，马春文、肖前进、张秋红译，长春出版社 2008 年版，第 15、19—20 页。

博兰德（L. A. Boland）质疑："倡导约定主义标准的那些人或许希望否认他们假定了关于世界的理论是真实的，因为这样的假定本身违背了约定主义的要求。但是，如果对某个标准的倡导不是建立在一个预设为真的要解释的世界基本性质的理论基础之上，那么该标准的使用或者导致无限回归，或者使该种选择被指责为武断。具体地说，我们总是可以质疑对选择标准的选择。如果关于世界的一个真实理论不是预设的，那么我们便又回到了归纳问题的门口。"① 如此看来，约定主义在假设其关于世界的理论是真实的同时，却又碰到了在解决归纳问题时相同的逻辑性问题。而更为重要的是，这个"约定"本身由谁来做、根据什么标准来做以及由谁来接受？既然经济学试图成为一门适用于人类的科学，这些"约定"是否具有普适性？很显然，约定主义者在假定他们关于世界的理论是真实的时候，一方面认为其他理论因归纳问题而缺乏逻辑一致性，另一方面不允许别人质疑它自己关于世界事物而假设的理论之真实性。再从马克思主义政治经济学观点看，新古典方法论用逻辑一致性来掩盖动机和动机的阶级性、价值观和意识形态偏向性，用最大化、最优化来掩盖谁最大化和谁主动、谁被动地做最优选择。理论逻辑性（简单性、一般性、可证实性、可证伪性、可确定性和可检验性）的判断，离开"谁"的问题就没有意义。离开了"谁"，人就成了机械循环过程中的附属品。

（三）逻辑结构的封闭：还原主义、理性主义

新古典经济学从还原主义出发，认为只要抓住经济结构中最基本的成分即消费者和企业所构成的这个"经济人"就行了。而且，根据其约定、假设的"经验知识"，这个经济人不受其他因素作用而能够始终如一做出"最优化""最大化"的理性选择。当然，这个"理性主义"的

---

① ［加］劳伦斯·博兰德著：《经济学方法论基础：一种普波尔主义视角》，马春文、肖前进、张秋红译，长春出版社 2008 年版，第 22—23 页。

内涵本身却不需要论证，因为在市场经济条件下，有谁不理性地行为呢？这样，还原论下生成的"经济人"、经验知识下产生的"理性人"、资本主义市场经济这个"三脚架"就搭起经济学研究范畴的方法论逻辑结构。有了这样一个逻辑结构，加上其约定主义逻辑基础，新古典方法论看上去"无懈可击"了，把"经济人"以外的任何条件、因素、关系都定义为"外生函数"顺理成章了，也就使新古典成为"普世经济学""合情合理"了。

那么，新古典经济学的"理性主义"是否与所谓"经验知识"具有一致性从而保证其逻辑结构的严谨性、可靠性呢？首先，许多西方学者指出新古典是一种规范主义命题基础上的研究。比如：帕累托最优就是这种新古典"乌托邦"的产物。① 而美国经济学家托斯丹·凡勃伦（T. B. Veblen）也早就指出均衡理论具有"规范式"性质，它"暗示、假设却没有证据"。可能许多新古典学者都会站起来反对——"你没有看到我们大量的实证过程吗？"而实际上，新古典经济学的这种实证是在理性主义假设下的演绎实证，并没有归纳前提，只有"约定"前提，这又怎样去做到有理论依据（而不是依靠"Common Sense"）地去演绎呢？新古典恰恰是在这里采取了规范命题的方法——也就是说，不需要归纳论证了，用理性主义规范一下，用"经济人"约定一下，在这个范围内就可以进行"逻辑一致"的实证演绎了。既然这样，诸如个人在不同因素作用或环境条件下是否、怎样、多大程度从个人主义私欲出发做理性的最优选择之类的问题就不需要讨论了，企业是否、怎样、多大程度理性地追逐利润最大化也无需讨论了。基于此，我们就不难理解为什么作为新古典约定主义逻辑支撑的"理性主义"与德国历史学派代表之

---

① 参见 A. S. Eichner and J. A. Kregel, "An Essay on Post-Keynesian Theory: A New Paradigm in Economics", *Journal of Economic Literature*, Vol. 13, No. 4 (December 1975), pp. 1293 - 1314。

一的马克斯·韦伯（Max Weber）的理性主义有本质区别。前者带有绝对性、"普适性"、无差异性，而后者对"理性"做了特定时空下经济、文化、宗教等的条件限制。韦伯把理性主义置于特定时空条件之下，即为基督教新教派伦理与资本主义发展时期所表现出来的精神相结合的产物。这种带有历史唯物主义方法论和相对论性质的理论构建与新古典经济学为了某种方法论目的使用的"理性主义"出发点不同、本质不同，所表现出的方法科学性、逻辑严谨性也就不同。

（四）研究方法、范式的封闭："假设—演绎模型"

从方法论看，科学领域的研究范畴和目的决定其方法、范式的使用而不是反之；船只航行如果没有目的、目标而单纯讨论什么是最佳均衡速度、燃料配置又有什么意义呢？如果对逻辑基础和结构做了约定主义封闭，在还原论指导下限定了研究范畴，新古典方法论对具体研究方法和范式的"封闭"几乎难免。毕竟，如果认为研究"经济人"然后加总就是经济的规律和关系本质，如果认为约定以外的其他因素与"经济人"本身行为和心理差异性、规律性无关，那么就必须在研究方法上依靠形而上的假设、限定才能保证逻辑关系和演绎的合理性（Validity）、可靠性（Reliability），从而来保证所要证明的经济规律的普适性。为此，新古典方法论在微观研究中根据目的、对象、范畴建立了"假设—演绎模型"并配以复杂的计量方法。本来，计量只是社会科学定量分析方法体系中的一种，只是经济学研究的诸多方法中的一种，只是对经济研究作为手段而非目的的一个发展，只是在条件、时空因素限制下就函数关系是否具有某种理论价值、实践意义或规律性进行探索的一种模式。

本来，就经济学作为社会科学而言，其方法论和方法是根据其研究目的、对象、领域、范畴以及相应规范的需要而不断发展、不断创新（这是与自然科学有所相同的地方），而对不同国家、社会、民族（空间概念）与不同发展阶段（时间概念）来说，经济学作为一门研究经济的科学，其方法论和方法的发展、形成又具有自身特性、特点（这是与自然科学有所区别的地方），而且这些方法特性、特点恰恰与其他因素相关，如与① 一个国家发展的历史路径、方向性质、社会制度、经济结构、意识形态、文化、宗教、教育和因此形成的信仰、价值观体系紧密相关，② 生产力水平、人口、资源、技术条件紧密相关，③ 生活方式、消费方式以及他们因此形成的经济行为特征紧密相关；这 17 个方面的差异性因素仅为举例。然而，当一个非西方国家的各级各类教育、科研行政部门把充斥新古典研究方法、领域、范畴、模式、风格的西方期刊作为检验自己科研"含金量"的最高标杆时，当其自身平台、空间如出版物、会议、教学充斥了新古典计量模式所支撑的理论和价值观时，当新古典计量方法被视为判断经济学研究与否的标准时，一个封闭系统的方法论纲领就形成了：既然经济学有了新古典封闭的研究范畴，有了新古典约定的逻辑基础和结构，那新古典计量方法当然也就是"经济学研究方法"了。而当繁复、高深的"计量"方法使用被视为经济学"质量"的判断标准并因此感觉良好时，新古典经济学就被推向神学了。实际上，西方大量学者（包括新古典经济学学者）并未因为某种计量方法的使用而产生这种"优越感"。反倒是，他们对新古典的假设——演绎模型不乏批判，如对其收入与消费函数、投资与回报、失业与通货膨胀、政府政策与经济绩效等函数关系的可靠性、合理性批判等。有些对新古典前提假设提出修正或相反假设，如美国经济学家赫伯特·西蒙（H. A. Simon）的有限理性理论、美国经济学家约瑟夫·斯蒂格利茨（J. E. Stiglitz）等人的不完全信息和不对称信息经济学、美国经济学家弗农·史密斯（V. Smith）等人的实验经济学、美国经济学家奥利佛·威廉姆森（O. Williamson）等人的交易成本经济学等。

（五）研究任务、目的和意义的封闭："逻辑有效性"

本来，一门社会科学的任务与目的决定其研究范畴、逻辑结构、基础和相应产生或需要的研究方法和模式。但新古典经济学的极端推行者却反其道而行之，封闭了经济学范畴、逻辑结构、基础和研究方法与范式，再来决定可以达到的目的和需要完成的任务。不是吗？在上述封闭基础上，新古典方法论认为：经济学"能够达到的最好结果只是建立在对一种约定的事实先予以接受基础之上的逻辑一致的演绎证明"，因为经济学"关心的问题不是一个理论是不是真的，而是支持该理论的论证在逻辑上是否有效"，[1] 即是否与接受的约定在逻辑上保持一致从而保证研究的有效性。

首先，强调逻辑有效性并不错，但以此决定、封闭经济学任务、目的和意义就本末倒置了。毕竟，社会科学的任务与目的首先不是为其具体方法的逻辑有效性而存在的，后者只是前者探索真理的一个方法论问题。而根据约定主义，在假设中就蕴含了一个理论，然后来证实这个理论。这样一来，新古典方法论就用经济学研究的逻辑有效性来代替科学概念在研究中的作用和目的了，科学也就失去了其寻求真理的方法属性了。或许是因为这个原因，加拿大经济学家博兰德（L. A. Boland）认为约定主义中含有"信仰主义"（Fideism）成分，[2] 这里不是说新古典约定主义本身是宗教，而是说它带有类似宗教的逻辑依据，即资本主义市场经济是经济学研究的主要对象、领域这一约定不容讨论；要想进行经济学研究，按照新古典的逻辑，必须先接受这一"信仰"。很显然，新古典方法论这里用逻辑有效性来代替科学在研究中的作用和目的。其次，经济学的任务与目的之一是认识、解释经济行为、现象、关系并在此基础上做出规律分析和变化预测，但仅因这个约定主义基础上的逻辑有效性和

---

① ［加］劳伦斯·博兰德著：《经济学方法论基础：一种普波尔主义视角》，马春文、肖前进、张秋红译，长春出版社 2008 年版，第 19 页。
② 参见［加］劳伦斯·博兰德著：《经济学方法论基础：一种普波尔主义视角》，马春文、肖前进、张秋红译，长春出版社 2008 年版，第 18 页。

与之相匹配的研究方法需要而产生一个"纯粹经济学"，岂不是用手段决定目的了吗？这正是新古典理论与社会实际、实践脱离的原因之一。

三、新古典经济学"两个凡是"的方法论特征

前文指出，新古典经济学根据还原主义产生的"经济人"、经验知识下的"理性人"、资本主义市场经济这个"三脚架"搭起经济学研究范畴的方法论的逻辑结构。然而，它对研究范畴、逻辑结构、方法和模式、研究任务和目的封闭，就必然遇到理论与现实无法一致的问题。于是，为维护其权威性，它难免在方法论上表现出一些类似"两个凡是"的特征，如把一些变量关系或非资本主义经济制度的行为、现象、关系和规律排除在经济学范畴之外。这样，新古典经济学在自身方法论构建时也就建立了判定他人研究是否属于"经济学范畴"的标准。

（一）凡是"外生变量"不研究、不讨论

新古典经济学把函数关系（如生产函数关系）分为"内生"与"外生"，前者指在某个经济行为、规律的函数关系（模型）中起直接作用的变量（需完全符合其封闭系统要求），后者则指这个关系以外的因素所决定的参数或这个关系不涉及的变量，即那些不与新古典经济学所划定、选择、规范的函数关系、模型中的经济因素发生决定/被决定关系的变量，它们仅被视为内生关系据以建立的外部条件和基础，是"既定的""恒定的"前提。如果某个关系在新古典封闭系统中被认为不具有"内生"性质，就不被认定与"经济学研究"相关，因而也就不研究、不讨论。当然，这种新古典划分可以主观地把大量因素定义为"非经济学"函数，并由此来界定经济学研究范畴与否（如前面所提到的对宏观经济学的排除）。新古典经济学当然可以对自己的研究做这种划分与界定，但如果把它作为经济学研究的普遍性标准、衡量和定义，

那就与"两个凡是"的方法论本质别无二致了。

这个新古典经济学的"凡是"具有以下方法论特征：①"外生变量"的划定与新古典还原主义、约定主义、理性主义有着内在关联性，前者是后者合理性、可靠性、逻辑有效性的保障。②"外生变量"的排斥也是在还原论基础上产生的"均衡"理论的必需，没有这个排斥，均衡模型就会遇到逻辑问题。③"外生变量"的排斥也从方法论角度迎合新古典经济学对研究范畴、逻辑结构、逻辑基础和其划定的经济学任务、目的和意义的"封闭"。如果没有这个排斥，这些封闭都将难以成立，其封闭系统下产生的大量模型都会因为逻辑结构问题、研究范畴问题、演绎合理性问题、函数关系有效性和可靠性问题而受到置疑。这样也就不难理解新古典经济学对马克思主义经济学、制度经济学、各类历史学派和"异端"经济学派进行排除的方法论动机了。④新古典经济学通常把经济不稳定（失衡）归咎于外生性、随机性因素的作用，尽管非线性经济学认为这些被视为外生变量的因素本来就应该被视为"资本主义社会形态的内生变量"。[①]遵此方法论思想，经济不稳定或波动可被视为由资本主义自身过程而产生的。[②]当然，这并非什么新发现，在整体主义方法论下，马克思、凯恩斯、约翰·希克斯（J. R. Hicks）、罗伊·福布斯·哈罗德（Roy Forbes Harrod）、尼古拉斯·卡尔多（Nicholas Kaldor）等都认为波动的制度原因是内生性的，尽管他们的针对对象和理论结果不同。因此，无条件理解系统的非线性本质，即考虑各种限制性因素、边界条件和初始条件，即便是线性系统分析也是如

---

① 参见 H. Thompson, "Ignorance and Ideological Hegemony: A Critique of Neoclassical Economics", *Journal of Interdisciplinary Economics*, Vol. 8, No. 4 (April 1997), pp. 291 – 305。

② 参见 W. J. Baumoland and J. Benhabib, "Chaos: Significance, Mechanism, and Economic Applications", *Journal of Economic Perspectives*, Vol. 3, No. 1 (December 1989), pp. 77 – 105。

此。然而，这一切在新古典经济学里要么不存在要么被视为微不足道或碰巧存在。

新古典经济学内生变量划分不是也不可能是"函数关系大全"。比如，柯布—道格拉斯生产函数理论曾因把技术进步、资源效率等看成生产函数的外生变量而受到质疑。企业创新精神原来也没有被新古典包括在其生产函数关系模型之内，但从管理学看它恰恰是美国 20 世纪 90 年代经济增长、结构转型的一个重要变量。再比如，在新古典价格机制和市场供求的函数系统里，不同国家的历史、发展历程、制度体制、政治、法律、文化、宗教等因素自然被视为经济规律和生产的外生变量，但在现实世界里，这些变量与经济人的行为和决策紧密关联。而市场经济私有化进程中的公共资源占有、公共物品使用和社会关系的冲突、自然资源的耗竭、生态系统的破坏、社会分配的不平等、既得利益集团的产生、官商经济的出现等等，以及制度、政策与它们之间的作用关系等等，都被新古典经济学的封闭系统所排除、掩盖或忽略了。如果真有"纯粹增长理论"，如果增长赖以实现的制度性质、目的和结果以及其过程中产生的社会生产关系都被视为影响增长、均衡的"外生变量"，岂不是可以研究历史上美国资本主义奴隶经济制下的高速增长模式了吗？岂不是可以研究第二次世界大战前德国经济高速发展的模式了吗？如果不讲增长的分配机制、制度性质、目的、代价、影响（包括各种反馈机制），[①] 那不是形成了"增长是目的—手段即目的"这样一个割裂的、孤立的却又毫无意义的逻辑概念吗？

一位民营企业老板这样说道："不让我们先富起来，谁来养活这些工人呢？"[②] 这就是说，让少数人富起来、养活多数人（即谁养活谁）

---

① 参见龙斧、王今朝著：《社会和谐决定论：中国社会与经济发展重大理论探讨》，社会科学文献出版社 2011 年版，第 16—22 页。

② 资料来源于作者 2008 年的第一手采访。

的经济学目的、任务问题早在亚当·斯密（Adam Smith）时期就解决了，剩下就只讨论"增长"。显然，在那些新古典"增长理论"的宣扬中，有些人是天真地认为世界上确有与什么都不发生关系的、纯粹的、孤立的"经济增长"，有些则是那些经济增长的既得利益者之价值观，意识形态的宣扬、维护。而马克思正是在这里抓住了庸俗经济学想用经济的增长性来隐藏、掩盖，排除它的阶级偏向性、增长来源性、分配资本性等本质，从而构成马克思主义经济学与新古典经济学的一个本质区别。

（二）凡是非资本主义市场经济不研究、不讨论

坚持这个"凡是"，新古典主义客观上就把与资本主义不同的经济实践、模式、制度排除在经济学研究之外，把非资本主义经济行为、现象以及因此产生的关系和规律排除在外，自然也就把与之不同的价值观排除在外了。在新古典经济学看来，它们最多只能用来作为新古典经济学所限定的"经济学"的脚注、论证素材或批判对象而已。这样，在第一个"凡是"的配合下，把社会主义简单解释成短缺经济、奴役之路也就是顺理成章的了。①

首先，这个"凡是"本身已脱离社会科学的基本方法论目的之一，即对同一事物不同变量关系的认识和对不同事物之间变量关系的认识。这样，新古典经济学在某一种条件下对某一事物的单一认识来解释、衡量不同条件下的事物从而把相对认识变成绝对真理，既分析现在又解释过去、预测将来，既适用于西方又普适于世界。如同神学"方法论"（如果有的话）强调"信与不信"一样，"两个凡是"强调"经济学研究与否"；至于经济学作为研究人类经济活动、关系、行为、现象、规

---

① 对匈牙利经济学家亚诺什·科尔内"短缺理论"的封闭系统方法论的整体主义和交叉科学批判，参见龙斧、王今朝著：《社会和谐决定论：中国社会与经济发展重大理论探讨》，社会科学文献出版社 2011 年版，第 318—330 页。

律等的一门社会科学的范畴、对象等就以资本主义制度下的市场经济统而代之了，其他不必讨论。

其次，这个"凡是"与第一个"凡是"有机相联。第一个"凡是"从微观层面把新古典经济学划定的"外生"作用和关系排除在经济学范畴之外，从而使新古典经济学成为"正统、主流经济学"；而这个"凡是"则从宏观层面把不同的社会、经济、政治制度和因此产生的结构性经济现象、关系排除在外，又用市场供求关系代替社会生产关系，把不同制度及其功能本身的差异性以及因此对微观领域行为、现象、关系的不同作用的研究也排除在外，或最多把它们"同化"（assimilate）、综合（synthesize）进新古典的微观体系、制度体系、价值观体系等等，从而使新古典经济学成为"普世经济学"。

（三）新古典经济学"封闭"与"两个凡是"的方法论原因

新古典经济学只有把经济行为、现象的研究封闭于"经济人"理性主义的"最大化、最优"基础之上，只有依靠类似"两个凡是"的限定，才能使其资本主义市场经济条件下形成的某些规律或关系得以确立、具有意义，才能保证它所强调的"逻辑一致性、有效性"。显然，新古典经济学使用一套研究方法上的计量技术规范来代替经济学的科学使命。相对微观领域研究，宏观经济学与社会制度、政治体制、价值观体系以及诸多上层建筑功能领域等变量具有密切关系。而这些关系绝不仅限于凯恩斯主义的财政扩张或收缩，也绝不仅限于货币主义的货币扩张或收缩，更不是新古典经济学的理性预期学派所能预测的。当然它也不愿意做这种分析、预测，因为用"约定主义"方法论来指导宏观领域研究遇到的逻辑性问题，会比用它来指导微观领域研究遇到的逻辑性问题更多。尤其是，新古典经济学的"理性主义""最优选择"这些支持其微观研究的假设前提在宏观研究中、在非资本主义经济制度研究中、在"社会主义市场经济"研究中更难成立，即便遵循"约定主义"也说不通。从方法论角度看，这就不难理解，以演绎方法、在假设限定下对某个微观领域行为、现象和关系进行研究的新古典经济学为什么对外生变量、宏观经济、非资本主义经济体制采取"两个凡是"的处理办法了。因为这样，资本主义市场经济就名正言顺成为"经济学"的唯一研究对象了。①

四、结论：封闭系统方法论——经济学的画地为牢

本章分析表明，西方新古典经济学不仅是封闭系统的方法论产物，而且在思想观上可谓资本主义经济学鼻祖亚当·斯密（Adam Smith）的现代传承。它对经济学研究范畴、逻辑基础、逻辑结构、研究方法和研究目的五大封闭，无法回避自身方法论上的合理性、可靠性问题，无论采取怎样复杂、高深的数理、计量研究方法。因此它不得不依靠对"外生变量"和非资本主义市场经济不研究、不讨论的"两个凡是"手段来维护其方法论上的逻辑有效性、一致性。在这种方法论指导下产生的理论不可能具有普适性。当然，从一个社会科学领域的西方流派在发展中诉诸封闭系统方法论来建设其资本主义市场经济条件下的理论、确立其方法无可厚非（尽管仍然存在脱离西方社会实际的科学性问题）。但如果它在一个非西方社会，即在一个历史路径、发展方向、社会制度、经济结构、意识形态、文化宗教、信仰、价值观体系、生产力水平、人口、资源、技术条件、生活与消费方式以及因此形成的经济行为特征与西方不一样的社会，受到大力推崇、广泛传播，那就令人深思了。

本章分析也表明，社会科学的方法论本身具有科学性高低问题。方法论的科学性（如开放性、封闭性程度）决定其下产生的理论之科

---

① 参见 D. North，"Economic Performance through Time"，*The American Economic Review*，Vol. 84，No. 3（June 1994），pp. 359 – 368。

学性。那么，方法论的科学性如何衡量、如何检验呢？哪些因素会影响到方法论的科学性程度呢？这些问题将在本书第四章得到分析。在此之前，本书先在第三章分析新古典经济学封闭系统方法论下隐藏的玄机。

第三章　新古典方法论"暗藏玄机"的整体主义分析

西方对新古典经济学理论和方法的批判较多，对其方法论科学性问题的分析批判相对较少。加拿大著名经济学方法论学者劳伦斯·博兰德（L. Boland）在其2003年出版的英文专著中指出：新古典方法论"暗藏玄机"，即"Hidden Agenda"。[①] 他关于这些"暗藏玄机"的分析揭示了西方新古典经济学的理论构建在方法论上存在的科学性问题，以及因此而产生的理论构建合理性问题。

首先，博兰德专著的中文版（博兰德，2008年）将"hidden agenda"翻译为"隐蔽议程"是不准确的。该词有直译和意译两种。当根据字面直译为"隐蔽议程"时，它通常指会议、会谈等在通知时列出若干议程，会上却又拿出其他事先未披露的内容或计划；而意译时，它有"暗藏玄机"或"隐蔽纲领"的引申含义，指在表面行为、观点、计划、方法、协议之下别有用心、暗藏企图或不可告人的目的（undisclosed plans for ulterior motives）。[②] 当引申使用该词时，它通常带有指责、批判甚至挞伐之意。从博兰德学术专著中新古典方法论"hidden a-

---

① 参见 L. A. Boland, *Foundations of Economic Method*：*A Popperian Perspective*, London：Routledge, 2003, pp. 1 – 36。

② 参见 Anne H. Soukhanov, David A. Jost, Kaethe Ellis et al., "hidden agenda", in *The American Heritage Dictionary of the English Language*, 4th Edition, New York：Houghton Mifflin Company, 1994, p. 3432。

genda" 指责、批判性质和语态看，他明显是在使用其引申含义。①

其次，博兰德从逻辑性等角度分析、批判了新古典"约定主义"方法论的5个支撑，即不可知论、假定—演绎模式、心理主义、个人主义和理性主义，并把它们视为其方法论的"暗藏玄机"。这个分析与批判是值得参考、学习和借鉴的。然而，他没有从认识论角度揭示出新古典方法论在价值观乃至意识形态方面的"暗藏玄机"。鉴于此，本章首先对博兰德的观点进行归纳和分析，再从整体主义方法论（Holistic methodology）角度对新古典方法论的暗藏玄机进行分析。在此基础上，本章运用实证主义和历史唯物主义方法，从经济学方法论形成问题的共性和特性出发，进一步证明为什么中国的经济研究和经济学发展不能以新古典经济学为蓝本。

一、博兰德对新古典经济学方法论 "暗藏玄机" 的分析

新古典方法论针对经济学方法论中归纳主义的问题，推出"约定主义"（Conventionalism）。这种"约定主义"认为某种基本标准是建立在某种"社会共识"之上，与事实和社会实际无关（这种带有唯心主义色彩的方法论框架在西方社会科学诸多领域都受到质疑），而经济学研究就应该是以这种"社会约定"的标准为绝对真理。博兰德（L. A. Boland）认为：这看似是一种解决问题的方法，实则隐藏了新古典主义的玄机。其中包括以下几个方面：

（一）不可知论——"约定主义"的认识论判定

博兰德指出：在经济学方法论的长期讨论中存在这样一个问题，即归

---

① 参见 L. A. Boland, *Foundations of Economic Method: A Popperian Perspective*, London: Routledge, 2003, pp. 1 – 36。

纳主义在方法上不能锁定被所有人接受的定理、定律、终极真理从而使演绎无法保持逻辑一致性，结果只能踏入因果关系的"无限回归"道路。①新古典方法论因此判定归纳主义方法论本质上属于一种不可知论——博兰德看出了这一点。② 这种判定从美国经济学家罗伯特·索洛（R. M. Solow）和保罗·萨缪尔森（P. A. Samuelson）等人的观点中都能感觉到。在新古典方法论看来，经济学"能够达到的最好结果只是建立在对一种约定的事先接受基础之上的逻辑一致的演绎证明"，因为经济学"关心的问题不是一个理论是不是真的，而是我们支持该理论的论证在逻辑上是否有效"，即是否与接受的约定在逻辑上一致。③ 很明显，这里，新古典方法论从逻辑一致性出发使用了一个简单的方法——既然归纳导致无限回归，那就用"约定主义"来代替。④ 本来，"约定主义"至多只是经济学方法论讨论、探索、研究中的一个权宜之计，新古典方法论却在这个替代过程中把"约定主义"描绘成经济学方法论问题最好、唯一的解决办法。这样，一个归纳主义争论中的隐蔽纲领就形成了，即"非归纳主义，即约定主义"，而且后者自然成为经济学研究的一个方法论基础。⑤ 这样，新古典方法论也就使权宜之计成为"公认"的经济学方法论的"元标准"。可以说，"不

---

① 参见［加］劳伦斯·博兰德著：《经济学方法论基础：一种普波尔主义视角》，马春文、肖前进、张秋红译，长春出版社 2008 年版，第 17—19 页。
② 参见［加］劳伦斯·博兰德著：《经济学方法论基础：一种普波尔主义视角》，马春文、肖前进、张秋红译，长春出版社 2008 年版，第 16 页。
③ 参见［加］劳伦斯·博兰德著：《经济学方法论基础：一种普波尔主义视角》，马春文、肖前进、张秋红译，长春出版社 2008 年版，第 19 页。
④ 参见［加］劳伦斯·博兰德著：《经济学方法论基础：一种普波尔主义视角》，马春文、肖前进、张秋红译，长春出版社 2008 年版，第 19—20 页。
⑤ 而实际上，这套约定也不过是来自一种错误的归纳。比如，帕累托认为：新古典就是在归纳的引导下，通过对"事实"的观察，形成了效用、稀缺等概念。参见［加］劳伦斯·博兰德著：《经济学方法论基础：一种普波尔主义视角》，马春文、肖前进、张秋红译，长春出版社 2008 年版，第 32 页。

可知论"是新古典方法论"约定主义"的第一支撑。

博兰德对"约定主义"自身逻辑问题进行了分析,"倡导约定主义标准的那些人或许希望否认他们假定了关于世界的理论是真实的,因为这样的假定本身违背了约定主义的要求。但是,如果对某个标准的倡导不是建立在一个预设为真的要解释的世界基本性质的理论之基础上,那么该标准的使用或者导致无限回归,或者使该种选择被指责为武断(主观唯心主义——本书作者注)。具体地说,我们总是可以质疑对选择标准的选择。如果关于世界的一个真实理论不是预设的,那么我们便又回到了归纳问题的门口"①。这也就是说,一方面,"约定主义"假设了他们关于世界的理论是真实的,另一方面他们又碰到了在解决归纳问题时相同的逻辑性问题,即这种假定、约定本身就违背了"约定主义"的要求。当然,还有些问题博兰德并未讨论。首先,新古典方法论对这个"约定"本身由谁来做、根据什么标准来做以及谁约定、谁接受等等都闭口不谈。其次,既然经济学试图成为一门适用于人类经济社会的科学,这些"约定"(conventions)是否具有世界普适性?再次,新古典在假定他们关于世界的理论是真实的时候,不仅带有他们自己的信仰、价值观和意识形态,同时认为其他理论都是不真实的。很明显,新古典方法论不允许别人质疑它假设的关于世界的理论之真实性。

(二)假定模式——新古典的演绎标准

新古典方法论认定绝对、终极的归纳证据不可求,因此演绎所能依赖的只能是假定和假设。正如博兰德指出的:"约定主义是这样一个问题,即找到可以普遍接受的标准,作为对经验'知识'的任何声

---

① [加]劳伦斯·博兰德著:《经济学方法论基础:一种普波尔主义视角》,马春文、肖前进、张秋红译,长春出版社 2008 年版,第 22—23 页。

称的有条件的、演绎证明的基础。"① 问题在于，要建立这个 "有条件的、演绎证明的基础"，首先要找到可以普遍接受的标准。那什么是普遍接受的标准呢？这个问题在新古典方法论看来无需回答。博兰德认为，这种新古典方法论的假设本身隐藏了一种玄机：既然 "约定主义" 就是这种最好的标准，在 "约定" 之下的假设假定方法自然也是最好的。② 美国宪政理论家斯科特·戈登（S. Gordon）指出："约定主义" 实际主张 "一种科学理论，就像描述性语言一样，是一种整理和交流信息的工具，它之所以发挥作用，是因为一个共同体的成员了解和遵守其规则"③。很显然，新古典方法论这里用经济学研究中关于解释性假说的效用来代替科学概念在研究中的作用。同样，这个 "规则" 由谁来做？为什么所有人都应该遵循这个 "规则"？可以说，新古典方法论的假设演绎模型是其 "约定主义" 的第二支撑。

博兰德指出："纯粹的归纳主义要求任何真的理论都需要有最后的绝对的归纳证据，'约定主义' 则只要求有条件的演绎证明来说明为什么被选择的理论是可获得的 '最好的' 理论。"④ 他在这里提出了问题但并未直接回答。根据 "约定主义" 的逻辑，理论是先选择好的，在假设中就蕴含了一个理论，然后来证实这个理论。然而，科学研究如是这样也就失去了其寻找真理的意义。或许是因为这个原因，博兰德指出

---

① ［加］劳伦斯·博兰德著：《经济学方法论基础：一种普波尔主义视角》，马春文、肖前进、张秋红译，长春出版社 2008 年版，第 17 页。
② 参见 ［加］劳伦斯·博兰德著：《经济学方法论基础：一种普波尔主义视角》，马春文、肖前进、张秋红译，长春出版社 2008 年版，第 17—18 页。
③ ［加］劳伦斯·博兰德著：《经济学方法论基础：一种普波尔主义视角》，马春文、肖前进、张秋红译，长春出版社 2008 年版，第 16 页。
④ ［加］劳伦斯·博兰德著：《经济学方法论基础：一种普波尔主义视角》，马春文、肖前进、张秋红译，长春出版社 2008 年版，第 18 页。

"约定主义"中含有"信仰主义"（Fideism）成分;[①] 这里他不是说新古典"约定主义"本身是宗教，而是说它带有类似宗教的逻辑依据。比如，资本主义市场经济是经济学研究的主要对象、领域这一理论约定不容讨论；要想进行经济学研究，按照新古典方法论的逻辑，必须先接受这一"信仰"。

（三）心理主义和个人主义——经济行为的新古典方法论决定

博兰德指出：新古典经济学把个人主义作为其方法论的排他性前提，强调它在行为决定中的绝对作用，认为唯有个人（如消费者和企业主）才是孤立的、最终的决策主体，且把个人行为统统归结为与外界不发生任何关系的心理状态之结果（心理主义），而把其他因素（如制度）都看成是常量。[②] 这就为新古典经济学用效用函数、利润函数等心理动机变量决定消费、生产行为之类的演绎提供了方法上的合理性。

这也就是说，新古典经济学一方面强调所有行为的个人主义本质保证了经济行为具有最高程度的个性，从而也就保证了任何在此基础上的效用函数的合理性；而另一方面，它又强调心理主义，用"经济人"在相同条件下具有不可置疑的心理支配下的相同行为（共性），从这个角度证实所有人的效用函数都有共同点，从而为其效用函数演绎分析提供方法上的最大可靠性。这种新古典心理个人主义模型既排除了其他外生变量对经济行为影响的合理性（如制度这种整体主义变量对经济行为的影响），又进而达到证实自己在效用函数上具有最高合理性、可靠性程度的目的。

[①] 参见 ［加］劳伦斯·博兰德著：《经济学方法论基础：一种普波尔主义视角》，马春文、肖前进、张秋红译，长春出版社 2008 年版，第 18 页。

[②] 参见 ［加］劳伦斯·博兰德著：《经济学方法论基础：一种普波尔主义视角》，马春文、肖前进、张秋红译，长春出版社 2008 年版，第 32—35 页。

博兰德认为，在任何理论模型中，对外生变量的规定也许是一种信息最为丰富的理论声明，而根据哪种变量被认为是外生变量，也许很容易描述各种相互竞争的经济学流派的特征。① 对新古典方法论来说，"心理主义预设所起的作用是很方便地限制了可接受的外生变量。按照其心理主义观点，社会中个人的心理状态是不可还原的给定量"②。这正是新古典方法论的一个隐蔽纲领。它依赖这种"狭隘、简单的心理主义"本身就"蕴含一种具体的社会和个人理论"，即所有人都受同样的心理"规律"支配，面临完全相同情境时都会以完全相同的方式行动；而"当两人行为不同时，他们肯定面临不同的情形"，但这种理论，正如博兰德所指出的那样："它实际上排除了个性！""如果每个人都受同样的心理'规律'支配，什么是个性的基础呢？"③ 很显然，在这里新古典方法论试图鱼和熊掌兼得。可以说，它对整体主义的排斥和对心理个人主义的推崇，构成其"约定主义"的第三大支撑。

（四）理性主义——新古典"约定"的方法论基础

新古典经济学根据其依靠理性主义宣称其约定、假设是建立在"普遍接受的标准"和"经验'知识'"之上的。④ 在新古典经济学看来，既然归纳不能解决真知的可靠性问题因而使"全称命题"永远无法被证明，所以就应该依靠理性主义支配下的"单称命题"（如把主观认定

---

① 参见 L. A. Boland, *The methodology of economic model building：methodology after Samuelson*, London：Routledge, 1989, pp. 90 – 160。

② ［加］劳伦斯·博兰德著：《经济学方法论基础：一种普波尔主义视角》，马春文、肖前进、张秋红译，长春出版社 2008 年版，第 35 页。

③ ［加］劳伦斯·博兰德著：《经济学方法论基础：一种普波尔主义视角》，马春文、肖前进、张秋红译，长春出版社 2008 年版，第 36 页。

④ 参见［加］劳伦斯·博兰德著：《经济学方法论基础：一种普波尔主义视角》，马春文、肖前进、张秋红译，长春出版社 2008 年版，第 15 页。

的具有代表性的消费者和企业作为理性人）来解决所有经济学研究对象、范畴、方法的问题，而其理性主义的内涵本身却不需要实证论证（这里，新古典的理性主义与世界著名的德国经济学家、社会学家马克斯·韦伯（Max Weber）的西方理性主义理论就产生了本质区别，详见下一章节分析）。这种理性主义的设立使上述新古典方法论的第二和第三个支撑得到支撑，从而使得新古典的方法论看上去"无懈可击"。

那么，新古典方法论所假设的"理性主义"是否与所谓"经验知识"具有一致性呢？首先，博兰德指出新古典方法论是一种"理性主义"规范命题基础上的研究。① 其次，新古典方法论不讨论真伪，认为约定的东西不需要辨别真伪（即一种"信仰主义"原则）。② 既然这样，个人是否、怎样、在什么条件下、多大程度从个人主义私欲出发做理性的最优选择就不需要讨论了，企业是否、怎样、在什么条件下、多大程度理性地追逐利润最大化也无需讨论了。这样，新古典方法论就以"归纳"的"逻辑一致"问题为理由来约定一种自己认为最好的办法。可以说，新古典方法论的"理性主义"是其"约定主义"的第四大支撑。

二、新古典方法论六大"暗藏玄机"的整体主义分析

以上博兰德对新古典方法论"暗藏玄机"（或称"隐蔽纲领"）的分析与批判是尖锐的，对经济学方法论的讨论无疑具有启发意义的，但它主要是从逻辑学角度出发。这里有两个问题值得注意：一是博兰德分

---

① 参见［加］劳伦斯·博兰德著：《经济学方法论基础：一种普波尔主义视角》，马春文、肖前进、张秋红译，长春出版社 2008 年版，第 22 页。

② 参见［加］劳伦斯·博兰德著：《经济学方法论基础：一种普波尔主义视角》，马春文、肖前进、张秋红译，长春出版社 2008 年版，第 21 页。

析与批判新古典方法论的目的是要拯救、修缮、改进新古典经济学，从社会构建主义（Social Constructionism）看，他作为西方生活、成长、培养的学者，这样做并不难理解；二是别人可以反驳他，有什么比新古典方法论更好的办法来解决归纳导致无限回归的方法论问题吗？鉴于此，本章从整体主义方法论角度出发分析新古典方法论的"暗藏玄机"问题。

毕竟，这些玄机对作为一门社会科学的经济学之方法论建设的影响是不可忽略的，而且它们与中国本土的经济学方法论建设紧密相关（详见本书《第六章 中国经济学本土化的六大方法论决定》）。比如，新古典方法论借助个人心理主义和理性主义，借助对实证主义的扭曲化理解，依靠约定主义产生的种种假定，利用"限定"的逻辑演绎把自己的价值观、信仰、意识形态强制性地加入到其经济学研究中去。这种方法论构建模式本身即是带有"功利主义"性质的厚此薄彼。因此，无论是博兰德分析的再进一步，还是其他新古典玄机的分析，非整体主义和交叉科学的方法不能完成。

（一）玄机一：方法论上的"双重标准"和社会达尔文主义基因

根据新古典方法论，"约定主义"之下的假设演绎模型，由于有了在理性主义规范下产生的"经验型知识"作为"有条件的演绎证明的基础"，所以是最为"可靠的"。但恰恰这里，新古典方法论表现了其双重标准性质：当它提出"有条件的演绎证明"时，它在使用相对论，即"有条件"相对"无条件"，用研究对象、范围的"假设假定"限制性相对研究对象、范围的无限制性。可是，为什么在相对条件下研究得出的结论、构建的理论、使用的方法却又是具有绝对性和普适性呢？实际上，这种狭隘、纯粹、封闭、孤立、割裂的"约定主义"正是通过宣称为了"避免无限回归"而成功地把制度主义、马克思主义、德国历史学派和其他一切不以方法论个人主义为基础的理论都排除在外了。

"科学的怀疑主义"（scientific skepticism）是社会科学的方法论属性之一。① 实际上，新古典方法论认为用"约定主义"代替归纳主义是最好的解决方法无可厚非，认为其下的假定演绎模型（加上新古典计量方法）是一种经济学研究模式也未尝不可。博兰德却因单一的逻辑分析方法，未能指出新古典"约定主义"的方法论的另一本质，即新古典方法论根据约定主义对异己加以否定或排除在经济学之外，就带有一点英国社会学家赫伯特·斯宾塞（H. Spencer）社会达尔文主义的味道了，也带有一点种族文化中心主义（ethnocentrism）的味道。所以，"约定主义"看似是对归纳主义问题的一个解决，实际上是在对经济学作为一门社会科学的方法论进行终极裁定。比如，法国经济学家里昂·瓦尔拉斯（L. Walras）基于个人主义方法论之上的"微观经济学基础"在许多方面（如在效率理论的建立方面）无非就是这种微观进化论逻辑的自然产物。②

（二）玄机二：宏观经济研究的形而上处理

新古典方法论根据"约定主义"一方面把宏观经济领域（如资本主义的经济复苏、高潮、衰退、低谷）看成周而复始的机械循环，或作为"经济学研究"（即新古典"约定主义"之下的假设演绎模型限定的微观研究）恒定、不变的前提条件，又把它处理成被动的、仅是微观领域功能、作用、关系、行为、现象和规律的结果或"附属品"，③ 正如新

---

① 参见 R. K. Merton, "The Normative Structure of Science", in *The Sociology of Science：Theoretical and Empirical Investigations*, Merton, Robert King（eds.），Chicago：University of Chicago Press, 1942, pp. 23 – 35。

② 参见 J. C. J. M. van den Bergh and J. M. Gowdy, "The Microfoundations of Macroeconomics：an Evolutionary Perspective", *Cambridge Journal of Economics*, Vol. 27, No. 1（January 2003），pp. 65 – 84。

③ 参见 Jr. R. E. Lucas, *Models of Business Cycles*, Oxford：Basil Blackwell, 1987, pp. 107 – 108。

古典方法论把宏观经济研究看成对微观研究领域中个量的简单"聚集总量研究"。尽管英国经济学家约翰·希克斯（J. R. Hicks）和美国经济学家保罗·萨缪尔森（P. Samuelson）等试图"把宏观研究纳入新古典微观领域"，并提出了"新古典综合"，[①] 但总体来说，新古典方法论依然在实际上把一个社会经济制度下的宏观理论、宏观政策、国家相关职能、政府相关功能等排除在现代经济学之外。既然宏观领域只是经济学这种性质的前提、结果和"附属品"，其研究也就无实际经济学意义了，也就可以形而上处理了（宏观经济学的新古典的方法论处理无疑使人们感到英国经济学家亚当·斯密等人的理论脉络）。这样，新古典看似对宏观研究的作用在做出评价，实际上却用"约定主义"方法论概括了经济学研究，用微观领域研究代替了宏观领域研究。这样，对经济社会制度（以及所依附的价值观）和因此产生的关于经济结构、冲突、矛盾的差异性研究以及因此对微观领域行为、现象、关系的作用研究也加以省略了，或最多只是新古典方法论微观框架下（或基础上）的延伸而已。

（三）玄机三：非资本主义经济制度不是经济学研究范畴

新古典方法论视宏观领域为微观研究的前提条件，又把资本主义市场经济制度视为微观领域研究的必要条件，在这个前提条件和必要条件基础上建立起研究范畴的"封闭系统"，从而把所谓"自由经济"作为经济学研究的唯一对象，[②] 把经济学（研究）限定在恒定、不变的资本主义制度下的市场经济微观领域的"科学"（研究）。这样，不仅宏观领域没有单独存在、值得研究的经济学价值或意义，而且一切非资本主

---

① 参见 O. J. Blanchard, "Neoclassical Synthesis", in *The New Palgrav Dictionary of Economics*, John Eatwell, Murray Milgate and Peter Newman (eds.), UK: Palgrave Macmillan, 1987, pp. 634 – 636。

② 参见 D. North, "Economic Performance through Time", *The American Economic Review*, Vol. 84, No. 3 (June 1994), pp. 359 – 368。

义制度下的微观经济领域的行为、现象、关系、规律也就没有经济学价值和意义了，而后者的宏观领域就更是无从谈起了。于是，对那些新古典经济学的信奉者来说，既然有了对"宏观经济学作用"的定义和处理，既然非资本主义经济不属于经济学研究对象和范畴，那么"新古典＝经济学"也就当仁不让了，经济学研究也就"非我莫属"了。因此，把西方资本主义市场经济制度作为经济学"前提"是新古典"约定主义"在"经济学"定义上的一个价值观隐藏，正如一些美国经济学方法论学家所指出的那样：新古典是一个满载价值观的经济学理论。①

本来玄机二已将新古典方法论的立场明确了。但在对社会主义这个经济制度的处理上，新古典经济学还是有其独到之处的。毕竟，社会主义是人类社会自 1917 年开始实践、探索和发展的一种经济制度，曾经影响了世界半数以上人口的经济行为。但在新古典方法论看来，社会主义经济制度不是经济学主要研究对象：首先，"社会主义经济"根本谈不上经济规律（无论出于上述玄机还是其他什么原因）。其次，苏联的社会主义经济制度已经随着冷战结束而告终，并被"证实"是失败的，那它对经济学研究还有什么科学价值可言呢？② 再次，如果说新古典方法论从前对马克思主义和德国历史学派的"经济学排除"是因为方法论、意识形态、社会科学目的及定义等的争论和分歧，那么对有些新古典学者来说，他们可以"大度"地接受社会主义经济制度。不过，这种"大度"隐藏了一个目的，即社会主义经济制度下的模式、行为、现

---

① 参见 W. J. Samuels, J. Biddle and T. W. Patchak-Schuster, *Economic Thought and Discourse in the 20th Century*, Northampton, MA: Edward Elgar, 1993, pp. 23 – 30。

② 新古典方法论对苏联案例使用了一个简单逻辑关系——既然苏联和东欧的社会主义政权完结，其经济制度肯定是失败的，因此它们的经济发展及规律不必研究。其实，新古典方法论本身无法解释社会主义经济制度，对苏联与中国实践的认识最多不过是对自己头脑中想象的"社会主义经济制度"的带有意识形态的"规范式"声明罢了。

象、关系、规律最多只能作为"论据"用来证实资本主义市场经济的微观研究——新古典经济学研究——已经证实的理论之正确，用来说明资本主义市场经济的理性、科学性、先进性、优越性。其潜台词就是：既然资本主义成功而社会主义失败，既然前者优越于后者，后者还有什么价值成为经济学这门科学的研究对象和范畴呢？不管是匈牙利经济学家亚诺什·科尔内（János Kornai）的"短缺理论"①，英国经济学家弗里德里希·哈耶克（F. A. von Hayek）的奴役之路理论，还是美国经济学家米尔顿·弗里德曼（M. Friedman）的自由理论，都是如此。

（四）玄机四：资本主义市场经济价值观、行为准则的"普世"性

在上述方法论玄机基础上，新古典方法论又提出只有"接受了关于'事实'的'真理性'约定，才能够达到最好结果"，即"在对一组约定的事先接受基础之上的逻辑一致的演绎证明"，才能达到最好效果。②根据这个"逻辑性"问题的新古典逻辑，新古典方法论对其研究对象（如企业、个人）做出"理性主义""最大化""最优选择"和"个人主义本质"的前提假设（即"关于'事实'的'真理性'的约定"），并在此价值观、行为准则基础上来研究微观领域行为、现象、关系及其规律（如利润最大化、效用最大化、供给函数、需求函数、供求价格函数等等）。对新古典主义者来说，既然科学具有在条件相同前提下寻求个性、特性中的普遍性之属性，既然经济学是一门社会科学，而研究又以资本主义为前提条件，又把宏观领域（即可以反映、体现社会制度、发展路径、

---

① ［匈］亚诺什·科尔内著：《短缺经济学》上卷，张晓光等译，经济科学出版社1986年版，第11—26页。

② ［加］劳伦斯·博兰德著：《经济学方法论基础：一种普波尔主义视角》，马春文、肖前进、张秋红译，长春出版社2008年版，第19页。

方向、性质、价值观、信仰、意识形态、道德准则、文化、人口、资源等
差异性的范畴）排除在外，又把这个制度下的企业和个人（供求方）定
义为统一的、相同的"经济人"，那么这些由新古典方法论选定、认定、
规定的资本主义市场经济价值观、行为准则的前提假设当然也就名正言顺
地具有"科学性""普世价值"和"制度中性"之属性了，并因此与经济
学研究对象具有最高程度的函数关系合理性了。这样，新古典的"理性主
义""最大化""最优选择"和"个人主义本质"就搭上新古典"约定主
义"的便车成为人类"普世"价值观和行为准则了。参见图3-1。

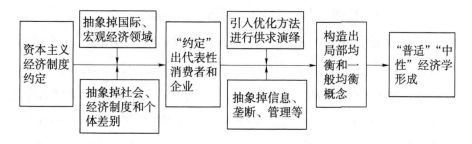

图3-1 新古典包装成为"普适""中性"社会科学的"逻辑"链条

博兰德指出："约定主义"方法论者具有"对在相互竞争的理论或
模型中进行选择的明显关注。如上面所提到的那样，大多数方法论文章
和争论都是关于'理论选择'所使用的标准的。但实际上没有讨论为什
么我们要选择某一种理论！对'理论选择'的动机不做讨论的理由是，
约定问题被认为理所当然的。接受解决约定问题的必要性的一个直接后
果是这样一个假设，即任何文章都表示一个显示性的理论选择，而且这
一选择是合理的。在这种情况下，仅有的方法论问题就是如何揭示用来
证明理论选择合理的标准。"① 显然，新古典方法论用逻辑一致性问题
来掩盖动机和目的的价值观和意识形态的偏向性问题。正如美国经济学

① ［加］劳伦斯·博兰德著：《经济学方法论基础：一种普波尔主义视角》，马春
　文、肖前进、张秋红译，长春出版社2008年版，第21—22页。

家威廉·杜格（W. Dugger）所指出的那样，新古典为表明自己是不依附任何价值观的普适科学而故意使价值观问题模糊化。①

（五）玄机五：新古典理性主义是经济学研究的基石

尽管理性主义是现代社会科学的属性之一，但首先，其内涵具有相对性本质；其次，其产生的基础具有社会、经济、历史、文化等差异性；再次，这些差异性决定了其价值观基础（社会发展的指导理论、意识形态等都是其指示器）具有差异性本质。这也是社会科学与自然科学在方法论上的差异性之一。比如，当一个经济、科技、资本落后且劳动力素质"低"（新古典方法论会以资本主义市场经济作为衡量标准）的国家被一个经济、科技、资本强大且劳动力素质"高"的国家"殖民"时，二者行为和价值观的理性内涵是不一样的。尽管后者可以"理性"地宣称自己"代表先进的文化、先进的生产力"，可以"理性"地为前者带来资本、技术和更多的劳动机会从而提高 GDP 和总产值并会使物质和"文化"生活更加丰富，前者完全有可能因为自身特性（即上述所说的差异性）而理性地不接受。

首先，新古典"约定主义"方法论所产生的理性主义带有绝对性、普适性、无差异性。正是在这里，新古典"约定"下产生的"理性主义"与马克斯·韦伯（Max Weber）的理性主义理论有本质上的不同。韦伯对西方理性主义做了时间、空间的限制，揭示西方出现的理性主义（韦伯并不否认其他相关、相反"主义"的存在）是基督教新教伦理与资本主义发展时期所表现出来的"精神"在特定时空条件下结合的产物。这种带有历史唯物主义方法论性质和相对论的理论构建与新古典方法论在预先设定经济学目的基础上定义的"理性主义"出发点不同、本

---

① 参见 W. M. Dugger, "Redefining Economics: From Market Allocation to Social Provisioning", in *Political Economy for the 21st Century*, New York: M. E. Sharpe, 1996, pp. 31–43。

质不同，所表现出的方法科学性、逻辑严谨性也就不同。当然，这是为什么前者的理论成为现代社会科学中经得起验证而且被不同社会科学领域或相同领域的不同流派接受、认可的科学理论（这里并非说韦伯的西方理性主义是绝对真理）。

其次，理性本身就代表抽象思维基础上的决定，这个决定必须以有选择为前提，如果只有一种选择而且所有人不得不做这个选择，这根本不是什么理性主义选择。而在新古典方法论这个"理性主义"链条里，资本主义市场经济制度下失业、被解雇是一种正常的、理性的市场行为和现象；企业作为"经济人"当然是"理性"地为"利润最大化"（成本角度）而解雇劳动力；而雇佣劳动力作为消费者（新古典称之为"个人"）不仅接受、理解企业的"理性"，而且自己"理性"地降低消费（如由喝牛奶改为喝水、由吃牛肉改为吃碳水化合物），似乎学校也会"理性"地不收学费，医院会"理性"地"赊账"看病，保险公司"理性"地暂缓收取保费，各类交通、通信、服务事业都理性地暂时免费提供服务，各种生存生活的基本能源使用也"理性"地暂时无偿提供。不仅如此，在这个理性主义链条里，被解雇的个人还会"理性"地（按照新古典解释的那样）去理解经济萧条终究会过去（至于多长时间、多大程度上的不公平、社会和个人遭受多大创伤、产生多少社会问题，至于经济危机、萧条、不景气的原因等等，都不是"经济学"所关心的问题），自己会再被"理性"地雇用，而且还可以"最优化"地选择工作、工资、待遇等等。如此这般，一个新的"理性"支配下的经济发展周期又开始了，一个企业和个人在理性支配下的高兴、满意、幸福的"最大化""最优选择"周期又开始了。①

---

① 对于那些没有被解雇的"经济人"来说，他们之所以仍被雇用并非他们个人理性选择所致，而是资本的理性选择所致；而且失业率越高，受雇者就不得不接受更低的工资，这也不是他们的"最优选择"，而只是因生活所需做出的被动选择。

新古典方法论在这里假设、描绘了一个美好的、理性的、和谐的、大家庭式的、神话般的经济社会图案，建造了一个永动的理性经济循环。于是经济学剩下的任务就是研究怎样由私人企业（资本）最好地配置资源、发展技术、增加投资、提高资本效益、保持一般均衡了。难怪许多西方经济学学者把新古典经济学的描绘说成是脱离现实社会的乌托邦经济。然而首先，真正主动、"理性"地实现"利益最大化""行为/决策最优选择"的是生产资料私有制下的企业主（资本所有者）——经济因竞争或各种因素产生萧条与他们毫无责任关系（每一单个企业只管利润最大化）；其次，解雇工人又能最大限度地降低企业主的生产成本；再次，劳动力又是企业主可以招之即来挥之即去的实现"利润最大化""降低成本"的生产要素，而雇佣劳动力作为"经济人"只不过是这个要素的载体。① 结果，生产资料所有者（指经济结构中的整体）在"利润最大化"过程中不用对问题承担任何责任（中国遇到国际"金融危机"出现市场需求下降时，不是有人宣称私有企业不能倒闭吗？不是有人提出政府要用宽松信贷政策来保护、支持私有资本吗？②）。这样，生产资料所有者从一开始就"理性地购买"了人类历史上利益保障最大化的"社会保险""经济保险""资本保险"，私有财产（指生产资料）和它所负载的全部经济、政治、社会支配权力的保险，以及掌握最广大人群经济生存命运的"天赋人

---

① 参见龙斧、刘媛媛：《从资本属性看劳资关系的平等性和公平性》，《当代经济研究》2009 年第 2 期，第 1—7、72 页。

② 如果一次分配已经让中国的少数人创人类和平时期历史纪录地富了起来（参见龙斧、王今朝著：《社会和谐决定论：中国社会与经济发展重大理论探讨》，社会科学文献出版社 2011 年版，第 26—40 页），二次分配又通过价格价值不等价交换来实现，那么三次分配中政府用主要由雇佣劳动力创造的税收收入来支持、扶持、保护私人老板从而使他们不承担任何市场经济风险，这既不是"三个代表"也不是马克思主义中国化，既不是社会主义市场经济也不是资本主义市场经济。

权"的"神圣不可侵犯"的保险。这就回到前文提出的问题：谁约定？谁接受约定？谁在理性地选择？而谁又在表面"理性"但实际上不得不接受这个被解雇的选择？尽管后者对经济萧条、危机、技术代替劳动力、劳动力过剩或任何导致"不均衡"的问题不负任何责任，却要为"不均衡"本身负责。

这种理性链条所蕴含的玄机不禁使人想起马克思关于"宗教是人民的鸦片"① 这一论述来。这种理性链条所宣扬的理性理解、理性忍受、理性等待、理性节衣缩食直到再一次理性的选择（实际上是被选择），无疑也可以被视为是一种"鸦片"。"理性主义链条"与被马克思比作"鸦片"的宗教相比，虽然在"麻醉""镇痛"上的作用相同，但不同的是，前者披上了一层"科学"的效用函数外衣，一层"普适经济学"外衣，一层和谐、美丽和双方"互相理解"的外衣。毕竟，"理性"本来就与宗教的热情、笃信是相悖的。对那些新古典经济学的极端推崇者来说，他们的"理性主义链条"无疑给马克思的"鸦片"论断赋予了新时期下的经济学、社会学、政治经济学和宗教学内涵。这里，当作为"经济人"的雇佣劳动力被雇用和被解雇时，他/她是一个不晓痛痒、没有知觉、始终如一的机械化程序制导下在"选择"中来回摆动的"理性"的承受者。正如美国著名经济学家托斯丹·凡勃伦（Thorstein Veblen）所讽刺的那样，新古典经济学把人都假设为"具有闪电般速度的痛苦与欢乐计算器，他们就像整齐如一的球体在这个痛苦与欢乐区间来回移动，既能因某种刺激霎时产生渴望幸福的冲动，又能做到自己丝毫

---

① 中共中央编译局编：《马克思恩格斯选集》第 1 卷，人民出版社 2012 年版，第 2 页。许多人错误理解马克思关于"宗教是人民的鸦片"的论断，误认为马克思对宗教彻底否定、深恶痛绝。其实不然。由于马克思主义中所蕴含的人性、人权、平等思想与一些基督教教义具有相通之处，欧洲早期的马克思主义的信仰者、支持者中有许多人是基督徒转变而来。马克思只是说，宗教客观上具有这种精神麻醉作用，而并没有否定宗教的其他作用和社会功能。

不受影响"①。

当然，新古典经济学也不得不面对现代社会的结构和功能问题，于是认为在它所描绘的这个"理性"周期里，政府的干预、工会的罢工、媒体的披露都是非理性的，都是有碍于"最大化""最优选择"的，都是对经济发展不利的，因而被定义为"社会的非理性经济成分"。② 教育如果不是为了保障和支持上述最大化最优选择、个人主义，也是非理性成分，甚至法律、文化、宗教等也不例外。

（六）玄机六：唯计量方法才是经济学数量研究

新古典方法论在其微观经济领域研究中根据目的、对象、领域、范畴创造了一套不断复杂化的计量方法。如前所述，计量只是现代社会科学定量分析方法体系中的一种，只是对经济研究作为手段而非目的的一个发展，只是现代社会科学中的经济学研究中的一种方法，只是在时空条件、作用因素限制和封闭下就函数关系是否反映具有某种理论价值、实践意义的规律性进行探索的一种模式。

但当新古典经济学的极端推行者和信奉者以计量方法的运用与否来判别他人研究是不是经济学研究，它们就与上述几大玄机结合起来推出了新的玄机：既然经济学研究领域、对象、范畴和模式（以及目的）是

---

① T. Veblen, "Why Is Economics Not an Evolutionary Science? Reprinted in T. Veblen, 1919", in *The Place of Science in Modern Civilization*, New York：Cosimo Inc, 1989, p. 73.

② 人们通常以为，新古典经济学的理性只是指个人理性，而实际上，它既然用个人主义、原子主义、约定主义方法论来解释所有经济现象、行为、事物甚至规律，它对于社会运作就蕴含了一系列的"理性主义链条"。按照新古典经济学代表人物如哈耶克、卢卡斯或弗里德曼等人的观点，任何政府运作机制、法律运作机制、社会（如教育）运作机制都构成"非理性链条"。在新古典经济学看来，整个世界都应受"理性主义链条"支配，而非理性链条应该减少到最低限度。

"以我（新古典）为主""非我（新古典）莫属"，那经济学领域的数量研究方法当然也就"非新古典计量莫为"了。

当经济学研究的定量分析都是在给定制度（资本主义制度）下的计量经济学研究时，当计量经济学研究得出的所有定量关系都是资本主义条件下的一种特殊关系（如收入分配的库兹涅茨倒 U 形曲线）而这种特殊关系又披上了"科学"的外衣时，这样一个玄机就帮助把西方资本主义经济制度及其价值观支配下的个人和企业行为、现象、关系、规律绝对化、普遍化，把经济学研究"新古典"化，把资本主义政治制度、理论、政策及其意识形态"普世化"，这样也就把西方资本主义市场经济下微观经济领域中的行为、方式、结构、功能、关系当作具有"普世真理"的经济学理论来宣扬，这样也就把上述分析的西方资本主义经济形成发展的特定条件下产生的西方经济学神学化了，无非再用一套数学的静态和动态的计量工具来掩盖其市场经济特性特征以及价值观的意识形态特性特征。

三、结论：新古典方法论六大"暗藏玄机"的逻辑链条

本章从整体主义和历史唯物主义方法论角度，揭示并分析了新古典方法论的六大"暗藏玄机"：方法论上的双重标准和社会达尔文主义基因、对宏观经济研究的形而上处理、非资本主义经济制度不是经济学研究范畴、资本主义市场经济价值观和行为准则具有"普世"性、以理性主义作为经济学研究的排他性基石、唯计量方法才是经济学研究。基于这六大玄机，新古典方法论建立起这样的逻辑链条：既然经济学是研究经济的科学，因此就必须排斥其他领域的影响；既然新古典经济学就等于"经济学"，那么与之不同的研究就不是经济学；既然新古典经济学研究以资本主义市场经济制度为必要前提，那么经济学研究也应该以此

为必要前提；既然新古典经济学研究在这个前提下以微观领域行为、现象、关系及规律为对象、为范畴，经济学研究也应该以此为对象、为范畴；既然新古典经济学使用计量经济学等数理化方法，任何经济学研究都不能离开数理和计量。这样，新古典方法论的约定主义、个人主义、理性主义和"普世化利润、效用最大化追求"使经济学成为一种神学。而新古典方法论信奉者中那些把复杂、繁复、高深的"计量"方法当作判别他人是不是经济学研究从而自我感觉良好，这样做，就是在模糊"纯数学研究"和经济（学）研究的界限了。实际上，西方不少经济学学者（包括新古典经济学学者）并未因为某种定量分析方法的使用而产生这种"优越感"。反倒是，西方经济学学者对新古典方法论的演绎模型不乏批判，如对其收入与消费函数、投资与回报、失业与通货膨胀、政府政策与经济绩效等等函数关系的存在性、可靠性、合理性批判等；西方经济学学者对新古典方法论的前提假设也不乏批判，提出相反假设，构建对立理论，如美国经济学家赫伯特·西蒙（H. A. Simon）的有限理性理论、约瑟夫·斯蒂格利茨（J. E. Stiglitz）等人的不完全信息和不对称信息经济学、弗农·史密斯（V. Smith）等人的实验经济学、奥利佛·威廉姆森（O. Williamson）等的交易成本经济学等。① 如果中国经济学的建设、发展与研究，看不到新古典方法论的"暗藏玄机"，必然陷入方法论上的封闭系统陷阱。

---

① 参见 G. Akerlof, "The New Case for Keynesianism, interview with George Akerlof", *Challange*, Vol. 50, No. 4 （July-August 2007）, pp. 5 – 16; D. Kahneman, "Maps of bounded rationality: A perspective on intuitive judgment and choice", *The American Economic Review*, Vol. 93 , No. 5 （December 2002）, pp. 1449 – 1475; A. Sen, "The possibility of social choice", *American Economic Review*, Vol. 89, No. 3 （June 1999）, pp. 349 – 378; G. Myrdal, *Monetary Equilibrium*, *First English edition*, Kelly: New York, 1965, p. 134。

第四章　经济学方法论的价值观属性、整体主义思想与方法论的科学性检验

本书第二章分析表明，西方（新古典）经济学方法论在研究范畴、逻辑结构、逻辑基础、研究方法、任务目的等方面表现出"封闭系统"特征，因而只有依靠类似"两个凡是"的限定才能使其在资本主义市场经济条件下产生的某些关系、规律得以确立。本书第三章分析则揭示出：新古典经济学试图用其方法论框架下的研究模式、体系来证明自己价值观"中性"，但又无法避免资本主义自由化、私有化和市场决定的价值观本质。正因此，新古典经济学一方面为理论论证的逻辑有效性和演绎证明的逻辑一致性而提出"约定主义"，另一方面却又在这两个方面表现出"双重标准"。这样，在封闭系统条件下，在约定主义控制下，在"两个凡是"和"双重标准"支撑下，在六大"暗藏玄机"作用下，新古典方法论试图把其经济学打扮成"制度中性""价值观中性"的"纯粹经济学"来推向世人，并且在中国产生影响。这就对中国经济学的本土化发展提出了这样一个问题：在借鉴西方经济理论指导中国发展过程中，在发展中国自身的经济学理论体系中，方法论具有制度差异性基础上的价值观属性吗？如果有，到底怎样衡量、检验经济学这个社会科学知识体系的方法论的科学性呢？本章在第二、三章分析、论证的基础上，一方面对新古典方法论的价值观属性、"双重标准"和神学主义成分进行分析，另一方面阐述整体主义、多元主义、相对主义方法论对新古典方法论的抗衡以及因此对经济学产生的影响。在此基础上，本章

提出经济学方法论的科学性检验与衡量的方法。

一、新古典方法论的价值观属性、"双重标准"和神学主义特征

新古典经济学试图依靠封闭系统下产生的复杂技术方案来表现其"价值观中性"。① 然而，经济学作为一门社会科学无法回避价值观问题，这是社会科学区别于自然科学的本质特征之一。西方学者的批判不少集中于新古典经济学研究西方经济时所表现的极端自由化、私有化和市场决定论价值观体系。而实际上，这一价值观体系也表现在它对社会主义经济体制的带有极强意识形态的评判上。

（一）极端资本主义市场经济价值观体系

新古典方法论强调，为了理论论证本身的逻辑有效性，必须在接受约定的事实这个基础上进行演绎证明，基于此，应该对作为其研究对象的"经济人"做出"理性主义""最大化、最优选择"和"个人主义本质"的事实"约定"，并在此基础上来构建出一整套微观领域的"经济规律"（如利润最大化、效用最大化、供给函数、需求函数、供求价格函数等等）。而恰恰是这套表面逻辑一致的前提假设和约定蕴含了极端资本主义自由化、市场化、私有化价值观。对新古典方法论来说，既然经济学研究以资本主义为前提条件，又把可以反映、体现社会制度、发展路径、方向、性质和价值观、信仰、意识形态、道德准则、行为方式、文化、人口、资源等差异性影响的因素定为"外生变量"，又把这

---

① 参见 H. Thompson, "Ignorance and Ideological Hegemony: A Critique of Neoclassical Economics", *Journal of Interdisciplinary Economics*, Vol. 8, No. 4 （October 1997）, pp. 291 – 305。

个制度下的企业和个人（供求方）定义为统一、同质的"经济人"，那么这些由新古典约定的资本主义市场经济行为准则和前提假设当然也就名正言顺地具有"科学性"和"价值观中性"之属性了，并因此使范畴封闭（见本书第二章分析）下产生的函数关系具有不可置疑的合理性了。显然，新古典方法论用逻辑一致性、有效性来掩盖自己假设演绎中理论选择的动机和目的，从而也就把价值观和意识形态的偏向性掩盖了。正如美国经济学家罗伯·杜加（Rob Dugger）所指出的：新古典经济学试图表示自己是"一个不依附于任何价值观的科学"（a value-free science）而故意使价值观问题模糊化。① 实际上，新古典方法论的极端资本主义自由化、市场化、私有化价值观正是试图搭乘这些所谓"逻辑一致性""有效性"的便车成为"普世、普适"价值观和行为准则。

在制度问题上，新古典经济学的"不讨论、不研究"表面"中性"，实际却蕴含了自身价值观，即资本主义市场经济由于资本与市场的结合及其决定而成为人类社会最科学、最先进的经济制度，对它产生的冲突、矛盾、问题、利益关系以及这些关系对微观领域行为、现象、关系的作用与被作用的研究都可以省略了。按照此逻辑，这样一个"天使"一般的、"造福"于人类的"（资本主义）经济规律"似乎应该受到推崇才对，尽管这个"（资本主义）经济规律"曾被马克思描述为"每个毛孔都滴着肮脏的血"。而实际上，这种"（资本主义）经济规律"正是约定主义方法论支配下的在经济学定义上的一个价值观隐藏。至于市场经济产生的问题，在新古典经济学看来，那只是因为资本这个纯洁天使的天真、无知而造成了一些后果，只要做适当调整就行了，"贫富

---

① 参见 W. M. Dugger, "Redefining Economics: From Market Allocation to Social Provisioning", in *Political Economy for the 21st Century*, New York: M. E. Sharpe, 1996, pp. 31 –43。

差别"缩小一点就行了，资本家和雇佣劳动力"共同富裕"就行了。① 这样，整个经济学的任务就是怎样通过自由化、私有化来完善资本主义市场经济从而实现经济增长，而只要增长了，社会就和谐了。马克思早已批判了这种法国庸俗经济学家弗雷德里克·巴师夏（F. Bastiat）的理论。

（二）价值观支配下的双重标准问题

第二章指出：约定主义在假定自己关于世界的理论是真实的时候，一方面认为其他理论因归纳问题而缺乏逻辑一致性，另一方面不允许别人质疑它关于世界事物的假设的理论之真实性。这是一种方法论上的双重标准表现。那么新古典封闭系统方法论是否能够保持其"价值观中性"或逻辑上的一致性和有效性呢？其实不然。比如，根据新古典方法论原则，约定产生的假设演绎模型，由于有了理性主义支撑的"经验型知识"作为"有条件的演绎证明的基础"，所以是最为"可靠的"。但恰恰在这里这个原则又表现出双重标准。首先，这种"理性主义"是以资本主义市场经济制度为前提的，那么为什么不允许其他经济制度下的不同于这种理性主义的经验知识作为演绎证明的基础呢？其次，当新古典经济学依靠约定主义把与其不同、对立的理论、流派以及非市场经济下的行为、现象、规律（以及它们的价值观）都排除在经济学之外时，自己的方法论、理论看上去不就是"价值观中性"了吗？既然经济学就是"新古典经济学"，那么还有什么参照物来决定它自己是否具有价值

---

① 在现实世界里，煤老板怎会与成千上万依靠挖煤养家糊口的煤矿工人"共同富裕"呢？而且，煤老板不正是依靠廉价劳动力、降低安全标准从而达到利润最大化吗？如果存在普遍性、社会性官商勾结，即理性主义支配下"老板利润最大化"与"个人（官员）最优选择"相结合又怎么办呢？能否付诸法律呢？如果法律也存在官商勾结怎么办呢？关于官商勾结分析，参见龙斧、王今朝著：《社会和谐决定论：中国社会与经济发展重大理论探讨》，社会科学文献出版社2011年版，第108—381页。

观或其价值观是否中性呢？对新古典经济学这种在价值观和方法论上的
"双重标准"的同时并用，美国经济学家赫伯·汤普森（H. Thompson）
称之为"意识形态的霸权主义"。[1]

实际上，即便按照这种以"事实约定"来保证理论论证的逻辑有效
性和演绎证明的逻辑一致性，新古典经济学也无法排除社会主义经济制
度作为"经济学"的研究对象之一。考虑到中国在经济制度、发展路
径、历史背景、信仰体系、价值观、人口资源、生产力条件、基础水平
以及相应任务、目的等方面与资本主义国家相比所存在的诸多差异性因
素，其社会主义经济理论的逻辑有效性完全可以成立，其"经济人"行
为准则、决策目的是可以根据决策因素一致性、实施手段一致性来检验
的（这不是新古典方法论逻辑有效性、一致性的另一技术要求吗？）。比
如，中国 1949 年后建立起来的社会主义经济制度以及这个制度下的企
业与个人行为难道是非理性的？不具备经济学性质、规律和特点吗？[2]
当然，这样一来新古典方法论就会面临与自己经济学范畴封闭对立的难
题。因此，新古典经济学对自身的方法论逻辑的矛盾通常是依靠"双重
标准"来解决的，社会主义经济理论的逻辑有效性、演绎一致性必须用
资本主义市场经济的标准来衡量。不是吗？社会主义（任何一个）企业
的效率效益问题都是社会主义制度问题，而资本主义（任何一个）企业
的效率效益问题却是管理、技术问题；社会主义的企业"垄断"是因为
没有注入私有资本、没有私有化的问题，而资本主义的企业垄断却是
"有利有弊"的组织结构和竞争问题；社会主义计划体制就是奴役、先

---

[1] 参见 H. Thompson，"Ignorance and Ideological Hegemony: A Critique of Neoclassical
Economics"，*Journal of Interdisciplinary Economics*，Vol. 8，No. 4（October 1997），
pp. 291 – 305。

[2] 关于中国 1949—1980 年为什么选择社会主义公有制计划经济的历史唯物主义分
析，参见龙斧、王今朝著：《社会和谐决定论：中国社会与经济发展重大理论
探讨》，社会科学文献出版社 2011 年版，第 332—348 页。

天的无效率，而资本主义的市场经济则只有外部性等一时失灵问题，并且在一个市场失灵之后，还可以用其他的市场机制来弥补，如美国经济学家罗纳德·哈里·科斯（Ronald H. Coase）的外部性内部化策略。当然，从未有任何新古典经济学大师或理论从私有化与效率效益关系角度，用第二次世界大战前夕法国和苏联经济制度对比来衡量效率效益（经济的效率效益从来就不是简单的总产值、投入产出对比），毕竟，当时的法西斯德国已对它们做了全面实验对比、检验和衡量。不过，假如这个对比、检验、衡量的结果正好相反，那么可以想象会有多少新古典经济学理论应运而生。这就是典型的带有价值观、意识形态的经济学方法论"双重标准"。

新古典经济学的双重标准所表现出的价值观倾向性是其所谓方法论逻辑一致性所无法掩盖的，而这种价值观倾向性又是其方法论自身逻辑性无法保证的主要原因之一。可以说，中国一些学者用新古典经济学理论来分析、解释中国1949—1980年的发展模式、效率效益或改革开放后国有企业出现的问题时，正是沿用这种双重标准和价值观。比如，当研究国有企业问题（如"效率效益"）时，就用简单、孤立的（即使不带意识形态、价值观偏向性的话）因果关系来解释——国有企业问题就是因为没有私有化！然而，西方市场经济下的私有化发展了500年为什么仍然存在效率效益问题、通膨问题、危机问题、不均衡问题、企业破产倒闭甚至世界范围的经济危机呢？如果企业效率高低与所有制具有直接、单一因果关系，那么美国在企业和质量管理上不如日本效率效益高，是否也是因为美国私有化不如日本呢（事实恰恰相反）？根据西方现代管理学、组织行为学和企业创新学，大企业一般都没有中小企业效率效益高，是否也是因为大企业私有化程度不如小企业呢？① 正是在这里，新古典经济学一方

---

① 根据西方现代管理学、组织行为学和企业创新学，企业规模与企业效率效益具有相关性，而根本不是什么私有化程度问题。

面依靠其封闭系统方法论，先验地断定资本主义市场经济的企业效率效益问题与私有制无关或干脆无需有关（否则逻辑问题就出来了，因此必须提前对研究范畴、前提做"封闭"和"约定"，见本书第二、三章分析），或至多是"均衡"问题。而另一方面，新古典经济学又先验地断定社会主义国有企业的效率效益问题就是公有制所致，并以此提出表面五花八门而实际万变不离其宗的国有企业私有化或对国有企业注入私有资本的方案。设想一下，因营养不良造成的消瘦如果被诊断为癌症所致，在医疗方案和过程中又会产生什么结果呢？双重标准明显的逻辑性问题从根本上体现了新古典极端资本主义市场化、私有化、自由化价值观。而中国那种简单认为只要是为了增长经济、提高企业效率效益就可以把国有企业都私有化或私有资本化，以及因此产生的理论、观点、宣传、政策，正是这种价值观作用的结果。这就与为解决消瘦问题强调全身包括眼耳鼻喉、五脏六腑在内的一切功能、领域的工作都以脂肪增长为中心一样荒谬。不考虑复杂、多元、非线性、交叉式、多重性、反复（但不一定重复）的因素影响与作用、副作用、反作用关系，片面强调"一切交给私有制""经济发展解决一切问题"，结果就会南辕北辙、适得其反。①

（三） 新古典方法论的神学主义本质

第一，是与不是的裁定。新古典经济学在约定主义基础上划定自身研究对象、范畴、范式无可厚非，建立自身理论体系也未尝不可，但如果以此对他人的研究做出"是与不是"经济学的裁定，那就脱离

---

① 正是针对这种双重标准和方法论上的极端化，在批判以资本主义指标衡量社会主义效率效益的实证基础上，在对社会主义国有企业效率效益进行整体主义、交叉科学方法分析的基础上，本书作者提出了中国经济发展科学性衡量与决定模型。参见龙斧、王今朝著：《社会和谐决定论：中国社会与经济发展重大理论探讨》，社会科学文献出版社2011年版，第318—381页。

科学之轨道了，如再把不同流派（如德国历史学派、马克思主义经济学和制度经济学或宏观经济学等）排除在经济学范畴之外，那就更是滑向神学边缘了。按照新古典这个"是与不是"经济学研究的划定原则，把资本主义市场经济作为经济学研究的主要对象、领域这一约定不容讨论，要进行经济学研究就必须先接受这一"信仰"。可以说，无论是约定主义、还原主义还是"两个凡是"、双重标准的新古典方法论原则，都带有"是与不是"的基因。这些原则划定什么可以讨论、可以争辩、可以研究，而在那些划定的"不讨论、不争论、不研究"的领域、范畴、问题、现象、关系方面，新古典经济学实际上要求按自己的"既定方针"办。从对人类经济社会的实践认识与再认识看，从对事物所蕴含的关系、规律形成、变化及其影响因素的复杂性看，也从对同一事物特征和本质分析在不同方法论框架中会产生不同结果看，上述方法论特征是否脱离了科学之轨道而滑向神学之幽径呢？答案不言而喻。

第二，"普世"主义本质。极端新古典主义不仅用自身理论来解释西方资本主义市场经济，对不同流派、理论、方法加以经济学与否的判定，而且对非西方市场经济模式做出"新古典解释"。比如，新古典经济学对那些"外生"条件、环境超出新古典模型条件下的增长，或对与西方不同经济制度下的增长关系做出新古典解释，要么宣称这些增长不属于经济学范畴，要么牵强附会地把函数关系硬往新古典模型上套，即采用"要么不是经济学，要么必须是新古典经济学"的方法论态度。不是有新古典主义学者对中国经济增长中出现的内需不足不断做出简单的"投资（就能）拉动内需"的建议吗？殊不知这个过热、过大、过于依赖市场（资本、利润）决定的投资正是中国经济发展模式问题的总根源之一。中国持有罕见的经济持续增长、世界上最大的消费人口和市场规模、世界上最大的消费品生产能力，是世界上储蓄（率）增长最快的国家，但为什么发生令人奇怪、与各种新古典理论相悖的内需不足呢?① 还有新古典理论对中国增长做出"全要素生产率"解释。"全要素"吗?但中国1980—2009年GDP增长10余倍,其中技术效应占多大比例、起到了怎样的作用呢?现代科学管理效应又起到多大作用呢?资本追加的实际效率效益又起到多大作用呢(这时新古典的解释是避开这种效率效益问题的,只谈中国资本追加总量)?如果一个科学领域的方法论不仅具有"两个凡是"特征而且表现出"信仰主义"、绝对主义、普世主义、逻辑简单主义特征,那它与神学主义还相距多远呢?

从方法论看,脱离社会、经济制度(及其目的、性质、方向)的"普世经济学"是不存在的,脱离生产关系的纯粹生产力发展也是不存在的,如果有,那也只是在价值观、意识形态支配下的假意识而已。新古典经济学当然可以研究西方资本主义市场经济下"经济人"的微观行为、现象,解释关系和总结规律,并以此预测经济发展的相关趋势和可能性。

二、开放系统下多元主义、相对主义对新古典主义的抗衡

新古典方法论无法与其构建者对经济学的社会功能定位分开,而这个定位又无法与其构建者的世界观、方法论、立场分开。② 对此新古典

① 参见龙斧、傅征:《中国"核心消费"对供给有效性的机理关系决定——供给侧结构性改革的辩证唯物主义与整体主义思考》,《当代经济研究》2021年第6期,第88—102页;龙斧、薛菲《房价上涨抑制家庭消费 淤堵国内大循环畅通》,《中国社会科学》(内部文稿)2020年第6期,第127—142页。

② 参见 S. Resnick and R. Wolff, "Marxian theory and the rhetorics of economics", in *The consequences of economic rhetoric*, A. Klamer, D. N. McCloskey and R. M. Solow (eds.), UK: Cambridge University Press, 1989, pp. 47-63。

经济学并不否认。而作为研究人类社会经济活动的现象、关系、规律、体制、功能、作用、目的的经济学与社会诸多其他领域的相互作用与交叉影响也无法否认。这种社会性时间、空间的作用决定了新古典方法论与自然科学方法论具有差异性。因此，无论是经济学方法论还是赖以产生的理论、方法都具有相对性、多元性、整体性，这些属性决定了脱离价值观的纯粹经济学、普世经济学的不存在性。也因此，开放系统下的整体主义、相对主义、多元主义等方法论思想与新古典封闭系统方法论形成抗衡。

（一） 对"主流经济学"的多元主义挑战

从社会科学方法论发展看，整体主义对新古典经济学的还原主义的质疑与批判从未停止过，而随着方法论和认识论上多元主义的兴起，对这个还原主义的挑战更是从多方位、多角度展开。[①] 第二次世界大战后西方（尤其是美国）出现了经济发展"黄金时期"，新古典主义随之呈上升态势，而 20 世纪 60 年代出现的"剑桥资本争论"则对新古典理论、模型合理性进行挑战和质疑。20 世纪 80 年代中，伴随着带有极强意识形态色彩的里根—撒切尔新保守主义的兴起、东欧社会主义阵营的瓦解以及计量方法的技术发展，新古典经济学又开始以"主流"自居。其理论中所蕴含的"极端市场化""私有化解决一切""私有资本注入"（如里根"滴注效应"的经济政策，把更多公共财富、资源、税收等交到私有资本手中）以及国际经济（资本主义）一体化等思想，无不与里根—撒切尔极端资本主义性质的新自由主义、新保守主义及其"只有资本主义才能救世界"的意识形态有着方法论和价值观渊源。然而，随着里根—撒切尔新保守主义的"经济理论破产"，新古典经济学也受到更多理论和现实的挑战。继美国经济学家托斯丹·邦德·凡勃伦（Thorstein B. Veblen）、法国

---

① 参见 Q. Skinner, *Introduction: the Return of Grand Theory in the Social Sciences*, UK: Cambridge University Press, 1985, pp. 32 – 49。

经济学家多米尼克·斯特劳斯·卡恩（Dominique Strauss-Kahn）、荷兰经济学家简·丁伯根（Jan Tinbergen）、瑞典经济学家纲纳·缪达尔（Karl Gunnar Myrdal）等人之后，美国经济学家道格拉斯·诺斯（Douglass C. North）、美国印度裔经济学家阿马蒂亚·森（Amartya Sen）、美国经济学家丹尼尔·麦克法登（Daniel L. McFadden）、以色列经济学家丹尼尔·卡内曼（Daniel Kahneman）、美国经济学家约瑟夫·斯蒂格利茨（Joseph Eugene Stiglitz）、美国经济学家乔治·阿克尔洛夫（George A. Akerlof）、美国政治经济学家埃莉诺·奥斯特罗姆（Elinor Ostrom）等对新古典经济学理论从不同角度展开批判。2008 年后，更有诸多欧美学者对新古典"市场自由化"提出质疑。这些批判和质疑无不带有整体主义、多元主义方法论色彩。

首先，在西方"主流"① 一词并非代表正确，也不一定代表"大多数"，反而常常是社会科学挑战的对象。西方社会科学的许多领域也正是在不断挑战主流中发展起来的，其多元主义方法论下的百花齐放、百家争鸣方法论思想也越来越具有科学的统治力。其次，西方经济本身的问题并未因苏联的解体而解决，其自身弊病也没有因为冷战结束而消失，反而在全球范围表现得越来越多。因此，越来越多的西方学者、学科领域对新古典经济学的批判带有交叉科学的方法论色彩（这也是整体主义、多元主义发展的必然趋势）。无论是"经济人"假设还是"理性假设"，无论是一般均衡还是帕累托最优，无论是增长理论还是边际生产力理论，无论是资源配置模型还是计量方法，无论是还原论还是约定主义，都受到来自不同科学领域的挑战。宏观经济学作为现代经济学的

---

① 中国一些学者对英文"主流"（mainstream）一词产生误解，认为既然"主流"那一定是代表正确、科学、占统治地位、指导社会的理论。在欧美，"主流"一词并非代表正确，也不一定代表"大多数"，反而往往是学者挑战、批判的对象，在一流科研型大学和研究机构尤其如此。

分支已经具有不可否认的经济学研究价值和意义。整体主义、多元主义方法论的形成与发展无疑给封闭系统下的新古典经济学带来了前所未有的冲击，甚至有些理论流派正是在对古典、新古典经济学的批判与质疑中发展起来的，如制度经济学、演进经济学、环境经济学、生态经济学、行为经济学、组织经济学、心理经济学等等。而政治经济学、经济社会学、社会经济学更是在成熟过程中从多种不同角度分析经济现象和行为。这一现实就连西方新古典学者也不得不承认、不得不面对。毕竟，封闭系统下带有还原主义色彩的"经济人"研究和演绎模型难以维持——即便资本主义市场经济下的行为、现象、关系和规律在现实里不是也不可能是"孤立"的，必然与其划定范畴之外的大千世界、环境条件发生关系并相互影响，而且对社会非经济领域的诸多现象、行为、关系、矛盾、冲突和问题也难逭其责。从这一点看，"主流"成为众多学术瞄准的"标靶"还是成为压制众多学术发展的"权威"是决定一个社会、民族、国家是否能够抢占科学高地、领军科学未来的分水岭。

（二）对"主流经济学"的相对主义抗衡

经济学方法论围绕归纳无法产生"终极真理"因而无法保证演绎的可靠性问题争论不休。新古典主义认为：归纳无法产生"终极真理"因而用约定主义的演绎来代替。而从相对主义看，社会科学无需某种"终极真理"作为归纳社会现象、行为、关系、规律的逻辑基础，这是符合"科学无终极性、无绝对性"属性的。对此，无论是人类学相对主义（主要从方法论出发）还是哲学相对主义（主要从思想观出发），① 无论是二者基础上产生的实证性相对主义还是规范性相对主义，② 无论是后

---

① 参见 R. Rorty, *Objectivity, Relativism and Truth: Philosophical Papers*, UK: Cambridge University Press, 1991, pp. 138 - 206。

② 参见 M. Baghramian, *Relativism*, London: Routledge, 2004, pp. 1 - 14。

现代主义的相对论还是后结构主义的相对论,① 都从不同角度指出社会科学方法论的相对主义本质（即不能把经济学作为"封闭系统"中的"纯粹经济学"来研究）。它们对经济学封闭系统方法论展开了冲击。这种相对主义方法论思想与历史和辩证唯物主义方法论有吻合之处，是百花齐放、百家争鸣的哲学基础之一，是现代社会科学方法论的属性之一。②

从微观研究看，新古典经济学的"经济人"及其理性主义、心理个人主义等逻辑结构基于对西方市场经济特定条件下的"世间俗智"的约定主义假设。但从相对主义看，首先，即便在市场经济正常情况下（即无战争或危机），它们仍然是有条件成立的。如果市场、经济的运作真如新古典经济学所描述的那样可以自然均衡、调节，那还要企业管理学、市场学、战略学、物流学、组织行为学、消费者行为学、企业创新学、公共管理学、政治经济学等诸多科学领域干什么呢？仅从市场地域差异性看，纽约市无论消费者还是企业都与美国郊区、中小城市的消费者和企业的行为、决策不一样，"最大化、最优"标准不一样，出发点也可能不一样，甚至目的都可能不一样；仅从市场分层看，又有多少不同种类、方面、条件的差异性变量在起作用呢？很显然，西方管理学在发展中因与社会、经济、文化、法律、政治等现实有更为紧密的关系，更多地受到多元主义和相对主义的影响。从 20 世纪 90 年代起，美国商学院的国际认证要求企业道德、国际商务等教学为必要条件，而这两大领域的诸多理论、实证案例、研究方法、企业行为、衡量模型都超出新

---

① 参见 C. Norris, "Truth, Ideology and 'Local Knowledge': Some Contexts of Post-modern Skepticism", *Southern Humanities Review*, Vol. 28, No. 1 (January 1994), pp. 1–33; R. Rorty, *Philosophy and the Mirror of Nature*, NJ: Princeton University Press, 1979, pp. 373–379。

② 参见龙斧、王今朝著：《社会和谐决定论：中国社会与经济发展重大理论探讨》，社会科学文献出版社 2011 年版，第 197—207 页。

古典经济学划定的理性主义、个人心理主义、"经济人最大化、最优化"等范畴，在诸多方面表现出整体主义、相对主义、多元主义方法论特征。①

实际上，新古典经济学内生变量关系的确立由于其研究对象、时空、条件相对性而使其结论、理论、立论、命题都带有相对主义性质。一方面，在西方资本主义社会、经济制度下，在西方现代市场经济条件下，在以发达资本主义国家为主要研究对象时，在其经济结构、生产力水平、资源条件、人口、教育、生活方式与消费方式相对统一的状态下，在经济波动形式、产业结构变化、增长与萧条周期等因素作用较为相同的情况下，在价值观、宗教、信仰较为接近的条件下，在社会的近现代发展、历史路径、国家体制较为相同的条件下，在资本主义发展进程中经历了大同小异的原始积累、经济模式建立的基础上，在其所集中的微观经济学领域里，新古典在选定的内生关系研究上产生了一些成果，发现了一些行为、现象的规律性（如货币供给决定价格水平），总结出了一些经济行为、现象、关系的共性。另一方面，这些规律性、普遍性及理论具有相对性性质，因为它们的共性基础首先是相对的，如果把它们作为绝对真理、普世经济学来学习并用来指导社会实践，那就是剥夺了其科学属性，这并不是那些具有相对主义方法论思想的西方新古典经济学学者所愿意看到的。

一些研究和理论在脱离自身社会各种矛盾相互影响、作用、变化条件下，在忽略它们对经济发展方向、性质影响与作用的条件下，在忽略中国自身发展特性的条件下，在割裂社会生产关系与生产力之间不可否认的辩证关系条件下，片面、单纯、一味强调以经济指标、GDP 增长为中心，强调经济领域都应让市场、私有化来决定（即让那只"看不见的

---

① 本书作者在美国大学教授工商管理近 30 年，并领导、组织了不同大学的商学院国际认证，见证了这个变化的全过程。

手"及其所操纵的"经济人"来决定）。针对这种封闭系统下产生的"市场决定论""唯增长、唯 GDP 论"，一些关于中国社会主义计划经济和改革开放时期的研究从相对主义方法论出发，证实了经济增长与社会进步、和谐之间没有简单因果关系，甚至没有简单线性关系，在一定条件下甚至可以引起、导致社会不和谐甚至发展方向的偏差、性质的改变（参见本书第八、九章）。

三、经济学方法论的科学性检验

本章分析表明，方法论科学性是任何社会科学领域所无法回避的问题。那么到底怎样检验、衡量方法论科学性呢？

如果说方法论形成受到差异性和变化性制约，那么其科学性又怎样检验呢？基于以下对新古典方法论特征、性质和问题的分析，基于整体主义、多元主义和相对主义方法论思想，也基于社会科学方法论与自然科学不同的本质特征，本章从方法论角度出发，对研究中所做的假设和演绎提出以下检验、衡量的标准。

（一）自然科学与社会科学方法论差异性检验

自然科学中的封闭系统方法论的一个指导思想就是：在稳定状态下，通过对自然界某个事物组成部分进行环境封闭性、条件控制性研究即可获得对其本质、规律的认识。这对一些自然科学领域的某项研究有一定道理。毕竟，在自然界里，一些研究对象的共性成分较大，因此在封闭、控制和研究对象同质的条件下，对某一事物进行限定性研究可以成为对其获取带有普遍性认识的一个步骤和过程。比如，热力学第二定律在美国成立，在中国也成立；在其他条件相同情况下，水的基本成分在中国和美国都一样。社会科学则不然。首先，由于社会事物的动态性、多元性、相对性本质，对同一个社会事物、现象、行为、规律能够产生不同的理论，而产生这些理论所依据的方法论思想、价值观也可能不同，如英美两国尽管在诸多方面相同，但对平等、公平价值观的理解、内涵不完全一样，因而具体法律、政策、方法等也不完全一样。其次，不同国家社会事物的形成（如经济）具有时空差异性、条件差异性以及各种因素的内在联系和外在作用、被作用差异性，因此不同社会的同一事物的现象、规律、特点具有差异性，而一个社会的同一事物本身又具有变化性。这一切使方法论差异性成为必然。比如，中国的生产关系、指导价值观与西方不一样，其生产力发展手段、理念、模式与西方会完全一样吗？如果不同国家在历史路径、社会制度、经济结构、人口总量、人均资源、消费方式、发展条件、生产力水平等方面存在差异性，为什么要用西方的资源配置理论来指导中国的资源配置实践呢？这说明，在对两个具有上述差异性国家的"封闭"研究中，即便那些选定的事物表象、控制条件、作用因素相同，也难以产生相同理论、规律和定律。比如，如果社会制度、指导价值观不同，这些选定条件的相同性已经失去科学比较的意义了。这与新民主主义革命时期不能简单用人数、装备、通信、资源、待遇、机械化能力等这些表面看起来相同的条件、指标来比较国民党和共产党两支军队的战斗力的道理一样，也不能经过这些控制条件下的封闭性比较，得出共产党的军队应该按照国民党军队来建设、来确立发展模式的结论，更不能因此认为共产党军队的战斗力（效率效益）没有国民党高、资源配置没有国民党的科学从而得出这样的一个结论：共产党就是要用国民党的军事理论、建设模型、发展模式来对共产党的军队进行改革和改造。

（二）经济学（社会科学）方法论科学性衡量

一是模型基础的相对主义控制：假设和演绎以及产生的理论结果受本书第二章之二的《（四）研究方法、范式的封闭："假设—演绎模型"》中列举的 17 个因素（co）、环境（su）以及相应的定性（ql）、定量（qt）方法制约，因此其适用性（ap）、价值（va）、意义（sg）也是有条件的和相对的，是表现在假设的、限定的时空范围（t）中的；如果用 th 来表示理论的适用性、价值和意义，即 $th \equiv (ap, va, sg)$，则关于经济理论科学性检验的基本模型为：

$$th^t = th^t(co^t, su^t) \tag{4.1}$$

二是合理性、可靠性控制：条件假设、环境限定以及相应使用的定性、定量方法在合理性（pl）、可靠性（re）方面受到不断检验，因而具有被质疑性和非定论性（falsifiable and non-deterministic）；用 pl_i 表示这一理论的条件假设、环境设定和所采用的定性、定量方法这 4 个方面的合理性程度，re_i 表示这一理论在这 4 个方面的可靠性程度，其中 $i = co, su, ql, qt$。由于研究的深入，这里会有一个条件假设、环境限定和定性、定量方法随着时空变化而变化的过程。这种变化很显然是受到了它们各自合理性、可靠性程度的制约，于是有公式（4.2）：

$$co^{t+1} = f(pl_{co}^t, re_{co}^t), \quad su^{t+1} = g(pl_{su}^t, re_{su}^t), \quad ql^{t+1} =$$
$$h(pl_{ql}^t, re_{ql}^t), \quad qt^{t+1} = w(pl_{qt}^t, re_{qt}^t) \tag{4.2}$$

其中，co^t 表示时期 t 下的假设条件。其余变量类似。上式表明：① 一个理论对条件的假设、环境的设定以及定性方法、定量方法的选择会受到这些变量在前面一个时间和空间的合理性和可靠性程度的影响；f，g，h，w 分别表示对应的函数；② 如果变量的合理性和可靠性程度越高，它们在下一期的变化就越小。值得指出的是：为避免过分复杂化，这里在形式上忽略了公式（4.2）中 4 个因变量之间的相互作用。而实际上，条件的合理性和可靠性有时取决于对环境的设定，而环境和条件的设定还对定量和定性方法的选择及其发展产生影响。

三是变化性与动态性控制：即使原来选定的条件假设、环境限定以及定性定量方法都合理、可靠、适用，这些所选定的条件、环境、方法本身依然会产生变化，合理性、可靠性、适用性会重新受到检验、质疑并可能被推翻，因而具有演进性和发展性；这意味着存在序列：pl_i^1，

pl_i^2，pl_i^3，$\cdots$，pl_i^n，$\cdots$和re_i^1，re_i^2，re_i^3，$\cdots$，re_i^n，$\cdots$。其中，$i = co$，su，ql，qt。这里可以用$\|pl_i^m - pl_i^n\|$和$\|re_i^m - re_i^n\|$来衡量一个理论在上述合理性和可靠性方面发展变化的程度，假设$n < m$，那么，上式也成为衡量第n期经济理论的条件、环境和方法合理性和可靠性的指标。这样看来，经济学为保证自身科学性，需要求解如下问题，或者说至少寻找解答以下问题的方法原则：

$$\min\|pl_i^m - pl_i^n\| \text{和} \min\|re_i^m - re_i^n\| \tag{4.3}$$

四是假设和限定性控制：其他任何可以对假设条件和限定环境变化产生影响的因素（ev）的重新组合和发现不仅影响理论结果而且影响研究方法的合理性、可靠性：

$$co^t = co^t(ev)，su^t = su^t(ev) \tag{4.4}$$

$$pl_{ql}^t = pl_{ql}^t(ev)，re_{ql}^t = re_{ql}^t(ev)，pl_{qt}^t =$$
$$pl_{qt}^t(ev)，re_{qt}^t = re_{qt}^t(ev) \tag{4.5}$$

根据定义，ev指一个元素数量不定的组合（profile）。比如，美国民权运动以及联邦政府针对种族平等颁布的平权法案（如 Executive Order No. 11246 和 No. 11375）从根本上否定了新古典经济学的条件假设的可靠性和合理性（如理性主义、最大化、最优选择等）。即便在美国的资本主义市场经济里，新古典所受到的这种社会性、法律性、政治性冲击连绵不断。为了简明，这里省略了ev的时空上标。

五是新因素控制：任何其他原来未被包括在关系、规律研究范围内后又被证实是具有合理性、可靠性的变量（ep）也可能影响原有理论的合理性、可靠性、适用性；为简单起见，这里只考虑ep对理论的直接影响，故公式（4.1）被修改为：

$$th^t = th^t(co^t，su^t，ep^t) \tag{4.6}$$

本章分析中所涉及的那些被新古典经济学列为外生的变量都是ep的例子。这里，ep也是一个元素不定的组合。于是，理论受制于方法论自身的开放系统本质，受制于ev，受制于ep，于是产生一个经济学理论构建与合理性、可靠性、适用性检验的序列。从性质上看，这种序列是无穷的。理论构建必须进行抽象性归纳，但也面临主观忽略现实世界中具有影响力的作用关系的问题。也就是说，为了降低理论抽象与世界现实的差异性，理论构建不应该对世界现实做想象化、主观性处理（如封闭、约定等），更不能在此基础上设定一个指导演绎的理论。比如，不能把重大现实因素当作可以抽象掉的摩擦因素或视为既定、不变的环境因素，因为它们本身就是作用关系中不可或缺的影响因素，是研究的本体部分。许多新古典经济学理论都违背了这一点。[①] 这也就意味着，它不可能成为问题（4.3）的优化解。为此，基于唯物主义的基本方法论原则，每当构建使用演绎法时，可以一次抽象掉一个因素来检验理论抽象后与现实世界的差异性程度。

六是实践性、适用性控制：任何一种理论，在其产生并应用的社会里，都存在实践指导性（ds）、适用性（ps）的程度问题。而理论目的（at）与实践结果（ri）之一致性程度，即$\|ri-at\|$就形成对这个程度的检验、衡量。理论对社会现实所具有的实际指导性、适用性程度也因此可以在实践中得到检验、肯定、修正，或甚至被推翻。这些理论构建的实践性、适用性控制的性质可用以下公式来表示：

$$ds^t = ds^t(\|ri^t - at^t\|), \ ps^t = ps^t(\|ri^t - at^t\|) \tag{4.7}$$

公式（4.7）表明，任何一种理论都需要依据上述函数关系加以实践的科学性检验；可分为有无科学性和科学性高低不同。但即使某个经济学理论具有一定科学性，不仅它原本构建中的特定条件可以随着时间变化而变化，其指导性和适用性也可以是随时间变化而变化的。这样，

① 新古典经济学用约定主义方法和内生、外生变量划定排除了大量影响因素，而这些因素的作用都会导致新古典理论的合理性、可靠性问题。这也是为什么在现实世界里，新古典理论对西方政府许多经济与社会政策、功能定位和市场、企业、个人行为以及社会经济利益关系变化等未产生多大影响，更谈不上实际指导作用。

经济学方法论：思考、批判与案例

$\|ds^m - ds^n\|$和$\|ps^m - ps^n\|$可以用来衡量理论在不同时空的科学性程度的差异。这也说明，世界上没有什么"普适"经济学。

七是社会（国家）差异性控制：上述三—六可视为在一个特定社会、特定时空条件下产生的理论在实际运用时的集合控制检验。而这个理论运用于其他社会、系统、制度、体制时，更是存在实际指导性、适用性问题，不同社会在实际条件（rco）和实际环境（rsu）上的差异，就会对这个理论的合理性、指导性和适用性产生差异性影响。结果，某个社会在某些假定条件和环境设定下所形成的理论可能不适合另一个社会。对此，至少存在如下两种事前（priori）检验：

首先，条件和环境差异性所构成的第一检验。这种检验建立在$\|rco_j^t - co^t\| + \|rsu_j^t - su^t\| \approx 0$是否成立的分析基础之上。其中，$j$指这个"其他社会"的17个因素（co）、环境（su）以及相应的定性（ql）、定量（qt）方法制约。如果它不成立，那么，用rco和rsu分别替换co和su代入到公式（4.1），则可以推出这样的向量表达：$th^t(rco_j^t, rsu_j^t) < th^t(co^t, su^t)$。而且，如果$\|rco^t - co^t\| + \|rsu^t - su^t\| \to +\infty$，那么就会出现$th^t(rco^t, rsu^t) - th^t(co^t, su^t) \to -\infty$。也就是说，该理论产生的社会与这个"其他社会"的因素、条件、环境差异性决定该理论的适用性程度。当一个在特定社会条件和环境中产生的理论用于其他社会条件、环境时，其理论的具体适用性或指导性就可能降低，而条件和环境的差异性越大，理论的适用性和指导性降低得就越多。这种检验也是公式（4.6）的一种具体应用。

其次，理论与实践结果的一致性检验构成理论用于不同社会时受到第二检验，于是：

$$ri_i^t = ri_i^t(rco_i^t, rsu_i^t, at_j^{t-k}) \tag{4.8}$$

由于外来理论对本地产生影响有一个时间滞后，所以，公式（4.8）中有一个表示时间滞后期的整数k。当$i=j$时，公式（4.8）表示一个经济学理论与某个国家的实践环境、条件和相关作用因素具有较高一致

128

性；当 $i \neq j$ 时，则表示二者之间具有较低一致性。

显然，中国与西方国家之间存在的各种因素、环境、条件差异必然产生 rco_i^t 与 rco_j^t 的巨大差异和 rsu_i^t 与 rsu_j^t 的巨大差异，这也就意味着 $\|ri_i^t - ri_j^t\| \gg 0$。由此推出：

$$\|ri_i^t - at_i^{t-k}\| - \|ri_j^t - at_j^{t-k}\| \gg 0 \qquad (4.9)$$

假设一个社会的"主流"理论的目的与实践结果的一致性程度是最高的，那么，根据公式（4.1）—（4.7）检验，就有 $\|ri_i^t - at_i^t\| \approx 0$，于是，$\|ri_i^t - at_i^{t-k}\|$ 将会随着 k 的增大而增大。而根据式（4.9），某个社会的"主流"理论与其他社会的实践结果的一致性将会越来越低，意味着前者对于后者的实践合理性、适用性和指导性是趋低的。

上述系列公式构成了本书分析、检验经济学理论及其方法论科学性的基本理论模型。它可用来验证某个经济学理论指导中国经济改革、发展模式的科学性、合理性以及理论与实践结合的一致性。

四、结论：基于差异性、变化性、多元性和相对性的方法论科学性检验

本章分析表明，封闭系统下产生的新古典方法论对逻辑有效性、一致性的强调无法掩盖其极端资本主义价值观属性，再加上其双重标准等方法论特征，即使配以复杂高深的现代计量方法，也无法阻止它脱离科学轨道、滑入神学之幽径。正因此，由约定主义、还原主义、理性主义、资本主义所孕育的"经济人"从诞生起就受到西方学者的批判。而其极端资本主义前提下产生的大量微观理论，受到整体主义、多元主义、相对主义的挑战和抗衡。因此，新古典经济学既不是现代经济科学的代表也并非人们认识、指导经济实践的普世真理。本章还表明，理论的科学性基于方法论的科学性，后者是前者的必要保障和基础。事物概念、理论思想的表象可以不同，但方法论本质可能一样。比如，就发展

模式而言，事物之间、事物与环境之间存在有机相关、相互作用的规律，不能只见树木不见森林。如果割裂、孤立、单纯地强调"经济增长"，那么无论是"工农商学兵一起来炼钢"还是"工农商学兵一起来经商"，都带有同样的还原主义、约定主义思想，而"唯 GDP 论""唯发展论""唯指标论"与新古典"唯市场论""唯私有化论"在方法论本质上也是一样的。历史证明，新古典经济学基于还原主义方法论而产生的理论对实践的指导必然导致社会、经济、政治的巨大代价。

从开放系统方法论看，现实社会中因不同事物的相互作用、有机相关而产生的诸多关系与规律打破了新古典"均衡"论。2008 年金融危机对新古典经济学的"市场化、私有化 + 最大化、最优选择 = 均衡"模型无疑是个讽刺。一些"经济人"为了"最大化"而甘冒风险，不择手段，这无论对美国的"二级金融产品"的始作俑者还是其他既得利益者来说都一样。从这个角度看，实践结果与理论预想的目的一致性构成对方法论科学性的一个必要检验机制。

本章对新古典经济学的分析不是对其理论和方法的全面否定，也不是对其资本主义微观行为、现象、关系和规律性研究的全面否定，更不是对它在西方经济学发展中的作用的全面否定。但本章和第二、三章分析表明，新古典经济学自身带有严重方法论问题、价值观和意识形态倾向性，也是在封闭系统条件下产生的针对西方资本主义市场经济行为、现象、关系、规律的经济学理论。当这个经济学被用来指导中国社会主义经济发展模式和经济学构建时，存在大量合理性、科学性问题是在所难免的。

基于上述方法论分析，本章提出了在 7 个方面进行控制的经济学方法论科学性的检验模型，即：模型基础的相对主义控制，合理性、可靠性控制，变化性与动态性控制，假设和限定性控制，新因素控制，实践性、适用性控制和社会（国家）差异性控制。对中国本土经济学的发展与构建来说，不仅外来理论可以受到这个方法论科学性的检验、衡量，而且中国社会主义建设时期和改革开放时期的经济政策、指导理论和发展模式的科学性也可以由此检验。这样，一些迷信即会被破除，一些肯定即会被否定，一些否定又会被否定，中国经济发展模式和本土经济学的"科学发展观"也由此而生。

第五章　新古典经济学对中国的影响与
经济学建构的国家、社会特性

　　如果从 1870 年边际主义革命算起，新古典经济学在很长时间里对中国来说是陌生的，却从 20 世纪 70 年代末开始借中国改革开放、向市场化经济转型之机以惊人的速度在中国普及开来。西方（新古典）经济学是基于西方资本主义市场经济模式产生的一个知识系统，它到底在哪些方面、通过哪些制度性作用在中国产生巨大作用和影响的呢？从方法论科学性角度看，这个作用和影响为什么不具有合理性？首先，本章分析新古典经济学与中国传统文化的结合对中国社会产生的作用，以及它在价值观、宏观政策、学术、教育制度以及中国社会主义的认知等方面产生的作用与影响。其次，本章从方法论科学性角度，分析并揭示新古典经济学与中国经济学在构建基础上实际存在的国家、社会差异性，从而论证后者的构建不能也不应该受到前者的影响。

一、西方（新古典）经济学对中国的
制度作用与影响

　　新古典经济学在中国的兴起、蔓延和影响是西方新古典经济学者始料未及的。毕竟，许多西方学者本来就认为新古典经济学理论对西方经济问题、现象、关系、规律的分析不一定都科学、正确，又何况中国？然而中国一些知识分子对"正统""权威"的依附性程度以及因此表现出来的形而上学、教条主义方法论倾向，使这种蔓延和影响成为现实。

（一）借助中国传统文化的社会作用与影响

如前所述，西方各个领域学者对新古典经济学理论的批判不少，比如许多经济学家认为它的"一般均衡理论是当代经济学错误的极致"①。但中国崇拜西方（新古典）经济学的学者对此关注不多，毕竟，对他们中的一些人来说，2 000多年封建社会的崇拜"第一"和"一流"、仰望权威和精英、依附"正统"和"主流"的文化遗传工程已把教条主义、形而上学"DNA"深深植入认识论骨髓，尤其是当他们可以依附新古典经济学而成为"权威""专家"时，当封建文化的权力、阶层心理也随之膨胀时，他们就会否定、攻击与新古典经济学不同的理论、思想、观点。

这种新古典经济学与中国封建传统文化结合所产生的影响是广泛的，是潜移默化的，但却是强有力、高效益的。当面对一些西方国家将其社会基础之上、历史发展之中形成的价值观、意识形态（如霸凌"民主"、单边"自由"、跛扈"人权"、双标"真理"）通过疫情诬陷、南海碰瓷、新疆诽谤、香港"蹭热"等手段强加在中国头上时，中国会抵制、要反抗；当面对带有科学范式、使用数理方法、顶着"诺贝尔""世界一流大学""精英""大师"光环的西方经济学理论时，正确的借鉴、科学的批判却没那么容易了。中国经济学界的一些人对西方"精英""大师""权威"等头衔、光环从文化骨子里的崇拜和心理上的屈从正是西方新古典经济学成为中国主流经济学之一的

---

① D. Wade Hands, *Reflection without Rules*：*Economic Methodology and Contemporary Science Theory*, UK：Cambridge University Press, 2001, p. 294.

一个重要原因（关于主流形成的分析，详见第五章）。由于这种崇拜和屈从，每当研究中国的经济问题时，每当解释中国的经济现象、关系、规律时，每当分析中国宏观经济政策或发展模式时，他们都冠冕堂皇、理直气壮地运用西方经济学理论并试图在其中寻找答案，从而逐步建立起一个体系庞大、具有制度性作用的"中国式西方经济学"或"西方式中国经济学"。

（二）对价值观和宏观政策的作用与影响

除了上述传统文化的作用外，还有一种知识分子或"精英""权威""大师"本来在价值观、意识形态上就推崇西方资本主义市场经济，从心底里否定社会主义制度，抓住中国社会主义建设、发展的某个时期在某个领域的某个经济政策的错误或失误，用西方（新古典）经济学的理论、思想、价值观对整个社会主义制度进行直接或间接的否定、公开或隐晦的攻击。他们谈起西方经济学的理论、方法和掌门人就引经据典、如数家珍，激扬西方理论，指点中国江山。他们不仅像毛泽东所批评的那样只懂得希腊不懂得中国，而且在他们眼里，马克思主义经济学、中国社会主义经济建设时期的理论、思想、实践模式全都抵不上新古典经济学的大师理论、诺贝尔定理和数理模型。

结果，新古典经济学在中国经济学界建立起一定的权威性地位，其理论以及所蕴含的价值观也对中国改革中的政策制定、发展模式产生影响并形成一种定式：既然中国的问题要用西方理论来解释、来分析，解决中国问题也就应诉求西方理论、政策、手段，也就非套上一个西方经济学概念、找到一个西方经济学依据。比如，当西方许多学者早已批判新古典经济学的"效率效益"概念时，中国的一些崇拜新古典经济学的"精英""大师""权威"却提出"效益第一、兼顾公平"；当西方许多学者质疑、批判新古典经济学的"市场决定"时，他们却强调"一切交由市场配置"；当中国长期投资过热又始终内需不足时，他们就依据新古典理论反复提出"以投资拉动内需"——尽管结果总是同源异流；① 当中国提出供给侧结构性改革时，他们立刻依据西方供给侧经济学提出中国要"简政放权""降低税收""放开市场""加大民营投资"等等，殊不知中国供给侧问题与西方供给侧理论所针对的问题恰恰相反。② 再比如，作为中国社会主义制度基石的国有企业，无论在计划经济时期还是改革开放时期，与市场经济条件下的私有企业（无论是西方私有企业还是中国民营企业）本来在效率效益衡量中根本没有可比性，他们却基于新古典经济学理论"计算"出"国有企业效率效益低下"的伪科学结论并使之成为对国有企业进行"国退民进"的私有化改造的依据（见本书第九至第十二章）；当中国提出"发展混合所有制经济"，他们就主张要依据西方私有化理论对国有企业进行政府行为主导下的资本结构的私有化"混改"。③ 这里值得注意的是，他们把国家最开始提出的"发展社会主义混合所有制经济"这个宏观经济制度层面的所有制成分安排定义为对企业"进行混合所有制经济的改革、改造"，再进一步界定它是对一个国有企业支撑其所有制性质的资本结构

---

① 参见龙斧、傅征：《中国"核心消费"对供给有效性的机理关系决定——供给侧结构性改革的辩证唯物主义与整体主义思考》，《当代经济研究》2021 年第 6 期，第 88—102、113 页；龙斧、薛菲：《房价上涨抑制家庭消费 淤堵国内大循环畅通》，《中国社会科学》（内部文稿）2020 年第 6 期，第 127—142 页；龙斧、王今朝：《核心消费决定论——从市场与消费的结构性扭曲看中国内需不足的根本影响因素》，《河北经贸大学学报》2015 年第 6 期，第 27—37 页。

② 参见龙斧、傅征：《中国"核心消费"对供给有效性的机理关系决定——供给侧结构性改革的辩证唯物主义与整体主义思考》，《当代经济研究》2021 年第 6 期，第 88—102、113 页。

③ 参见龙斧、薛菲：《对"交叉持股、资本融合"作为中国混合所有制经济实现形式的理论、实践与方法论检验——基于经济学与政治经济学的辨析》，《社会科学研究》2017 年第 5 期，第 39—47 页；龙斧、傅征：《西方混合所有制经济的属性辨析与中国"终止论"的终结——四评"资本混合型企业"》，《当代经济研究》2017 年第 11 期，第 2、48—57、97 页。

进行混合所有制经济改造，并最终界定为在政府行为主导下让私有资本强制进入国有企业股权资本结构的"国有企业混改"；这种带有意识形态目的的中国"精英""大师""权威"试图达到这样一个目的，即把"发展混合所有制经济"这样一个国家宏观经济结构中所有制成分的制度安排改变成微观层面上对一个企业资本结构（股份制、非股份制、有限责任、无限责任、上市与不上市、资本合资、资本联合）的生产资料所有制的改造，从而达到对中国国有企业进行私有化改造的目的。①

（三）对中国学术科研的制度作用与影响

首先，由于上述两个方面的新古典经济学的制度作用和影响，在中国学术与科研领域里出现了一批"掌门人"，他们执掌各种评审大权和平台（文章评审、基金评审、职称评审、项目评审或其他各种学术评审等），为新古典经济学在中国传播、成为主流和学术"标杆"起到决定作用。他们把持着教育、学术、科研组织机构的平台、权力，决定什么是经济学、怎样搞经济学研究、什么文章可以发表、什么基金可以获批，并决定他人研究的对错是非。一代代学者在这样的"中国新古典"机制下训练、成长、成型。其中许多人对中国问题的研究通常是新古典经济学封闭系统方法论产生的标配模板：基于一个新古典理论，运用一

---

① 参见龙斧：《对"混合所有制经济""交叉持股"概念科学性的唯物主义再认识——兼与〈发展混合所有制经济的新视角〉一文的商榷》，《华南师范大学学报》（社会科学版）2016 年第 5 期，第 44—56、189—190 页；龙斧、陈硕颖：《"混合所有制经济"概念与内涵的交叉科学检验——一评"资本混合型企业"的决策科学性》，《河北经贸大学学报》2015 年第 5 期，第 33—39 页；龙斧、王今朝：《国有企业改制和上市不等于"混合所有制经济"——二评"资本混合型企业"的决策科学性》，《社会科学研究》2015 年第 1 期，第 55—66 页；龙斧、高万芹：《"资本混合型企业"对中国国有企业效率效益影响的交叉科学分析——三评"资本混合型企业"的决策科学性》，《现代经济探讨》2015 年第 6 期，第 5—11 页。

个新古典数理范式，找到一个自己认为合适的实证数据，构建一个西方理论框架中的模型，经过数据处理就得出一个关于中国经济问题、现象、关系甚至规律的结论。而实际上，他们对中国历史、现实、具体实践中的经济行为、现象、关系、规律的发展脉络、演变过程、机理关系、机制作用不甚了解，但只要西方理论运用到位、数理模型够复杂，就能在 SSCI 期刊或中国"顶尖"期刊上发文章，就能成为同行中的佼佼者，其中一些人又会成为下一代"精英""大师""权威"。他们看似"优秀"，实则把学术科研版的东施效颦发挥到极致，而在价值观上更是受到潜移默化的影响；他们虽然没在西方生活过，虽然对西方市场经济没有深入体验和研究过，但对中国经济问题所产生的观点思想、所形成的思维方式、所树立的研究目的常常受到西方价值观支配。"中国式西方经济学"和"西方式中国经济学"由此而生，影响着一代代中国经济学学者和学术、理论的科学研究。

其次，在新古典经济学的作用和影响下，几乎对每个中国经济的问题、现象、关系，每个变化特征、模式选择，每个政策讨论甚至成功经验或失败教训，一些"精英""权威""大师"常常用西方经济学理论、概念来分析、来解释。这种中国经济学的构建模式至少通过两个"绝对优势"的制度作用来影响和规范学科、学者、学术的行为：一是在中国核心尤其是顶尖期刊中，使用西方经济学范式来研究中国问题的文章相对那些没有使用这种范式的文章，在发表可能性和数量比例上形成绝对优势；二是西方经济学刊物上发表的相关文章相对中国期刊上发表的相关文章在期刊等级、影响因子等方面形成绝对优势。结果，使用了西方经济学理论、范式来研究中国问题的文章和在西方刊物上发表的文章自然是被认定为"更科学""高质量、有水平"。这种"绝对优势"对西方（新古典）经济学在中国树立普适性和权威性产生了巨大的制度作用，而这在美国和其他西方大学社会科学领域里却是很难想象的；尽管后者是西方（新古典）经济学的诞生地，它却没有得到像在中国学术界这样强大的制度支持。

上述两个方面的学术制度的作用，使西方经济学的理论、范式、方法在中国被神圣化、普适化、精英化、高深化及作为学术评审的标杆，这就导致西方理论、范式、方法的统一性、标准性否定了中国经济发展的国家、社会特性，否定了中国经济问题、行为、现象、规律在条件、环境、制度、历史、文化等方面与西方的差异性，否定了各种不同因素及其作用方式所产生的差异性，否定了中国自身具体问题的针对性和特殊性。这种西方经济学理论、范式、方法在中国的代表性影响不仅使马克思主义经济学在一定程度上被边缘化，使结合中国自身实际与发展的经济理论、思想、观点被边缘化，甚至被妖魔化。这些制度作用的形成原因之一就是缺乏方法论角度的对西方经济学理论、范式和方法的条件性、限定性、封闭性、制度性、价值观性、意识形态性的科学分析与认知。

（四）对中国教育制度的作用与影响

在经济学的后人培养、教育方面，与学术制度相同，西方（新古典）经济学理论、方法、思想在学校的教材里、课堂上、考试中常常被赋予了超越时空的正确性、科学性、普适性、标准性，其程度不亚于自然科学中被证实的定理与定律。所不同的是，前者的"普适性"不可避免地带有价值观的植入、意识形态的影响，尽管这些价值观植入、意识形态影响通常被这个经济定理、那个市场定律或复杂数理模型掩盖起来，被经济学的老师、学者、教材、必修课、考试、论文等有意无意地掩盖起来，而西方（新古典）经济学赖以形成的经济与社会制度及其特性特征、发展历程以及市场结构、关系领域等不可或缺的基础，如资本原始积累、经济殖民主义、经济帝国主义，更是被老师、学者、大师、教材、学科领域要求等有意无意地掩盖起来，更不要说西方经济学赖以构建的方法论科学性、价值观问题的分析了。那些揭开这些

"掩盖"或对西方经济学不同角度的理解、分析、批判、质疑常常被那些中国的新古典经济学"卫道士"钦定为"不是经济学"或"不属于经济学范畴"（在这一点上，中国的"卫道士"发挥的作用远远超过西方学者）。如此这般，从小学、中学再到大学、研究生的专业教育就使西方理论、方法、价值观、人生观、世界观、意识形态、评判标准、思维模式、行为准则等全面、悄然、系统地植入中国一代又一代人的思想和价值观，并影响他们的思维模式、行为准则。

（五）对中国社会主义的认知作用与影响

上述 4 个方面的综合作用与影响，在理论上、意识形态上对中国社会主义制度、建设、发展的认识也会产生制度作用和影响。比如，与上述西方（新古典）经济学理论、方法、思想和价值观全面、悄然、系统的"植入"相匹配的是，不少学者、作者、官员用西方经济学封闭系统方法论下产生的思想、理论、定理来分析、解释、评价、判定中国的经济发展历程，尤其对中国社会主义经济建设与发展的"前30年"①（即20 世纪50 年代至80 年代）不乏指责、贬低和带有制度性的否定与"妖魔化"。比如，2008 年曾有一本在中国有一定影响力的书，书名为《1978 历史不再徘徊》，这本书的封面和后记中有这样一段话："我们所叙述的故事，发生在世界上一个人口最多的国家，乃由一个最庞大的政党所领导，目标是将人类有史以来最美好的理想变为现实，却造成了历史上最大的悲剧，这是 20 世纪中国人死于饥荒以及战胜饥荒的最重要的史篇，也是世界社会主义舞台上最为凝重的一幕。"② 这段话是这本书的核心论点，在社会上产生了广泛影响。抛开该书在理论、方法、方

---

① 这个"前30 年"在这里以及在本书所有章节中，主要指 20 世纪 50 年代至 80 年代中国社会主义公有制下计划经济的建设与发展时期。

② 凌志军著：《1978 历史不再徘徊》第 3 版，人民出版社 2008 年版，第 274—275 页。

法论等方面的其他问题，就这句话来说其立论就带有认识论上的偏差和逻辑上的扭曲。何为"历史上最大的悲剧"？相对资本主义生产关系自14世纪在尼德兰兴起至21世纪的600多年历史，相对西方资本主义国家发展几百年后在1929年引发的世界经济大危机（仅美国相对人口就可因此减少5 000多万①），相对西方资本国际化后的经济利益争夺、势力范围划分而导致2亿多人伤亡的两次世界大战，相对西方经济殖民主义和经济帝国主义几百年在全世界的血腥资本历程，相对近代史中国承受的屈辱、奴役、剥削、压迫、掠夺和三座大山下的深重灾难，这个于1949年成立的中华人民共和国在一个全新的经济制度的"前30年"对发展模式、经济结构进行摸索，不仅承载着世界上的人口最多、生产力最落后、资源最匮乏的发展条件，而且面临即刻战争威胁、全面经济封锁。在这个时期出现的经济政策错误、失误、损失，根本谈不上什么"历史上最大的悲剧"（即便像该书那样刻意地无视中国这个"前30年"在工农业经济发展上所取得的成就）。从方法论角度看，这与在中国新民主主义革命几十年中挑选某个方面、某个时期的政策、路线错误及其造成的结果来全面否定这个革命如出一辙。这类在西方封闭系统方法论下产生的"只见树木，不见森林"的例子，在中国教育界、思想界、理论界、学术界、宣传界、媒体中甚至政治界都不胜枚举，影响甚广甚大。这种西方经济学理论、思想、概念、方法主导下的中国问题研究脱离历史和辩证唯物主义方法论、开放系统方法论、整体主义方法论的指导，看不到（或无视）中国在1949年后几代人、几亿人、几十年在高建设、高发展、高积累及低收入、低工资、低生活（以下简称"三高三低"，全书同）条件下通过艰苦奋斗取得卓越成就，看不到（或无视）中国的经济发展虽有曲折、失误、错误但依然不屈不挠、跌倒了再

---

① 如按照中国20世纪60年代人口比例计算，仅美国就在世界经济大危机期间减少人口5 000多万。详见本书第十三章分析。

爬起来的精神，看不到中国艰苦奋斗、不屈不挠所建立的社会主义现代工业、农业基础设施及这些基础设施最终成为改革开放的最大优势和基础条件，反而用"一叶障目"的伪科学方法构建了一个伪经济学概念，描绘了这样一个煽情的伪科学画面：这个时期中国的社会主义经济建设与发展全面失败，彰显愚昧无知、贫穷落后、满目疮痍、食不果腹、衣不遮体、弄虚作假及"吃大锅饭""凭票供应""经济崩溃"（详见本书第十三章分析）。这是用割裂、孤立方法挑选"典型事件""典型数据"进行封闭式的分析进而又得出对中国社会主义制度、经济建设时期全盘否定的结论。

显然，对中国社会、经济、历史和现实问题的研究，可以使用、借用西方理论，但不能脱离历史和辩证唯物主义方法论和整体主义方法论而对其主观拔高、抬高、捧高。如果课堂上、教材里、考试中传播、介绍、教授西方经济学概念、理论而不同时加以历史唯物主义方法论指导的分析、商榷、批判，哪怕是完全客观的传播、介绍、教授也是在输入西方经济学及其所蕴含的价值观。这样看来，出现类似《1978 历史不再徘徊》的思想、观点、"理论"也就不足为奇了。因此，在改变这种受到西方经济学影响的教育制度时，需要每一个经济学领域的老师、学者在系统教授、传播西方经济学理论的同时，也必须依靠历史和辩证唯物主义、整体主义方法论对其进行剖析，并系统学习、教授、研究、传播中国社会主义建设与发展"前 30 年"的宝贵经验，尤其是社会主义公有制代表最广大人民群众利益的经济发展优势。这些经验是中华民族几代人积累的一个国家经济建设与发展的镇国之宝，是社会主义市场经济建设与发展所必须传承的最大优势，是社会主义经济学值得汲取的知识和理论源泉（见本书《第六章 中国经济学本土化的六大方法论决定》）。否则，中国自己的经济建设与发展历史就只能依靠西方理论来解释、来分析、来判决，不仅否定自己而且反过来证实西方理论的"伟大"。而这样的中国式西方经济学或西方式中国经济学，既辜负前人又愧对来者。

二、（中国）经济学建构的国家与社会特性

新古典经济学是西方资本主义市场经济几百年发展基础上的产物。从方法论角度看，它的理论、方法及其所蕴含的价值观和所依托的哲学思想是基于西方国家、社会发展基础的，是不应该对包括中国在内的非西方国家、社会"普遍适用"，即便是对那些在经济发展模式上向市场经济转型的国家来说。

（一）方法论的目的与手段关系的共性同经济学构建的国家、社会特性

一方面，从社会科学的目的、宗旨、任务以及研究对象、方法、领域、范畴的关系共性看，前者决定后者。另一方面，对前者产生决定影响的因素就包括国家、社会发展特性，而这个特性决定了经济学研究对象、方法、领域、范畴的特性，这个目的与手段之间的关系和木匠工艺没有本质区别。但如果本末倒置，把工具当作目的或以某种工具的使用与否来断定是不是木匠活，那就离开科学了。欧洲的木匠不会因为中国木匠的方法、手段、工具不同而认为后者不是木匠活。以此类推，欧洲的油画画家不会认为中国的水墨画画家必须使用油画工具、方法、手段、模式才是绘画艺术，才有市场价值，更没有要求中国的木匠和画家非要到欧洲展出产品并学会欧洲的木匠工艺或油画技术才能受到高度认可、才能在中国"评职称""拿头衔"。再以此类推，中国新民主主义革命时期共产党的军队虽在武器装备方面与国民党实力悬殊，但不仅有自己鲜明的战争目的而且发展起自己的作战方式、手段、风格；当在武器装备上缩小了与国民党军队的差别时，其作战方式、手段、风格、目的也仍然与后者不同，提高武器装备的手段、方法也不同。中国新民主主义革命与苏联十月革命尽管目的上有

相同之处，尽管都受到马克思主义理论的指导与影响，但无论其国际环境、社会基础、阶级构成、生产方式、矛盾方式、斗争策略、经历阶段都具有较大差别。如果用苏联革命的理论、方法来决定中国革命之理论、方法，中国革命必然失败。如果中国用新古典经济学的理论来研究中国经济问题，构建中国经济学理论，指导中国经济发展，结果也可想而知。

从社会科学的方法论科学性看，针对一种经济制度而产生的研究方法、范畴、对象、领域以及理论都带有这个制度的自身特性，也受到这个制度发展过程、演变经历、结构变化的影响和制约。这个影响性、制约性到底有多强呢？可以说，它与本书第二章之二的《（四）研究方法、范式的封闭："假设—演绎模型"》部分中列举的 17 个因素紧密相关。比如，西方（国家）资本主义经济制度发展过程、演变经历及其特点、特性包括（仅举例）：推翻封建制度的资产阶级革命、资本原始积累、产业革命（大机器生产），列强之间的经济争夺、势力范围划分以及他们对非西方国家的炮舰政策，产生了殖民主义、帝国主义、法西斯国家资本主义、经济奴隶制资本主义（如美国等），进行了世界市场争夺、抢占以及对非西方国家的剥削、奴役、资源掠夺、廉价劳动力使用，发动了两次世界大战；也有马克思主义影响、民众反抗、工会抗争、三权分立、政党对立，现代舆论、教育及法律功能的演变和改革，还有宗教影响、文化变迁、民权运动等等，并在 20 世纪 40 年代末开始了与社会主义国家的冷战和意识形态之争，又经历了技术革命、信息时代、东欧社会主义阵营瓦解、国际经济一体化推行和因此产生的经济、市场结构变化等等。新古典经济学正是研究具有上述发展过程、演变经历及其特点、特性的西方资本主义市场经济的行为、现象、关系、规律，而把这样的研究所产生的理论体系作为中国经济学发展的"主流"，是否背离方法论科学性的轨道呢？如果把在这样一个发展过程、演变经历下产生的新古典经济学的研究范式以及

经济学方法论：思考、批判与案例

相应期刊的发表作为评价中国经济学研究成果的一个标准是否在作茧自缚呢？答案只要看看中国现代经济制度发展形成的过程、经历、特点、特性也就知道了。

（二）对经济学产生影响的中国与欧美国家社会发展的差异性

表5-1显示，新古典经济学作为西方经济学的一个流派，与中国社会主义市场经济制度下产生的中国经济学在理论上不可能完全一样（仅为举例说明。中国与欧洲、中国与美国的差异性方面远远不止表5-1中这些方面，即使在欧美之间也有差异性），那为什么研究方法、对象、模式、领域、范畴非要强迫一样呢？（对照参阅本书《第六章　中国经济学本土化的六大方法论决定》。）

表5-1　新古典经济学与中国经济学构建的特性与差异性因素

差异性因素	欧美（EU）	中国（CN）	差异程度
经济学形成、发展的内部基础、前提（ip）	500年前工业革命，资本主义原始积累，资本主义市场经济结构形成及其扩展，世界经济强国	最完善的封建自给自足经济及其解体，晚清腐败无能，洋务运动、戊戌变法、辛亥革命及其失败，军阀割据，落后的农业国家，一穷二白	近现代经济内部条件差异性巨大
经济学形成、发展的外部条件（ef）	列强争夺，炮舰政策，新教伦理和资本主义"攫取"精神结合，殖民主义，世界市场瓜分、剥削、奴役，国际资源掠夺，国内国际廉价劳动力使用，资本主义性质的奴隶贸易和经济制度	鸦片战争，丧权辱国，甲午战争，八国联军，各类不平等条约，战争赔款，商埠开放、租界形成，西方经济利益和资本收入在中国实现，传统封建经济让位给半殖民地半封建经济，十月革命影响，中外势力勾结与联合，三座大山形成	西方享受巨大外部利益正是近代中国贫穷落后的总根源之一，差异性巨大

144

差异性因素	欧美（EU）	中国（CN）	差异程度
当代经济学发展的内外部条件（cc）	帝国主义，殖民主义、法西斯主义，种族主义，世界大战，马克思主义影响，工会抗争；民族独立运动，政党对立，现代舆论，教育及法律功能的演变和改革，宗教影响，文化传统，民权运动，科技发达，第三次工业革命	新旧民主主义革命，国共合作和第一、二次国内革命战争，抗日战争（带有反抗帝国主义、法西斯主义性质），解放战争、推翻三座大山，朝鲜战争，社会主义工业体系初步建立，在西方经济封锁、战争威胁和政治对抗条件下社会主义经济发展模式、方法、手段摸索，"文化大革命"对中国社会主义经济体制的破坏，社会主义性质的改革开放	发展路径、模式、性质目的有巨大差异性，比如"激励机制""效率效益"的内涵、方式、手段、目的不同
意识形态和国际对抗（ic）	资本主义政治经济制度下形成的意识形态（以资本主义私有制、市场经济和基督教为主体基础），社会同时存在并不断产生各种挑战和对抗的意识形态	社会主义政治经济制度下形成的意识形态（以马克思主义、毛泽东思想和社会主义公有制为主体基础）；改革开放后出现各种自身相互挑战和对抗的意识形态，包括既不是原来社会主义制度下也不是西方资本主义制度下的意识形态	差异性巨大
社会主导价值观（v）	私有制和资本利益关系为基础的价值观以及与其相一致的平等、公平和正义价值观	公有制基础上的经济利益关系为基础的价值观以及与其相一致的平等、公平和正义价值观，改革开放后原有价值观体系逐渐受到冲击	主导价值观差异性巨大
主要方法论问题（m）	西方社会科学研究模式和传统	中国社会科学研究模式、方法论的探索发展，西方社会科学方法论的进入和影响	差异性巨大

经济学方法论：思考、批判与案例

续表

差异性因素	欧美（EU）	中国（CN）	差异程度
主要理论问题（t）	资本主义私有制进一步发展，短期稳定化，世界经济一体化下怎样继续维护、获取自身经济利益最大化	怎样保持、扩大中国社会主义公有制经济制度，怎样使中国经济、社会发展与其宪法、社会发展指导理论一致，国际经济、政治关系交叉	差异性巨大
经济问题与危机（cr）	经济危机依然存在，战后周期性衰退，石油危机，2008年金融危机	改革开放后经济不断增长，投资与消费关系问题；不同时期的不同发展模式问题；私有化问题	经济运行差异性巨大
主要社会、经济问题（ep）	失业，通胀，萧条，经济增长缓慢；利益集团之间的对抗；社会福利问题；消费总量问题	中国社会主义市场经济发展模式，经济发展中的贫富差别、贪污腐败、官商勾结；供需循环，扩大内需和消费结构问题，中国经济社会发展面临的社会主要矛盾与经济发展中的24个经济、政治、社会"可避免成本"①	差异性巨大
人均资源（r）	国内人均资源丰富；利用资本、技术、管理等优势大量控制、享用各种国际资源	国内人均资源贫乏（尤其是直接关系到最广大人民群众利益的矿产、土地等自然资源）	差异性巨大
生产力（pr）	最高	相对较低	差异性巨大
科技（te）	最高	相对较低	差异性巨大

---

① 关于社会主要矛盾的科学定位的分析和阐述，参见龙斧、王今朝著：《社会和谐决定论：中国社会与经济发展重大理论探讨》，社会科学文献出版社2011年版，第十至十三章；关于"可避免成本"参见该书第二十二章。

146

差异性因素	欧美（EU）	中国（CN）	差异程度
相关理论人物（pe）	斯密、李嘉图、穆勒、萨伊、杰文斯、瓦尔拉、门格尔、马歇尔、克拉克、凯恩斯等	马克思、恩格斯、列宁、斯大林、毛泽东、周恩来、刘少奇、邓小平、陈云、李先念、邓子恢、薄一波等	差异性巨大

注：本表所考察的欧洲主要是与新古典经济学产生、发展直接有关的国家。

本章把表 5-1 中第一列的因素记为集合 S，即 $S = \{ip, ef, cc, ic, v, cr, m, t, ep, r, pr, te, pe, \cdot\}$。其中，$\cdot$ 表示表 5-1 未列举的其他因素。新古典经济学（E^N）早期发展无疑受到这些因素的影响，尤其受到 $ip, ef, cc, ic, v, m, t, te$ 的影响。按照历史和逻辑实证主义方法原则，根据以上分析以及新古典经济学的形成史，可以归纳出以下公式：

$$E^N = E^N(ip^{EU}, ef^{EU}, cc^{EU}, ic^{EU}, v^{EU}, m^{EU}, t^{EU}, te^{EU}) \quad (5.1)$$

如果 $ip, ef, cc, ic, v, m, t, te$ 影响经济理论的形成的世界共性，那么可以得出下式：

$$E_1^{CN} = E^{CN}(ip^{CN}, ef^{CN}, cc^{CN}, ic^{CN}, v^{CN}, m^{CN}, t^{CN}, te^{CN}) \quad (5.2)$$

其中，E^{CN} 表示中国经济学；下标 1 的使用是为了使这里的 E^{CN} 概念区别于下文其他 E^{CN} 概念（为了简化，没有用下标区别函数）。值得指出的是，由于在表 5-1 中变量 m 所指是带有矛盾性质的，因此，在上述公式中它对因变量的作用方向比其他变量的影响更为复杂。

由于中国在这些自变量方面与欧美差异巨大，即使使用同样的映射规则，也不可能产生出与新古典一样的经济学。也就是说，有 $\|E_1^{CN} - E^N\| > 0$。其中，$\|\ \|$ 表示某种范数。①

① 由于西方经济学不同流派之间的差异性是多方面的，因而在对它们进行定量比较时使用向量概念。而衡量向量之间差距的概念之一就是范数，而这个范数是可以定义的；这是因为，总可以按照不同流派的意识形态差异性来衡量不同理论之间的差别。

如果在上述公式基础上再考虑中国与欧美在 cr 方面的差别以及它们影响经济学形成的共性，就有

$$E_2^{CN} = E^{CN}(ip^{CN},\ ef^{CN},\ cc^{CN},\ ic^{CN},\ v^{CN},\ m^{CN},\ t^{CN},$$
$$te^{CN},\ cr^{CN}) \tag{5.3}$$

公式 5.3 表示一个更为合理的中国经济学发展基础。而且，$\|E_2^{CN}-E^N\| > \|E_1^{CN}-E^N\|$。这表示，当中国经济理论发展与中国现实越贴近（考虑了更多变量），它离新古典经济学的模式就越远。

如果以此再考虑中国与欧美在 ep，r，p，pe 变量上的差别以及它们影响经济学形成发展的共性，就会有 E_3^{CN}，E_4^{CN}，E_5^{CN}，E_6^{CN}，…。实际上，如果考虑更多的中国与欧美的差异性因素，就可以构造出 E_i^{CN} 的一个序列：E_1^{CN}，E_2^{CN}，E_3^{CN}，E_4^{CN}，E_5^{CN}，E_6^{CN}，…。在这个序列中，后一项总是比前一项多考虑一个中国相对欧美的差异性因素。于是，

$$\|E_{i+1}^{CN} - E^N\| > \|E_i^{CN} - E^N\| \tag{5.4}$$

其中，$i \in \{1,\ 2,\ 3,\ 4,\ 5,\ 6,\ \cdots\}$。

据此，当把经济科学的理论构建作为因变量，把上述因素作为自变量，如果这些自变量之间的差异性程度越高，经济科学理论的差异性就应该越大。也就是说，给定中国与西方国家的自变量差异性，中国经济学的对象、范畴、方法和方法论与新古典经济学之间的差异性程度就应该越大。

上述公式可以使我们对新古典经济学与中国经济学产生、发展（包括研究目的、宗旨、模式、对象、范畴、领域、手段、方法等）的基础依据进行差异性检验。

首先，上述因素的差异性上升就会引起二者的相同性下降，而中国经济学与新古典经济学的差异性必然上升。比如，中美人口规模的不同，加上生产力差距，就对经济发展产生巨大影响：从理论上讲，当中国还要花费资源供养庞大的人口时，美国这些资源却可以用于太空竞争，从而拉大中美科技差距。这意味着中国所采取的科技发展模式和战

略必须有所不同。把人口规模（po）作为第 k 个变量加入到上述公式得到 E_k^{CN}，我们可以肯定地说：

$$\| E_k^{CN} - E^N \| \geqslant 0 \qquad (5.5)$$

也就是说，考虑了中国人口特性的中国经济学与新古典经济学的区别具有根本性和必然性。

其次，即使在上述方面差异性小，也不一定导致不同国家之间的经济学相同性大，这是因为还可能有其他因素未加考虑。比如，当同时代的英国、法国、德国、意大利、奥地利、瑞士的"经济学家"们忙于准备边际革命、催生新古典经济学的时候，马克思的政治经济学却诞生了，后者曾影响了世界诸多国家的社会、政治与经济行为，影响了世界发展的方向。如果这一变量在中国成为现实，那么，与新古典经济学差异极大、极具中国特色、极具民族属性的中国经济学 E_k^{CN} 就会成为现实。

三、结论：国家与社会特性对经济学构建的差异性决定

新古典经济学与中国遵从"正统、权威"的封建文化传统相结合，就在中国培养了一大批西方式中国经济学学者，产生了所谓的"精英""权威""大师"。正是由于这些"精英""权威""大师"及其所占有的制度平台、权力和资源，使新古典经济学在中国社会产生了前所未有的巨大社会影响，不仅对学术和教育领域产生制度性影响，不仅在封闭系统方法论下成为经济学"与否"的知识标杆，而且对中国宏观政策的制定和科学性检验产生直接影响；不仅对一代代学生、学者的学习、研究、思考、价值观、意识形态的形成进行系统性、制度性培养、塑造，而且被作为权威理论来评判、鉴定中国社会主义经济制度及其发展的是非对错甚至千秋功罪。也正是新古典经济学的这种全面性、系统性、制度性影响与作用，它在中国经济学领域实际建立了代表性地位。

西方（新古典）经济学在中国之所以如此成功，一个重要原因就是中国对它的认识与传播缺乏方法论科学性分析与思考、检验与衡量。针对此，本章从方法论角度论证：经济学作为社会科学领域的一个知识系统，在建构中与国家和社会特性无法分开，而正是因为不同国家与社会的特性所表现出来的差异性，世界上没有纯粹、普适经济学。据此，本章分析、阐述了新古典经济学产生、形成和发展所依赖的欧美经济社会特性和中国本土经济学方法论所应该依赖的经济社会特性，以及二者之间的各种巨大差异。这不仅提出了中国经济学研究上一个必须值得注意的方法论问题，而且表明新古典经济学不可能是纯粹、普适、中性的经济学。那么具体说来，西方新古典经济学赖以产生的国家、社会基础与中国有哪些不同呢？分别有哪些特性呢？这些特性又有怎样的差异性呢？本章列举了13个方面的因素作为这个基础并以此对中国与欧美国家的特性进行比较，结果表明前者与后者在所有方面都存在巨大差异性。由此本章得出结论：如果把经济科学理论的普适性作为因变量，把这13个方面的因素都作为自变量，考虑到这些自变量之间的中国与欧美的差异性，那么差异性程度越高，经济学的理论、方法、对象、范畴、范式的差异性程度就会越大。这样看来，西方（新古典）经济学不是也不可能是什么普世、纯粹经济学，既不能作为中国经济领域的科学知识标杆，也不应该成为教育、学术研究的科学性衡量，也不应该对中国社会主义市场经济的价值观形成产生广泛、深入的影响，更不能作为中国宏观政策的指导理论或理论依据。

第六章　中国经济学本土化的
六大方法论决定

本书第五章分析了新古典经济学对中国产生的系统性、制度性影响和作用，并运用历史实证主义方法分析、阐述了经济学建构与国家、社会特性的机理关系：一方面，从方法论科学性看，正是由于不同国家与社会的特性及其差异性，西方（新古典）经济学不可能成为纯粹、普适经济学；另一方面，中国基于自身国家与社会特性的本土经济学又应该怎样在科学的方法论指导下建立呢？尤其是，这个中国本土经济学的方法论又应该由什么来决定呢？

一、对西方经济学普适性的否定——方法论的
　　科学性决定

西方（新古典）经济学很多理论、定理、定律由数理模型推演、支撑而产生，基于封闭、割裂或孤立的"实证"与逻辑构成。这些在封闭系统方法指导下产生的理论、定理、定律，在缺乏方法论科学性分析时，常常给人"普适性"幻觉。因此，中国经济学本土化发展首先要搞懂西方经济学是否具有普适性的问题。毕竟，一个理论的科学属性之一就是构建中的归纳逻辑性、合理性和使用中的演绎适用性、针对性。

（一）封闭系统方法论本身对"普适性"的否定

从研究领域与对象看，西方经济学的研究所针对的是西方国家的资

本主义市场经济，那么在封闭系统方法论下产生的理论和产生这些理论过程中所形成的学术范式、实证方法首先适用西方国家的市场经济的行为、现象、关系、规律等方面的研究、分析，即便直接用来研究非西方国家的资本主义市场经济，都会存在适用性、针对性、合理性、客观性等问题。如果把这些理论、学术范式、实证方法生搬硬套地用来研究非西方、非资本主义的市场经济，甚至用来研究中国社会主义市场经济的行为、现象、关系、规律，那适用性、针对性、合理性、客观性等问题就更是在所难免了。

从研究范式看，西方经济学在其自身目的与价值观基础上产生了与之相一致的研究范式，产生了与这个范式相匹配的方法、工具、手段，又在此基础上产生了西方经济学理论。把这些理论、范式、方法、工具生搬硬套地用于非西方资本主义经济制度、非西方市场结构国家的经济问题研究，难道是因为后者与西方国家具有相同的经济制度、发展路径、市场结构、研究对象、研究目的和价值观吗？非西方国家，非西方资本主义经济制度或非西方市场结构的国家经济学研究，应该具有与西方经济学完全相同的研究目的、价值观以及由此产生的研究范式、方法吗？对类似问题的回答本身就否定了西方经济学的普适性。

从"经济学"这个社会科学知识体系的范畴界定看，在绝大多数条件下，许多西方经济学家和学者们有意识或无意识地认为，凡是不符合西方设定的研究范畴、分析领域、学术范式而产生的观点、概念、思想、理论都不是或不能称之为"（西方）经济学"（从社会学角度看，这种"无意识"与"有意识"都是社会建构主义视域下经济学家和学者们自身社会、政治、经济、文化的构建结果），其中一些人甚至不认为非西方国家、非资本主义市场经济国家可以建立起"经济学"知识体系与范畴。从方法论看，这是典型的封闭系统方法论和西方（种族）学术中心主义（也是一种价值观），其本身就否定了其理论和研究范畴的普适性。

（二）研究目的、价值观、政治属性否定"普适性"

从研究目的、价值观看，公平而论，绝大多数西方（新古典）经济学家们在研究西方市场经济行为、现象、关系和规律时并不把非西方国家的资本主义市场经济和社会制度中的差异性因素考虑在内，没有考虑非资本主义经济制度的差异性因素，更无意认为自己的理论适用于社会主义经济制度的研究与分析。他们的目的以及与这个目的相一致的价值观既坚定又明确：维护西方资本主义市场经济，即解释西方资本主义市场经济的现象，或通过发现问题、分析其实质来找出其规律、提供解决的方法，从而实现对西方资本主义市场经济这个"客观世界"的认识或改造。在这个过程中，所建立的理论被不断质疑、批判甚至推翻。而这种质疑、批判、推翻、变化本身就否定西方（新古典）经济学的普适性，即便是对西方资本主义市场经济的问题认识来说。既然西方（新古典）经济学对西方国家都不能做到"普适"，甚至对西方一个国家都做不到"普适"，怎么反倒对在半殖民地半封建社会的残垣断壁上建设起来的中国社会主义经济制度"普适"起来了呢？

从西方经济学的"政治属性"看，大多数西方经济学家、学者一方面认为西方经济学不适用于社会主义经济现象的分析与研究（对西方经济学普适性的主观否定），另一方面他们认为社会主义经济制度是他们所分析的资本主义经济制度的对立面，根本谈不上什么"（西方）经济学"的研究价值和意义（反倒是中国的西方经济学卫道士、崇拜者违背方法论科学性的基本原则，认定其价值、意义和普适性）。这两个方面的"认为"及其所蕴含的政治性本身就是对西方经济学的普适性的否定。比如，如果一个中国学者从"社会主义计划经济"或"社会主义市场经济"角度来研究中国的经济学问题，其文章哪怕数理高深复杂、方法与范式符合西方经济学的封闭系统方法论标准，也难以在西方刊物发表（除非这个研究完全被割裂成符合西方经济学所认可的资本主义市

经济的研究范畴、范式）。毕竟，西方经济学这些期刊所自洽、承载的
"科学范式"有其坚定不移的政治属性一面。再比如，在20世纪70年
代，西方经济学界普遍认为英国著名经济学家琼·罗宾逊（Joan Rob-
inson）获得诺贝尔奖当之无愧——因为她在西方经济学领域取得的学术
成就和做出的理论贡献可以比肩其他很多诺贝尔奖得主，但诺贝尔奖评
委会却认为她曾研究过苏联、中国的社会主义经济制度而具有"左倾"
表现，从而对她的获奖予以否定。研究什么、从什么角度研究等方法论
问题本身就带有价值观、意识形态和政治属性（见本书第四章）。正是
这个经济学方法论的价值观属性、其理论构建的政治属性使西方经济学
不可能具有普适性。

二、"把颠倒的历史再颠倒过来"——方法论的批判决定

本来，中国本土经济学的构建无须以批判西方经济学及其方法论开
始。然而，前者的构建在研究范畴、领域、方法、范式等方面受到后者
的深入、全面、制度性影响。因此，中国本土经济学的构建与发展必须
建立在对新古典经济学的方法论批判基础之上。

（一）对新古典经济学中国分析的批判

在学术、教育、宣传、理论界，中国那些崇拜西方（新古典）经济
学的学者或理论工作者，大量使用西方经济学理论、思想、概念、范式
来研究、解释中国经济发展的现象、行为、关系、规律，并对中国社会
主义建设、发展的"前30年"和20世纪70年代末改革开放40多年来
的经济发展（模式、政策、方法等）做出判定。

首先，对这个"前30年"，这些经济学学者和理论工作者一方面否
定或无视中国自身发展历程中的进步、成功和经验，另一方面刻意挑选

出这个发展历程中的错误、问题、失误或典型事例、典型阶段、典型政策，再在作用因素、数据处理、历史背景与条件等多个方面进行割裂、孤立、控制，再进行"加工"使之符合西方经济学研究范式的学术要求，再套用西方理论进行封闭式验证、解释、分析、批判，并以此直接或间接否定这个"前30年"，并进而对社会主义公有制进行制度性否定（参见本书第十一至第十四章案例分析）。

其次，对中国20世纪70年代末开始的经济改革，这些经济学学者和理论工作者刻意挑选出典型事例、典型阶段、典型政策，再在数据处理、作用因素、历史背景与条件等多个方面进行割裂、孤立、控制，再进行"加工"使之符合西方经济学研究范式的学术要求，再套用西方经济学理论进行验证、解释、分析、肯定，并以此直接或间接对西方经济学理论、资本主义私有制、西方市场经济的"伟大、英明、正确"进行制度性肯定。

上述两方面分析的伪方法论下的伪科学验证产生了这样一个伪机理关系：中国社会主义的"前30年"之所以"失败"是因为搞社会主义公有制和计划经济，而中国改革40多年之所以能取得成就则是因为按照西方经济学理论来发展西方式市场经济。这个伪机理关系，基于中国"一正一反"两个历史时期的伪科学验证，又产生了一个带有伪线性逻辑的伪科学理论：中国的社会主义按照西方资本主义产生的经济学理论来发展经济就一定成功（如改革40多年），否则就一定失败（如"前30年"），也因此，中国要发展只能靠资本主义市场经济，只能按照西方经济学理论来指导、来运行，结果就是只有"资本主义才能救中国"或只有"私有化才能救中国"，直到这个伪线性逻辑最终推演出"只有资本主义才能救（中国的）社会主义"这个荒谬结论。这个含有伪线性逻辑的伪科学理论，在中国文化、学术、教育等制度作用下（参见本书第五章），对大量经济学学者、学生的中国经济（学）问题研究产生了广泛、权威性的影响。比如，包括"大师""精英""权威"在内的不少人把中国改革的成功归功于西方经济学的"比较优势"理论（即以廉价、过剩劳动力换取西方资本投资来发展经济）的指导和因此形成的发展模式，并认为中国社会主义的"前30年"之所以发展"失败"是因为"闭关锁国""一边倒"（潜台词就是：不懂经济学）而没有与西方国家搞基于"比较优势"的经济发展模式。这样对中国社会主义的"前30年"和改革后的经济发展模式的"中国式西方经济学"解读已形成中国经济研究中的一个重要流派，如果没有对它的批判，中国本土经济学的科学构建无法实现（参见本书第十六章案例分析）。

（二）学术制度的本土化回归

中国学术、教育、思想、理论等领域要发展中国本土经济学，就必须在制度功能上打破西方经济学方法论的桎梏。如果研究领域、对象、范畴、方法或思想、理论的构建，都是依靠西方经济学来划定、判定，中国本土经济学就难以发展起来。比如，假设一个中国学者依据西方理论，在西方经济学规定的范畴、领域里，按照西方范式使用西方数理方法，使用中国数据进行割裂、孤立的试验，从而得出关于一个中国经济问题的研究结果并发表在西方学术期刊上（尽管这个研究实际上用西方理论、范式、方法和西方经济、市场的统一性否定或排除了中国经济或市场条件、环境、制度、历史、文化、人文等方面与西方的差异性）。而另一个中国学者研究一个关于中国扶贫的问题，基于中国社会主义的经济理论、思想和整体主义、开放系统方法论下的实证研究方法，尽管没有复杂数理模型或没有使用定量方法，却在某一方面解释了事物机理关系、揭示了事物本质并抓住了一些事物规律、发现了一些问题，但因不符合西方理论和学术范式（或因西方期刊不接受社会主义经济理论与思想，"扶贫"更不在西方经济学划定的范畴之内）而只能在中国一般期刊上发表。在中国学术科研评审制度中，前者因所谓的"影响因子""被引次数"等指标被评定为更重要、更"高档"、更了不起的学术成果。但就中国问题的研究而言，前者就一定比后者更具有科学价值和实践意义吗？当然不是。这样的"西方的月亮比中国的圆"的学术制度不打破，不把被"西方式中国经济学"颠倒的学术价值、科学性水平的中国认定机制再颠倒过来，中国经济学的本土化是不可能实现的，中国本土的社会主义经济学就不会成功发展。

三、摒弃方枘圆凿的研究范式——方法论的价值观属性决定

本书第一至第四章关于经济学方法论价值观的分析表明，基于西方资本主义市场经济产生的西方（新古典）经济学本身具有价值观，而其研究范式自然也不例外。那么非西方资本主义市场经济的经济学研究范式也同样会受到价值观影响。

（一）研究范式的价值观属性

首先，无论是针对社会主义建设、发展的"前30年"还是改革开放后的社会主义市场经济中国经济学发展的本土化本来不是没有自身发展的基础和条件，不是没有值得研究、分析的现象、行为、关系、规律，不是没有值得总结、归纳的共性、特性、经验、教训。但套上西方经济学这个紧箍咒，所有这一切在西方经济学的崇拜者、捍卫者眼里并不重要——"怎么赶得上西方的高楼大厦、车水马龙、生活富裕、科技发达呢？"或"怎么赶得上西方经济学那些耳熟能详的大师、诺贝尔奖获得者、复杂深奥的数理模型呢？"——他们心底里会这样嘀咕。而更为关键的问题是，中国经济的发展模式、历史进程、变化脉络、机理关系、特性与共性、现象与本质、特点与规律，为什么一定要用西方经济学理论、范式、方法来解释、分析才能被称为经济学呢？这本身就是一个方法论科学性的悖论，是一个方法论科学性与价值观的双重问题：一

是套用与自己发展条件、历史、路径和制度、经济、市场结构完全不同基础上产生的理论、方法来分析自己，从而得出结论、总结、判断、归纳、演绎，岂不是方枘圆凿吗？二是西方经济学所依附的价值观决定了它的目的和任务，即对西方资本主义市场经济制度的关系、规律进行分析、解释从而达到肯定、维护、修正的目的。中国社会主义经济学的目的与任务与此相同吗？

（二）价值观对研究范式的差异性决定

既然西方经济学并没有把非西方国家、非资本主义市场经济囊括在其研究对象、领域内，更没有把被殖民、被侵略、被压迫、被奴役民族、国家的经济发展历程与模式囊括在内（这不是他们关心的问题，但却是方法论的价值观属性之一），中国又为何不能基于自己的目的、自身的历史沿革、经济制度、发展历程、价值观及其制度选择来决定自身的研究范式呢？难道能用西方经济学范式及其产生的理论来解释、分析中国半殖民地半封建经济发展问题吗？根本不可能。难道能用它来解释、分析以"三座大山"为典型特征的民国时期的经济发展政策、模式和问题吗？同样不可能。难道能用它来解释、分析第二次国内革命战争时期、抗日战争时期、解放战争时期的革命根据地或解放区的经济发展模式或问题吗？那就更不可能了。难道能用它来解释、分析中国社会主义计划经济建设时期的行为、现象、特点、规律吗？那就更加不可能了。既然这些都不可能，用西方经济学来分析、解释甚至"指导"中国的社会主义市场经济改革难道就可能了？实际上，20世纪80年代的中国仍贫穷落后、生产力低下、人口世界第一，而改革开放后仅经过短短30年的努力就在2010年成为世界第二大经济体。对这一"经济"现象，无论是西方政治家、政客还是"世界一流大学"（即被诸多中国大学立为的"双一流"发展标杆）的经济学家们、诺贝尔奖得主们迄今也没产生一个经济学"理论"或解释。一是西方政治和经济（学）精英、大师、权威们对此不感兴趣（价值观原因），二是这个问题在西方经济学封闭系统方法论框架和理论体系中是无解的（由于经济学范式和方法论科学性原因）。这就如同对中国人民志愿军在抗美援朝中怎样战胜以美国为首的最先进、最现代化、最具军事优势的联合国军，西方军事学迄今无法提出科学、全面、准确的理论解释一样。显然，发展中国本土的经济学首先要解决目的问题、研究谁和为谁研究等价值观问题，解决好这些问题，才能在研究范式上避免把中国经济（学）的研究变成西方式中国经济（学）的研究。

四、研究对象与问题——方法论的
时代特征、制度特性决定

方法论的产生具有时代特征和制度特性，而不同社会、国家的时代特征和制度特性不仅本身具有差异性而且对经济学研究对象与问题的选择产生决定。

（一）时代特征、制度特性的差异性决定

西方（新古典）经济学所研究的现象、行为、关系、规律无不由西方资本主义市场经济几百年发展的时代特征、制度特性所决定。绝大多数西方（新古典）经济学学者并不把这种封闭系统方法论下产生的西方知识体系套用到中国经济发展的研究与分析上，倒是中国有学者在反复做这个"功课"。对其中由价值观、意识形态驱使的做此"功课"的学者来说，方法论科学性并不重要，他们也不是本书的对象。对另一些因崇拜西方经济学、认定其"普适性"的学者来说，他们能否认识到一个社会科学知识体系的建立及其研究对象、问题及其话语权在绝大多数情况下，不仅受到特定时空的时代特征、制度特性的制约，而且并非一成

不变，则是十分重要的。

从第二次国内革命战争时期红色根据地的经济发展模式，到抗日战争、解放战争时期解放区的经济发展模式，从中华人民共和国成立后的"前30年"，到20世纪70年代末开始的改革开放，中国经济的发展有自身的特殊历程、脉络、条件、环境和各种作用因素，有成功与失败、经验与教训、问题与挫折、特点与规律，还产生了大量相关文献、案例、史料、数据、思想、理论、观点、政策、研究、分析，不仅最集中反映了中国社会、经济发展的时代特征、制度特性，而且形成中国独特的经济发展历史底蕴。正是这些特征、特性和底蕴具有自身经济学研究的科学价值和意义，成为中国经济学的主要研究对象、问题。这就如同西方资本主义市场经济的时代特征、制度特性及其自身经济发展的几百年历史底蕴成为西方经济学的主要研究对象、问题一样。显然，时代特征、制度特性不仅针对经济学的研究对象、问题产生决定，而且针对其差异性产生决定。

（二）差异性的虚拟假设结果

首先，基于上述方法论决定，中国经济学研究本土对象、问题并不排斥科学地借鉴西方经济学思想、理论、观点、方法，甚至可以基于开放系统和整体主义方法论进行中国与西方国家的具有实践、理论意义的比较研究。但从根本上讲，中国自身发展历程、时代特征、制度特性、经济思想、理论观点决定了中国本土经济学在自身研究对象、问题基础上的话语权。比如，1949年中华人民共和国成立后所面临的问题包括：① 贫穷落后，是世界上人口最多的国家；② 生产力水平极为低下；③ 人均资本和人均资源极为缺乏；④ 战争刚刚结束、社会满目疮痍、经济百废待兴；⑤ 必须应对即刻战争（如抗美援朝）；⑥ 必须应对西方军事包围；⑦ 必须面对西方经济封锁；⑧ 要解决在数量上居世界第一的人口的最基本生存保障；⑨ 要在国家上层建筑的各个方面进行建设和发展。这9个方面的综合形成是一个极为复杂又内涵丰富的（包括国家、民族、政治、军事、民生、人权、制度对抗、国际关系等方面问题在内的）经济学问题，也是一个极为复杂又内涵丰富的政治经济学、社会经济（学）或经济社会（学）问题。对此，西方国家既没有经历过也不会感兴趣，西方经济学既没有研究过也不会感兴趣①——会直接判定这类问题不属于"经济学"研究对象（西方发展历程、生产方式、制度性质、价值观使然）。而这个庞大、复杂、多个社会科学领域知识交叉产生的经济（学）问题不仅包括西方经济学所钦定的诸多宏微观领域的问题，更包括大量它所没有包括的问题。因此，围绕这类中国问题的相关研究及其产生的理论、思想在经济学价值和意义上不亚于西方经济学任何一个问题的研究，而且中国这种由自身时代特征、制度特性所决定的研究对象、问题完全具有经济学作为一个社会科学领域知识体系的构建意义与价值。

其次，从方法论看（无论是哲学角度还是具体科学角度），一个认识、改造世界事物的社会科学理论既要基于实践和现实针对性，又必须具备对社会实践及其问题解决的指导性，否则无法实现对世界事物的认识与改造这一根本目的。这样就产生了两个值得深思的问题：一是，如果以此方法论为标准，再考虑到经济发展问题的复杂性，哪一个经济学诺贝尔奖得主的理论能成为解决中华人民共和国刚刚成立后所面临的上述①至⑨问题的指导理论与思想呢？二是，假设可以通过人工智能搞出"时空置换"（未来智能科技完全可能虚拟这个"现实"并进行实验），把到2021年为止共评选出的89位经济学诺贝尔奖得主和他们之

---

① 这个"西方经济学既没有研究过也不会感兴趣"，从某个角度讲，带有几分学术上的老实态度。而中国崇拜西方经济学的"精英""大师"却没有这种老实态度；他们举西方经济学的仪仗、挟封建文化的"权威"，不顾理论和方法套用上的科学性问题，方枘圆凿地用西方理论解释中国实践，牵强附会地试图用中国实践证实西方理论。

前的所有西方著名经济学家，包括英国经济学家亚当·斯密（Adam Smith）和大卫·李嘉图（David Ricardo），同时"空降"中国，能够在不改变制度性质条件下制定出解决上述中国所同时面临的9个问题的经济政策、指导理论和发展模式来吗？

当然，这里考虑到假设的科学性问题，必须虚拟两种实验条件和结果：

其一，假设斯密、李嘉图和这些诺贝尔奖得主都是西方成长，西方培养，谙熟西方经济、政治、社会、文化制度，完全是西方（经济学）思维模式，对中国社会、经济、政治、文化、近现代史等各方面问题一窍不通（农村要土改吗？怎样改？宏观统一性？微观差异性？人多地少与地多人少的方案差异性？相对发达与落后地区的方案？老解放区与新解放区方案？怎样划分阶级成分？不同地区的划分差异性？……），由他们来解决中华人民共和国刚刚成立时所面临的多元、复杂、交错的社会经济的发展问题，那么他们无解、犯错、失败的可能性是绝对的，而这种绝对性至少现实中有这样一个衬托性实证：国民党政府里那些美国或其他西方国家一流大学培养的"经济学家""精英""权威"已经在经济发展模式上试过了，却彻底失败了。

其二，假设这些诺贝尔奖得主、大师、精英、权威都是在中国出生、成长，参加了1921—1949年中国新民主主义革命，对中国社会、经济、政治、文化等各方面问题有深入、细致、一手的了解和分析，并对中国人民、社会的痛苦、悲惨有切肤之感，由他们来解决中华人民共和国刚成立时的上述9个方面的经济社会问题，那么他们成功的可能性是绝对的，不过这样一来，他们就不再是亚当·斯密、大卫·李嘉图和诺贝尔奖一众得主们了，而是以毛泽东为代表的一群中华民族和中国共产党最优秀的精英了。这就是历史唯物主义方法论在人类已从原始资本积累时期发展到人工智能可以进行时空置换的现实模拟时代所彰显的科学性、生命力！

五、研究范式、范畴、领域的中国历史和 实践底蕴决定

从方法论看，一门社会科学的研究范式、范畴、领域与其研究目的、任务紧密相关，而这个目的、任务又无法离开特定的国家、社会的历史和实践。这样看来，中国自身经济学的研究范式、范畴、领域当然离不开中国这个国家、社会的历史和实践。

（一）研究范式的决定

从研究范式看，中国自20世纪70年代末进行改革开放后，尤其进入21世纪后，对经济（学）现象、行为、关系、规律的研究有这样两大范式：一是根据西方理论来找出自己认为能"套得上"的某个中国现象、行为、关系、规律加以研究和论证；二是发现某个中国经济（学）问题后找出"套得上"的西方（新古典）经济学理论加以研究和论证。这两个"套得上"是典型的封闭系统方法论的研究范式，是研究中国经济问题的一个代表性范式（中国一些宏观政策制定、改革方案设计等也表现出这种"套得上"范式）。如果上述这种研究范式一面强调"中国特色的社会主义（市场经济）"，另一面却用西方经济学理论解释、分析、判定中国的经济行为、现象、关系、规律，中国经济学就会毫无中国特色，充其量就是驴头上套着马嘴的"西方式中国经济学"或"中国式西方经济学"。毕竟，西方（新古典）经济学的范式是基于对西方国家、社会实践的特性、特征的研究任务、目的而产生的。中国社会自身经济发展的历史、路径、方式、制度作用、条件要素、影响因素既是丰富的又是复杂的，西方封闭系统方法论下产生的研究范式无法规范出的对中国社会实践的特性、特征，更是与中国自身研究的目的与任务不同。比如，表面上形式一样的"进出口贸易"经济行为，能简单地用西

方经济学的"比较优势"理论来解释、分析吗？当然不能。中国改革开放的经济发展是依靠这个西方的"比较优势"理论指导而获得的吗？当然不是。中国社会主义经济发展的"前30年"应该依靠西方"比较优势"理论来指导吗？当然不应该。（参见本书《第十六章 西方比较优势理论与中国经济发展模式关系——历史唯物主义方法论与西方封闭系统方法论的对抗》。）

（二）研究领域、范畴的决定

研究领域与范畴也离不开中国历史和实践的特性、特征。而这些特性、特征与西方资本主义国家、社会的历史、实践却有本质差异性。比如，从规模和性质看，20世纪80年代开始的中国改革开放关系到当时世界四分之一人口的经济生产方式的转型，这是人类历史的第一次；从建立了较为完整的工农业基础设施、初步建立了一个新生国家经济基础和上层建筑的社会主义计划经济，向多种所有制并存的社会主义市场经济转型，也是人类历史第一次。对此，没有一个西方"世界一流大学"的经济学家们把如此条件下的经济行为、现象、关系、规律列入西方经济学研究领域、范畴，或在实证基础上产生出一个具有实践针对性和指导性的经济学理论。这样看来，西方经济学的研究领域和范畴不具有经济科学的普适性，而中国经济学本土化发展也不能依据西方经济学来界定范畴和领域。再比如，中国大规模的扶贫、2020年开始的"抗疫"难道没有经济学研究的意义和价值吗？西方"世界一流大学"的经济学家和学者们，中国那些崇拜西方经济学的"精英"们，从来不会、不愿也不想从经济学角度分析中国的扶贫、抗疫的经济学、政治经济学、社会经济学、经济社会学意义，不会、不愿也不想分析中国扶贫、抗疫的社会功能所蕴含的经济学思想。他们会用中文、英文、德文和法文等异口同声地说：这不是经济学、*This is not economics*、*Das ist keine Ökonomie*、*Ce n'est pas de l'économie*！中国那些崇拜西方经济学的学者们也许还会补上一句："只有西方经济学钦定的市场经济领域、范畴、范式研究才是经济学！"这就如同在自然科学领域里说"只有西方的卫星才是卫星""西方的空气才是空气""西方的月亮才是月亮"——在经济学研究的对象、范畴和领域问题上，中国的新自由主义者们不再讨论"谁的月亮更圆"。这样看来，只有一代代中国学者、学生、仁人志士基于本土的历史和实践、基于服务本土（而不是立志、相信、服务于"中国式西方经济学"）的任务与目的才能发展起中国的本土经济学范畴和领域，如包括中国的"半殖民地半封建经济学""革命根据地、解放区经济学""新生发展中国家经济学""对抗外部封锁、威胁、制裁经济学""独立自主、自力更生经济学""重突事件（灾害、疫情）经济学""扶贫经济学""社会主义计划经济学""社会主义市场经济学"等等！

实际上，只要打破西方（新古典）经济学所划定、所规范的领域、范畴，就可以发现大量极为丰富、有价值的中国经济（学）研究领域，并以此形成中国本土经济学的研究范畴、领域，而它们既不是西方经济学"钦定"的，也不是死板不变的。

六、经济学理论、思想构建的中国历史与实践底蕴决定

从唯物主义方法论看，经济学作为一门社会科学领域的知识体系，其理论和思想的构建会受到国家、社会发展的历史和实践影响。而不同国家、不同社会的历史与实践具有差异性，这个差异性就决定了经济学的理论构建、思想发展具有必然的差异性。

（一）历史与实践的差异性决定

如前所述，中国那些离开西方经济学就不知道怎样研究中国问题的学者们，最常用的范式就是：用一个或几个西方经济学理论，一个或几

个西方经济学方法，找到关于中国某个方面的数据，构建一个模型，从而得出结论；要么把中国改革的经济发展归功于西方经济学或西方市场模式的效仿（有些牵强附会的套用甚至让西方经济学学者汗颜），要么批判、否定中国社会主义"前30年"的经济发展，其中不乏用割裂、孤立方法挑选中国实证数据在封闭系统方法论盆腔中孕育出的中西合璧"经济学怪胎"。

1919年新民主主义革命至2021年已102年，中华人民共和国成立也有72年。在经济行为、现象、关系、规律方面，在经济发展模式方面，中国真的没有自己的思想、理论、观点吗？完全不是这样。在这个"102年"和"72年"里，中国的相关思想、理论、认知以及产生它们的分析、调查和研究都是极为丰富的。这其中，以毛泽东为代表的一代中国共产党人、知识分子、民族精英在经济发展的摸索、总结、矫正过程中产生了大量的经济（学）思想、观点、理论。它们是与中国自身历史与社会发展紧密结合的，与中国经济自身的具体实践、条件、环境紧密结合的，是与要面对的实际困难、要解决的具体问题和要满足的发展需求紧密结合的。它们的目的、宗旨是为最广大人民群众利益服务并使这个利益最大化，因而与西方国家历史、实践基础之上产生的西方经济学理论、思想有制度性的本质区别。

（二）中国本土经济学的丰富历史与实践底蕴

从经济理论与思想看，毛泽东等老一代共产党人曾基于中国历史、社会、时代特征、制度特性、现状条件和面临的经济发展任务，结合马克思主义的政治经济学理论，尤其是基于历史和辩证唯物主义方法论、整体主义方法论，产生了大量丰富、具有中国经济学构建意义和价值的经济（学）理论与思想。仅毛泽东本人就有《中国社会各阶级的分析》（1925年）、《湖南农民运动考察报告》（1927年）、《怎样分析农民阶级》（1933年）、《实践论》（1937年）、《矛盾论》（1933年）、《新民主主义论》(1940年)、《必须学会做经济工作》(1945年)、《减租和生产是保卫解放区的两件大事》(1945年)、《目前形势和我们的任务》(1947年)、《新解放区土地改革要点》(1948年)、《在晋绥干部会议上的讲话》(1948年)、《评战犯求和》(1949年)、《在中国共产党第七届中央委员会第二次全体会议上的报告》(1949年)、《论人民民主专政》(1949年)、《把农业互助合作当作一件大事去做》(1951年)、《党在过渡时期的总路线》(1953年)、《改造资本主义工商业的必经之路》(1953年)、《批判梁漱溟的反动思想》(1953年)、《论十大关系》(1956年)、《关于正确处理人民内部矛盾的问题》(1957年)、《读斯大林〈苏联社会主义经济问题〉谈话》(1958年)、《读苏联〈政治经济学教科书〉下册谈话一》至《读苏联〈政治经济学教科书〉下册谈话十二》(1959年)等等。从这一点看,毛泽东这一代共产党人与经济发展相关的文章、论述、观点、思想和理论,新民主主义革命时期和社会主义建设时期的经济行为、现象、关系、规律、发展模式、政策手段,无论是成功、进步、取得的成就还是失败、挫折、错误,既无法套用西方经济学封闭系统方法论下产生的西方理论、研究范式来分析、来理解,也不能成为西方经济学理论的佐证、实证。而恰恰是中国这些历史、实践基础上产生的理论、思想、观点构成了中国本土经济学构建的理论、思想底蕴。

七、结论：基于差异性检验的经济学方法论科学性

本章分析、阐述了中国经济学本土化的六大方法论决定。它们不是对西方经济学的全盘否定。但从方法论角度看,西方(新古典)经济学是基于西方几百年资本主义市场经济的时代特征、制度特性发展起来的,是基于其自身研究目的、价值观和政治属性发展起来的,其封闭系统方法论下产生的研究领域、对象、范畴、范式从根本上否定了其普适

性。而使用西方（新古典）经济学理论、思想、方法、范式来研究中国社会主义经济建设与发展的历史，无论是对其"前30年"还是改革开放的40多年，都是对方法论科学性的背离，都必然产生伪科学结果。因此，要发展中国本土经济学必然要打破这个伪科学方法论及其研究范式的桎梏。没有这一方法论的批判，中国本土的社会主义经济学根本不可能产生。也正因此，本书案例分析部分基于开放系统、历史和辩证唯物主义和整体主义方法论，分析"前30年"经济发展模式的问题（见本书第十六章）、国有企业效率效益（见本书第十一至第十四章），证伪这种"中国西方式经济学"构建的伪机理关系、伪线性逻辑，就是把"颠倒的历史再颠倒过来"的一个引玉之砖。

本章分析还表明，中国社会发展的时代特征、制度特性与西方不同，其本土经济学的研究对象、问题也必然与西方具有差异性。从这个方法论角度看，经济学作为一个认识经济事物的科学知识体系，其研究对象、问题是由一个国家、社会的时代特征、制度特性等因素决定，而不是由西方经济学或诺贝尔奖得主、大师、精英、权威、世界一流大学等来决定。同时，经济学研究范式、范畴、领域也与一个国家、社会自身的历史和实践底蕴紧密相关，因此中国本土经济学无需生搬硬套西方经济学。中国本土经济学是否、能否建立在自身丰富、深厚的历史和实践底蕴基础之上，是对其方法论科学性的一个根本检验。

第七章　对经济学数理方法的
七点方法论思考

　　西方（新古典）经济学之所以能在中国迅速传播，除本书前文谈到的文化、制度因素外，一个重要原因就是其数理方法和模型的广泛运用，而教条主义、形而上学的方法论思想却常常把数学等同于科学。一方面，这些西方经济学理论与思想的产生，都基于西方国家社会与经济制度的形成历史和发展现实，都针对西方市场经济的行为与现象。而中国那些崇拜西方（新古典）经济学的学者只看到其数理范式却看不到其"基于"和"针对"。另一方面，在西方经济学诸多流派中，封闭系统方法论框架中的数理推证（计量、概率、统计等）已成为经济学学术方法、研究范式的主流。这个"主流"桂冠加上数理范式对中国一些学者产生巨大影响，他们其实并不知道那些数理方法背后的方法论科学性问题。而这其中又有两类人：一类是从心底否定社会主义经济制度，认为"只有资本主义市场经济、只有私有制才能救中国"。他们在价值观上与抗战胜利后的胡适①一样，是西方经济学数理范式的崇拜者、捍卫者、宣扬者，并用这种数理范式否定、打击其他一切与他们价值观不一样的学者和研究。而另一类人没有这种价值观的驱使、屈从，但因自身教条

---

① 抗日战争胜利后，胡适心底里支持蒋介石国民党利益集团的统治（只要加上一些附和、符合西方体制的改良），但表面上鼓吹"国共两党公平竞选"——当然前提是共产党必须交出军队和解放区，放弃自己的武装。

主义、形而上学思想观以及对数理方法的极端崇拜而看不到西方经济学所依靠的封闭系统方法论导致的理论缺陷与错误。一方面，他们忘却了数理只是工具而非目的，用这个工具代替理论的科学性、目的性，认为数理工具本身具有恒定性、精确性、标准性，笃信："还有比数理更为正确、更为科学的实证结果吗？"而实际上，方法论的科学性问题及其导致的理论缺陷与错误并不会因为数理方法的高深、复杂而得到解决。另一方面他们用数理工具的形式、功能和规范上的相同性来否定研究对象的条件、环境、制度、历史、文化等多元、多维作用因素的差异性。由于这两方面的方法论原因，他们自然认定西方经济学具有"普适性"。针对此，本书从方法论科学性角度提出以下观点。

一、打破神秘感、高深感、玄学感

在社会科学领域，数理与非数理方法都可以作为实证工具而产生理论、思想、概念和观点。（经济学）理论的本质不是数学，而是分析、推证事物的逻辑关系和形成、发展、变化规律，是对纷乱、复杂事物本质的探求与揭示。数理只是推演、验证、表达这些逻辑关系、规律关系以及二者之间关系的工具之一而已，本身并不排除使用其他工具来达到这些目的的合理性、适用性。世界著名英国经济学家、新剑桥学派代表人物和领袖琼·罗宾逊（Joan Robinson）不依靠计量数理方法，却在西方经济学领域创立了不完善竞争理论、发展了凯恩斯理论、提出了新资本积累与垄断理论，不仅得到西方经济学界高度认可，而且比肩诺贝尔奖得主。其他社会科学领域由非数理方法产生的科学理论、思想、概念更是不胜枚举。

没有科学的逻辑构成不能产生科学的理论（无论数理多么高深、模型多么复杂），而没有数理却可能产生科学的理论（无论语言怎样朴实无华、方法怎样简单易行）。如果在结构识别的准确性、逻辑关系的合理性、影响方式的可靠性等方面存在问题，数学本身运用再正确、数理方法再高深也会导致理论错误。经济学如此，其他社会科学领域也一样。抗日战争时期，国民党国防部不乏德、日、英、美军校毕业生，国防部的数理、计量分析产生了亡国论、投降论、逃跑论和速胜论，不一而足。毛泽东的《论持久战》虽无数理分析，却锁定了最主要、最关键的与战争性质和方式、与日本和中国的资源条件、优劣势对比紧密结合的"函数"关系，从而揭示了事物的逻辑关系与本质性规律，成为科学的理论。抗美援朝时期，美国著名军事将领道格拉斯·麦克阿瑟（Douglas MacArthur）及其参谋部与中国人民志愿军将领彭德怀及其参谋部在军事理论思想的差异也是方法论上的数理与"非数理"博弈的经典案例之一；这里绝不是说后者只有"勇敢"而没有数理工具的科学使用，而是强调后者的理论科学性（如"信仰、精神、意志""灵活机动""英勇顽强、不怕牺牲"等）很难用数理工具来衡量（见后文）。方法论错了，数理越是高深、复杂，实证结果越是精确，其理论结果的谬误性就越大（参见本书第六章《二、"把颠倒的历史再颠倒过来"——方法论的批判决定》，以及第十四章案例分析），神秘感、高深感、玄学感最终一文不值。

二、打破优越感、精英感、崇拜感

在封建传统文化和等级观念中，知识可以成为社会阶层的标志（无论在社会结构、功能中还是个人心理、行为上）；"仕而优则学，学而优则仕""学好数理化，走遍天下都不怕""阳春白雪，和者盖寡"，而这一"寡"就"寡"成了"精英"，"寡"出了"大师"和"权威"。改革开放后，西方经济学（尤其新古典）的数理方法、计量模型与中国具有这种"阳春白雪"文化心理的经济学学者一拍即合：前者之所以在中国期刊杂志、学术平台、大学课堂、教育部门、决策机构找到巨大市场不能说没有这种文化心理基因的作用，而后者则把数理当作目的、当作资本，越是高深、越是"玄妙"、越是让别人看不懂，就越觉得高人一头、代表正确、自诩权威，就越喜欢以数理作为"学术"与否、科学与否、发表与否的衡量标志，就要建立一个"孤芳自赏"的小世界（这是西方经济学者自嘲的典型说法）。可以说，西方（新古典）经济学的数理方法在中国产生的学术、文化和心理效应（或享受的"社会阶层"地位）远远大于在美国或其他西方国家产生的类似效应。而事实上，美国大学运用定量、数理方法的经济学教授、学者中绝大多数丝毫没有上述那种优越感、精英感和自我欣赏感，反倒是屡屡告诫学生数理分析在社会科学研究中的局限性，如封闭性、条件性、控制性、可操纵性（maneuverability or steerability）、解释局限性和脱离现实性等等。因此，一方面，经济学的数理分析、验证很重要，是方法、范式之一；另一方面，中国学者则要避免落入上述封建文化的心理陷阱。毕竟，数理只是经济学研究的方法、工具，而不是目的；毕竟，一种方法（工具）的高深、复杂本身不代表理论的正确性、学术的权威性。比如，抗美援朝时期如果中国指挥员按照类似美军"范弗利特弹药量"的数理范式来指导或制定作战计划，不仅荒谬、错误而且结果可想而知。

在社会科学领域里，数理与非数理方法是认识、分析事物的工具，无优劣之别或贵贱之分。首先，当使用数理方法分析某一经济现象时，使用者有自己确定的研究角度、目的，并根据要分析的问题特征及关系作用方式、关系结构性质进行条件、作用因素的控制和限定，这些角度、目的、特征、方式、性质不是经济学研究方法的"唯一"而只是"之一"，所进行的控制和限定可能正确也可能不正确。其次，当数理和非数理方法均可达到某个经济学分析目的时，不是非数理不可；二者可分别使用，展示不同角度和目的。再次，在有些条件下，考虑到研究对象（性质、特性等）、研究目的（封闭性、开放性等），使用非数理方法来分析、研究并揭示事物变化、发展的逻辑关系、规律关系和本质，可以起到比数理方法研究更好的结果。比如，对一个非西方资本主义经济制度中的某一现象、问题进行分析时，研究者应首先分析、确定这些现象、问题的性质、特征、条件和本土作用因素，而不是直接生搬硬套西方理论和数理方法进行数理分析。抗日战争时期，毛泽东的《论持久战》没有使用数理方法就揭示了抗日战争的各种"函数"关系、事物本质和发展规律，不仅高级指挥员可以看懂，而且具有基础文化的基层指挥员、游击队长甚至普通民兵、百姓、战士也都可以看懂。这本书通过简单易懂的语言，展示出了普通定性方法的研究范式，同时也展示出数理可以展示的逻辑关系，甚至揭示了数理方法难以揭示的逻辑关系。设想这些分析、研究以数理方式来表达（这些变量关系、作用方式、特征规律等等的确可以用数理方式来表达并设立模型进行实证验证），效果又会怎样呢？这样看来，方法论错了，数理越是高深、复杂，实证结果越是精确、美妙，其理论结果的谬误性就越大，封建文化心理作用下产生的优越感、精英感、崇拜感最终一文不值。而方法论对了，定性方法同样也可以揭示出深奥、复杂的事物关系和规律并建立正确、科学的理论和思想。

三、理论的科学性、正确性不是靠数理来保证

在经济学中，数理的应用只是用若干函数表示逻辑关系、事物规律而构成的一个条件性、限定性"自洽"体系而已，而理论的科学性则首先取决于它所建立的逻辑关系、所揭示的事物规律在实践中是否具有准确性、针对性，在运用中是否具有合理性，在理论检验（如演绎）中是否具有可靠性、适用性和普遍性。这几个方面的综合是对"实践是检验真理的唯一标准"思想的一种方法论诠释。

首先，数理这个自洽的方法体系受到各种条件、要素、作用因素等在选定范围上的控制、限定、局限，这个控制、限定、局限可以影响逻

辑关系构建的合理性和可靠性、作用关系结构识别的合理性和全面性；其次，被选定的条件、要素、作用因素等，又受到作用方式、操作规范上的控制、限定；再次，上述两方面的控制、限定又相互作用产生机理关系从而放大（缩小）被选定、被排除、被遗漏、被忽略的条件、要素、作用因素。以上这3个方面的关系表明，使用数理本身并不能保证理论的科学性。抗美援朝时期，美军指挥员及其参谋部的数理、计量"自洽"体系，正是因为各种控制、限定，没有包括中国志愿军的组建背景、历史传统、战争历练、战略特点、战术风格，没有包括"中国人民从此站起来了"所激发的民族意志、坚定信心、万众一心，没有包括这支军队建军几十年常态性的以弱胜强、以少胜多、以劣胜优的战争历练和素质构成（美军历史上大型战役无一不是以强胜弱、以多胜少，也不乏虽强不胜、虽多仍败的经历），尤其没有包括这支军队能够使落后装备"效用最大化"的能力与手段，没有包括这支军队在弱势条件下的各种战略战术特点以及这些特点怎样使弱势条件产生"效率效益最大化"的能力与手段，没有包括这支军队在各种装备等物资极为匮乏条件下使"资源配置最优化"的能力与手段。而美军的数理自洽体系更没有包括或不愿包括或不屑一顾的是，中国这支军队的士兵吃苦耐劳、不怕牺牲、英勇顽强、自力更生、灵活机动的共性（他们相对美军士兵的整体差异性或在每个局部战场、战役、战斗中的个体差异性都难以量化），没有包括这支军队的中、高级指挥员不仅身经百战而且不乏红军时期就开始历练而成的各自不同的战场指挥特点、特性（这个差异性更难以量化）。而这些共性和特性因素以及因此综合构成的独特竞争优势都没有也无法纳入美军的数理或计量"自洽"体系中。相比之下，这支中国军队是否具有以少胜多、以弱胜强、以劣势对抗优势并取得胜利的经历、经验、手段、办法和能力呢——假设它们可以被量化？他们是否在抗美援朝战争之前就有丰富的对抗具有各种军事优势（如海空支援优势、兵种协同优势、轻重武器优势、通信联络优势、后勤补给优势、机械化程度优势等等）的经历并能够根据自身条件和特点总结、摸索、积累取得胜利的手段、方法呢？对类似问题的回答，以及对美军率领的"联合国军"的上述数理"自洽"体系的分析，可以对战争最后结果做出有一定科学性的预判。但假如中国志愿军机械、教条、形而上学地按照西方军事理论来制定自身战略战术，根据美国军队基于自身历史、经验、条件、资源、火力、机械化程度、军兵种协同等产生的数理自洽体系验证的结果（数据）和军事理论来指导中国军队的具体战役战斗，战争的最后结果也将不难预测。与此同理，中国社会主义市场经济改革如果按照基于西方市场经济几百年发展历程产生的西方理论来指导，具体发展模式、政策、手段、方法全都依据西方基于自身市场经济的时代特征、制度特性、结构特点、运行方式、资源条件、技术能力、消费方式等诸多因素构成的数理自洽体系的验证结果（数据）来设计，最后结果还是不难预测；与此同理，如果机械、教条、形而上学地用西方经济学的数理自洽体系来分析中国社会主义计划经济、市场经济的现象、行为、特征与规律，其科学性程度同样不难预测。

四、打破"唯数理才是经济学"心态和
"东施效颦"方法

改革开放后，中国大量研究（包括"顶尖"期刊文章）根据数理方法、范式的需要，基于西方经济学理论、概念或范畴，设立与中国实际不相符的抽象性变量关系，并放入需要的数据进行封闭性实证检验。从方法论看，这本身就是本末倒置，是为数理（工具）的研究，是为发表的研究，而不是为科学的研究。首先，许多这种范式下产生的研究实际上缺乏对西方市场结构、企业组织、行业特征、资本手段以及运行方法的了解和认知（因为缺乏对现实中的西方市场、企业、行业的亲身经

历、感性认识和一手实验或调查），更是缺乏对西方资本主义市场经济
条件下这些研究对象的逻辑关系合理性、作用因素多元性、作用条件限
制性、作用方式特殊性的了解。这种在封闭系统方法论指导下基于抽象
概念设立模型、套入数据的学术范式所分析出的事物逻辑关系、运行规
律和本质特征，虽从数理上看高深复杂、无比正确，不仅不符合中国经
济、市场现实，甚至可能脱离西方经济结构和市场的实际，堪称数理方
法催生的"西方式中国经济学"研究。这类研究即便数理分析高深、复
杂又怎样呢？只不过为西方新古典经济学提供一点脱离西方实际（！）、
脱离中国实际、"封闭"条件下的实证而已。中国的经济学研究如果为
了"学术指标、学术评审""国际接轨""世界一流"而用诸多资源、
学者、时间来支持西方数理式刊物、理论、模型的发展，本身就有"东
施效颦"之嫌；投入得再多，也不可能比西方学者运用西方研究范式、
数理模式针对西方经济制度、结构、市场、行为所产生的实证研究多，
更不用说针对性和实际效果了。而基于数理、计量模型的西方经济理论
本身又解决了多少西方经济制度、市场结构的实际问题呢？又能解决多
少中国社会主义市场经济面临的问题呢？中国要投入多少资源才能够帮
助西方完善或发展西方的资本主义经济理论呢？这种本末倒置、东施效
颦、为他人作嫁衣裳的中国经济学研究既不是出于中国经济问题分析、
研究的需要，也不是出于解决中国经济问题的目的，是一种学术资源的
浪费和扭曲性"市场配置"。

五、经济学科学性在于结构识别准确性、逻辑关系合理性而不在于数理性

数理只是工具，方法再复杂、验证再精确也不代表经济学研究的科
学性。比如，西方经济学在封闭系统方法论框架中用数理方法研究幸福
感，以工资收入、家庭财富、生活指数等做衡量，以西方国家的"中产

阶级"为对象（即便对这个对象也进行多方面的条件控制）。这种幸福感衡量常常在封闭系统方法论指导下产生，主观选定变量关系后对其他差异性条件、作用因素进行学术方法上的控制，进而对"幸福感"的变量关系加以封闭性数理检验，进而解释"幸福感"变化原因并产生"幸福感"理论。然而首先，不同人群、不同宗教、不同国家、不同制度、不同历史、不同文化、不同生产力、不同价值观体系、不同地域、不同人口学要素（factors of demographics）对"幸福感"的具体构成（如"满意感""快乐感"和"价值感"）、变化程度、变化方式、矩阵秩列、稳定性等等都产生无法避免（即在现实中无法控制）的多元、交叉、正向、负向等差异性影响。① 这些差异性影响的存在使西方经济学的幸福感衡量在关系结构上出现逻辑性问题。其次，除上述各个领域的不同外，即便在某一相同领域里也会存在不同作用条件、因素的影响，如在相同经济制度下有不同经济体制，在相同经济制度、经济体制下有不同发展模式，甚至在相同经济制度、经济体制、经济发展模式下还有不同发展阶段、不同发展路径、不同客观条件等等。这种单选变量的时空条件差异性使幸福感衡量与相关研究难以产生具有演绎性的普遍意义。再次，尽管有些研究鉴于上述各种差异性对客观条件、因素和衡量的主观对象采取数理平稳性、平衡性控制，但在控制合理性或全面性上依然存在问题，而更重要的是，有些条件和因素的差异性既无法控制又难以量化。比如，1949 年中华人民共和国成立时人均收入极为低下、生产力极为落后、物质生活极为匮乏、人均收入和人均 GDP 世界倒数；根据西方"幸福感"的数理衡量，1949—1966 年期间中国人民幸福感应该是全世界最低（无论怎样做数理上的平稳性处理）。但这段时间里中国人

---

① 参见龙斧、梁晓青：《社会经济地位、家庭核心消费压力对中国家庭幸福感的结构性影响——基于 CSS 2013 的实证研究》，《社会科学研究》2019 年第 2 期，第 94—103 页。

的幸福感却因受到"1949 年中华人民共和国成立"这个历史、制度、价值观、信仰大事件的影响而恰恰相反。使用西方的"主观幸福感"数理模型来衡量中国人的幸福感，不仅存在结构识别的准确性问题（truthfulness），而且存在逻辑关系的合理性问题（validity）。它即便用来衡量西方国家人群幸福感，即使没有结构识别或逻辑关系问题，也会出现可靠性程度问题（reliability）。这种西方经济学"幸福感"研究所显示的封闭性、孤立性、割裂性、否定各种差异性的方法论问题不仅体现在群体幸福感研究上，而且因忽略困难群体、少数群体、彰显"学术中心主义"而缺乏科学性。可以说，在使用西方经济学数理方法研究中国问题时，类似的结构识别准确性、逻辑关系合理性问题大量存在（见本书案例分析部分）。

六、经济学科学性在于实践结合性、 问题针对性而不在于数理性

西方经济学对资本主义生产资料私有制基础上的西方市场经济行为、现象、问题等进行封闭系统的范式分析、解释，试图确立关系、锁定规律、发现特征。但其中大量研究，用西方学者自己的话说，是"唯研究的研究""唯理论的理论"，是学者圈内的纯学术行为。也有一些研究试图对现状进行"微调""修正"，试图解决市场经济存在的问题，其中有些理论起了作用，有些没有，有些干脆是错误或失败的，而有些则严重脱离西方市场实际——尽管看似数理模型高深、复杂、严谨。原因之一就是，这些理论在限定条件、环境、结构、作用因素的一个静态的自洽体系里产生，并看似正确，但这些限定一变，即便是对西方问题的分析也可能不那么正确了，而简单、直接地把这些理论用于中国问题的研究就更是缺乏实践结合性、问题针对性了——无论其自洽体系里的数理模型本身显得多么高深、复杂。

比如，西方供给侧经济学理论（如由数理支撑的拉弗曲线、萨伊定律等）针对的是西方市场投资疲软、经济滞涨、失业率上升，因此根据"供给决定需求、决定市场、决定均衡"，强调这个决定要依靠供给侧一端不断加大资本投资来实现，并因此认为政府要降低税收、减少福利、放开市场、去除社会（政府）对资本的限制，集中代表了里根—撒切尔极端资本主义理论思想（因此也在西方经济学界受到广泛批判）。中国提出供给侧结构性改革后，不少中国的研究立刻套用西方理论提出这些政策建议。而从中国这个改革提出的"三去一降一补"（即"去产能、去库存、去杠杆，降成本，补短板"）看，它主要针对的是投资过剩、积累过多、发展过热的"供给有效性"问题。在这种条件下再降低税收、加大投资、纵容市场配置、放弃宏观调控，岂不是雪上加霜？显然，西方供给侧理论不仅无法解释中国供给问题，也丝毫没有针对或解决中国问题的初衷。甚至可以说，二者所针对的经济学问题恰恰相反；后者正是要解决西方供给侧经济学所强调的资本（投资、供给）决定市场、决定资源配置在经济结构中所带来的恶性循环问题。① 这样看来，简单套用西方理论来指导其供给侧结构性改革只能是削足适履，而套用其政策手段解决中国供给问题更是引足救经。

在西方经济学封闭系统方法论的广泛影响下，中国以数理高深、模型复杂为硬核衡量的期刊、研究比比皆是，随手拈来。而从方法论科学性看，经济学研究的科学性高低不是比数理，而是比问题针对性、实践结合性和解决问题的适用性。因此，有数理不一定就有科学性，无数理不一定就没有科学性；航标定位系数错了，谈某种均衡速度可以最大限度节省燃料或最快速度达到目的地岂不荒唐？

---

① 参见龙斧、傅征：《中国"核心消费"对供给有效性的机理关系决定——供给侧结构性改革的辩证唯物主义与整体主义思考》，《当代经济研究》2021 年第 6 期，第 88—102、113 页。

七、经济学生命力在于其大众性、明快性和价值观鲜明性而不在于数理性

上述从方法论角度对经济学目的、对象、普适性、准确性、合理性、可靠性、实践性、适用性、针对性等进行了西方（新古典）经济学数理方法运用问题的分析。从价值观看，数理方法作为工具本身不带有价值观，但在经济学领域里，被用来解释、揭示事物（如经济现象、行为、制度）的规律、功能、特征时所产生的理论最终却难逃价值观属性，即经济学为谁服务。毕竟，社会科学的理论是带有社会目的性的。

首先，为社会最广大人民利益最大化服务、为人类社会进步服务，是马克思主义经济学、是基于开放系统方法论和交叉科学方法产生的经济学，与西方（新古典）经济学有本质区别。即便有些西方理论能够抓住事物逻辑关系、运行规律和本质特征，说到底也是为资本（价值）增长最大化服务，并在这个前提下为市场效益、资源配置效用最大化服务。在这个制度中成长起来的许多西方学者们也真诚地认为，当这两个"最大化"实现时，最广大社会成员的利益也就随之最大化了。他们有意无意用高深、繁复的数理模型掩盖这样一个事实，即在实现前两个"最大化"时，第三个"利益最大化"的牺牲是前两个"最大化"的必然基础和结果；而以经济帝国主义、经济殖民主义的经济形式（枪炮或其他）牺牲他国利益最大化也是前两个"最大化"的必然基础和结果。中国一些打着"改革开放"旗号的新自由主义学者把上述这些基础和结果及其产生的原因都封闭在其研究领域、范畴、范式之外，认为它们不是"经济学"。这是西方（新古典）经济学与马克思主义经济学的本质性差异之一。

其次，从供给一端看，最广大社会成员的劳动力由资本—市场"配置"成雇佣性资源，其载体只有选择被哪一个资本雇佣的"自由"而没

有选择是否被资本雇佣的自由,① 其利益最大化与资本利益最大化本身就是相矛盾、相冲突的;从需求一侧看,为实现前两个"最大化",资本和市场把最广大社会成员分割成不同经济阶层,并把他们变成资本(价值)利益最大化的消费实现机器;这些阶层消费方式、生存方式的相同、不同以及变化是由资本和市场对劳动力的(剩余)价值衡量机制来决定的,是资本、市场对雇佣劳动力价值的一个资本化、市场化、商品化的结果,是资本价值实现的一个经济性、社会性制度决定,谈何"利益最大化"?换句话说,这些相同、不同和变化是以前两个"最大化"为前提、由前两个"最大化"支配与控制的。西方(新古典)经济学用高深数理来掩盖或模糊其理论所捍卫的这个价值观本质。与之相对立的马克思主义经济学则用明快、清晰的数理与非数理方法揭示这种"数理掩盖"下的前两个最大化,深入浅出地揭示资本、市场、生产资料所有制等事物的本质,也揭示出西方经济学的价值观本质及其经济制度基础;其科学性和生命力以大众性、明快性、人权性和社会进步性为特征(而不是以为少数人服务的"阳春白雪"为特征)。从目的看,马克思主义经济学揭示经济现象、行为、关系、规律及其制度根源和特征,是为人民大众利益服务、为人类社会进步服务,其价值观、目的性和方法的使用在方法论上得到了统一。如果被高深、复杂的数理分析迷惑而看不到西方经济学的价值观本质,那就是方法论上的一叶障目、不见泰山了,而因其高深、复杂的数理方法就认为它具有"普适性""价值观中性""制度中性""科学性",那就是方法论上的管中窥豹、时见一斑了。在具体研究方法上,如果数理分析因为寻求高深、复杂而影响了这种价值观揭示的大众性、明快性和进步性,那在方法使用的目的性上就是本末倒置了。

---

① 参见龙斧、刘媛媛:《从资本属性看劳资关系的平等性和公平性》,《当代经济研究》2009 年第 2 期,第 1—7、72 页。

八、结论：经济学是关于人与社会关系的知识系统

上述 7 个方面的思考试图表明，中国的经济（学）研究既要打破对西方经济学数理工具的神秘感、高深感、玄学感，又要破除使用这个工具时产生的带有封建文化色彩的优越感、"精英"感，才能在范式上避免"唯数理才是经济学"心态和"东施效颦"行为，才能在自身研究中根据具体对象、研究目的、问题性质、关系方式及其逻辑构成的合理性等科学要素来决定使用数理还是非数理方法。

从方法论看，一个知识体系的发展与构建，数理是重要工具之一，但理论的科学性不是靠数理来保证，不是有了数理就有了科学性。使用数理还是非数理方法可根据问题的性质、研究的角度、关系作用的方式、关系结构的性质以及要揭示的问题特征、要达到的理论或学术目的等因素来决定，无"孰优孰劣"之别或"高低贵贱"之分。

再从方法论看，决定经济学科学性的不是数理工具的复杂性，而是分析事物关系中结构识别的准确性，揭示事物特征、本质中的逻辑构成合理性，确定因素影响方式、程度上的可靠性，研究本身与实践的结合性，以及产生的结果对解决问题的适用性，等等。从认识、分析经济的行为、现象、问题看，从把握、解释它们的作用方式、关系结构从而揭示出它们的本质、规律看，后者的决定程度越高，方法就会越正确，结果所产生的理论、概念、观点就越科学，就越会在实践中具有一个知识体系产生、发展、发挥作用的生命力。

更为重要的是，经济学是为"人"和由"人"所构成的经济制度及其所支撑的政治、社会制度服务的，世界上没有所谓的"纯粹经济学""制度中性经济学"，有的只是具有政治性本质、社会（制度）性本质、为不同人群利益服务的经济学。西方经济学不仅从诞生起就有意或无意地掩盖这些经济学本质，而且在支持、维护"资本"利益"神圣

不可侵犯"这个带有政治和社会制度属性的价值观基础上，为这个"掩盖"而诉诸封闭系统方法论，而新古典的数理研究范式则把这个"掩盖"更加完善了，毕竟这样一来，西方经济学也就貌似普适经济学了，其他任何与其不同的研究范式、方法就不能成为经济学知识体系的一部分了。然而，从哲学层面的方法论理解看，掩盖不代表不存在，只代表知识体系的科学性和生命力的丧失。与之相对立，马克思主义经济学解释、揭示这个"掩盖"，诉诸唯物主义、开放系统和整体主义方法论，具有大众性、明快性和价值观鲜明性，也因而具有科学性和生命力，无论使用数理还是非数理方法。这样看来，经济学作为一个知识体系的科学性不在于数理复杂性；这样看来，在科学的方法论指导下，结合中国实际、针对中国问题，合理、正确使用非数理方法，同样可产生学术性、理论性很强的经济学成果。

中国案例篇

第八章　案例分析一：中国经济社会发展的西方化衡量——"指标体系"的逻辑性、差异性、共线性以及机械社会论问题

经济发展与社会和谐、幸福程度是一个重要的社会、经济问题，经济学、社会学等许多领域都有大量研究。自 2005 年中国提出构建社会主义和谐社会后，不少大学或研究机构试图用数理方法对一个城市、地区的和谐程度、幸福程度加以衡量，试图构造"和谐指数""幸福指数"。中国科学院中国现代化研究中心的《中国现代化报告 2006》[①]（以下简称《报告》）选择带有极强新古典经济学色彩的"国际高度贫困率""国际中度贫困率""贫富之比""儿童死亡率""童工率""最低月工资" 6 项指标，组成衡量中国经济发展和谐与否的指标，并把西方国家在这 6 个方面的一些指标作为中国 2010 年、2020 年、2050 年 3 个阶段经济发展的努力方向。

从指标选定依据看，《报告》不仅建立了所选 6 项指标与经济发展的函数关系，而且确定了它以西方指标为基础的衡量体系。从方法论看，首先，这 6 项指标所衡量的领域在不同国家、社会之间存在不同的理解、界定，而表现出的现状和问题的原因也因各自的特性而具有差异

---

① 参见中国现代化战略研究课题组、中国科学院中国现代化研究中心：《中国现代化报告 2006：社会现代化研究》，北京大学出版社 2006 年版，第 237—412 页。

性。简单地将西方指标作为中国经济发展和谐程度高低的衡量标准无法避免合理性、可靠性和逻辑性等方法论问题。其次，《报告》在这6个方面使用西方指标作为中国经济发展改进之标准的同时，建立了它们与经济发展的因果变量关系，似乎中国社会主义和谐社会之内涵因此而定，却又因忽视了共线性、权重和干扰因素（intervening variable）等问题而使这些关系在结构识别上缺乏合理性。最后，《报告》的上述问题使它的中国经济发展指标掩盖了中国社会的主要矛盾，对中国要建立的和谐社会的理论探索和实践方向来说可谓方枘圆凿。针对《报告》设定的变量关系及其6项指标，本章从社会科学研究方法角度，运用交叉科学方法，对其合理性、可靠性和逻辑性等方面的问题分别展开分析。分析表明，把西方新古典经济学下的特定指标体系和一些不得不兼顾的变量（如贫富之比）作为中国社会发展、经济发展衡量体系在方法论上存在各种科学性问题。

一、"中、高度贫困率"标准——差异性、合理性、逻辑性问题

《报告》确立了"经济发展、社会公平"与"中、高度贫困率"之间的变量关系，但在贫困率定义、内涵和贫困原因方面，存在方法论问题。

（一）贫困率定义、内涵差异性和贫困原因差异性

从选择西方国家贫困率以及将这些指标作为中国自身经济发展和谐程度的衡量标准看，《报告》无疑是建立在经济发达程度、GDP高低与贫困率的简单线性关系之的。

首先，由于经济、政治、社会结构、家庭结构、生活方式、消费行为、资源、人口、就业率和经济地位保障、平均收入等各种因素的作

用，各个国家自身贫困率定义、内涵设定具有差异性。不仅发达国家与发展中国家之间有，发达国家之间和发展中国家之间也有。怎样将差异性在考虑上述变量关系的基础上加以消除从而使西方发达国家贫困率指标对世界其他国家和谐程度变化具有衡量上的普遍性、可靠性、标准性？"国际贫困率"指标的平均差值怎样获取？标准差（Standard Deviation）是多少？合理的数据标准化、规范化又根据什么来设定？是否需要将 GDP、资源、人口、医疗卫生水平、就业率和经济地位保障、平均收入以及购买力平价等变量标准化后再加以权重（差异性 1：DE_1）？如果没有做这些方法上的处理，这两个"贫困率"作为中国经济发展程度和衡量标准合理性无法检验。

其次，社会群体因生活方式不同，对"经济发展"的主观感受会有所不同；在价值观、信仰、文化、宗教等因素作用下还可能对同一生活方式的感受不同；不同的社会群体对相同的贫困率的主观感受也会有所不同。比如，延安时期生活条件极为贫乏，但延安的"和谐"所蕴含的平等、公平、正义内涵成为吸引大批生活条件原本就优裕的人群前往的原因之一（这里不可能是"和谐程度低"的延安吸引了"和谐程度高"地区的人群）。再比如，围绕中华人民共和国国庆 70 周年的大量相关研究基于中国近、现代史贫穷落后、饱受欺凌、没有基本生存保障之现状，回顾了中国社会主义建设取得的成就，证明了人民并没有因为中国的物质生活（贫困率是其中一个指标）不如西方而感到社会不和谐。因此，要想用西方贫困率指标作为中国经济发展的衡量标准，就必须对不同历史、发展路径、价值观、文化、心理感受、满意程度、行为方式等影响差异性加以消除（差异性 2：DE_2），从而使西方指标成为中国社会主义和谐社会衡量标准具有合理性和科学性。可是这个差异性又怎么消除得了呢？

再次，从"贫困率"西方衡量的合理性（Validity）看，方法上还必须考虑各个国家贫困形成的具体原因，即到底是贫困率高低本身还是造成贫困的原因导致经济发展的变化。分配制度的平等性、公平性、正义性降低可以导致贫困率上升或相比西方贫困率较高，自然灾害、经济政策、战争、殖民地剥削、压迫和奴役的经历也可以导致贫困率上升或相比西方贫困率较高，人口众多与资源匮乏、生产力落后的交叉作用也可以导致贫困率上升或相比西方贫困率较高，等等。正是因为在影响、导致贫困原因上各个国家的差异性和特性，不将这些差异性、特性加以消除就以西方指标作为衡量标准毫无意义。比如，西方经济发达、现代化程度高、物资富有，为什么还存在贫困率？两个 GDP、生产力水平相当的西方国家为什么贫困率不一样？具体原因是什么？因此，要想证实中国与西方的贫困率差别会导致经济发展问题就必须消除"贫困率"形成的原因差异性来使西方指标成为中国社会主义和谐的衡量标准具有合理性、可靠性（差异性3：DE_3）。可是这个差异性又怎么消除得了呢？

上述三方面的差异性分析表明，简单地把西方贫困率作为统一的和谐衡量标准导致了衡量合理性、可靠性方面的问题。而且，从贫困率原因差异性看，贫困率本身并不导致社会不和谐，这个因果关系所展示的是一种假性回归关系（Spurious Relationship），它们之间只是在特定条件下（如分配制度的不合理性）才具有的一种关联关系（Correlation）。《报告》明显忽略了这一点。从历史和辩证唯物主义的发展观看，造成贫困率高的原因以及因此导致的经济平等、公平、正义的变化才是真正影响社会和谐的变量。如果仅根据特定条件下的关联关系来用贫困率高低衡量经济发展与否，就很可能会掩盖贫困原因的差异性（如社会分配、经济机遇等方面的公平、平等和正义的差异性），从而产生对经济发展衡量的误差。

我们把贫困率对经济发展的和谐程度影响记为H_P，按照《报告》的方法，应有如下公式：

$$H_P = H_P(RP) \tag{8.1}$$

其中，RP 表示中高贫困率。而如果考虑到上述DE_1、DE_2、DE_3三方面的差异，对中高贫困率进行修正，可以得到一个新的中高贫困率指标：$RP = RP(DE_1, DE_2, DE_3)$，按照这个修正的中高贫困率指标，中国的经济发展应该是：

$$H_P^C = H_P^C(RP(DE_1, DE_2, DE_3)) \qquad (8.2)$$

其中，H_P^C 指中国的贫困率对经济发展的和谐程度影响，于是，按照《报告》的方法，对这个影响的程度就可以用 $\dfrac{H_P^C}{H_P}$ 来检验。只有当 $\dfrac{H_P^C}{H_P} = 1$ 时，《报告》的方法才是准确的。而无论 $\dfrac{H_P^C}{H_P} > 1$ 还是 $\dfrac{H_P^C}{H_P} < 1$，《报告》的结果都不可能准确。$\left| \dfrac{H_P^C}{H_P} - 1 \right|$ 越大，《报告》的结果越不准确。那么，$\left| \dfrac{H_P^C}{H_P} - 1 \right|$ 的值究竟怎样呢？从本章所分析的 3 个差异性来看，从中国和世界其他国家的比较来看，这个值应该是显著地偏离 0 的，《报告》的 $\left| \dfrac{H_P^C}{H_P} - 1 \right| = 0$ 的假设难以成立。如果《报告》不使用本章这里的差异性衡量分析，那除非假设贫困率对经济发展的影响权重趋于 0，而这样它就是在自己反对自己了。

（二）贫困率作为经济社会的和谐衡量指标的逻辑性问题

在没有对贫困率差异性和贫困原因差异性进行方法处理条件下，简单的衡量方法和变量关系的建立，即用发达国家贫困率作为中国经济发展（即社会主义的平等、公平、正义）的具体衡量指标、努力方向，除了衡量适用性和合理性问题，还会产生逻辑荒谬的理论命题：经济越发达、生活越富有，贫困率就越低、社会就越和谐。因此从贫困率看，西方发达国家的经济社会和谐程度必然高于全世界其他所有国家。事实真是如此吗？如果以此贫困率命题推论，其他荒谬结论难以避免，如：生产力越发达社会越和谐（即越平等、越公平、越正义）；经济越发达导致枪炮越先进从而导致社会越和谐；社会达尔文主义的"森林法则"中的强食者就越和谐（中国不乏宣扬这种价值观的理论），半殖民地半封建、"三座大山"压迫下的人群奋起反抗并选择社会主义而非资本主义就会因经济落后而变得越不和谐。以此类推，从和谐的平等、公平内涵看，那些使用不平等、不公平、非正义手段获取市场、殖民地、财富、劳动力、资源和各种利益的国家反而比那些饱经各种类型压迫、剥削而奋起反抗并获得独立、自由、平等和世界公平对待的国家、社会更和谐（即更公平、更平等、更正义）。很显然，按照这一指标模式，在西方学术理论界早已受到批判的社会达尔文主义、殖民主义、种族中心主义及其意识形态就会借中国"和谐构建"的土壤再生长起来。也很显然，这些由思想观上的片面性导致的方法论上的简单化从而产生的西方指标衡量结果，必然导致命题的荒谬和理论上的误区，其逻辑性、严谨性、科学性问题无论用什么样的复杂量化方法都于事无补。而且它又反过来证实，不是贫困率高低本身导致经济发展和谐与否，而是造成贫困的原因及其差异性导致经济发展的差异性。

二、"贫富差别""最低月工资"标准——差异性、共线性和干扰因素问题

《报告》确立了"经济发展、社会公平"与"贫富差别""最低月工资"之间的变量关系，但在界定、衡量"贫富差别""最低月工资"标准的差异性、贫富差别原因的差异性方面，存在方法论问题。

（一）界定与衡量差异性问题

不同国家在贫富差别和最低月工资的界定与衡量上存在差异性，即便同一个国家在不同发展阶段和时期也有所不同。

第一，每个国家不同发展阶段和时期的经济结构和经济增长速率与

方式（Rate and Mode of Economic Growth）不同，这两个指标的界定也就具有内容上的差异性（差异性 4：DE_4）。比如，美国的最低月工资高于中国的中等水平月工资，如果不消除它们指标上的差异性，就会得出美国是世界最和谐、最幸福的国家这一荒谬结论（假设中美其他情况都一样）。再比如，2021 年中国最低月工资比计划经济时期的最高月工资都高，如果不消除经济发展模式、结构的差异性，就会得出社会主义计划经济时期中国很不和谐、很不幸福而社会主义改革开放时期很和谐、很幸福的结论（假设这两个时期其他情况都一样）。这显然是荒谬的。然而，在估计最低工资与和谐的关系时，去除经济结构、经济增长速率和方式的差异性是很难的。

第二，最低月工资只是影响基本社会生活水准和保障的因素之一。当比较不同社会基本生活水准和保障时，必须考虑它们在社会福利和社会保障制度（Social Welfare and Social Security Systems）及其功能、效益等方面的结构差异性（如加拿大中、低月工资低于美国但其社会福利保障却高于美国），并将这些差异性加以标准化、规范化处理，否则无法确定"最低月工资"的高低对经济发展与社会和谐的关系产生怎样的影响（差异性 5：DE_5）。一个国家针对最低月工资家庭的救济房、基本医疗、食品补贴，以及一个国家针对最低工资家庭所提供的质量相同的教育机会等方面的制度完善、条件充裕以及这种教育的普及性程度，即使最低月工资绝对值低于另外一个国家，经济发展产生的和谐程度也可能更高。比如，美国印第安纳州政府对于单亲母亲在住房等方面给予极大照顾：对 100 余平方米的政府住房个人只需承担50 美元房租，同时电费和水费全免。即使这位母亲在全美租住私人住房，她也只需向房东支付房租的 30%；同时，在购物时，她也享受政府的高额补贴。

第三，《报告》使用基尼系数衡量贫富差别，只考虑了贫富差别的结果而没有考虑形成的时间因素（Rich-Poor Gap by Time）。比如，300

年间与 30 年间形成的同样高的基尼系数无论在原因上还是具体方式上都有巨大差异性（差异性 6：DE_6），这就导致经济发展对社会和谐产生的影响程度（即对社会平等、公平、正义的影响）上的巨大差异性。

第四，人口总量（Population Size）和人均资源（Resources per Capital）的关系也对基尼系数衡量产生影响，如人口众多、人均资源贫乏、人均社会保障落后的国家与人口少、人均资源丰富的西方发达国家在平等、公平、正义要求程度上的差异性大不一样，简单、统一的贫富差别、最低月工资的衡量掩盖了经济发展受到负面影响的范围和程度。毕竟，相同的贫富差别程度对人口 1 000 万、人均资源丰富（如土地）的瑞典和人口 14 亿、人均资源贫乏的中国在经济发展的影响程度上是不一样的，而相同的最低月工资人口比例对这两个国家在经济发展程度上的影响差异性就更大了。因此，最低月工资的人口比例（Population Percentage of the Lowest Income）（差异性 7：DE_7）、贫富人口比（Population Ratio of the Rich to the Poor）（差异性 8：DE_8）、中低月工资人群的中位收入（Median Income）与少数富有人群之间的收入比例、不同国家之间最低月工资人数比例（差异性 9：DE_9）等都可以对经济发展产生作用。

第五，物价指数（Price Index）（差异性 10：DE_{10}）、购买力平价（Purchasing Power Parity）（差异性 11：DE_{11}）等都直接影响最低月工资人群的实际购买力，因此形成最低月工资与富有人群的实际收入差异性。

第六，各个国家消费行为（Consumer Behavior）（差异性 12：DE_{12}）、生活方式（Life Style）（差异性 13：DE_{13}）、家庭结构（Family Structure）（差异性 14：DE_{14}）等又都不一样，这使最低月工资的实际购买力、实际人均消费与富有人群又不相同。

第七，各个国家的通货膨胀率（Inflation Rate）不同，最低月工资的实际购买力（Purchasing Power）差异性和贫富对比上的差异性都难以避免（差异性 15：DE_{15}）。即使考虑这些因素，通货膨胀、物价变动对富人和穷人的实际消费领域的影响也不尽相同（差异性 16：DE_{16}）。例如，发生结构性通货膨胀，尤其是核心消费①和日常消费价格相对上涨时，中、低月工资收入人群明显受到比高收入者更大的冲击，毕竟最富有者为子女购买一辆涨价 20% 的豪华车和平均月工资者在涨价 20% 后的核心消费、各种日常用品支出的"和谐"影响程度是不一样的。

尽管还有其他因素导致界定和衡量差异性，但仅考虑上述 7 个方面，不对所列举的 16 种差异性加以消除就选择西方指标作为中国和谐衡量标准和努力方向无疑存在合理性和可靠性问题，把它们作为"和谐"变量就会在作用力度上产生方向性偏差。本章把贫富差别记为 ID，把最低月工资记为 MW，而收入变量对经济发展的影响为 H_{IN}。于是，《报告》所考虑的这两个收入变量对经济发展的影响可以写为以下公式：

$$H_{IN} = H_{IN}(ID, \ MW) \tag{8.3}$$

然而，与公式（8.1）的问题类似，在求解 ID、MW 这两个指标对中国经济发展的和谐影响时必须考虑上述 16 种差异性，也就是必须对贫富差别和最低月工资进行调整。调整的结果记为以下公式：

$$ID = ID(DE_4, \ \cdots, \ DE_{16}) \tag{8.4}$$

$$MW = MW(DE_4, \ \cdots, \ DE_{16}) \tag{8.5}$$

考虑到这种调整，中国贫富差别和最低月工资对经济发展的和谐程度影响应该为如下公式：

$$H_{IN}^C = H_{IN}^C(ID(DE_4, \ \cdots, \ DE_{16}), \ MW(DE_4, \ \cdots, \ DE_{16})) \tag{8.6}$$

其中，H_{IN}^C 指中国的收入变量对经济发展的影响情况。仍与上面分析类似，《报告》考虑收入变量对经济发展的和谐影响的准确性可以用 $\dfrac{H_{IN}^C}{H_{IN}}$

---

① 这里"核心消费"指家庭住房支出、家庭教育支出、家庭医疗支出、家庭社会保险支出；参见龙斧、薛菲：《房价上涨抑制家庭消费 淤堵国内大循环畅通》，《中国社会科学》（内部文稿）2020 年第 6 期，第 127—142 页。

来衡量。只有当 $\dfrac{H_{IN}^{C}}{H_{IN}}=1$ 时，《报告》的方法才是准确的。而无论 $\dfrac{H_{IN}^{C}}{H_{IN}}>1$

还是 $\dfrac{H_{IN}^{C}}{H_{IN}}<1$，《报告》的结果都不可能准确。$\left|\dfrac{H_{IN}^{C}}{H_{IN}}-1\right|$ 越大，《报告》

的结果越不准确。那么，$\left|\dfrac{H_{IN}^{C}}{H_{IN}}-1\right|$ 究竟怎样呢？从所分析的这 16 个差

异性来看，从中国和世界其他各国的历史事实来看，这个值同样应该也

是显著地偏离 0 的。这说明《报告》中的 $\left|\dfrac{H_{IN}^{C}}{H_{IN}}-1\right|=0$ 的假设难以成立。

如果《报告》拒绝本章公式的分析，那除非假设贫富差别和最低月工资
对经济发展的和谐程度影响权重趋于 0，而这样《报告》就是在自己反
对自己了（既然这个指标不重要，为什么还要选它呢？而且，贫富差别
对经济发展的重要性是存在的，无法否定的）。

（二）贫富差别的原因差异性问题

即使两个不同社会的贫富差别在表现形式上具有共性（如收入差距、
生活质量高低、医疗条件好坏和教育、经济机遇多少等），但在具体原因
上完全有可能不同。从中国和世界历史看，存在不同类型的贫富差别：既
有资本主义私有制经济下"剩余价值"产生的贫富差别，又有封建、官
僚买办、半殖民地半封建为基础的私有制产生的贫富差别；既有社会分配
不合理（如不公平、不平等、非正义）导致的贫富差别，又有经济和市
场机遇不公平导致的贫富差别；既有贪污腐败、官商勾结、行贿受贿导致
的贫富差别，又有平等、公平、正义分配机制下的"按劳分配、多劳多
得"制度下的"贫富差别"（如中国计划经济年代的"贫富差别"①）。这

---

① 这种中国社会主义计划经济年代的"贫富差别"只是反映人们在知识、能力、
职务、教育、资历等的工资上的差异，与生产资料占有与被占有而产生的贫富
差别有着本质性的差别。

些原因上的差别在反映平等、公平、正义上，在提高还是降低经济发展的和谐程度影响上，具有巨大差异性，不能用表面贫富差别代替这个本质上的差异性。

（三）共线性、权重和干扰因素（Intervening Variable）问题

首先，衡量"贫富差别"（因变量）的一个指标（自变量）或次级因素就是"最低月工资"（比较"最低月工资"与"最高月工资"之间的收入差别），而"贫富差别"与"最低月工资"又分别与"中、高度贫困率"存在交叉、多元回归关系，这样的话《报告》同时使用"贫富差别""最低月工资""中度贫困率""高度贫困率"这4个因素衡量"经济发展"指标，就会存在共线性问题。如果这个共线性问题被忽略的话，对"经济发展"的衡量就会失去可靠性。

其次，为什么从"贫富差别"的诸多次级因素中仅仅挑选"最低月工资"作为衡量和谐的一个独立指标呢？是因为它在所有次级因素中权重最高、最能解释经济发展与贫富差别的回归特征吗？还是它本身就具有对经济发展的最大影响力呢？无论怎样回答这些问题都逃避不了解释上的合理性和可靠性问题。比如，最低月工资只是分配环节中诸多指标中的一个指标，而贫富差别不只是这一个指标问题，它从生产资料占有和生产环节就已开始。在不同经济体制、社会制度的国家里，怎样用贫富之比来统一衡量经济发展程度呢？如果只从分配或最低月工资来看贫富之比（尤其是仅仅对比工资收入），就可能极大地掩盖社会人群中生产资料占有所造成的巨大经济、社会地位、机遇、权利差别。如果仅仅是注重工资高低，那么一个社会的"最低月工资"提高而贫富差别却继续加大的现象完全可能出现（生产资料在市场经济条件下是"神圣不可侵犯"的"私有财产"），从而使经济发展程度的衡量准确性无法得到保证。一些强调对收入最底层的人给予补贴、救助，似乎这样就能保证社会平等、公平、正义的思想无非是资本主义"福利"思想所致，而这

种办法无法从根本上解决中国的贫富差别问题。①

再次，如果一个刚刚从贫穷落后、生产力低下的半殖民地半封建状态下独立出来的国家由于选择社会主义制度，贫富差别明显缩小，但最低工资很低，按照《报告》的逻辑，又应该怎样衡量这个社会的和谐程度呢？这个新生国家应该按照西方国家模式来发展自己的经济吗？这可能吗？很显然，在这个关系中，"社会制度选择"就成为关键的干扰因素。如果简单使用量化方法而忽略方法论，不看到这些变量之间的复杂关系和因此蕴含的社会、政治属性，无论是使用的方法还是得出的衡量结果都难免缺乏科学性。

最后，从干扰因素看，中国这样一个人口众多、资源贫乏、生产力较为低下、劳动密集型结构为主的社会主义制度下的贫富差别应该达到一个什么程度才能表现社会主义经济发展的社会和谐则是一个理论问题，不是简单地用西方指标来衡量就能够解决的。比如，某个国家的"最低月工资"不断提高甚至接近西方指标（有许多政策手段可以帮助做到这一点），但在教育、住房、医疗、社会保险等领域里，由于商业化、市场化、利润化、私有化使得家庭消费成本极大上升，这种"最低月工资"的提高就会掩盖这些造成平等、公平、正义问题的现象，这样的衡量就会产生这样一个结果，即"最低月工资"上升、贫富差距却加大，而经济发展导致的社会和谐程度实际下降。这说明，把最低月工资作为经济发展的影响变量不具有合理性。而怎样从社会制度、经济制度入手揭示出中国最富有人群（财产、资产加上资本收入）与中国最广大人群之间的贫富差距的真正原因，并从这些制度性原因入手解决这个差距问题，才能真正使中国社会趋向和谐？比如，在教育、医疗、住房、社会保险这些现代国家最基本社会生活保障领域里，如果能使中国最广

---

① 参见龙斧、王今朝著：《社会和谐决定论：中国社会与经济发展重大理论探讨》，社会科学文献出版社 2011 年版，第 278—294 页。

大人群的负担完全解除，那么即使最低月工资没有提高，贫富差别也实际上缩小了，中国的社会主义经济发展对社会和谐影响程度的提高是毫无疑问的。再比如，除了用中国的极为宝贵、极为低下的人均资源为富有人群建造大房子、好房子以体现他们的"成功"外，并没有必要使这些中国的极为宝贵、极为稀缺的人均资源再成为已经大大富有起来的少数人继续"暴富"的生产资料（这还关系到社会政治、经济制度所集中体现的经济利益关系平等性、公平性、正义性问题，是"经济发展"影响社会和谐的根本衡量标准之一），从而使最广大人群为"安居"一生拼搏。没有"安居"何来"乐业"？没有"安居乐业"，何来经济发展？就中国房价来看，中国的"最低月工资"要提高百分之多少才能解决最广大人群的"安居乐业"呢？这种用"最低月工资"的西方衡量标准不是显得"书生气十足"吗？

上述分析表明，不解决界定与衡量差异性、原因差异性、共线性、权重和干扰因素等问题，简单使用贫富差别、最低月工资作为衡量指标无法科学地反映经济发展对社会和谐影响程度的变化。假如仅看工资变化，那么就会产生这样的伪科学命题：最低月工资增长多少倍，根据它在"国际高度贫困率""国际中度贫困率""贫富之比""儿童死亡率""童工率""最低月工资"这6个指标中的权重比例，经济发展就应该对应这个权重比例增长多少倍。如果说中国的最低工资增长本身不足以说明问题，那么以发达国家的经验和最低月工资为经济发展衡量标准，引发出的荒谬命题就更多了。

三、"儿童死亡率""童工率"标准——差异性、逻辑性和机械社会论问题

《报告》确立了"经济发展、社会公平"与"儿童死亡率""童工率"之间的变量关系，但在界定、衡量"儿童死亡率""童工率"标准

的差异性方面，存在方法论问题。

（一）差异性和干扰因素问题

首先，作为和谐变量，"儿童死亡率""童工率"这两个因素在作用上既有共性又有各自差异性，这源于不同社会在价值观、政治经济制度、家庭结构、医疗条件、社会保障等各个因素作用方面的特性。比如，美国作为发达资本主义国家，经济总量、医疗条件、设备等都在世界上处于领先地位。一方面儿童死亡率、童工率相对发展中国家较低，但另一方面它们又和美国不同经济阶层（阶级）有明显线性关系，即越富有的社会阶层儿童死亡率、童工率越低（其城市贫民窟儿童死亡率甚至高于一些第三世界国家）。这种分布使一个简单的"儿童死亡率"本身无法真正体现以社会平等、公平、正义为内涵的经济发展。[①] 中国若简单以西方指标为衡量标准，是否也可以无视富有阶层与中、低收入阶层在儿童死亡率、童工率上的分布差异性，而只要儿童死亡率、童工率总体降低就认为社会更加和谐了呢？

其次，儿童死亡率作为变量本身又有原因差异性，在不同国家和社会可能不同，在同一国家不同时期也可能不同。比如，一个刚刚成立的社会主义国家，可能会由于生产力低下、生活水平低下、医疗设施和卫生条件较差等因素，其儿童死亡率比西方发达国家高，但这个新生的社会主义国家完全可能通过其他政策既降低儿童死亡率又同时使家庭和谐程度大大提高（如采取废除一夫多妻制等诸多解放和保护妇女、儿童权益的社会、经济、政治举措）。因此我们不能简单地认为这个新生的社会主义国家儿童死亡率还没有达到西方标准就说明这个国家没有西方国家"和谐"。

---

① 正是针对这种由儿童死亡率低所掩盖的本质问题，美国的奥巴马政府时期不断制定相应经济和社会政策、采取改革措施和方案。至于这些改革措施和方案是否合适、能否从根本上解决儿童死亡率则是另外的问题了。

再次，一部分原因差异性又反映了不同的社会价值观差异性。有价值观认为，为了经济发展可以允许一定的童工率（即允许这种犯罪现象）或可以对影响儿童死亡率的行为降低监管标准；也有价值观认为，即便经济发展指标受到影响，即使"效率效益"受到影响（即相比那些使用童工或污染、中毒给儿童带来的影响所产生的经济效率效益），也不能允许任何童工现象或危害卫生、健康的现象存在；还有价值观认为，哪个国家童工率和儿童死亡率低就以谁为标准——无所谓哪种价值观，既然西方童工率和儿童死亡率都低，那就应该拿它们的指标作为统一衡量标准。那么无论是第二种还是第三种价值观，为何不以儿童死亡率、童工率都低于美国的古巴为衡量标准呢？当然相比美国，古巴贫穷落后，但是否可以认为 GDP 高、经济发展就必须付出儿童死亡率、童工率高的代价呢？或 GDP 低、经济能力不如西方国家就不应该有相同或更低的儿童死亡率和童工率呢？这与作为衡量对象的经济发展的平等、公平、正义内涵是否在理论上、价值观上产生矛盾呢？

（二）共线性问题

鉴于贫富差别与儿童死亡率、童工率的明显线性关系，再鉴于这3 个变量又分别被用来衡量经济发展，产生重复影响效应，这种解释变量之间存在的明显的相关关系使"贫富差别、儿童死亡率、童工率解释、衡量经济发展程度"的衡量模型失去准确性、科学性。而忽略这个重复影响效应除本身方法问题外，又掩盖了另一个作用上的因果关系问题，即到底是儿童死亡率、童工率影响了 GDP、人均收入基础之上的贫富差别还是反之？而这个方法论问题又关系到研究本身的目的与作用，即到底是儿童死亡率、童工率，还是 GDP、人均收入基础之上的贫富差别、社会保障、儿童少年权益保障、医疗卫生、法律、教育以及政府经济、社会保险、教育、执法等领域的政策平等、公平、正义的具体改进程度，更能反映经济发展的和谐影响呢？如果简单套用西方儿童死亡率来衡量经济发展程度，就会用表象掩盖社会主要矛盾，掩盖贫富差别、阶级差别，掩盖社会保障程度（高低）与儿童死亡率、童工率差异（大小）的关系以及其他社会平等、公平、正义问题。除"贫富差别"外，"儿童死亡率""童工率"与"中、高度贫困率"也存在相同线性关系，因此也产生共线性问题，此不赘述。

（三）合理性、可靠性和逻辑性问题

《报告》用儿童死亡率和童工率作为经济发展的衡量标准，是因为它们关系到"家庭和谐"和"社会未来"。

首先，童工率根本不是一个简单的影响"家庭和谐"或"社会未来"的变量，而是社会犯罪率问题，它反映了一个社会经济运行过程中使用童工榨取更高剩余价值的行为，是社会经济体制中具有原始资本主义经济特征的表现，又怎样具体去影响家庭和谐呢？是因为儿童不愿意去打工、家长却强迫他们去，从而影响"家庭和谐"吗？而"儿童死亡率"也不主要是"家庭和谐"问题，它的上升可能是社会经济运行过程中反映出来的平等、公平与正义问题。而且从"社会未来"看，中国 1949—1965 年贫穷落后、生产力低下，却仅仅用 17 年就在降低儿童死亡率上达到了许多西方国家的水平，并且消灭了童工现象（尽管中国生产力、GDP 总量与西方发达国家相比还十分落后）。按照《报告》所展现的"函数关系"和其"经济越发展社会就越和谐"的命题逻辑，是否可以说中国 20 世纪 50 年代至 80 年代的"家庭和谐"程度和发展速度都高于西方国家呢？或是否可以说中国这个时期的儿童死亡率、童工率降低得太快了呢？

其次，如果一个国家总体儿童死亡率、童工率较低，但贫富阶层的儿童死亡率、童工率差异性很高，难道就是"和谐程度"（即平等、公平、正义程度）高吗？这种贫富差别所引起的儿童死亡率的差异难道仅仅是一个家庭和谐问题吗？马克思主义对原始资本主义时期儿童死亡

率、童工率问题的分析，是针对家庭是否和谐吗？如果二者之间真有因果关系的话，那人类社会最富有人群的儿童死亡率和童工率是最低的，难道说他们的家庭就是最和谐的吗？

再次，对那些经济落后、大学普及率低地区的贫困家庭来说，孩子16岁后无法继续接受教育而到外面谋生是否属于童工范畴？是否他们待在家里不外出打工就导致家庭更加和谐、对社会未来就更好呢？那些农村家庭认为孩子上不了大学读高中是白花钱，因而让未满18岁就开始打工的行为是否属于犯罪？是否降低了家庭和谐程度呢？这些方法论上忽略的问题不仅导致了"定量"分析方法使用的无意义和巨大误差，而且得出的结论更是在理论上逻辑混乱、谬误横生。

（四）权重问题

既然使用童工属于犯罪行为，那为什么选择这个犯罪率而不是其他类型犯罪率作为和谐程度的指标呢？是因为它的变量权重大于其他类型的犯罪吗？但不同犯罪率的和谐影响权重又是根据什么来决定呢？因为童工率是引起许多其他"非和谐"现象的主要社会矛盾吗？这个论证过程的省略掩盖了不同社会不同时期的不同主要矛盾，导致"和谐社会"理论上的科学性和实践上的指导性问题。比如，假设《报告》经过论证证实，在一个政府公正廉洁、社会分配和占有以及经济利益关系十分公平、贫富差别较小、社会保障和义务教育制度健全、法律健全而且执法公正、儿童权益保障强、企业在利润与儿童权益发生矛盾时完全以儿童利益为重的国家，童工率和儿童死亡率依然较高，依然是主要社会矛盾之一，而且引发其他社会矛盾，而且它比其他犯罪率更能影响社会和谐程度，在这样的前提条件下选择童工率和儿童死亡率作为和谐指标无可厚非。《报告》如果没有做这些论证，就必然掩盖主要社会矛盾及其实质，就必然造成"假意识"，如认为童工率、儿童死亡率比贪污腐败、行贿受贿、官商勾结或其他许多犯罪现象对社会和谐程度影响更大，或认为童工率、儿童死亡率引起了贫富差别、极端商业化、利润化、市场化等社会现象而不是反之，或认为童工率、儿童死亡率是影响中国和谐的社会主要矛盾之一，等等。

（五）机械社会论方法

《报告》的变量关系设立不仅导致对社会主要矛盾的掩盖，而且在解决和谐问题上表现出机械社会论方法实质。从阻碍、影响经济发展主要矛盾的角度看，在《报告》选择的 6 个衡量指标中，有 3 个（即儿童死亡率、童工率、最低月工资）的选定依据都是因为它们"影响、关系到家庭生活与家庭和谐"。那么是否可以理解这个指导中国当今社会发展的理论的主要内涵之一是针对家庭问题呢？或中国家庭和谐已经成为中国当前主要矛盾之一了呢？还是说这 3 个方面的问题仅仅是中国当前主要社会矛盾、冲突和不和谐的诸多表象和结果之一呢？比如，生产资料私有制加上中国经济市场化转型、人口众多、劳动力过剩、劳动力密集型经济结构等因素的交叉作用会导致经济、社会的权利差异性，而这些差异性又反映了社会生产和分配两个过程中的公平性、平等性、正义性问题，[①] 因而不仅造成儿童死亡率、童工率升高，而且儿童死亡率和童工率与不同阶级的交叉又表现出明显差异性。难道这些都仅仅"影响、关系到家庭生活与家庭和谐"吗？再比如，最低月工资（与最富有人群的收入差距）可能反映了经济结构对劳动者剩余价值榨取的程度、生产和分配过程的公平性、合理性问题，如果说它真与家庭生活相关，那就远远不能反映出最低月工资的社会、经济、政治属性。如果《报告》孤立地将儿童死亡率、童工率作为中国经济发展的衡量指标，即使在这两方面有了数字上的"改善"，上述问题能够得到解决吗？

---

① 参见龙斧、刘媛媛：《从资本属性看劳资关系的平等性和公平性》，《当代经济研究》2009 年第 2 期，第 1—7 页。

四、结论：封闭系统方法论下的中国经济
社会发展衡量科学性问题

以上分析表明，中国社会的平等、公平、正义与中国社会的价值观、意识形态、指导理论、历史、文化、经济、政治发展过程以及产生的问题紧密相关，从而形成自身"经济发展"界定，与其他任何一个社会都有差异性，不是依靠挑选几个西方指标，更不是依靠随便挑选新古典经济学所设定的几个指标就可以解决的问题。同时，如果没有对为什么选择这样几个指标（而不是其他指标）作为和谐程度的衡量标准缺乏最基本的方法处理，就随意、简单地用它们来衡量、解释中国经济发展对社会和谐程度及其变化的影响，那么量化方法不仅存在逻辑性、合理性和衡量意义等方面的问题，而且已经超出定量分析作为一个科学研究工具本身的作用，它实质上已经在利用新古典经济学所认可的变量对"社会主义和谐社会"的性质和内涵加以非科学性的界定。这种用局部代替整体、决定整体、衡量整体的方法论错误是十分明显的。

第九章 案例分析二：中国经济社会发展的数理化衡量——"指数模式"的封闭系统方法论本质

第八章分析表明，借用西方（新古典）经济学或其他西方权威机构设定的一些指标，建立一个指数模式来衡量中国经济、社会的发展问题，必然存在方法论科学性问题。首先，这些指数模式以一些物质条件和生产力水平为"经济发展"的衡量依据，而不是建立在对影响世界各国经济发展的共性因素（如社会的平等性、公平性、正义性）或特性因素（如某一国家在发展的某一阶段、某一方面产生的平等性、公平性、正义性问题和因价值观、信仰、发展路径等差异性导致的特性）的分析基础之上，不是建立在分析中国经济、社会发展的主要矛盾并从根本上揭示其现象、解释其原因、挖掘其根源、寻找其规律从而达到解决矛盾、提高中国经济发展之目的的基础之上，而是为"量化"而量化、为"指标化"而指标化的主观臆想。结果，这些指数模式不仅置事物变化、发展（这里即中国经济发展）的决定性因素于不顾，而且把条件性因素与决定性作用因素混为一谈，把统计上的相关关系与逻辑上的因果关系混为一谈，为了达到指标排名目的，把经济发展与否看成是为排名而任意择取的某些变量的结果，从而忽视了量化方法使用的目的性问题。这种方法论上的本末倒置导致具体量化方法使用上的缘木求鱼、刻舟求剑，很容易落入"经济发展、物质改善社会就和谐、就幸福"的形而上学之理论误区。这样，数理方法的使用非但没有使"幸福社会""和谐社会"（即方法使用的对象）的研究与衡量变得更为科学、严谨，也没有揭示经济发展与社会和谐关系的变化本质，反而导致其内涵的简单化、绝对化、形式化从而成为一种带有唯心主义的学术实践。其次，这些指数模式挑选物质条件、生产力水平方面的指标来衡量城市经济发展，虽然达到了数量化目的，但由于它不是建立在对影响中国经济发展的诸因素的详尽调查研究之上，也由于其方法论上的简单化和因素关系设立的非科学性，它在衡量、解释、分析上缺乏可靠性、合理性以及与主要社会矛盾的关联性，丧失了对经济发展实践的科学指导性。具体说来，这种实践指导性以中国城市所存在的"和谐"问题的普遍性以及对这些问题所具有的针对性为前提。试问中国有多少城市按照这些物质条件、生产力指数所产生的和谐指数来制定"经济发展"计划？即便从"指数模式"所注重的物质条件、生产力水平指标看，如果它们对中国城市的经济发展模式具有普遍性和针对性，那么有多少城市以此作为其经济发展"五年计划""十年规划"的蓝本？以此为蓝本又会产生什么结果？再次，从解决社会主要矛盾来达到促进经济发展之目的这一角度看，这些指数模式不仅对经济发展实践缺乏科学指导性，而且因任意杜撰经济发展内涵、衡量指标、程度而成为掩盖真正阻碍、破坏、降低中国经济发展的主要矛盾和问题的一种"假意识"。最后，由于这种假意识根本未能理解数学的科学解释功能所赖以存在的基础，未能注意到经济学中已有的指数化和加总（Aggregation）在衡量对比上所存在的限定性特征和缺陷，也就容易成为无视现代社会科学研究的许多相关成果、连一些最基本问题都无法回答的"伪科学"。从社会功能来看，伪科学研究与宗教对社会事物发展变化的解释与说教颇为相似，即真理、衡量标准由"我"来定，"你"只要检验是否按照"我"的标准（"我即真理"的教义）来理解世界并规范行为就行了，无需对"我"的标准进行质疑。

上述所说的这些"指数模式"正是主观臆想地挑选一些物质条件、生产力发展指标（条件因素）来作为衡量经济发展的影响因素，并认为只要这些指标越高，社会就越和谐、越幸福。结果，它不仅在衡量、解释的合理性（Validity）、可靠性（Reliability）上的问题显而易见，而且在演绎逻辑性上的问题在所难免，进而导致结论上的荒谬性也就不足为奇了。

针对上述指数模式在方法论和定量方法使用上的各种问题，也鉴于社会科学研究领域中忽略方法论而把"量化"方法本身与理论研究的科学性、学术性、严谨性画等号的现象，本章针对"指数模式"，运用数理理论、逻辑实证主义方法和相关社会科学理论对其所建立的变量关系加以讨论、剖析。这个讨论和剖析不仅是加强"经济发展"理论科学性和实践指导性之必需，而且为中国社会科学领域未来学者在定量方法的科学使用上提供借鉴，也为辨别社会科学研究真伪提供参考。

一、"指数模式"的衡量领域、类别

2007 年由上海四所院校组成的"中国社会和谐发展课题组"发表了《中国城市和谐发展指数研究报告》[①]，用数理方法对不同城市、地区的和谐程度加以衡量，试图构造"和谐指数"，并对不同城市进行"和谐指数"的比较。他们对中国所有省（直辖市）和另外挑选的 41 个城市的和谐程度进行指数化度量、衡量以及横向排名（以下简称"指数模式"）。"指数模式"是由维度（经济增长、人文发展、社会进步、生态文明）、内容（每个维度包含 2 项或 3 项内容）和指标（每个内容包含 2—7 项指标）构成的城市和谐评价三级指标体系（参见表 9-1）。这个"和谐指数"衡量看起来复杂、多元，但实际上存在多处合理性、可靠性和逻辑性问题。

---

① 参见鲍宗豪、张坤、鲁习文等著：《走向社会和谐——中国城市和谐发展指数研究报告》，上海社会科学出版社 2007 年版，第 18—134 页。

表 9 - 1　"指数模式" 衡量城市和谐程度的三级指标体系

维度	内容	指标（43 个）
经济增长	经济质量	单位 GDP 水耗、单位 GDP 电耗、人均社会固定资产投资额
	经济结构	第三产业占 GDP 比重、结构竞争力
人文发展	社会质量	城镇居民人均可支配收入、恩格尔系数、人均居住面积
	市民公德	公民道德规范知晓率、文明行为指数、社会公益事业
	人文素质	剧场数、图书馆藏书、法律服务机构、预期寿命、锻炼人数、高中入学率、教育经费
社会进步	社会公平	失业率、社会保险率、老人妇女儿童和残疾人权益、社会保障补助
	社会服务	用电量、用煤气液化气人口比、拥有公共汽电车、铺装道路面积、医疗服务水平
	社会管理	公共秩序、交通事故死亡率、突发事件应急系统、公共设施与交通、公共安全感
生态文明	城市生态	绿化覆盖率、人均公共绿地
	环境治理	污染治理投资、废物利用率、废水排放达标率、污水处理率、生活垃圾无害化率
	环境质量	环境保护投资指数、空气污染指数、环境噪声达标覆盖率、水质达标率

从表 9 - 1 看，城市版 "指数模式" 建立在 4 个评价维度、11 个评价内容、43 个评价指标上的数理分析令人印象较为深刻。单纯从对这些变量进行数学处理来看，其工作量不小，因为这涉及现象观察、理论鉴别、变量选择、数理方法选择、数据搜集、赋予比例、结果展示等，不仅要对 43 个指标搜寻数值、赋予权重、相乘相加，对不同指标进行无量纲化处理，而且要从中找出最主要的影响变量来。从所选变量涉及的领域和分类看，也是煞费苦心的。首先，"指数模式" 显然注意到社会不和谐与经济增长同时发生，因而有意避免使用通常人均 GDP 指标来表示经济增长（表 9 - 1 的 "经济质量" "经济结构"），以试图避免遭受责难；其次，"指数模式" 显然注意到经济发展无法脱离社会公平、

无法脱离环境，因此，在体系设计中都试图分别包含相应指标（表9—1
的"环境治理""环境质量"）；再次，"指数模式"显然也注意到经济
发展是要靠一些"软指标"来刻画，因此在体系设计中也包含了所谓经
济质量、社会质量、社会服务、环境质量等变量。

从"指数模式"衡量所使用的学校、专业资源看，也从使用的数据
规模、数理范式看，现象观察、理论鉴别、变量选择、无量纲化处理、
赋予比例、数据搜集、数据分析应该有机结合，从而为中国各省（直辖
市）和所选城市的和谐构建得出有价值的结论。然而，它是否做到
了呢？

二、"指数模式"的方法和方法论问题

假如"指数模式"在方法论上没有严重偏差，那么它在研究方法上
至多也就是存在对研究对象的衡量、分析的可靠性或准确性问题。然而
"指数模式"在方法论上存在多处问题，再加上其具体研究方法上的问
题，这个"指数模式"产生出理论概念和研究结果的错误也就在所难
免了。

（一）从指标体系选择看"指数模式"衡量、解释中国经济发展的合理性与逻辑性问题

第一，确立事物现象（即研究对象）的本质内涵问题。从方法论
看，要对一个现象的变化（如"经济发展"程度）进行科学衡量，必
须首先分析、确立这个研究对象的本质内涵，否则就无法准确锁定研究
对象的性质和范围，就无法在这一对象（因变量）与影响其变化的其他
对象（自变量）之间建立起合理关系，科学性、严谨性、逻辑性也就无
从谈起了。但"指数模式"却绕开什么是"经济发展"这一本质内涵
问题，"挑选"物质条件、生产力水平某些方面或领域构成其指标体系，

作为所谓主要的"衡量经济发展的标准",将其指数化,然后再反过来对经济发展本质内涵加以确定,即告诉人们:这些主观挑选并且指数化的方面或领域就是一个"和谐社会"本质内涵了;具体说来,"和谐社会"就是一个在"指数模式"所挑选的物质条件(如人均影剧院)、生产力水平(如单位 GDP 水耗、单位 GDP 电耗)方面和领域指标都较高的社会。且不说"经济发展"内涵是否就是由物质条件和生产力水平构成,这种优先选定衡量指标来为衡量对象锁定本质内涵的方法之荒谬显而易见,就好像一个人在衡量饮食合理性时首先规定"身高就是饮食合理性的内涵和定义,所以必须用身高标尺上的度量标准衡量人体高度来确定饮食合理性,衡量显示的标准越高(即身高越高)饮食也就越合理"一样。而事实上,无论这个尺度在定量衡量上有多么的精确、复杂,结果必然误导。与此相同,用主观臆想的衡量领域或方面代替(强加)"经济发展"的本质内涵,无论这些领域、方面的指数衡量有多么精确、复杂,结果和结论也难免产生误导。

第二,指标体系衡量的合理性问题。从定量分析方法论看,即便科学确立研究对象的本质内涵,在解释事物现象之间的关系并做出有意义的数理衡量、解释时,研究者必须论证所选择的衡量领域、方向与衡量对象在解释上具有合理性(validity)。这也就是说,当用某一些现象的变化来分析、解释另一现象的变化时,必须首先论证前者解释后者的逻辑关系、结构识别合理性是否存在。因此,"指数模式"必须论证为什么"物质条件""生产力水平"是社会主义经济发展的最合理影响因素而其他领域或方向不是。比如,社会安全(指标如犯罪率、黑社会猖獗程度)影响经济发展吗?如果是,它与"指数模式"所选择的"物质条件"(指标如人均影剧院)、"生产力水平"(指标如单位 GDP 水耗、单位 GDP 电耗)相比,哪一个合理性程度更高呢?如果"指数模式"认为人均影剧院、单位 GDP 水耗、单位 GDP 电耗对和谐影响的合理性高于犯罪率、黑社会猖獗程度,那么一个犯罪率高、黑社会猖獗的城市是否可以通过建立更多的影剧院、更大地降低单位 GDP 水耗、单位 GDP 电耗来抵消犯罪率、黑社会猖獗给这个城市的和谐所造成的损害呢？如果"指数模式"的指标体系具有合理性，一个中国的城市是否不应该对黑势力进行打击而应该集中于人均影剧院、单位 GDP 水耗、单位 GDP 电耗之类的东西呢？或都应该兼顾，那兼顾的比例、权重又如何决定呢？如果是带有黑社会性质的犯罪及贪污腐败、分配不公等经济利益关系构成中国城市不和谐的最根本原因，那么，当使用主成分分析方法时，为什么不在这些变量之间选择重要成分，却偏偏在与这些因素毫不相关的水耗、电耗、固定资产投资、第三产业比重、市民公德、绿地覆盖等指标中选择重要成分呢？从毫不相关的变量中用主成分分析法所选择的"最相关"的变量，与从实际上最相关的那些变量中任意选择（无需用主成分，只要听一听社会的呼声）的变量相比，恐怕后者与和谐的关系更为紧密一些。

第三，衡量合理性导致的立论逻辑性问题。从方法论和社会发展理论的科学性检验标准看，对"经济发展"的研究、衡量有两个命题不可忽视：

命题 9-1：提出构建和谐社会的最根本原因乃是因为中国社会出现不和谐，否则提出这一命题就无异于"唐吉诃德大战风车"。

命题 9-2：一个社会发展理论或思想（如"构建中国社会主义和谐社会"）的提出，必须针对要解决的问题，必须具备理论科学性的"五个要素",[①] 即：与社会实际现状的对称性，对主要社会矛盾、社会问题的针对性，对实践的指导性，与已有理论的差异性，对不同问题的适用性（怎样构建和谐社会是关系到中国社会发展、经济发展的重大理论问题，不能曲解其内涵再随便根据主观选定的指标指数应用于、分解到若

---

① 参见龙斧、王今朝著：《社会和谐决定论：中国社会与经济发展重大理论探讨》，社会科学文献出版社 2011 年版，第 197—207 页。

干省或市)。

"指数模式"在衡量领域上的选择导致与上述命题冲突,产生立论逻辑性问题。根据"指数模式",既然所选的和谐衡量领域(以物质条件、生产力水平为主)的指数越高,经济发展程度也就越高,那么这些指数所反映的社会物质条件和生产力水平的高低自然成了影响经济发展的关键、重要影响因素了。恰恰是这个蕴含的变量关系使"指数模式"的逻辑性问题难以避免,因为"指数模式"虽然根据自身所定的衡量指标对《中国城市和谐发展指数研究报告》所挑选的 41 个城市进行了"和谐对比"、排序,并分出"和谐高低",但却无法否认"指数模式"所衡量、对比的这 41 个城市在所有 43 项分指标上总体而言都是年年提高、不断进步而且经济增长走在全国其他城市前面。如果这样,中国社会已经在不断"和谐",那么提出构建和谐社会的理论、理念、思想有多大现实意义、指导意义和针对性呢?如果没有现实意义、指导意义和针对性,其科学性又何在呢?如果把这个经济指标与社会和谐关系的指标指数衡量体系用于美国最发达的 41 个城市,或用于北欧最发达城市,结论就会是:资本主义越发达,社会越和谐。

(二)从衡量领域的具体指标选择看"指数模式"的衡量可靠性问题

除了合理性问题外,对事物现象之间的关联性研究还要解释、衡量这个关联性的程度和力度,这才能建立起因果关系、关联关系的可靠性(Reliability)。假设"指数模式"所设立的"物质条件、生产力水平解释中国社会主义经济发展"具有合理性,但从可靠性看,衡量物质条件(包括生活水平)和生产力水平领域的具体指标,按照"指数模式"的确立方法,可以成千上万。比如,既然选择"人均影剧院",那么为何不可以选择其他人均娱乐场所如洗脚、洗头、按摩、舞厅、酒吧、赌场、健身房等等(1949 年前上海这些指标在中国就独占鳌头)?又为什么不可以选择人均医院、医生、护士、公共医疗保障设施，或人均自行车、摩托车、小汽车、公交车、火车、轮船、飞机等等？在"生产力水平"的具体指标上，按照"指数模式"的选定方式和标准（如"单位GDP 水耗、单位 GDP 电耗""人均固定资产投资额"等生产效率衡量指数），也同样还有其他大量类似指标可以设立。那么"指数模式"为什么选择这 43 个方面的指标而不是其他指标来衡量经济发展程度呢？是因为这 43 个指标已经成为衡量社会主义经济发展的众所周知的科学真理了呢？还是"指数模式"通过科学论证从而得出了这样一个科研结果呢？还是这 43 个具体指标比"物质条件""生产力水平"所包括的其他成千上万的指标都更能说明、解释社会主义经济发展的变化呢？如果没有或绕过对这些问题的可靠性分析、论证，"指数模式"又怎样保证其衡量经济发展影响社会和谐程度在方法上的准确性和严谨性呢？

既然"指数模式"没有通过科学论证来说明在成千上万的物质条件、生产力水平衡量指标中，为什么它所挑选的方面最为重要、对社会和谐程度最具有影响力，这就使这个挑选具有任意性。而如果任意（或刻意）挑选另外 43 个物质条件、生产力水平的指标，北京和上海可能就不会排在地区"和谐程度"第一和第二的位置了。① 这样，衡量的可靠性又从何谈起呢？当然，如果无法知道"指数模式"指标选择的依据，那就存在这样一种可能性，即"指数模式"并非"任意挑选"而

---

① 上海物质条件、生产力水平指标的加权值要减去交通拥挤、空气污染、人均住房、平均房价、上下班时间、物价指数对经济发展的影响，再减去中华人民共和国成立之前的半殖民地半封建历史，再减去中华人民共和国成立后国家把上海作为全国的工业科技发展中心，再把中央所属的全部企业科研单位去掉，再把中央在沪投资都去掉，再把前面一切所产生的经济效益全部都去掉，剩下的才可能衡量上海本地经济对上海和谐指数的作用；对北京的衡量也是如此。这样得出的指数才和其他地区具有可比性。当然，在方法的实际运用中这都是不可行的，因为这样上海就不成其为上海，北京就不成其为北京。

是"刻意挑选",即首先确定研究结果必须要保证北京市是经济发展指数最高的城市,因为它是首都、党中央所在地,怎么能在"经济发展"程度方面低于其他任何城市呢?而上海当仁不让也就是全国第二了。如果挑选指标方面的依据真是如此,那它就根本不是什么科学研究。与此同时,"指数模式"基于指数衡量得出"北京市经济发展第一",虽然体现了"作为首都、党中央所在地的北京市必然是经济发展指数最高的城市",但另一方面,指数衡量的是"物质条件"(包括生活水平)和"生产力水平",而社会主义中国怎么会为了"和谐"而刻意把北京市首先建成全国物质条件最好、生产力水平最高的城市却置其他众多城市于后呢(至于北京市为什么在物质条件、生产力水平上高于其他城市见后文相关分析)?显然,忽略了科学研究的方法论问题,不遵循研究方法使用的科学性要求(或用主观随意性、政治目的性来代替),要想在理论上做到"两厢自圆其说""结论左右逢源"是很困难的。科学研究不能根据"想当然"或基本常识(common sense)而仅仅停留在"随意"选定的表面现象上,更不能主观臆断地把所选择的表面现象与问题的本质根源之间建立起简单的线性或因果关系。但这些还都属于研究上的方法论或方法错误。如果用唯心主义的简单化方法来达到某种已经事先确定的结论或目的(无论是想通过和谐城市指数选择、指标选定来证实"和谐"理论之伟大,还是想以此证实除首都北京外,上海最和谐),那就是在科学研究中从根本上背离科学性原则了。

(三)从条件因素和影响因素看"指数模式"的假性变量 (Spurious Variable)问题

上述分析表明,"指数模式"在物质条件、生产力水平与和谐程度之间建立了变量关系。当研究一个事物现象的变化原因、方式和规律(如"经济发展"的高低)时,必须区分条件因素(也有称之为要素)和影响因素而不能把前者作为后者来解释事物现象变化的原因,否则无法锁定其根本性、决定性影响因素（即科学建立影响因素与影响对象的因果变量关系），无法科学解释、揭示事物变化的原因和方式，而"指数模式"恰恰把条件因素与影响因素混为一谈。

首先，这里的条件因素带有中性性质，即某项物质条件或生产力水平指标的提高可以在不同社会或相同社会不同时期里用不同甚至对立的手段来达到，其结果可以在不同条件下产生完全相反的"和谐影响"效应。是否可以不顾手段、不顾分配、不顾其他结果、不顾生产关系或其他因素而只要这些指数、指标上升，社会就一定更和谐了呢？纳粹德国20世纪30年代在"指数模式"所设立的这些物质条件、生产力水平指数上有全面提高，是否它就是一个和谐程度提高的社会呢？美国资本主义奴隶制下的各种经济指标和物质条件都得到巨大改善，是否也是提高了社会和谐程度呢？历史上是否出现过一个国家的物质条件改善、生产力水平提高（包括科技和军事的发达）而导致殖民主义、帝国主义海外扩张呢？其次，影响因素的确立应该具有可靠性和普遍性，即对相同事物现象的影响和变化解释具有稳定性、普遍性和准确性。1927—1937年被称为中国经济发展的"黄金十年"，按照"指数模式"，那是否就使这段时间的中国经济发展程度大大提高了？美国在19世纪50年代后，尤其进入20世纪后，物质条件不断改善，生产力水平之高、经济发展之快乃世界首屈一指，为什么依然不断地出现那么多社会矛盾、冲突和不和谐呢？要在美国找出"指数模式"的43项指标高于上海的不在少数（尤其是考虑到普通大众的物质条件、生活水平），它们应该是比上海指数更高的"社会主义和谐城市"吗？按照"指数模式"的方法，有些美国城市的综合"和谐指数"超过100，那个城市是否"过于和谐"呢？如果"指数模式"仅仅是为解释中国城市和谐程度高低而存在，那么按照它的衡量方法和指标选定，2021年的上海应该比1949—1966年的上海和谐多少倍呢？如果指数高达几十倍、上百倍，那是否2021年的上海就比1949—1966年的上海和谐几倍、几十倍、上百倍呢？

很显然，从方法论看，"指数模式"不去分析中国当前和谐的最根本影响因素，而是抓住条件因素（如物质条件）作为衡量标准，并得出指数越高社会就越和谐的结论，从而把和谐这一中国社会发展的复杂理论与实践问题简单化、庸俗化并进而"进化论"化。也很显然，由于误把条件因素作为影响因素，"指数模式"充其量在经济发展研究中确立了一个假性变量关系，并以此代替因果变量关系。这不仅扭曲了经济发展的概念，而且在解释经济发展变量关系上的合理性、可靠性、稳定性、普遍性荡然无存。一个研究如果在方法论上存在这样的问题，科学性就无法保证，无论它使用的具体定量、数理方法怎样复杂、精确都于事无补。物质条件改善、生产力水平提高、经济发展对社会和谐程度来说只是条件因素，只在经济发展的根本性影响因素对和谐程度产生作用恒定的情况下才会起作用。

（四）从"指数模式"的指标体系看其对经济发展共性的忽视

从人类历史看，"人人平等，社会公平、正义"构成"和谐社会"的共性内涵。任何一个社会的和谐构建都无法不与社会主要矛盾相联系，正是一个社会的主要矛盾决定了它的平等性、公平性和正义性程度。"指数模式"本来应该在这种共性模式上进行构建，但事实恰好相反。

第一，"指数模式"衡量城市和谐程度的43项三级分指标中近20项为人均指标，还有近20项为总量指标，而不是相对指标（如收入分配）。那么，这近40项物质条件、生产力水平指标是否能够反映、衡量社会在平等、公平和正义方面存在的不足呢？如果不能，那么它怎样体现人类和谐社会构建的共性呢？

第二，如果"指数模式"承认平等、公平、正义是和谐社会的必要内涵，那么，它把衡量社会平等、公平、正义（和谐社会主要内涵之一）仅仅局限于（这里"指数模式"用了障眼法）登记失业率、社会保险率、维护困难群体权益和人均社会保险补助支出这4个变量就是机械社会论、形而上学方法论的表现。首先，在全部衡量指标中，这4项与平等、公平和正义仅具有统计的相关性，却无法代表它们的主要内涵。如果抛开"物质条件"和"生产力水平"方面的39个指标，中国经济发展问题主要是由于那些失业率高、失业人员对社会保险高低不满意而导致的吗？就业是否就意味着工人享受到了平等、公平和正义呢？如果是，怎么解释频繁发生的矿难、工伤事故、各种劳资矛盾与冲突呢？又怎么解释频繁发生的以社会和民众利益为直接代价的贪污腐败、行贿受贿、官商勾结及贫富差别、两极分化呢？又怎么解释马克思揭示资本主义的基本矛盾正是以它的就业（而不是失业）所表现出的生产关系为前提的呢（资本主义的秘密之一就存在于资本雇用劳动力进行生产之中）？其次，这一指数本身就由于生活消费领域、物价指数、平价购买力等多个方面差异性而成为不可靠条件因素。这种"人均社会保险"指数反映了这些差异性吗？

第三，更为重要而"指数模式"恰恰忽略的一点就是，社会公平虽然与平等在内涵上有差别，却也有明显的交叉，没有经济（生存）地位的最基本保障以及因此产生的社会、政治地位上的平等和各种经济利益、机遇上的平等，所谓"公平"是不存在的。按照这一理论观点，失业率为0，社会保险率为1，即便人均社会保险补助支出尽可能大，能够保证那些得到工作的人在收入上不出现重大的不平等吗？能够保证少数人不凭借权力获得原本属于全社会的生产资料进而将其变为奴役他人的工具吗？能够保证价格比例关系大致遵循劳动价值论所预测的水平而不至于成为不平等交换的工具吗？由此看出，"指数模式"在变量选取上"不知所云"——它想要描述刻画社会公平，却没有选择合理性变量，或是为了"量化"有意回避平等、公平、正义这些"构建和谐社会"的重大理论内涵。

第四，"指数模式"不仅在平等、公平和正义的概念及其衡量上含混不清，在平等、公平和正义与经济发展的本质关系上含混不清，而且进一步把社会公平淹没在社会进步的 3 个"评价内容"之中，进而又淹没在其他 39 个变量之中。如此，其他变量在性质上就与社会公平具有同样重要地位了，这就模糊了、否定了经济发展应有的经济学科学内涵。

（五）从"指数模式"的指标体系看其对经济发展特性的忽视

第一，中国城市发展的历史与模式——社会和谐的特性问题。即使暂时把"平等、公平、正义"这个和谐共性问题放置一旁，指数模式的方法在逻辑上的荒谬性和概念上的混乱性以及衡量结果的错误性问题也无法避免。根据这个指数模式的衡量结果，北京市成为全国和谐指数第一的城市，上海为第二。城市的特性因素被这些指标掩盖起来，结果这个指数模式就变成了带有共性的衡量指标。

从特性因素看，设想中华人民共和国成立后，假设首都定在武汉而不是北京，所有 70 年首都发展的条件都移植到武汉，那么这个指数模式是否会得出武汉和谐指数全国第一的结论呢？如果是，那么是否"首都"成为"经济发展"的决定变量了呢？如果是，构建中国和谐社会就简单了，把"首都条件"直接移植到或轮流放在中国所有城市不就都和谐了吗？如果各省省会城市与该省其他城市相比也有这个和谐指数差异性趋势，那省会每隔几年不断搬迁，不就可以把全省的和谐程度都提高了吗？

假设不是上海而是宁波作为中国 1949 年以前半殖民地半封建经济的典型代表成为西方列强和官僚买办资本家对全中国劳动力和资源进行剥削压榨的集散地，假设不是上海而是宁波在中华人民共和国成立后成为社会主义中国工业、科技发展中心（社会主义制度下的一种独特发展模式），那么宁波是否会比上海更和谐？如果是，那么是否哪个城市经历的殖民地剥削压榨越多、哪个城市在中华人民共和国成立后由中央政府重点投资越多，哪个城市就越和谐、越平等、越公平、越正义？按照这个逻辑，是否中国在近、现代史上应该让英国、法国、美国等西方国家更多地占领和殖民呢？根据这个指数模式的指标，第二次世界大战时的柏林作为城市要远远"和谐"于欧洲许多被德国占领的城市，是否就让后者先经历"殖民地"后再变得更和谐呢？按照这个逻辑，美国的"独立战争"时期是否不应该反对当时更为发达的英国殖民主义呢？而进入 20 世纪后，美国在这个指数模式的指标上高于英国到底是因为经历了殖民地还是反对了殖民地呢？这样，"首都""殖民地经历"就都成为影响经济发展的"哑变量"（Dummy Variable）了。很显然，"指数模式"在方法上的错误无法避免这些逻辑上的荒谬、概念上的混乱、结论上的荒唐和衡量上的自我矛盾。中国城市发展具有多重特性，其中历史、文化、资源、工业基础、中国社会主义计划经济时期的"全国一盘棋"等政策和发展模式等等，对不同城市都产生了不同影响，使其具有不同特性（如作为老工业基地的沈阳）。突然抛开各种特性不顾，挑选一些物质条件、生产力水平指数对它们进行衡量、打分来决定哪个城市更"和谐"，岂不荒唐？

　　第二，价值观和社会心理状态——和谐的另一特性问题。"指数模式"一方面在衡量标准及其以此建立的变量关系、衡量方法上缺乏客观论证，另一方面又忽略了"经济发展"本身所具有的主观性。这个主观性就是来自于经济发展的特性，即一个社会的群体、成员根据自身价值观和心理感受对所处的经济发展与否、变化方向等的判断。比如，他们依据自身的平等、公平、正义的价值观（或已经建立起来的社会主导价值观）内涵对经济发展程度及变化的感受、判断。然而这个"主观性"权力被"指数模式"给否定和剥夺了。因为按照这个"指数模式"为"经济发展"设立的解释逻辑（变量关系）和衡量逻辑（内涵限定），似乎只需要经济发展的主观感受者回答两个客观问题就行了，即"碗里的肉比以前是否多""具体多了多少"就可以了。只要回答是肯定的，社会就一定和谐；只要有了指数上的差异，和谐程度上的差异也就决定了。从方法论看，这种简单化的逻辑定式否定"一果多因"可能性。如果"碗里的肉（物质条件、经济指标等）"越来越多意味着社会越来越和谐，那中国为什么还要提出"构建和谐社会"呢？这不是多此一举吗？从方法论科学性看，一个社会的指导理论思想不针对社会主要矛盾、主要问题而只是强调一个明摆着的现象结果，不仅毫无意义而且根本不能构成指导社会发展的科学理论。

（六）从研究对象看"城市和谐指数对比"的可比性问题

"指数模式"把中国和谐社会问题肢解了，肢解为这些城市的和谐的加权和，以为和谐社会的建设是一个个城市自己的事情。如果中国是一个松散联系的城邦国家，城邦互相之间没有资源、文化、制度性质的流动，那么这种模式可能效果会好一些。但是，中国任何一个地区的"经济增长、人文发展、社会进步、生态文明"都与其他地区息息相关，其和谐程度既有来自其本身内部因素的作用，也有许多是与其他地区乃至国家博弈的结果。许多因素的一个单独的作用就可以让"指数模式"所计算的和谐化为乌有或者从无变有。比如，如果没有特区政策，深圳能否在短短20余年中就由一些小村庄发展成一个现代都市？如果答案是否定的，那么"指数模式"所赋予的深圳的这种和谐是否具有可借鉴性、可移植性呢？而且，深圳人是否真的就认为他们居住在一个和谐程度较高的社会里呢？他们对于高房价欢欣鼓舞吗？而如果深圳吸引了全国的资金、人才、资源，是否意味着其他地区的发展缺少了这些因素呢？如果答案是否定的，"指数模式"意义下的经济发展岂不就成为"让你和谐你就和谐，不和谐也和谐；让你不和谐你就不和谐，和谐也不和谐"了吗？因此，从绝对的、分裂的角度看待城市经济发展程度高低是错误的。

同样道理，根据"指数模式"，北京经济发展指数全国第一，那么是中央的政策还是北京人特别的勤劳苦干才造成北京与其他地区的这种差异性呢？无论从"指数模式"设立的人均指标（如人均社会保障补助支出），还是从总量指标（如医疗服务水平）看，北京的这种"和谐指数"能够在其他地方复制吗？如果北京的方式具有普遍性（即北京的高和谐程度一直就由于其市政府勤政为民、市民平等而来），在它和谐指数达到第一之后是否应该转移一些资源让其他地方更和谐一些呢？对这些方法论上的逻辑问题，"指数模式"都不予回答。

从方法论上看，"指数模式"不过是一些"算术"的堆积，其框架的选择和安排既不具有一个科学理论应该具有的逻辑相容性（内部存在缺陷，相互矛盾），也不具有可靠性（由此得出的结论将是错误的），更不具有完备性（它还留有大量问题未能解决）。从推理看，"指数模式"既不是演绎推理（虽然给出一些数字，但这些数字根本经不起演绎推理），也不是归纳推理（它什么也没有归纳），又不是溯因推理（Abductive Reasoning）（这种推理是在不知道哪种理论正确的情况下，通过证伪所有其他理论来肯定留下来的理论的推理）。相反，如果它把关注点集中于社会平等、公平和正义的若干变量（不一定是 43 个），那么框架的深度和科学性都会大大增强。

（七）从"指数模式"对城市和谐程度的排序看它对"序关系"的误用

经济发展指数至多是一个序数（Ordinal Number），而不是一个基数（Cardinal Number），而且不同城市的和谐是否可以进行"全序"比较呢？是否不同城市、国家的经济发展程度都可以比较，并且序关系是可传递？在高度抽象的数学理论中，有大量的集合（如复数集合、矩阵集合）即使其元素没有异质性问题也无法定义全序关系，那么，对社会科学所研究的异质性极大的集合、对象（城市、国家），就更不能不经科学论证，随便在其上定义一个实数集的函数（如所谓和谐指数），然后根据函数值的大小而不是根据集合本身对这个集合和其他集合进行比较。由于以上分析的原因，"指数模式"的和谐指数自然不能用来对中国城市和地区进行和谐程度的排序了。

实际上，即使采用科学标准，经济发展程度的高低最多不过是偏序关系问题，即只能对部分集合进行分别排序，而即使是偏序关系也极为有限。所谓极为有限，就是说研究者基本上不能对任意两个中国城市按照主观挑选的和谐指数进行和谐程度的高低排序（更不用说两个国家之间的这种排序，这是不同国家各种差异性和特性所决定的）。用通俗的话说就是，不同社会集合在经济发展程度上一般不具有可比性。

不同社会的和谐程度不具有衡量可比性并不意味着不能对一个社会的和谐程度进行自身纵向比较。当我们考虑一个社会的和谐程度的变化时，主体（城市或国家）的固定就使得许多相关变量具有合理性，毕竟一个社会的经济利益关系是自身变革的结果，其价值观、文化、资源、环境、历史等都具有极大的稳定性，其他条件和作用因素差异性也可以得到合理控制。这样，考察一个城市和谐程度的变化也就有规律可循。它的经济利益关系反映全国，对它的研究可以作为对一个国家的经济发展程度的样本研究，前提是如果其他城市的各自变化也具有变量关系的共性。而有了这个样本研究，对全国的情况也就有一个推断。从这个意义上说，对一个城市的和谐程度的研究，等同于对一个国家的和谐程度进行研究（毛泽东一代人于社会主义建设时期在不同地方蹲点，调查了解情况也正是基于对这种方法论的科学把握）。假设某个城市在某个时期的贪污腐败、行贿受贿、官商勾结、贫富差距、利益集团等方面都在程度、范围、性质上达到 1949 年后历史最低水平，经济利益关系平等性、公平性、正义性达到 1949 年后历史最高水平，而且这个城市对经济利益平等、公平、正义性上的要求在价值观上更强烈，社会心理状态更强烈，那么它应该会有历史上较高程度的和谐。如果其他城市的调查也发现这个关系规律，可以说这个城市能成为衡量整个国家社会和谐程度的一个共性关系变量。当然，对一个社会的和谐程度可以进行纵向比较并不是可以任意选择标准进行比较。如果用"指数模式"中的物质条件、生产力水平指数作为纵向比较的衡量标准，假如2021年这个城市在这些方面的指数较1965年增加了20倍，难道和谐程度也在1965年的基础上呈5倍、10倍、20倍地增长吗？——这在逻辑上的荒谬性就一览无余了。

（八）从方法论看"指数模式"的"封闭系统"问题

从社会科学方法论看，和谐社会的内涵确立本身就具有开放性本质。首先，在人类发展历史中，鉴于由经济利益关系的变化引起、导致和影响以"平等、公平、正义"为内涵的社会和谐程度变化这一无可争辩的共性，再考虑到不同国家、不同社会、不同民族在不同历史阶段、不同发展时期对"平等、公平、正义"赋予不同具体内涵这一无可争辩的特性，对社会和谐程度的研究、衡量、分析必然是开放性（Open-System Approach）而非封闭式（Close-System Approach）的。和谐内涵的开放性正是来自对任何社会的经济利益关系必须从共性和特性的角度分别加以具体考察。就像马克思认为生产力与生产关系矛盾是支配所有社会发展的共性规律，而每一社会形态的生产力和生产关系的形成又具有自己的特性一样，所有社会的经济利益关系都从根本上决定经济发展对社会和谐程度的影响，但在不同社会和一个社会的不同阶段，经济利益关系的表现又有不同。其次，把物质条件或生产力水平作为和谐程度决定因素并选取相关衡量指标，用由此产生的指数来决定城市和谐差异性无疑是"封闭系统"研究方法使用的结果。这种"封闭系统"方法固定地选择若干物质条件变量，以为这些变量就是经济发展内涵的界定范围，而这些变量在数量上的变化就完全体现社会和谐程度的高低。正是由于固定地选择若干变量，主观地界定和谐内涵，排斥其他变量的可能影响，同时也排斥这些变量伴随数量上的变化而出现的性质上的变化，因而表现出封闭系统特征，同时也表现出形而上学的方法论特征——
一切只有量的变化，没有质的变化；原有的矛盾不会发生性质变化，只
会发生数量变化；不会产生新的矛盾的对立面（按此逻辑，投资只会产
生物质条件的改善，不会产生两极分化的后果，而事实并非如此）。所
以，封闭系统方法一方面主观设定假设条件，另一方面无法排除现实中
这些客观条件不断发生变化的可能性，结果本应是严谨、细致、准确的
科学研究反而成为牵强附会、随心所欲、主观臆想的数字堆积。这种建
立在物质条件变量基础上的具有封闭系统特征的研究方法，从理论上
看，一旦考虑到经济利益关系，就会全面崩溃，社会和谐程度根本无法
用它来衡量。

上述分析表明，由于社会科学的特殊性，产生于自然科学（特别是
理论物理某些领域）中的封闭系统方法、模式、范式并不完全适用于社
会科学研究。由于社会和谐内涵的开放性（即不同社会在共性和特性两
方面表现出的差异性），① 和谐本身并不具有同质性，而用固定变量
（封闭系统）来计算所谓的社会和谐指数的方法却以和谐具有同质性为
前提，所以，任何旨在构建所谓和谐指数的努力只能是一种伪科学的手
段。社会和谐是不能够用数字加以基数的大小比较的，即 "指数模式"
的方法从理论上看根本是错误的。对于社会主义国家而言，作为新兴社
会制度，其经济发展的构建更没有现成的封闭系统可以依赖，而是需要
实事求是、艰苦细致的分析、研究与探索。开放性并不意味指标体系的
任意性。研究者不用把上海和西方国家城市相比，也不用脱离历史和辩
证唯物主义方法论来把上海与除了北京（因为 "指数模式" 中北京和谐
指数排名第一，上海第二）外的其他中国城市相比。让我们假设 "指数
模式" 在衡量城市和谐程度上具有 "普遍性" "科学性" "合理性" 和

---

① 参见龙斧、王今朝著：《社会和谐决定论：中国社会与经济发展重大理论探
讨》，社会科学文献出版社 2011 年版，第 18—29 页。

"可靠性"，把沙特阿拉伯的利雅得和中国的上海进行比较：从人均住房、每万人影剧院、单位 GDP 水耗、单位 GDP 电耗等指标来看，利雅得将远比上海和谐得多。利雅得作为沙特阿拉伯的经济最发达城市不是以每万人影剧院数量来衡量，而是以人均家庭影剧院来衡量！再过多少年上海人均住房、人均家庭影剧院数量可以赶得上利雅得呢？上海的社会和谐到底表现在哪里呢？有什么可以使上海的和谐在与利雅得的和谐比较中引以为豪的呢？那就只有依靠开放系统和历史、辩证唯物主义方法论来分析上海人民在中国社会主义建设时期为中国经济、社会和文化发展做出的贡献，分析这种贡献中产生的社会和谐特点。比如，它曾经具有的人人平等、社会公平程度就是利雅得所无法比拟的。再比如，在社会主义制度下，当中央选定上海作为中国经济、科技的发展前沿、中心从而加以人力物力投资时，上海创造出很多成就，并又反过来在经济科技上对中国其他地区进行支持，在体现社会主义公有制下经济科技发展的强大优越性上做出榜样。上海只有创造出这种经济发展模式并产生相应的社会和谐才是利雅得所无法比拟的。

三、结论：中国经济社会发展的西方"指数模式"衡量科学性问题

本章分析表明，"社会和谐"的"指数模式"研究是标准的西方经济学封闭系统方法论的产物。从衡量"和谐"的变量体系构成合理性看，如果价值观坐标不同，变量体系构成也就不同。基于与社会主义经济发展目的相一致的价值观，与其人均影剧院、人均汽车多一些，不如高质量的人均学校、医院多一些，不如以体现中国社会主义制度优越性（而不是以利润化、市场化、商业化为特征）的社会事业型、保障型的措施、公益事业多一些（如在住房、医疗、教育、社会保险方面），不如各种不平等、不公平、非正义的经济利益关系少一些。从方法论看，

对"经济发展"的数理衡量检验如果不直接反映社会的平等、公平、正义和某一个社会在这个衡量器下的发展特性，就会产生类似"殖民地""首都"、经济环境、生产效率等荒谬的"和谐"衡量、检验标准，就会产生不经显性关系论证、权重分析而仅凭主观意志选定的衡量、检验标准，那么"西方资本主义国家、城市过去几百年一直是而且今天仍然是人类历史最和谐的社会"的结论就无法避免，而"马克思主义、社会主义就是要推翻人类社会有史以来最为和谐的社会而建立不和谐社会"的荒谬结论就无法避免，"全世界越快成为西方殖民地、越多建立首都城市就越会成为和谐的社会"的荒谬结论也就无法避免。

学术或理论的科学研究难免存在方法甚至方法论上的错误、偏差、片面等问题，但是如果在本章第二部分（一）—（八）这8个方面都存在问题的话，那就不得不对学术性、严谨性和学者的社会责任感产生质疑。如果某个学者的学术观点还是带有剽窃之嫌的拿来主义，那么，这种带有普遍性错误特征的和谐指数研究则表明思想观的片面性和方法论的简单化，并使结论离"只有资本主义才能救中国"（或"殖民地、首都城市才能救中国"）相距不远了。本章分析表明，指数化、数理化本身并不保证和谐社会研究的科学性。和谐社会研究水平的高低不是取决于数理化程度的高低（无论是否用到计量经济学、动态优化、微分方程、拓扑学、线性代数、概率统计，无论是否用到多高深的模型），不是取决于它聚集了拥有多高声誉的学者、教授、博士，不是取决于它形成的团队看起来多么合理，不是取决于它花费了多少资源，不是取决于它是由哪些单位的学者加以实施（无论是世界名校还是中国名校），也不是取决于它的理论分析所用语言多么现代或多么华丽，而是首先取决于研究者所采取的方法论是否正确、是否科学。没有方法论科学性做保证，它们只能成为"拉大旗作虎皮"的手法，与中世纪僧侣阶级依靠人们愚昧获得金钱和权力的行为差别不大，而如果大学中这样的情况太多，就与神学院趋于相近（这并非中国发展大学的本意，也非中国宗教自由的本意）。只有在方法论正确的前提下，资金、团队、模型、数据才能够为理论的科学构建提供帮助，否则任何和谐指数研究都难免陷入"离谱指数"的命运。

　　作为当前中国社会发展的理论构想，经济发展对社会和谐、幸福产生影响是一个高度复杂的问题，对这一问题进行研究所采取的方法论必然是以高度整体性为特征。由此决定，不存在什么纯粹数理模式能够作为中国构建和谐幸福社会的理论基础。任何一种经济发展研究的方法论必然是思想性的、定性的，数理的、定量的研究必须以思想性的定性研究为前提。只有把定量分析建立在科学的定性分析基础之上，使二者有机地结合在一起，才能对经济发展产生的社会和谐影响进行具有合理性、可靠性的衡量与分析。

第十章　中国住房消费对贫富差距的决定——开放系统方法论下的衡量[①]

中国自 20 世纪 70 年代末改革开放以来取得了经济的持续增长，但贫富差距也随之拉大。中国要缩小贫富差距必须首先搞清楚造成贫富差距的原因，分析产生贫富差距的经济社会制度性和市场机制性作用，锁定造成中国贫富差距的最大单个影响因素，才能在缩小贫富差距上做到有的放矢。而在贫富差距根源的研究上，不同的经济学方法论可以产生不同角度、不同性质、不同结果，并体现不同价值观的研究。

一、中国贫富差距的基尼系数衡量与住房消费决定

从方法论看，学界对贫富差距的研究可以使用不同的方法，而不同的方法可以产生不同的研究结果，不同的研究结果可以揭示贫富差距这一事物的不同性质。

（一）贫富差距衡量的复杂性

西方经济学对一个国家的贫富差距衡量主要依靠基尼系数方法，而这个方法的运用在贫富差距的根源分析上容易导致这样一个认知，即贫富差距主要是由一次分配所产生的工资收入差距所造成的。正因此，西

[①]　本章由武汉大学社会学院薛菲、龙斧共同撰写。

方资本主义国家缩小贫富差距使用的方法通常是提高最低工资水平、降低中低收入税收、提供失业救济金等方法。从价值观看，这些方法首先认定，一次收入分配应由资本主义的市场来决定，由资本对劳动力（而非劳动者）的资本增值作用的衡量来决定，由市场的"资源配置"来决定，而且这些决定是神圣不可侵犯的。西方经济学的基尼系数方法及其产生的对贫富差距原因的认知，以及这个方法所蕴含的价值观，不仅在大量中国贫富差距的研究中体现出来，而且也对中国经济学的贫富差距认知产生重要影响。然而，如同西方国家所使用的诸如提高最低工资、降低中低收入税收、提供失业救济金等方法不可能从根本上解决它们的贫富差距问题一样，基尼系数方法在分析、解释中国贫富差距及其原因问题上也存在方法论问题。

首先，根据印度社会经济学家阿马蒂亚·森的经济公平性理论，经济和家庭收入的持续性增长应该减轻社会不平等，缩小贫富差距。[①] 然而，中国的这个持续性经济增长非但没有缩小贫富差距，反而是贫富差距伴随着这个经济增长在不断拉大。国内外大量相关研究显示，从工资收入衡量看，中国基尼系数已超 0.4 的贫富差距国际警戒线。但这是否真实地反映了中国的贫富差距？拉大这个贫富差距的仅仅是"一次分配"的工资收入差别吗？仅诉诸西方国家通常采用的提高最低工资、降低中低税收等政策真能缩小中国的贫富差距吗？

其次，从整个制度作用看，贫富差距是一个复杂的、受多元因素影响的、具有经济社会性和政治经济性的问题。一次分配所决定的工资收入只是反映这个问题的一个侧面、一个层面。英国社会学家齐格蒙特·鲍曼基于不同社会阶层消费行为、生活方式差异性分析提出了新的贫富差距理论，认为现代消费社会产生一种"新穷人"，他们"不是消费者，或者，更准确地

---

① 参见［印］阿马蒂亚·森著：《论经济不平等·不平等之再考察》，王利文、于占杰译，社会科学文献出版社 2006 年版，第 313—326 页。

说，他们的消费对于资本的顺利再生产来说无关紧要"①。他认为，正常的消费者生活应该是"为了快乐的感官和现场的经历而沉迷于琳琅满目的商品"②，但大多数普通人实际沦为"有缺陷的消费者"；这些"新穷人"虽有稳定收入，其中不少甚至根据其工资收入可以被视为"中产阶级"，但为维持基本生计（如住房、医疗、教育等——作者注）而疲于奔命，没有急需或必要用品以外的消费欲望。如果一个社会、一个经济市场中的"新穷人"占据很大的群体，那么以消费衡量的贫富差距必然成为一个经济制度的常态、一个资本作用的结果。而这种常态和结果正是基尼系数衡量所无法揭示的。

再次，不仅消费方式、消费行为可以成为一个社会贫富差距的典型标志，而且消费本身在市场机制作用下可以对贫富差距产生影响。从消费功能与性质看，住房消费具有必要、必然、不可替代和无消费行为差异性性质。③ 因此，从经济社会学和政治经济学交叉科学角度看，它也就具有由消费绝对性、市场社会性、收入控制性所构成的垄断性质。也因此，房价可以对"一次分配"的工资收入进行强制性的再分配。那么，这个再分配会改变原来由工资收入衡量的贫富差距吗？如果会，它又能达到一个怎样的作用程度呢？这个作用程度会高于工资收入本身的贫富差距作用程度吗？中国的房价对造成这种"为维持基本生计而疲于奔命，没有急需或必要用品以外的消费欲望"的贫富差距现象又起到一个什么作用呢？

（二）住房消费与贫富差距机理关系的唯物主义方法论检验

基于上述 3 个方面的思考，本章分析房价怎样在工资收入之外形成

---

① ［英］齐格蒙特·鲍曼：《工作、消费、新穷人》，仇子明、李兰译，吉林出版集团有限责任公司 2010 年版，第 16 页。
② ［英］齐格蒙特·鲍曼：《工作、消费、新穷人》，仇子明、李兰译，吉林出版集团有限责任公司 2010 年版，第 13 页。
③ 参见龙斧、薛菲：《房价上涨抑制家庭消费 淤堵国内大循环畅通》，《中国社会科学》（内部文稿）2020 年第 6 期，第 127—142 页。

一个有中国特色的再分配作用机制，从而改变以工资收入为衡量的中国贫富差距，并使这个差距进一步拉大。而无论是这个作用机制还是它所产生的贫富差距影响，通常被工资收入为衡量的贫富差距所掩盖。鉴于此，本章基于中国住房市场化改革的历程，依据超大、特大、大城市1998—2016年的面板数据，建立房价—贫富差距变量关系，使用固定效应动态面板估计的误差修正模型，检验房价对一次分配后的可支配工资收入进行强制性再分配以及因此产生的贫富差距效应。首先，这个检验试图证实房价产生的贫富差距效应独立存在，因而与一次收入分配共同构成中国贫富差距的"双轨"作用机制。其次，本章的比较研究试图证实：由于房价的贫富差距效应在特定经济发展时期大于一次分配工资收入本身产生的贫富差距效应，从而房价产生的贫富差距效应之大，使类似提高最低工资、降低中低收入税收等缩小贫富差距的政策手段无异于杯水车薪。本章最终试图证实：房价对居民收入再分配的强制性，住房（消费）的基本生存的必要性、必然性，商品房的市场垄断性，综合产生了经济社会结构性作用，房价也因此成为中国贫富差距的最大单个影响因素。这个制度性作用与习近平总书记提出的"居民收入和实际消费水平差距逐步缩小"[①]的理念背道而驰，因此只有改变因房价造成的市场作用机制，中国贫富差距才能从根本上缩小。

二、贫富差距研究及其理论、方法论思考

从方法论看：一方面，西方经济学的基尼系数方法不仅是西方国家关于贫富差距分析的一个主流范式，而且成为中国贫富差距问题研究的一个主流范式；另一方面，也有研究使用交叉科学理论与方法（如经济

---

① 习近平：《扎实推动共同富裕》，2021年10月15日，见 www. qstheory. cn/du-kan/qs/2021－10/15/c_ 1127959365. htm。

学、政治经济学、经济社会学），产生了与基尼系数方法不同的研究领域、范畴和角度。

（一）贫富差距的基尼系数衡量及其方法论讨论

研究表明，中国人均可支配收入基尼系数由 1998 年的 0.378 上升到 2019 年的 0.465。[①] 据统计，1978—2015 年期间，在全部人口的总收入中，占人口 1% 的最高收入人群的收入占比从 6% 上升到 15%，占人口 10% 的最高收入人群的总收入占比从不到 30% 上升到 40%，而占人口 50% 的最低收入人群的收入占比则从 1978 年的 27% 下降到 2015 年的 15% 左右，与占人口 1% 的最高收入人群的收入份额相当。[②] 显然，贫富差距的不断拉大已经成为中国经济社会发展模式的一个常态特征。

从方法论看，基尼系数是在洛伦茨曲线的基础上设定的一个不同收入（主要为工资收入）人群分布的比例数值，被用来判断、衡量一个国家收入分配产生的贫富差距，既可纵向显示一国的国民收入差距及其变化，也可用来进行各国之间贫富差距程度的横向比较。然而首先，基尼系数衡量是在封闭系统方法论框架下针对西方资本主义市场经济中的贫富差距问题而设立的，是在控制其他条件和作用因素下仅从一次分配产生的收入差异及其分布来衡量一个国家的贫富差距。而在现实中，从开放系统方法论角度看，具有经济、社会制度性作用的资本与市场完全可以在工资收入以外再对贫富差距产生作用。比如，资本所有者的资产增长、富有人群的金融产品等等都可以在一次分配收入之外产生贫富差距效应。这类收入决定的贫富差距效应不在基尼系数的研究范畴。其次，

---

① 数据源于国家统计局住户调查办公室编：《中国住户调查年鉴 2020》，中国统计出版社 2020 年版，第 391 页。

② 参见江春、向丽锦、肖祖沔：《货币政策、收入分配及经济福利——基于 DSGE 模型的贝叶斯估计》，《财贸经济》2018 年第 39 卷第 3 期，第 17—34 页。

基尼系数方法是在认定资本和市场所决定的一次收入分配的法权性和神圣不可侵犯性基础上对贫富差距进行衡量。这个衡量至多产生类似提高最低工资、降低中低收入税收的改良而已，无法揭示经济制度性、结构性的贫富差距原因。事实也证明，自从基尼系数方法诞生以来，尽管西方国家不断提高最低工资、降低中低收入税收，贫富差距依然在拉大。而马克思主义经济学在贫富差距上的分析正是针对资本和市场本身产生贫富差距的经济制度性、结构性作用，包括这个资本、市场决定的一次收入分配的剥削性和不公平性。再次，除了经济制度性、结构性的贫富差距作用外，在一次分配后的市场消费（制度）也可能因某种消费品的社会、经济、市场性质而对工资收入产生影响，比如商品房（价）这个资本产物就对工资收入进行了强制性再分配。这个收入的再分配所产生的贫富差距效应恰恰是基尼系数衡量的研究范式、范畴所忽略的。

以上三点表明，从整个经济社会制度作用看，贫富差距是一个复杂的、综合性的、受到多元作用因素影响的经济（学）、经济社会（学）和政治经济（学）问题。而基尼系数只是从一个角度揭示了这个问题的一个层面，却掩盖了贫富差距的经济制度性、结构性作用。这是一个（经济学）知识体系构建中，封闭系统方法论与开放系统方法论在贫富差距衡量上的本质差异性，也是马克思主义经济学与西方经济学在方法论上的本质差异。

（二）房价与贫富差距机理关系的研究

有研究认为房价上涨是贫富差距拉大的重要影响因素,[①] 本书作者侧重指出住房消费一方面自身对家庭/居民的日常消费产生抑制作用，而另

---

① 参见任伟、陈立文：《贫富差距、房价与经济增长》，《华东理工大学学报》（社会科学版）2019年第34卷第1期，第74—81、107页；常雪、苏群、周春芳：《房价、住房支付能力与刑事犯罪——基于中国省级面板数据的实证分析》，《上海财经大学学报》2018年第1期，第72—86页。

一方面通过对日常消费品价格的市场机制作用再次增加居民消费负担，直接降低居民的日常消费需求、数量、质量、种类、频率等，实际拉大了贫富差距。[①] 本书作者还通过计量模型分析了房价对贫富差距的作用机制，指出房价作为具有消费绝对性、市场社会性、收入控制性的垄断性消费，加深了中国贫富差距、两极分化。[②] 原鹏飞等也证实了房产溢价的利益固化是中国贫富差距拉大的主要原因。[③] 程琦等利用微观家庭数据"CHNS"证实房价对收入产生差异性影响，高房价阻碍了阶层上升的通道，使得低收入阶层人数更多，中高收入阶层人数更少。[④] 况伟大等分析了收入基尼系数和财富基尼系数对房价产生单向正向影响，即贫富差距越大，房价越高。[⑤] 郑军等证实了贫富差距会通过增加投资性购房而促使房价上升，高房价导致富裕阶层的资产性投资，进一步拉大贫富差距，并引起房价继续攀升。[⑥]

从国际研究看，美国经济学学者 Peter 和 Issac 研究发现房价的上升增加

① 参见龙斧、傅征：《中国"核心消费"对供给有效性的机理关系决定——供给侧结构性改革的辩证唯物主义与整体主义思考》，《当代经济研究》2021年第6期，第88—102、113页；龙斧、薛菲：《房价上涨抑制家庭消费 淤堵国内大循环畅通》，《中国社会科学》（内部文稿）2020年第6期，第127—142页；龙斧、王今朝：《从房地产业与"内需不足"机理关系看中国经济发展模式》，《社会科学研究》2012年第1期，第17—25页。

② 参见龙斧、王今朝：《核心消费决定论——从市场与消费的结构性扭曲看中国内需不足的根本影响因素》，《人民大学报刊复印资料》（国民经济管理）2016年第1期。

③ 参见原鹏飞、冯蕾：《经济增长、收入分配与贫富分化——基于DCGE模型的房地产价格上涨效应研究》，《经济研究》2014年第49卷第9期，第77—90页。

④ 参见程琦、刘艳华：《收入差距、高房价与阶层流动——基于CHNS微观家庭数据的实证分析》，《西华大学学报》（哲学社会科学版）2016年第35卷第1期，第63—69页。

⑤ 参见况伟大、陈晶、葛玉好：《贫富差距、供求弹性与房价》，《经济理论与经济管理》2018年第3期，第5—15页。

⑥ 参见郑军、胡蓉：《贫富差距与房价走势关系的实证检验》，《统计与决策》2019年第35卷第1期，第166—169页。

富裕家庭的财富，却限制低收入家庭的消费支出，从而加大贫富差距。① 美国经济学学者 Henley 通过分析英国家庭分类的住房财富估算值发现，与总资产相比，住房财富的不平等更为明显。② 韩国经济学学者 Kookshin 对韩国的收入规模分析得出：韩国房价的高增长导致普遍相对贫困，有房者可获得住房带来的额外收益，造成贫富差距不断拉大。③ 美国经济学学者 Matlack 和 Vigdor 使用美国大都市地区的住房市场数据分析显示：在缺乏弹性的住房供给市场，高收入家庭的收入增加会提高房价，使低收入家庭住房消费升高，收入差距拉大。④ 意大利经济学学者 Malerba 和 Marta 利用欧盟 25 个国家 16 年（1995—2010 年）的数据分析表明，住房所有权通过"贷款"保有权对收入差距具有负面影响，且由于信贷市场的限制，购房对最贫困阶层尤为重要，对极端的穷人阶层更为重要。⑤ 可以说上述研究打破了封闭系统方法论下以工资收入为标准的贫富差距衡量，带有开放系统方法论的分析特征。

三、理论基础与变量体系模型设立

"新穷人"理论、核心消费决定论和结构功能主义构成本章的理论

---

① 参见 Peter, D. L. and Isaac , F. M. , "Housing Affordability：Myth or Reality？" *Urban Studies*, Vol. 29, No. 3/4 （May 1992）, pp. 369 – 392。

② 参见 Henley, Andrew, "Changes in the Distribution of Housing Wealth in Great Britain, 1985 – 91", *Economica*, Vol. 65, No. 259 （March 1998）, pp. 363 – 380。

③ 参见 Kookshin Ahn, "Trends in and Determinants of Income Distribution in Korea," *Journal of Economic Development*, Vol. 22, No. 2 （December 1997）, pp. 27 – 56。

④ 参见 Matlack, J. L. and Vigdor, J. L. , "Do Rising Tides Lift All Prices？ Income Inequality and Housing Affordability", *Journal of Housing Economics*, Vol. 17. No. 3 （September 2008）, pp. 212 – 224。

⑤ 参见 Malerba, Giuseppina, and Marta Spreafico, "Structural Determinants of Income Inequality in the European Union：Evidence from a Panel Analysis", *Rivista Internazionale Di Scienze Sociali*, Vol. 122, No. 1 （Gennaio-Marzo 2014）, pp. 37 – 83。

基础，并在这个理论基础上构建贫富差距的变量体系模型。

（一）"新穷人"理论

英国社会学家齐格蒙特·鲍曼的"新穷人"理论①揭示了后现代时期资本主义市场经济的一个典型经济社会特征，即把普通人群从商品制造者变成"有缺陷的消费者（flawed consumer）"。尽管这个特征在人们生存形式上有别于资本主义大工业时期，但本质上与马克思主义所揭示的资本决定普通人群（无产者）生活方式、生存价值和生命意义的特征一样。那么社会主义市场经济会出现相同问题吗？一个特殊商品（如商品房）可以起到拉大贫富差距从而产生工资收入衡量以外的"新穷人"及其消费特征吗？本章从经济学、经济社会学角度，针对这些问题的实证检验试图证实：住房消费不仅加大了工资收入所造成、所衡量的贫富差距，而且在特定时期内对贫富差距的影响大于工资收入本身。可以说，这两大特征是后现代资本社会性、市场社会化的工作（收入）、消费和"新穷人"关系的一个集中体现。这种产生消费压力、制造"为维持基本生计而疲于奔命"的"新穷人"的消费方式本身就进一步拉大贫富差距，即便不考虑富有阶层可通过"住房消费"来"炒"高房价、"炒"出利润。

（二）核心消费决定论

根据本书作者构建的"核心消费决定论"，② 在 GDP 连年增长、物

---

① 参见［英］齐格蒙特·鲍曼著：《工作、消费、新穷人》，仇子明、李兰译，吉林出版集团有限责任公司 2010 年版，第 1—205 页。

② 参见龙斧、傅征：《中国"核心消费"对供给有效性的机理关系决定——供给侧结构性改革的辩证唯物主义与整体主义思考》，《当代经济研究》2021 年第 6 期，第 88—102、113 页；龙斧、薛菲：《房价上涨抑制家庭消费　淤堵国内大循环畅通》，《中国社会科学》（内部文稿）2020 年第 6 期，第 127—142 页；龙斧、王今朝：《核心消费决定论——从市场与消费的结构性扭曲看中国内需不足的根本影响因素》，《人民大学报刊复印资料》（国民经济管理）2016 年第 1 期；龙斧、王今朝：《从房地产业与"内需不足"机理关系看中国经济发展模式》，《社会科学研究》2012 年第 1 期，第 17—25 页。

价相对稳定、就业不断上升、工资持续提高条件下，中国消费内需却长期不足，造成这个不足的正是由住房、教育、医疗、社会保险构成的"核心消费"。根据该论，核心消费指住房、教育、医疗、社会保险，具有必要和必然消费、不可替代及无消费行为差异三大本质特征。日常消费指日常生活必需消费，既有必要、必然性质又受到价格、种类、数量、频率、偏好等消费差异性影响；边际消费，指满足前两种消费后具有选择性的奢侈、享受型消费等。根据这个理论，核心消费决定日常消费的"可多可少"和边际消费的"可有可无"。

住房消费因其"必要、必然"性质而具有"消费社会性、市场垄断性、收入控制性"特征，但对不同社会阶层产生的消费影响却截然不同。对于中国少数富有人群来说，价格与收入效应趋近于 0。当核心消费的尖端市场以满足极少数富有人群的需求为目的而制定价格时（如高档房、高档医疗、精英教育等），核心消费所有档次的"商品"价格都会受到影响，产生明显经济社会学特征；当这个高端市场价格（如房价）效应直接影响中低端市场价格（房价和其他商品价格），客观上增加了中、低端市场消费压力，加上核心消费本身的"必要、必然"性质，价格又在这种刚性需求作用下再次受到上升刺激。房价产生这两个价格效应（市场功能）实际上降低了普通人群的工资收入，拉大了贫富差距。可以说，住房消费对日常/边际消费的影响越强，贫富差距就越大。

（三）结构功能主义

美国社会学家罗伯特·金·默顿指出：社会系统中并非所有组成部分都发挥正功能，当其中某一单位阻止了整个社会或其组成部分的需求满足时，它产生结构性反功能（dysfunctional）作用。① 正是因为住房

---

① 参见 Merton, Robert K. , *Social Theory and Social Structure*, New York：The Free Press, 1968, pp. 23 – 58。

消费的"必要、必然"性质，它不仅具有经济属性而且具有社会功能属性；住房既是人类最基本生存条件，也是社会保障的一个基本功能。因资本利益和市场功能而产生的住房消费嵌入经济、社会结构，对原本基于工资收入衡量的贫富分层结构产生了作用，体现了经济与社会结构的相互关联性、相互作用性。可以说，住房消费在一次分配工资收入的制度功能作用基础上，又进一步拉大了贫富差距的结构性制度功能。

综合以上，中国"房价"的经济结构性、市场社会性与收入"再分配"强制性，综合形成了一个独特的经济社会结构功能，对"经济持续发展、收入持续上升引起社会公平性上升"具有"反功能"作用，即产生了拉大贫富差距的作用。

（四）变量体系构建与模型设立

基于上述理论基础与分析，本章以房价（HP）、居民年工资收入（W）为自变量；以贫富差距（ID）为因变量，以此建立一个房价作用于不同工资收入阶层、致使贫富差距进一步拉大的变量体系。

1. 收入衡量的贫富差距（即不考虑房价的贫富差距）

根据西方收入定理，不同收入阶层的收入差别直接决定贫富差距。因此，设以下命题：

假设命题 10-1：不同收入阶层的收入差别越大，贫富差距就越大。

设模型，子集为普通居民阶层 A 与富人阶层 B，A 的税后年收入为 W_1，所买住房大小为 D_1，B 的税后年收入为 W_2，所买住房大小为 D_2。国际上基尼系数是由最低到最高收入累计人数和累计收入份额相关数据计算的；为简便计算和比较，在不考虑房价作用时，本章收入衡量的贫富差距以阶层 B 与阶层 A 的工资比表示，即：

$$ID = \frac{W_2}{W_1} \tag{10.1}$$

2. 房价对贫富差距的衡量与决定

基于基尼系数的贫富差距衡量并不考虑工资收入以外的作用因素。然而，鉴于住房消费的"必要、必然"性质，房价却会改变不同社会阶层的工资收入比例并进而拉大基尼系数所决定的贫富差距。鉴于此，设以下命题：

假设命题 10－2：房价越高，不同社会阶层一次分配后的实际收入差异就越大，贫富差距也就越大。

本研究以等额本息方式计算房贷。假定不同收入阶层居民购买住房的首付比例相同为 γ，则贷款本金为 $(1-\gamma) \cdot HP \cdot D$；设月利率为 r，房贷 10 年付清，则还款期数为 120 期，则年房贷额为 $YMHP = \dfrac{12(1-\gamma)\ HP \cdot D \cdot r(1+r)^{120}}{(1+r)^{120}-1}$。因 $\dfrac{r(1+r)^{120}}{(1+r)^{120}-1}$ 为不变参数，设其为 δ，故住房总支出 $THP = \gamma \cdot HP \cdot D + 10 \cdot YMHP = \gamma \cdot HP \cdot D + 120(1-\gamma) HP \cdot D \cdot \delta$。A、B 两者减掉房价支出，10 年后 A、B 两者所剩工资决定的贫富差距为：

$$\overline{ID} = \frac{10 \cdot W_2 - THP_2}{10 \cdot W_1 - THP_1} = \frac{10 \cdot W_2 - \gamma \cdot HP_2 \cdot D_2 - 120(1-\gamma)\ HP_2 \cdot D_2 \cdot \delta}{10 \cdot W_1 - \gamma \cdot HP_1 \cdot D_1 - 120(1-\gamma)\ HP_1 \cdot D_1 \cdot \delta}$$

$$(10.2)$$

假设不同收入层次居民购买同样价格的房子，即 $HP_2 = HP_1 = HP$，由公式（10.2）可知，$\overline{ID}$ 是房价 HP 的递增函数，即房价 HP 越高，纳入房价后的贫富差距 $\overline{ID}$ 越大。

其一，假设 A、B 购买价格相同面积相同的房子，$HP = 5$ 万，$W_1 = 10$ 万，$W_2 = 100$ 万，单从工资收入看，他们的贫富差距 $ID = 10$；假设 A、B 都一次性付清，贫富差距由原来的 10 倍变成 19 倍。即使 B 购买价格更高的住房，设 $HP_1 = 5$ 万，$HP_2 = 10$ 万，假设 A、B 都一次性付清，贫富差距由原来的 10 倍变成 18 倍；若考虑房贷，则若干年后贫富差距会更大（见后文）。

其二，如果 B 购买面积更大的住房，是否本来由工资决定的贫富差距就不改变了呢？假设 $W_1 = 12$ 万，$W_2 = 120$ 万，[①] 则 $ID = \dfrac{W_2}{W_1} = 10$。设

$HP = 1$ 万元/平方米，$D_1 = 100$ 平方米，$D_2 = 500$ 平方米，首付比例 $\gamma =$

30%，月利率 $r = 4.65\%$，则 $\overline{ID} = \dfrac{10 \cdot W_2 - \gamma \cdot HP \cdot D_2 - 10 \cdot YMHP_2}{10 \cdot W_1 - \gamma \cdot HP \cdot D_1 - 10 \cdot YMHP_1} =$

261.95，$\overline{ID}$ 是 ID 的 26.2 倍。显然，即便 B 买了 500 平方米的房子，贫富差距依然拉大；只有当 B 买 1 000 平方米的住房时，才能保持 A 和 B 购房前由工资收入决定的贫富差距不变。而通常对于三口之家的 B，并不需要购买 1 000 平方米的房子来满足居住需求。[②]

其三，现实中，B 阶层可不贷款买房，因此没有利息负担，这就又可以加大与 A 阶层可支配工资收入的差别。

以上模型证实了房价越高，它占工资收入比例就越大，不同社会阶层工资收入差距就越大，贫富差距也就越大。住房对工资收入的强制性、结构性再分配产生了重新组合的社会分层结构。鉴于此，房价对贫富差距的约束定理为：

$$\overline{ID} = f(HP, \ W) \tag{10.3}$$

其中，$\dfrac{\partial ID}{\partial HP} > 0$。

3. 房价是中国贫富差距拉大的最大单个影响因素

工资收入决定贫富差距，那房价造成的贫富差距是否拉大了这个原本存在的贫富差距呢？鉴于此，设以下命题：

---

① 这里 W_2 是普通收入的 10 倍，如此一来，即可以使两个收入群体的收入差别不过大，而且年收入 12 万与 120 万的群体购房需求差别也不过大。

② 有人可能会说，尽管 B 无需购买 1 000 平方米的房子来满足居住需求，他可以将多余的收入用来购买二套房；但那是投资，获利后会进一步加大贫富差距。是买第二套房还是炒股，不是本研究考虑的因素，在这一点上本研究与以工资收入为衡量的基尼系数保持一致。

假设命题 10 - 3：基于房价作用下的贫富差距大于一次分配带来的贫富差距，房价越高，房价对贫富差距的作用就越大于一次分配对贫富差距的作用。房价成为贫富差距拉大的最大单个作用因素。因此有：

$$\overline{ID} > ID \qquad\qquad (10.4)$$

其中，$\dfrac{\partial \left(\dfrac{\overline{ID}}{ID}\right)}{\partial HP} > 0$。

本章假设命题与模型展示了房价对贫富差距的拉大作用，揭示了被以工资收入衡量的基尼系数表示的贫富差距所掩盖的真实贫富差距。可以说，房价看似公平，物价看似公平，收入差别看似公平，而本章试图揭示看似公平的房价实际上加大了贫富差距。工资、房价、贫富差距之间的具体作用机制及结构性变化见图 10 - 1。

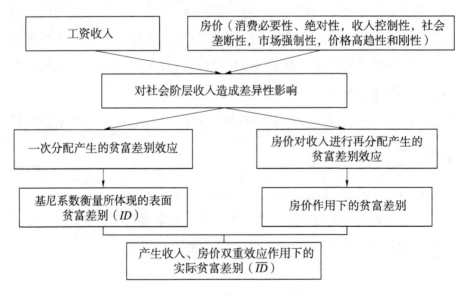

图 10 - 1　房价影响贫富差距的作用机制

四、研究方法

本研究基于上述变量体系模型的设立进行以下变量界定、样本选择，并确定数据来源和变量关系检验方法。

（一）变量说明

第一，房价（HP）：指商品房住宅平均销售价格。

第二，收入（W）：指可支配收入，设各城市总收入五等分中的最低收入（即最低的 20%）为 $IL20$，总收入五等分中的最高收入（即最高的 20%）为 $IH20$。

第三，贫富差距：一是指基于工资收入差别基础上的贫富差距（ID），以欧西玛指数来表示，即各城市最高收入 20% 居民的可支配收入（$IH20$）与最低收入 20% 居民的可支配收入之比（$IL20$），即 $ID = \dfrac{IH20}{IL20}$；二是指被掩盖的房价纳入后居民可支配收入所代表的贫富差距（$\overline{ID}$），设最低收入 20% 居民与最高收入 20% 居民的住房消费支出分别为 THP_1 和 THP_2，则 $\overline{ID} = \dfrac{IH20 - THP_2}{IL20 - THP_1}$。

（二）样本选择与数据来源

基于《国家新型城镇化规划（2014—2020 年）》与《第七次人口普查》常住人口数，样体为超大、特大和大城市共 72 个城市的城镇居民。因数据可得性①以及样本的全面性、典型性与区域代表性，样本量含全部超大城市 7 个，全部 14 个特大城市中的 7 个，全部 51 个大城市中的 11 个，即超大、特大、大城市共 25 个城市的数据。因大部分城市的城镇居民的分层收入数据只收集到 2016 年，故本章所有数据均来自各城市 1998—2016 年的统计年鉴，具体数据年份以各城市年鉴收集情况为准。

---

① 国家统计局根据第七次人口普查，列出了超大、特大城市，故本研究的超大、特大城市按照国家统计局最新发布的分类而来。为了数据稳定与分析的准确度，样本中删除了时间数据中小于 12 年的城市数据。

本章选取以下城市并以其 1998—2016 年房价、收入①等相关数据为各类关系检验的面板数据：

（1）全部 7 个超大城市，即：北京、上海、广州、深圳、重庆、天津、成都。

（2）特大城市中的 7 个，即：武汉、沈阳、东莞、大连、济南、郑州、长沙。

（3）大城市中的 11 个，分别为：东部——苏州、石家庄、无锡、宁波、温州、福州、南宁；中部——合肥、南昌；西部——乌鲁木齐、贵阳。

（三）变量关系检验方法

为减少干扰，本章控制其他条件性变量，揭示房价、收入、贫富差距三者的机理关系。

第一，可靠性、合理性测试。本章使用动态面板数据，首先对变量进行数据平稳性测试，然后对数据进行协整检验，以保证变量关系的可靠性；再对变量关系进行格兰杰因果检验，以证实变量关系的合理性，最后进行变量之间的因果分析。

第二，实证检验。本章首先展示基尼系数衡量的贫富差距，然后对房价—贫富差距的关系进行固定效应动态面板估计的误差修正模型分析，揭示二者的作用关系，在此基础上的图示分析将分别呈现只考虑工资收入与纳入房价后贫富差距的变化，以证实纳入房价后贫富差距进一步拉大。

五、实证检验与研究

以下实证检验对基尼系数衡量的贫富差距与房价作用下的贫富差距

---

① 大多数城市按收入五等分或七等分的数据只收集到 2016 年，因此本研究选择 1998—2016 年期间的面板数据进行分析。

进行比较研究。

（一）基尼系数表示的贫富差距

基尼系数值因计算方法不同而有所差异，以 2016 年为例，国家统计局提供的"全国人均可支配收入基尼系数"值为 0.465，中国劳动力动态调查（CLDS）提供的基尼系数值为 0.595，中国家庭追踪调查（CFPS）提供的基尼系数值为 0.545。[①] 本章使用统计局提供的基尼系数，图 10 - 2 分别比较几组基尼系数：① 统计局《中国住户调查年鉴》的全国人均可支配收入基尼系数；② 联合国《人类发展报告 2020》的三组基尼系数，即中国基尼系数、中国城镇基尼系数、中国农村基尼系数。

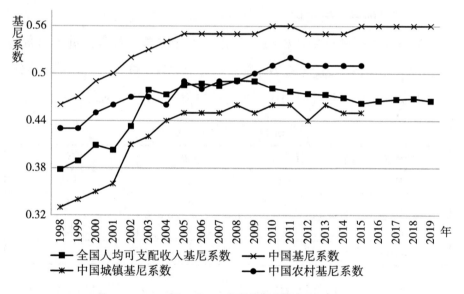

图 10 - 2　中国基尼系数

资料来源：国家统计局住户调查办公室编：《中国住户调查年鉴 2020》，中国统计出版社 2020 年版，第 391 页；联合国开发计划署编：《人类发展报告 2020》，数据通过 https：// wid. world/zh/data - cn/查询。

---

① 参见《中国的基尼系数是多少?》，2020 年 5 月 13 日，见 https：//user. guancha. cn/main/content? id = 306685&s = fwzwyzzwzbt。

由图 10 - 2 可知，无论是农村还是城镇，基尼系数都呈上升趋势，而且所有的基尼系数在 2002 年之后都超过了 0.4 的贫富差距国际警戒线，说明中国贫富差距较大。总体来看，中国贫富差距处于 0.4—0.6 的收入差别区间。这说明了收入衡量的贫富差距状况，证实了本章命题 10 - 1。

（二）实证分析

本章数据源于各城市统计年鉴，因年鉴中收集的按收入层次分类的居民可支配收入数据年份不一致，本章数据为非平行面板数据。先进行数据稳定性检验。

1. 变量的单位根检验

首先对数据进行单位根检验，为防止异方差，对房价进行对数处理，设为 LHP。△LHP、△$\overline{ID}$分别表示房价对数、贫富差距的一阶差分。鉴于数据非平行，选择时间序列平稳性检验（ADF），见表 10 - 1。

表 10 - 1　单位根检验

分析项	统计量	p 值	结论
LHP	− 3.622	0	平稳
△LHP	− 4.762	0	平稳
$\overline{ID}$	− 0.153	0.439	非平稳
△$\overline{ID}$	− 4.876	0	平稳

结果显示，LHP 拒绝面板包含单位根的原假设，$\overline{ID}$一阶平稳，说明各变量的一阶数据稳定性极好，适合格兰杰检验。

2. 协整检验

表 10 - 1 中的平稳性检验表明所有变量同阶单整，可对它们进行协整检验以考察变量之间是否存在长期关系。为检验准确性，本章选择基于误差修正模型的加常数项检验，检验结果见表 10 - 2。

表 10 - 2　房价影响贫富差距的协整检验

Gt	Ga	Pt	Pa
- 2.958 * * *	- 4.284	- 11.43	- 6.754

注：* 表示概率区间 p，其中 * * * 表示 p < 0.001，* * 表示 p < 0.01，* 表示 p < 0.05。

表 10 - 2 中 4 个统计量原假设为：不存在协整关系。Gt 的备择假设：至少存在一组协整关系，且不考虑截面内的序列相关；Ga 的备择假设：至少存在一组协整关系，考虑序列相关；Pt 的备择假设：整体上存在协整关系，不考虑序列相关；Pa 的备择假设：整体上存在协整关系，考虑序列相关。上表检验结果显示，当不考虑序列相关时，房价与贫富差距之间至少存在一组协整关系。

3. 格兰杰因果关系检验

平稳性检验表明，本数据符合格兰杰因果关系检验要求，检验结果见表 10 - 3。

表 10 - 3　格兰杰因果关系检验

原假设	F 值	p 值
LHP 不是 $\overline{ID}$ 的格兰杰原因	0.07	0.936 2
$\overline{ID}$ 不是 LHP 的格兰杰原因	1.49	0.223 1

表 10 - 3 的检验结果显示，房价与贫富差距互为格兰杰原因。检验结果说明，房价与贫富差距之间存在格兰杰因果关系。这一格兰杰检验结果理想，说明本研究具有学术意义和价值，变量体系设立与要研究的问题也保持高度合理性。

4. 房价对贫富差距作用的检验

本章前文已经证实了基尼系数衡量之下的中国贫富差距在不断拉大，那么除了工资收入造成的贫富差距，房价本身对贫富差距产生影响吗？影响程度又如何？本章比较以下 3 种估计方法：混合效应的误差修正模型、MG 估计模型以及固定效应动态面板估计的误差修正模型，结

果显示固定效应动态面板估计模型①相对最为合适；房价对贫富差距的
作用结果见表10-4。

表 10-4　房价（LHP）对贫富差距（$\overline{ID}$）的固定效应动态面板估计的
误差修正模型分析结果

时期	分析项	$\overline{ID}$-LHP
长期	LHP	- 0.638 * * *
短期	长期调整速度	- 0.417 * * *
	△LHP	0.271
常数项		4.024 * * *
样本量		383

注：＊表示概率区间 p，其中 * * * 表示 p < 0.001，* * 表示 p < 0.01，* 表示 p < 0.05。

表 10-4 显示，模型长期调整速度的系数显著为负，说明模型存在
误差修正机制，本研究估计方法有效。房价对贫富差距的误差修正模型
为 $\overline{ID} = 4.024 + 0.417 \times 0.638 \times LHP_T + 0.271 \times LHP_{T-1}$（$T$ 为时间项）。
房价对贫富差距作用显著为正，说明房价越高，贫富差距越大，证实本
章命题 10-2。

本章通过图示显示收入衡量的贫富差距与纳入房价后的贫富差距，
如图 10-3、图 10-4 所示。② 图 10-3 显示在工资不变条件下，纳入房
价之后，房价越高，贫富差距越大。图 10-4③ 显示随时间变化，仅由
工资收入衡量的贫富差距也在加大，而在纳入房价之后，贫富差距被拉
得更大。

---

① 固定效应动态面板估计量是假设长期误差修正系数和短期系数都为常数，不随
　个体而改变。
② 因曲线形状主要根据工资、不同收入层次购房时的房价以及所购房的大小等因
　素决定，图 10-3、图 10-4 是根据本研究样本数据拟合出的两条贫富差距曲
　线，能从根本上说明收入衡量的贫富差距情况与房价纳入后的贫富差距情况。
③ 图 10-4 的时间与房价值是各时间点所对应的 25 个城市的平均房价。

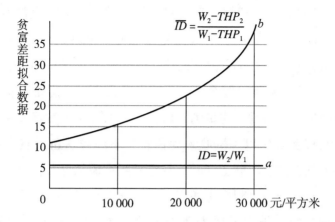

图 10-3 工资不变时纳入房价前后的贫富差距

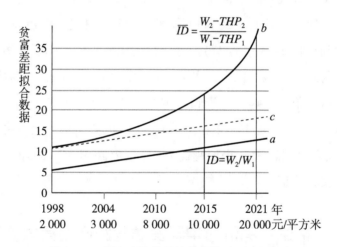

图 10-4 纳入房价前后的贫富差距时间序列图

图 10-3、图 10-4 中，a 线是收入衡量的贫富差距曲线，即 $a=ID$，等同于基尼系数衡量的贫富差距。b 线显示出工资收入控制下，房价单独对贫富差距造成的影响，即 $b=\overline{ID}$。b 线表明：① 不仅房价极大地拉大了贫富差距，而且是作用于贫富差距的单个最大因素，房价越高，这个贫富差距与工资衡量的贫富差距的距离越大（即 a 线点与 b 线点距离越大）。② 甚至可以说，在贫富差距的作用因素单独测试中，房价比工资本身的作用还要大，证实了本章命题 10-3。③ c 线是根据

a 线斜率对 b 线的虚拟切线，它说明房价作用于贫富差距并不是简单的线性关系，而是房价越高，贫富差距拉开的幅度就越大（房价越上升，对富人和穷人收入的影响差别就越大，在收入差别保持不变的情况下）。④ 图 10-3、图 10-4 还综合表明，纳入房价之后，房价对贫富差距产生了双重效应：一方面，房价纳入后，（短时期内）贫富差距会随即显著拉大，其程度是仅以工资收入为衡量、不考虑房价的贫富差距的几倍；另一方面，房价不断上涨时，贫富差距在原来已被拉大的基础上进一步拉大，且这个拉大程度也随房价的上涨而增长；尤其在时间因素的作用下，同样的房价在长时期里对贫富差距的影响比短时期内更大（房价为 10 000 元/平方米时，贫富差距由原来图 10-3 中的 15 变成图 10-4 中的 24；房价为 20 000 元/平方米时，贫富差距由原来图 10-3 中的 22 变成图 10-4 中的 37）。这一检验结果验证了本研究房价——贫富差距关系的理论模型，再次证实了本章命题 10-2，而且作为单个因素，房价对贫富差距的影响比工资收入本身更大。图 10-3、图 10-4 与表 10-4 证实了本章命题 10-2 和命题 10-3，也使"核心消费决定论"中"房价占收入比例越大（房价越高），贫富差距越大"的理论命题的科学性得到实证验证。

六、结论：房价对中国贫富差距产生重大影响

本章检验了房价、收入、贫富差距三者之间的机理关系，揭示了中国贫富差距被拉大的根源所在，说明房价与收入分别对贫富差距形成"双轨"作用。可以说，作为单个因素，房价对贫富差距的影响比工资收入本身更大。从方法论看，这一研究结果不仅补充并拉大了基尼系数衡量的研究范畴，而且揭示了住房消费对贫富差距所具有的经济制度性、结构性作用。

尽管国内外基于工资收入的基尼系数衡量表明中国贫富差距不断拉

大，但这并未真实反映中国的贫富差距程度及其变化原因，因为除工资收入外，房价是一个被掩盖的重要贫富差距作用机制。本章对 25 个超大、特大、大城市 1998—2016 年数据的实证检验表明，由于住房消费的"必要、必然"性质，房价对工资收入进行了强制性再分配，使中国贫富差距被进一步拉大。首先，本章说明了基尼系数在不断拉大，揭示工资收入衡量的贫富差距在拉大，证实了本章命题 10-1；其次，本章测试证实，房价越高，中低收入阶层实际可支配收入比例就越低，高收入阶层实际可支配收入比例就越高，实际贫富差距就越大，本章命题 10-2 和命题 10-3 因此成立。这一实证结果说明，在房价作用下，住房消费已不再是简单的商品消费，商品房也不再是简单的商品，而是一个加大社会成员贫富差距的经济社会机制。而更为重要的是，这个作用机制已经成为拉大贫富差距的单个最大作用因素。本章的固定效应动态面板估计的误差修正模型测试表明，这个作用之大，以至于仅诉诸西方国家通常采用的提高最低工资、降低税收等经济政策远远不能缩小中国的贫富差距。

根据印度社会经济学家阿马蒂亚·森的社会福利理论①和经济公平性理论②，GDP 增长，家庭收入持续上升后，住房消费比例相对日常消费比例应该下降，贫富差距也应该因此而缩小。但是有中国特色的"房价"却产生了恰恰相反的经济结构功能。资本要盈利，市场要配置，消费者要解决最基本生存条件（如居住），而社会主义市场经济要"一切为了人民""代表最广大人民利益"。这 4 个"要"之间在本质上具有直接利益冲突，是相互矛盾的。本章从经济社会学和经济学角度，抓住

---

① 参见［印］阿马蒂亚·森著：《集体选择与社会福利》，胡的的、胡毓达译，上海科学技术出版社 2004 年版，第 43—48 页。

② 参见［印］阿马蒂亚·森著：《论经济不平等·不平等之再考察》，王利文、于占杰译，社会科学文献出版社 2006 年版，第 301—326 页。

这个矛盾的一个主要方面，即房价在实现资本盈利、市场配置时，利用消费者解决最基本生存问题的必然性、必要性，形成了中国加大贫富差距的一个带有垄断性的经济社会结构。而不改变这个经济社会结构，不消除"房价"所造成的中国贫富差距的垄断性、市场性机制作用，不解决集中体现最广大人民群众利益的住房消费，中国要缩小贫富差距、使全体人民共同富裕的经济社会战略目标难以实现。

第十一章 案例分析四：国有企业效率效益衡量——封闭系统与整体主义方法论的对抗

本章与第十二、十三、十四章一起，从方法论角度对在中国社会产生广泛影响的"国有企业效率效益低下"概念进行了分析。社会主义的国有企业效率效益衡量不仅体现了唯物主义与唯心主义、整体主义与封闭主义方法论对抗，体现了科学与伪科学的对抗，也体现了一种价值观对抗。从交叉科学方法看，1949—1980 年期间对中国国有企业效率效益产生作用的既包括西方经济学的一般共性要素，又包括具有中国经济、社会发展的自身特性要素。对它们的综合分析表明，中国国有企业在这个时期的发展要素条件极差，因素作用极为复杂，按照西方的衡量标准，理应是世界上效率效益最低、最为失败的企业。然而，从中国这个时期的国家建设、经济增长和社会进步成就看，也从其符合自身制度性质、经济目的的实践结果看，国有企业不仅不是效率效益低下，而是取得了令世界瞩目的成就。这从根本上证实了"国有企业效率效益低下"是一个伪科学概念。

一、国有企业效率效益衡量问题的由来及其中国意义

一些学者提出的"国有企业效率效益低下"在中国已经具有一定代表性，无论对 20 世纪 90 年代开始的"出售转让""国退民进"还是对

随后的中国社会事业、社会保障领域私有化、市场化、商业化发展，它都产生了重要作用和影响。然而，这个"理论"是在封闭系统方法论指导下、在价值观和意识形态驱使下、在双重标准作用下产生的唯心主义、形而上学的标准产物。

第一，企业效率效益是一个抽象概念。它的衡量一般要针对具体的领域内涵，如指的是管理还是技术的效率效益，是某种已有资源配置还是市场开发的效率效益，等等。但自 20 世纪 70 年代末中国改革开放以来，关于效率效益的"主流"研究采取带有价值观、意识形态色彩的双重标准。在对中国私有企业的分析上，这种研究无一不集中于某一具体操作、运行领域的某种影响效率效益的具体问题或原因；而对国有企业，它把其操作、运行领域的问题无一不归咎于国有、公有性质，再孤立、割裂对比国有企业与私有企业利润率（增长），用国有、私有制度本身作为二者效率效益的根本、唯一解释。这就形成了国有企业因其国有、公有性质而"效率效益必然低下"（下称"低下论"）的理论误区。正是在双重标准作用下，它用简单、孤立的手法在所有制和效率效益上建立起一个简单的因果关系——国有企业问题就是因为没有私有化！如此这般，对国有企业的改革手段也就变得简单了，只有私有化或私有资本化一条道路可走。因此，在这个重大理论问题上不坚持实事求是，不在唯物主义、整体主义方法论指导下把颠倒的理论、历史用科学的方法再颠倒过来，中国改革的"科学社会主义"性质将成为一句空话。①

第二，国有企业是中国社会主义经济发展、建设的开拓者、创业者、奠基者，是其社会主义性质最为集中的体现和标志。在 1950—1980

---

① 2013 年 1 月 5 日，习近平在新进中央委员会的委员、候补委员学习贯彻党的十八大精神研讨班上的讲话指出："科学社会主义基本原则不能丢，丢了就不是社会主义。"这表明，科学社会主义无疑是中国改革的根本性质。

年，中国生产力水平极为低下，经济发展的内外部条件极为不利，又有"大跃进""文化大革命"干扰，如果企业效率效益再低下，那么按照西方的增长要素理论，其经济早就失败无数次了，又怎么可能在短短30年里，在一个世界上经济最为落后、人口最多的国家里，建立起被西方认可的现代经济的工农业基础设施呢？① 因此，对这一时期国有企业效率效益进行科学的衡量不仅本身是一个重大理论与实践问题，也是中国"社会主义市场经济"理论概念、内涵确立所无法回避的重要组成部分。如果不对其加以唯物主义、整体主义分析，不把颠倒的历史颠倒过来，就根本无法回答"社会主义到底能不能救中国"，坚持走社会主义道路也将成为一句空话。

第三，中国的经济改革是在原有社会主义经济发展、建设基础上进行的。从实践看，对中国国有企业效率效益的整体主义分析与衡量为今天改革发展模式转型的理论、相关政策和宏观决策的科学性检验提供实证依据，对进一步改进、提高国有企业的相关政策、方法的科学制定从而避免私有化、私有资本化，也是不无裨益的。在中国的经济改革进程中，由于"出售转让""国退民进"等政策，不仅大量国有、集体企业一夜之间变成千万个私有企业，而且大量在西方国家属于社会公益、保障事业的领域也私有化或部分私有化了，却没有发展新的国有企业。"社会主义"可以发展新的国有企业吗？怎样组织？怎样操作？哪些领域可以试行？能否像资本主义的加拿大等许多西方国家在房地产领域发

---

① 在许多美国和西方一类科研型大学里，西方经济学的教程教材不把苏联和20世纪90年代前的中国简单列为发展中国家，而视它们为具有现代经济基础设施、居于发达和发展中国家之间的经济体。早在20世纪六七十年代，就有西方学者对中国的经济发展给予高度评价，如英国经济学家琼·罗宾逊（J. Robinson）等，也有学者指出西方经济理论不适合中国问题研究，如美国经济学家道格拉斯·诺斯（Douglass C. North）、美国经济学家罗伯特·默顿·索洛（Robert Merton Solow）等。

展国有、集体企业？如果不首先搞清楚国有企业效率效益问题，这类问题都无法回答。而这些问题不回答、不解决，以社会主义为性质的改革就可能变成改变社会主义性质的改革，经济发展模式如何坚持中国特色的社会主义将成为一句空话。

第四，西方的相关理论是在西方市场经济 500 多年发展历程中产生的，是以资本主义私有制为前提、以市场经济下私有企业为对象的，并以这个前提、对象所秉持的价值观为基础的，必然与"社会主义市场经济""中国特色社会主义"在性质、目的、宗旨上有本质差异。而中国许多相关研究不仅套用西方效率效益理论，视其为"普适经济学"，而且将其所秉持的价值观视为"普世价值观"。难道世界上真有超脱国家、社会、历史、价值观、制度等诸多差异性的"普适经济学""普世价值观"（绝大多数西方经济学学者对此都是否定的）？如果有，马克思主义不仅应该被摒弃，而且应该受到批判。因此，重新认识国有企业效率效益问题并把颠倒的理论用科学的方法再颠倒过来，对中国自身社会主义经济学的建立，对中国自身社会主义价值观体系的重新树立都是必要的。非此，中国"社会主义市场经济理论"的科学建立也将是一句空话。

第五，1949—1980 年的中国与西方，在社会、经济的发展路径、作用因素、客观条件等方面具有多元和本质性差异。用西方的理论、模型、要素来解释、分析、鉴定中国国有企业的效率效益无异于缘木求鱼。而更重要的是，中国在这一时期除教训、弯路、失误外，也积累了大量宝贵经验，总结出一些社会主义经济发展的科学规律，如一个贫穷、落后、人口众多、资源贫乏、生产力低下又同时受到外部列强威胁的国家在发展的初级阶段怎样进行社会主义性质的资源配置，也包括几代人、几亿人、几十年艰苦奋斗历程中民族素质的提高，创业精神的锻造，信仰、价值观体系的树立，以及在"三高三低"条件下经济发展的独特竞争优势的建立。这些积累、规律、素质、精神、信仰和价值观体系以及综合形成的经济、企业的独特竞争优势是中华民族发展史上的宝贵财富，也是"中国梦"的首要本质内涵，其价值远远大于春秋五霸的功业，大于秦皇汉武的建树，也大于贞开康乾的盛世。如果它们仅仅被西方封闭系统下产生的西方理论所否定，那将是中国人民、中华民族的巨大损失，而对毛泽东一代人积累的宝贵财富的凝练、总结、传承与发扬都将是一句空话。

鉴于上述原因和国有企业效率效益问题的重要性，本章从整体主义、相对主义和历史与辩证唯物主义方法论角度，运用包括西方经济学、政治经济学、管理学、社会学在内的交叉科学方法与理论，[①] 分析1949—1980 年中国的经济增长要素、作用因素以及相关内外部条件，建立它们与企业效率效益的函数关系，从而证伪这种"国有企业效率效益必然低下"的理论。

二、效率效益理论及其价值观问题

所谓"国有企业效率效益必然低下"的"理论"是在新古典经济学封闭系统方法论基础上，用孤立、割裂式方法根据在西方市场经济条件下所选定的要素指数，根据西方经济学理论，对中国国有企业效率效益进行衡量而建立起来的。它一方面在研究方法上明显存在逻辑性、严谨性问题，另一方面表现出西方封闭主义、原子主义方法论及其价值观本质（见本书第一、二、三、四章分析）。可以说，对这个重大理论问题的认识集中体现了唯物主义与唯心主义、整体主义与封闭主义的一个对抗，也是对经济学方法论科学性的一个实践检验。那么新古典经济学

---

① 关于社会科学领域交叉科学方法的内涵、使用、意义和方法论必要性，参见龙斧、王今朝著：《社会和谐决定论：中国社会与经济发展重大理论探讨》，社会科学文献出版社 2011 年版，第 9—10 页。

主要有哪些相关理论呢？这些理论在西方经济学界又受到怎样的质疑和反对呢？马克思又有怎样的理论呢？

（一）要素决定论

西方宏观理论在选定的经济增长要素与增长率之间建立函数关系，并以此衡量、预测或决定经济发展的效率效益。[1] 这些劳动力、资本、技术等要素理论不仅成为中国经济改革的重要理论依据，而且是衡量中国效率效益的标准范式。这种忽略中西方差异、简单套用数量模型、指数对比方法，对一个具有独特历史性、民族性、不同生产力基础和生产关系的国家进行效率效益分析本身就落入新古典经济学封闭系统方法论范畴。

从微观角度看，新古典经济学的"理性假设"是企业效率效益理论的一个支撑。它把资本主义市场条件下企业寻求利益（利润）最大化作为企业效率效益的保障和其衡量的理性依据，如美国经济学家爱德华·哈斯丁·张伯伦（E. H. Chamberlin）把企业在最大化动机支配下的行为理解为其效率效益行为的一阶逼近。[2] 但这种把"经济人"（企业）行为视为简单"机械钟摆"的观点早就受到美国经济学家托斯丹·凡伯伦（T. Veblen）质疑。[3] 美国经济学家格哈德·特纳（Gerhard Tintner）

---

[1] 参见 P. Romer, "Endogenous Technological Change", *Journal of Political Economy*, Vol. 98, No. 5 (October 1990), pp. S 71-S 101; T. W. Schultz, *Investment in human capital: The Role of Education and of Research*, NewYork: Free Press, 1977, pp. 126 – 140; R. Solow, "Technical Change and the Aggregate Production Function", *Review of Economics and Statistics*, Vol. 39, No. 3 (August 1957), pp. 312 – 320; R. Solow, "A Contribution to the Theory of Economic Growth", *Quarterly Journal of Economics*, Vol. 70, No. 1 (February 1956), pp. 65 – 94。

[2] 参见 E. H. Chamberlin, *The Theory of Monopolistic Competition: A Re-orientation of the Theory of Value*, US: Harvard University Press, 1933, pp. 68 – 106。

[3] 参见 T. Veblen, "Why Is Economics Not an Evolutionary Science?", *Cambridge Journal of Economics*, Vol. 22, No. 4 (July 1998), pp. 403 – 414。

也曾指出：企业成本和收益实际上具有随机变量性质，利润也就成为随机变量，所以没有企业能够仅把利润最大化作为目标来追求。① 英国经济学家布莱恩·巴利（Brian Barry）和美国政治学家罗素·哈丁（Russell Hardin）的社会选择理论表明，即使个体企业自身效率效益能够实现，这种"个体理性"也难以与社会理性保持一致。② 从历史和逻辑角度看，如果经济个体理性与社会理性能够保持一致的话，资本主义市场经济将是人类历史上最完美的经济制度，不会有任何问题（如战争、侵略、殖民主义、帝国主义、种族主义、民族冲突、宗教冲突、文化冲突、世界经济危机、国家范围内的经济危机）发生。

（二）竞争决定论

西方古典经济学理论把市场竞争作为效率效益的保障和动因。英国经济学家亚当·斯密（A. Smith）把竞争视为资源从低用途到最高用途的再配置，英国历史学家阿诺德·约瑟夫·汤因比（Arnold Joseph Toynbee）认为产业革命的实质就是用竞争取代控制生产和财富分配的中世纪规则。③ 而新古典经济学的完全竞争理论视其为价格作用下企业产生效率效益和资源配置的最优机制。④

首先，竞争是特定历史阶段中的特定经济制度条件下的产物，比如

---

① 参见 G. Tintner, "The Theory of Choice Under Subjective Risk and Uncertainty", *Econometrica*, Vol. 9, No. 3/4 （July 1941）, pp. 298 – 304; G. Tintner, "The Pure Theory of Production Under Technological Risk and Uncertainty", *Econometrica*, Vol. 9, No. 3/4 （July 1941）, pp. 305 – 312。

② 参见 B. Barry and R. Hardin, *Rational Man and Irrational Society*, Beverly Hills: Sage, 1982, pp. 300 – 324。

③ 参见 [美] 道格拉斯·C. 诺思著：《经济史中的结构与变迁》，陈郁、罗华平等译，上海三联书店、上海人民出版社 1994 年版，第 189 页。

④ 参见 A. Mas-colell, M. D. Whinston and J. R. Green, *Microeconomic Theory*, New York: Oxford University Press, 1995, pp. 311 – 350。

资本主义生产方式的特征之一就是私有制下的市场竞争，而用其竞争条件、要素、关系基础上建立的理论来解释、衡量社会主义的国有企业显然存在合理性问题。其次，西方历史和现代研究都表明，无论对一个企业、国家的发展而言还是在国际经济关系中，这种孤立、封闭条件下的"公平竞争"根本不存在（如经济殖民主义、经济帝国主义在西方资本积累、效率效益中的作用）。① 用这种竞争方式及结果作为实证依据来衡量社会主义国有企业也存在合理性问题。再次，私有制下的竞争一方面强压出"效率效益"，另一方面无法回避手段问题（如不择手段、弱肉强食、官商勾结、剥削榨取、资源耗竭、扭曲分配，进而产生两极分化、贫富差别以及各种不平等的经济与社会机制等等），而在结果上更是无法避免经济、文化、价值观等方面的负效应。因此，这种资本竞争及效益追逐对社会与经济发展的整体效率效益来说并非"天使"。最后，私有竞争带有"你死我活"性质，用存活的私有企业证明效率效益，并用存活的私有企业来与社会主义公有制下的国有企业做比较，从而确定后者效率效益低下，从方法上看，这是在完全忽略那些"死去"的企业造成的各种社会经济成本条件下的非科学性比较（详见本章第四部分命题11-6分析），也忽略了那些"死去"的私有企业的效率效益对存活的企业效率效益的中和作用。这就如同认为在带有普遍性的官商勾结行为中，那些没有被法律制裁或表面"合法"的官与商不仅比那些"落马"的官与商效率效益高，而且比那些奉行清廉的官和遵纪守法的商的效率效益也要高一样（如果以最终"利润增长"指标来衡量的话）。

（三）二八定律论

对中国影响极大的"帕累托二八定律"是西方经济学关于企业效率

---

① 参见 G. Myrdal, *The Political Element in the Development of Economic Theory*, London: Routledge & Kegan Paul, 1953, pp. 1-248。

效益的又一大理论支撑，它在封闭条件下，以投入与产出、能力与报酬、动机与结果等方面的不平衡表象为依据，在诸多经济、企业活动方面强调优化选择与优先配置。这个定律，除在孤立条件下的有限参考价值外，还蕴含了典型的"精英统治""少数人利益最大化""剥削产生效益""贫富天经地义"的价值观（与封建主义价值观极易一拍即合）。然而，在宏观效率效益上，该理论无法保持其衡量、决定的一致性、合理性、可靠性。20世纪三四十年代，法西斯德国对"帕累托二八定律"支配下的法国（老牌发达且有百年历史的资本主义国家之一）和与非"帕累托二八定律"指导下的新生苏联这个社会主义国家的"企业效率效益"（相关领域的生产能力、生产效率效益、科技运用、创造发明）进行了测试，结果是很清楚的。这种在方法上把假设相关性作为因果性的"适者生存"定律在西方社会科学领域里已受到广泛批判。[①]

（四）资源配置论

西方福利经济学把价格机制（即一种市场机制）作为资源配置、效率效益的最优机制。[②] 从方法论看，无论是庇古的社会总剩余决定资源配置的效率论，还是帕累托最优的交换、生产、配置效率论，都是在假设、限定条件下带有封闭系统特征的因果论。对此，制度经济学认为，对单个企业效率效益产生影响的因素，除价格机制外还有数量、质量、

---

① 参见 Jean-Jacques M. Laffont, "Survival of the fittest", in *The New Palgrave Dictionary of Economics*, John Eatwell, Murray Milgate and Peter Newman (eds.), UK: Palgrave Macmillan, 2008, pp. 1032 – 1289; A. Gibbard, "A Pareto Consistent Libertarian Claim", *Journal of Economic Theory*, Vol. 7, No. 4 (May 1974), pp. 388 – 410; A. Sen, "The Impossibility of a Paretian Liberal", *Journal of Political Economy*, Vol. 78, No. 1 (January 1970), pp. 152 – 157.

② 参见 Andreu Mas-Colell, Michael D. Whinston and Jerry R. Green, *Microeconomic Theory*, New York: Oxford University Press, 2005, pp. 311 – 355.

纵向一体化以及其他许多变量，并认为这是交易复杂性的必然产物。①
比如新古典经济学把资源配置理解为价格支配下的消费、生产的数量关
系本身已经包含了诸多的限定性和排他性，自身就带有极强的意识形
态，② 根本无法成为效率效益的比较基础。而美国经济学家哈维·莱本
斯坦（Harvey Leibenstein）认为新古典的资源配置效率概念具有琐碎性
（trivial），进而认为资源配置应该研究 X 无效率，即企业的实际效率与
理论上可达效率之间的差异。③ 这样看来，这种企业自身衡量远比企业
之间的利润比较具有科学性。美国管理学界著名学者理查德·法默
（Richard. N. Fanmer）指出：无论是企业还是国家的效率总是相对于一
定的目的或职能而言，因而效率指所追求的目标之实现程度；国家所设
定的政治、军事目标实现都可作为经济产出、效率效益部分来计算（这
种实现以及所体现的效率效益往往无法简单用市场价格来衡量或决定），
而不是仅仅只有企业利润率。④ 可以说，这种观点带有整体主义方法论
思想，即不能简单用某一指数、指标、要素来衡量不同国家或企业的效
率效益；国家或企业的目的、目标、生产关系性质、资本结构、技术水
平、生产方式、组织形式、市场结构、劳动关系、分配制度等差异性决
定了效率效益衡量的差异性。如果忽略这些差异性，用增长率、利润

---

① 参见 ［美］Y. 巴泽尔著：《产权的经济分析》，费方域、段毅才译，上海人民
出版社 1997 年版，第 35 页；Oliver E. Williamson, "The Economic Institutions of
Capitalism. Firms, Markets, Relational Contracting", in *Das Summa Summarum des
Management*, Boersch C., Elschen R. (eds.), Springer Link, 2007, pp. 61 – 75。

② 参见 D. W. Bromley, "The Ideology of Efficiency: Searching for a Theory of Policy
Analysis", *Journal of Environment Economics and Management*, Vol. 19, No. 1 (July
1990), pp. 86 – 107。

③ 参见 H. Leibenstein, "Allocative Efficiency vs. X-Efficiency", *American Economic
Review*, Vol. 56, No. 3 (June 1966), pp. 392 – 415。

④ 参见 ［美］理查德·法默、拓向阳：《企业效率与国家效率》，《经济社会体制
比较》1986 年第 1 期，第 38—45 页。

率或市场价格机制来简单衡量效率效益，那么，西方国家因社会价值观取向认为埋葬逝者的土地不能用来获取商业利益从而由政府和事业部门对其进行非营利性管理，其效率效益低于中国广泛的墓地经营的私有化、商业化、利润化模式，是否前者应该向后者学习"高效率高效益"呢？

（五）产权理论：科斯与马克思的区别

在西方效率效益理论里，生产关系从来不是一个变量，资本主义私有制是恒定、不变也无须讨论的。对中国产生极大影响的美国经济学家罗纳德·哈里·科斯（Ronald H. Coase）的产权理论正是在此前提下针对"社会外部性成本"强调产权及其法律的"明晰保障"才能产生激励、优化配置。该理论认为：产权人（即生产资料所有者）正是享有这种剩余利润占有和对雇佣劳动力支配的法权才受到激励去不断提高企业效益。当然这里的产权人指的是资本家，效率效益指的是私有资本获利衡量；在产权不清晰导致资本主义市场缺陷的研究上，无论是科斯和其他美国经济学家如奥利弗·威廉姆森（Oliver Williamson）、乔治·斯蒂格勒（George Stigler）、詹姆斯·布坎南（James M. Buchanan）、西奥多·舒尔茨（Theodore W. Schultz），还是中国的张五常，无不如此。而中国一些学者据此推断在产权激励上私有制优于公有制，根本忽略或无视科斯所指产权人是谁的问题。甚至还有观点基于上述产权与激励关系，认为只要把本来属于社会全体成员平等共享的资源放在少数产权人手中，自然能为社会创造更多财富。这个观点并不关心这个财富属于谁，只是带有掩盖性地说这是社会财富。如果说科斯的产权论及其效率论含有亚当·斯密"看不见的手"的基因，那么里根—撒切尔极端自由（资本）主义下产生的"滴注效应"理论则带有科斯产权论、效率论基因，而中国改革中出现的极端私有化、商业化、市场化理论则以这些理论为共同支撑。但马克思主义则不然。

　　首先，马克思把产权看作生产关系的法律形式。他一方面不否认资本主义产权人在产权"激励"下可以产生的"效率效益"，但另一方面又揭示了不同生产关系下"产权人"不同，有多数人和少数人的产权之分，有资本主义的私有产权和社会主义的公有产权之分，这些区分决定了经济活动的目的、性质、宗旨不同，生产方式、组织形式、市场结构不同，激励机制和效率效益衡量也不同。在私有产权制度下，资本的本质是逐利的，为了100%的利润，它就敢践踏一切人间法律；有300%的利润，它就敢犯任何罪行，甚至冒绞首的危险。① 但这个产权所产生的雇佣劳动力难道也会因"300%的利润"受到"激励"从而敢践踏法律、甘冒被绞首的危险？或是为人的最基本经济生存保障（有工作）而受到"激励"从而拼命提高企业的效率效益？

　　中国有的研究恰恰在这里混淆两种"效率效益"所基于的产权性质，掩盖西方经济学理论与马克思理论在产权人内涵上的本质区别，提出所谓"产权明晰"作为对中国国有企业进行私有化改革的理论依据。马克思所强调的社会主义产权有什么不明晰的呢？国有企业的产权有什么不明晰的呢？社会主义产权所体现的是为了多数人的效率效益，是为多数人的利益服务的；它们归全体人民和代表这些人民的国家所有，并受到法律、国家和军队的保护，因此对它们的"不可侵犯"同样是神圣的。产权够清晰吗？如果那些宣扬"产权明晰"的学者不相信这一点，否认国有企业、国有资本、资源、资产、资金的神圣不可侵犯性，可以到西方国家的大型国有企业（甚至那些具有行业垄断性质的国有企业）去建议，为了贵企业的效率效益必须"产权明晰"，而产权明晰必须私有化，这个西方企业会把他们当作疯子或傻子赶出门外。然而，在中国

---

① 仅从中国改革中披露的案例看，官商勾结、贪污腐败所产生的"效率效益"没有一个"利润率"低于300%的。参见［德］马克思著：《资本论》★，郭大力、王亚南译，上海三联书店2013年版，第565页。

的经济改革中，大量本来属于全体社会成员的各种生产资料（资产、资源）都由私有资本占有（即通常所说的"国有资产流失"），这些私有资本享有实际产权，因占有世界上最为庞大的廉价劳动力，利用几代人、几亿人在社会主义建设时期的"前30年"里依靠艰苦奋斗建设起来的现代工农业基础设施，创造出远远高于西方资本主义的"效率效益"，获取大于最广大人民群众千万倍的利益，但这个"效率效益"不是属于全体社会成员的。因此，中国国有企业的产权是全体人民的产权，是中国社会发展进程中民主抉择而产生的产权，是其社会主义性质最根本保障的产权，是执政党"代表最广大人民群众利益"最基础、最具本质标志的产权。如果改变这个产权性质，以"效率效益"为理由、以"明晰"为手段来达到人民的产权私有化，那就不是什么社会主义性质的改革。中国一些所谓的"精英"认为：西方"（私有）产权明晰"所以企业效率效益就高，而中国"（国有）产权不明晰"所以效率效益就低，因此要对国有企业进行（资本主义）私有化改造。但如果按照他们在封闭条件下孤立、割裂地衡量"效率效益"（利润增长率）结果来验证产权明晰与否，那么，当一个封建王侯的财富积累效率效益可以比一个资本家要高，请问前者是否可以用"产权明晰"为由来要求资本主义产权形式改变为封建的产权形式呢？这里的归谬法可以清晰地揭示中国那些强调只有"产权明晰"才能提高国有企业效率效益的观点在逻辑上的荒谬性。

其次，在"产权"上，马克思、科斯代表了两种不同的方法论。马克思的"产权论"具有：① 相对性。产权及其激励形式是由生产方式决定的，方式不同，产权（人）内涵当然不同，一个在任何生产力、生产关系条件下都具有相同内涵的产权及其"激励"形式从未有过。② 动态性。生产力是发展、变化的，因此产权形式也是发展、变化的（甚至在资本主义 500 多年历史中其自身的产权形式就发生了许多变化），而且一个经济制度下可以有不同产权形式（如 1949—1980 年中国有国有、集体和补充性个体经济的尝试）。③辩证性。既然产权（生产关系内涵之一）既可以促进又可以阻碍生产力的发展（即不存在绝对、普适、脱离生产关系性质的产权形式及其效率效益），那么产权形式的进步性、人权性是可以促进生产力发展、产生激励、提高效率效益的。与上述3个特征相反，科斯的产权论带有绝对性、静止性和形而上学性。其信奉者常常把产权视为超越生产力形式变化的、永恒的、普适的概念，即在任何情况下，一个清晰界定的产权就能产生效率效益，当然他们并未隐晦其价值观，即这样的产权形式就是私有资本的产权，即"只有资本主义才能救世界""资本主义才是救世主"。

自然，马克思无法对社会主义"产权"怎样在一个国家具体保证国有企业效率效益做出实证研究，但其社会计划性、非盲目性（相对盲目性、私有竞争任意性等）、公平性与平等性（相对人性异化、剩余价值榨取等）、劳动者利益最大化（相对少数人利益最大化）基础上的效率效益理论已被中国1949—1980年大量事实所证实（见本章和第十二、十三、十四章分析）。而西方一些研究也不断与之吻合。比如，美国经济学家、诺贝尔得主埃莉诺·奥斯特罗姆（Elinor Ostrom）论证了集体所有制企业的高效率高效益机制；① 美国经济学家道格拉斯·诺斯（Douglass C. North）关于西方国家效率效益的制度、产权理论并没有脱离马克思生产力–生产关系框架；② 本书作者曾借用马斯洛需求理论论证了公有制下的激励机制如何与资本主义下的不同，并在整体主义方法论框架下论证了这种激励机制的优越性。③

---

① 参见 E. Ostrom, *Governing the Commons*：*The Evolution of Institutions for Collective Action*, UK：Cambridge University Press, 2005, p. 199。

② 参见［美］道格拉斯·C·诺思著：《经济史中的结构与变迁》，陈郁、罗华平等译，上海三联书店1994年版，第20—40页。

③ 参见龙斧、王今朝著：《社会和谐决定论：中国社会与经济发展重大理论探讨》，社会科学文献出版社2011年版，第62—88页。

三、西方经济学理论、方法论指导下的中国"效率效益"研究

封闭系统是上述西方效率效益理论的方法论基础。但可以说，几乎没有西方学者用这种基础上产生的西方经济学理论对中国国有企业与私有企业的效率效益进行比较性实证研究，而对不同社会主义国家在不同时期的企业效率效益的横向或纵向的比较性实证研究就更是没有了。毕竟，这种实证研究，就如同在封闭条件下，把心脏影响供血与空气和水影响生命二者进行"效率效益"比较一样（研究意义和价值暂且不论），难以保证方法上的合理性、可靠性，即便对封闭系统方法论框架中的基本要求也难以满足。毕竟，无论是要素决定论、竞争决定论、二八定律论、资源配置论，还是"囚徒困境""公地悲剧"或"集体行动逻辑"理论，都无法支撑对中国国有企业与私有企业效率效益的比较性实证研究。

（一）企业效率效益的西方研究的方法论问题

西方效率效益理论正是在原子主义指导下，用所挑选的函数关系、要素作用进行割裂、孤立式研究，从而"论证"企业效率效益的影响方式和规律性。由于研究方法排除或控制研究对象的时空、条件、制度等差异性，排除或控制事物的交叉性、多元性影响，一旦离开了这个排除和控制系统，这些理论都面临衡量合理性、检验可靠性和指导适用性问题，即便对西方市场条件下的企业效率效益来说也是如此。正如本书第四章所指出的：中国与西方在历史路径、社会制度、生产关系、经济结构、人口总量、人均资源、消费方式、发展条件、生产力水平等方面是有差异的，又怎么能简单用西方市场条件下的私有企业效率效益理论来衡量中国社会主义建设时期的国有企业呢？（关于西方效率效益理论指导下的中国国有企业效率效益研究的更多分析，见本书第十二、十三、十四章。）

（二）中国研究的方法论问题

如果西方封闭系统方法论下产生的企业效率效益理论在西方市场经济条件下的运用都存在问题（见后文），那么用于中国社会主义公有制下的国有企业效率效益研究就更是方枘圆凿了。因此，用西方理论选定的要素对中国有企业业效率效益进行孤立、割裂式衡量，就会产生诸多逻辑性、严谨性、合理性问题。

比如，有学者根据新古典的委托代理理论提出：一个企业里的监督积极性和工人的努力水平随公有化程度的提高和规模的扩大而递减，反之则增加，并且认为建立代理人的剩余索取权是对公有制经济的帕累托改进。[①] 首先，如果这个逻辑关系成立，那么1949—1980年中国有企业业的效率效益应该低于1949年之前；如果这个逻辑关系成立，1941年的苏联，在公有化24年后，效率效益应该低于1917年沙皇时期，德国对苏联的消灭应该是摧枯拉朽，而德国则应该被私有化程度更高、资本主义时期更长的法国打败；如果这个逻辑关系成立，20世纪的西方资本主义由于企业社会化程度提高、规模扩大、兼并出现、垄断产生而使效率效益低于其原始积累时期。显然，封闭系统下产生的形而上学研究无法逃避逻辑性、合理性、可靠性问题。其次，一方面，委托代理理论本来指一个组织的监督积极性和工人的努力水平随着组织规模的扩大而降低，但另一方面，根据西方管理学、市场学、组织行为学的理论，西方大型企业尽管存在这种问题，但却因其规模大，具有更强的经济抗震能力、更好的技术平台和资源、更公平的福利待遇、更强的人力资源开发条件等等，这些企业效率效益综合正效应远远大于"组织规模的扩大"的负效应，而且认为一些经济领域如汽车制造、机械工业、航空太空以

---

① 参见张维迎、吴有昌、马捷：《公有制经济中的委托人——代理人关系：理论分析和政策含义》，《经济研究》1995年第4期，第10—20页。

及其他技术密集型、资本密集型行业尤其需要大型企业承担。也因此，西方从不在不同组织规模的企业之间做某一方面的效率效益比较研究。中国一些学者一方面对西方委托代理理论做了"修改"，另一方面对西方管理学、市场学、组织行为学、企业创新学等基本知识缺乏（更不要说对西方市场经济条件下企业实际管理、操作、运行结构与效率效益关系的了解与知识了）。因此，他们把西方理论中的"随着组织规模的扩大、形式的多元使代理关系复杂程度提高"变成"随公有化程度的提高和规模的扩大"，即"经济的监督积极性和工人的努力水平随公有化程度的提高和规模的扩大而递减，反之则增加"。这种"偷换"只能是在价值观驱使下为达到对中国社会主义工商业进行私有化改造之目的而对西方理论加以延伸、扭曲，别无他因。

再比如，还有学者沿袭美国经济学家哈罗德·德姆塞茨（Harold Demsetz）等人的观点，即企业利润的分配权和支配权是最重要的产权（简单说，就是生产关系、所有制问题），是决定企业效率的重要变量，然后根据简单利润率比较断定中国乡镇企业因拥有这些私有资本权利而在效率上明显高于国有企业。[1] 这不仅是典型的封闭系统下产生的割裂式、孤立式要素关系研究，而且违背西方经济学、管理学的要素理论。

第一，私有化本身与企业效率效益之间本来没有简单、单一的因果关系。如果有，那么西方私有化市场经济发展了500多年为何企业仍然存在效率效益、破产倒闭等问题呢？如果有，美国在企业和质量管理上不如日本效率效益高，是否也是因为前者私有化不如后者呢（事实恰恰相反）？第二，从西方管理学、市场学、组织行为学和企业创新学看，企业规模与纯粹以利润增长率为衡量的效率效益具有明显相关性，大型企业效率效益（如利润率、增长率）因各种市场、组织、战略目标差异

---

[1] 参见刘小玄：《国有企业与非国有企业的产权结构及其对效率的影响》，《经济研究》1995年第7期，第11—20页。

性等原因普遍低于中小企业，是否也是因为前者私有化程度不如后者呢？第三，再从西方管理学、市场学、组织行为学和企业创新学看，也从比较方法的科学性要求看，一个从零开始、运行了几年的乡镇企业与一个具有较大规模、运行几十年的国有企业在封闭条件下、选定的相同年份里的利润率、增长率有什么可比性呢？如果一个个体户第一年收入是成本的 5 倍（很容易做到），那么一个大型国有企业在相同的年份里也必须增长 5 倍才能达到同样的"效率效益"吗？卖茶叶蛋的比造导弹的收入高难道就是前者比后者更有效率效益吗？第四，不仅企业规模大小、成立时间、市场目的等是要考虑的因素，企业的种类（如不同行业、产业、市场领域）也是因素之一，那种并未选择同行业领域、同时间开始、同规模起步、同市场条件、同政府政策的企业效率效益比较还有什么合理性和可靠性呢？第五，根据前文所分析的学者的逻辑，企业规模越小越好、越私有化越好，但它并没有为企业规模与效率效益关系找到类似黄金分割法的定律，这岂不是等于说原始社会个体刀耕火种加上极端私有化能产生最高的效率效益吗？正是因为这些原因，西方从来不在大小企业之间、不同行业之间根据利润率、增长率来简单决定效率效益的高低。显然，这些割裂、孤立式研究得出的逻辑关系不过是选择性使用西方理论的封闭系统方法的产物。

上述分析表明，中国那些带有封闭系统特征的"效率效益"理论在方法上存在严重的合理性、可靠性、逻辑性问题。如果用这些理论和观点来研究、指导中国的企业改革，必然改变改革的"科学社会主义"性质，也必然在国有企业改革上产生错误的政策、模式和手段。

四、从中国 1949—1980 年经济发展函数关系看 国有企业效率效益——整体主义分析

根据整体主义的方法论思想，本章对企业效率效益的函数关系设立

及其交叉科学检验基于以下 5 个基本方法论概念：

第一，从唯物主义、整体主义看，当两个国家的历史路径、社会与经济制度不同，文化、价值观不同，生产力水平、经济基础设施、人口、资源、劳动力素质、技术能力、资本存量等不同，它们的企业效率效益的决定函数就是多元的。鉴于此，我们提出如下效率效益（E）决定的基本模型：$E = E(I_1, L, I_n)$，其中，I_j表示第 j 个对效率效益具有影响的变量，$j = 1, L, n$。根据唯物主义和整体主义原理，对于方程，我们要求它包含所有应该被包含的影响 E 的自变量；而根据计量经济学原理，我们还要求所有自变量之间具有根本的差异性，即不具有因果上的共线性。国家不同，n 的数值不同，而其中每一个变量的内涵都可能不同。

第二，正是由于 n 的数值不同，而其中每一个变量的内涵都可能不同，对不同国家之间企业效率效益或同一国家性质不同的企业效率效益做孤立式的指标比较是不合适的。如果它们的经济目的、生产关系性质、组织形式、"资本"形式、市场结构、操作模式，资源配置、成本核算、投入产出衡量再有本质性不同，任何根据封闭条件下选定的衡量要素指标对它们的企业做简单、孤立、割裂的对比从而决定效率效益高低就更不具有方法上的合理性和可靠性了。那么，既然私有企业与国有企业具有多种"不同"，那么到底怎样检验、衡量后者的效率效益呢？如果按照前面莱本斯坦、法默的观点，企业自身的实际效率与理论效率的差异可以成为合理衡量，而一个国家对其各种社会发展目标的实现都可以作为经济产出、效率效益衡量部分来计算（即无法孤立、割裂地衡量一个企业的效率效益或比较两个自身性质、形式、发展目标不同的企业之间的效率效益），这样，一个国家的经济发展与其社会发展的目标实现程度就可视为对企业效率效益的综合衡量了。这样，企业效率效益高低与它们之间的关系也就可以建立了。

第三，基于第一、第二两点，1949—1980 年的中国国有企业只能被视为国家的经济整体，任何使用西方效率效益衡量指标（如一个企业的产量、利润）对其做孤立、割裂、封闭式实证比较都毫无科学意义，就如同在封闭状态下对战争年代国共军队根据人数、装备、火力配备、机械化程度、供给、通信等来决定谁效率效益高一样荒谬。从整体主义方法论看，中国国有企业的企业效率效益只能从一个经济体制下的整体发展效益及增长结果分别与国家经济、政治目的和需求一致性角度来衡量。

第四，不仅企业的国有/私有性质差异决定了二者在可比性上存在问题（西方经济学没有这种在制度性质差异性条件下进行单个企业比较的科学方法），而且企业其他差异性因素也使得简单比较出现可比性问题。比如，在国家计划下发展了几十年的国有企业某些年度的增长率、利润率与从零开始的私有个体、乡镇企业增长率没有可比性，因而不能简单地用利润率对比来决定其效率，否则就是缺乏西方经济学、管理学和组织行为学等基本常识。

第五，在特定生产力条件下的经济增长是检验企业效率效益的标准之一，但关系要素不仅仅限于西方经济学在市场经济下设立的范畴。在西方范式里，资本主义私有制生产关系无论在整体经济发展还是个体企业的效率效益衡量上都是一个恒量和既定前提，而基于第一、第二、第三，社会主义生产关系构成了与西方理论所确立的经济增长、企业效率效益要素的函数关系。毕竟，按照西方理论，一个企业能否根据市场因素来决定劳动力的使用对企业的效率效益决定具有直接作用和关系，而1949—1980年中国国有企业因其生产关系本质无法这样去做。所以对国有企业效率效益的衡量必须把这一生产关系差异性因素及其对企业的"效率"作用考虑进去（详见后文命题分析）。如果在效率效益衡量上不考虑或有意忽略这一点，那要么是缺乏起码西方经济学、管理学、市场学、金融学、法律学等基本常识，要么是价值观、意识形态作祟，二者必居其一。

基于此，本章在历史唯物主义和整体主义方法论框架下，选定对中国 1949—1980 年期间企业效率效益产生影响的要素。所选定的要素分为两大类：① 共性要素。共性要素的选定基于一般西方经济增长、效率效益要素理论，如技术、资本、人均资源、劳动力、人口；② 特性要素。特性要素指中国 1949—1980 年期间对企业效率效益产生作用的要素。这些特性要素，尽管未被纳入西方经济学要素框架，但当置于经济学、管理学、政治经济学、经济社会学等交叉科学框架的检验下，对企业效率效益的影响与作用是无法否认的。尤其是，本章所选择的这些特性要素又带有一定程度的抽象性本质，即对任何一个发展中国家某个时期的经济、企业效率效益衡量都可以使用，从而使整个衡量机制构成经济学的一个整体主义衡量模型。根据 ① 、② ，本章建立这些要素与效率效益函数关系命题，构成本章对效率效益科学衡量、分析的基础。在此基础上，运用德尔斐法（Delphi Method）建立由 13 个关系中的自变量所构成的笛卡尔积空间，把中国 1949—1980 年的发展条件、作用因素置于这个空间，构成其经济发展投入的估计，并与西方同时期的笛卡尔积空间做相对比较。按照这些函数关系所揭示的效率效益决定和西方理论看，中国经济应该是世界上最失败的经济，其国有企业应该是世界上效率效益最低的企业。而事实证明：中国国有企业及其产生的经济、社会结果，按照包括西方要素在内的 13 个因素的衡量来说是奇迹——1949—1980 年中国国有企业不仅效率效益高，而且与中国社会经济发展的性质、目标、目的以及社会制度所体现的价值观体系保持了高度的一致。那么对于中国而言，n 的值应该是多少呢？不同的 I_j 又分别对 E 产生怎样的函数关系呢？①

---

① 从概念上看，效率效益的衡量需要考虑投入和产出的比例关系。但从整体角度分析一个国家一段时期内企业的效率效益时，其可能的投入是基本固定的。这时，对企业效率效益的整体衡量只需要考察这个经济的整体发展情况就可以了。

（一）经济增长共性要素与企业效率效益关系

命题 11-1：人均自然资源数量（av）与 E 具有两种函数关系：① av 越高，E 就越容易提高；② 单位自然资源创造价值时所使用的技术水平（Tur①）越高，在资源投入同等条件下，E 就越容易提高。一个国家的经济发展及所体现的企业效率效益与人均自然资源具有以下函数关系：

$$E = E(av, Tur) \tag{11.1}$$

其中，$\dfrac{\partial E}{\partial av} \geqslant 0$，$\dfrac{\partial E}{\partial Tur} \geqslant 0$。

在公式（11.1）中，因 av 和 Tur 在数量上的差异性，它们可以产生 4 种组合：一类是人均资源高，技术水平高（美国）；一类是人均资源低，技术水平高（日本）；一类是人均资源高，技术水平低（沙特）；一类是人均资源低，技术水平低（中国）。据此，美国企业效率效益最高（10，如以 0—10 为衡量指数），日本和沙特次之（5—8，二者之间的相对大小取决于自然资源和技术的相对价值创造）；而 1949—1980 年的中国，其 E 应该是这些国家中最低（0—2.5）。除 av 与 E 关系外，av 与 Tur 的交叉关系也对效率效益产生影响，见命题 11-2。

命题 11-2：一个经济的总体技术能力与水平（T）对 E 具有影响。在其他条件相同时，技术能力与水平越高，一是 E 就越高，二是 E 对人均资源（av）等要素的相对依赖性就越低，于是，E 与技术的函数关系就与它与资源的函数关系类似：

$$E = E(av, Tur, T) \tag{11.2}$$

其中，$\dfrac{\partial E}{\partial T} \geqslant 0$，$\dfrac{\partial E(T_1, av)}{\partial av} \leqslant \dfrac{\partial E(T_2, av)}{\partial av}$。

---

① Tur 指与利用自然资源创造价值直接有关的技术，决定相同自然资源投入量所能产生的经济价值的大小。

假设 $T_1 > T_2$，$\overline{E} = E(av_1, Tur_1, T_1)$，则使 $E(av_2, Tur_2, T_2) = \overline{E}$ 的 av_2 满足如下关系：$av_1 < av_2$。这表明，技术水平越高的国家（日本），其人均资源对其企业效率效益的约束越低；反之则越高。尽管从函数关系上看，T 对 E 的影响与 av 对 E 的影响相似，但从效率效益的保障目的来看，二者的关系并非简单替代，而且存在互补效应。如果技术约束存在，人均自然资源较少的国家（中国），相对人均自然资源较多的国家（如沙特），更不易获得发展生产所必需的技术，即有 $T_{t+1} = T_{t+1}(av_t)$，$T'_{t+1}(av_t) > 0$。同样，技术水平低的国家，也不易获得生产所必须的资源，即有 $av_{t+1} = av_{t+1}(T_t)$，$av_{t+1}'(T_t) > 0$；这个方程表示第 t 期的技术进步可以让第 $t+1$ 期的（可利用）人均自然资源更多（如日本），反之亦然（如沙特）。这种互补关系是瑞典经济学家冈纳·缪尔达尔（G. Myrdal）所提出的循环累积因果关系的一种，也是网络效应的一种。[①]上述表明，av 与 T 之间的交叉关系包括两种替代关系和一种互补关系。它们之间所存在的这种相互依存关系在这里本应引入时间下标来反映动态关系，但为避免公式过于复杂，在主要公式中被省略。

命题 11-3：根据新古典增长理论或根据西方管理学理论，经济发展的人均资本存量（k）对 E 具有影响。在其他条件相同时，k 越高，E 就越容易提高，反之则不然。因而公式（11.2）可以写成以下形式：

$$E_t = E_t(av_t(T_{t-1}), Tur_t, T_t(av_{t-1}), k_t) \tag{11.3}$$

其中，$\dfrac{\partial E}{\partial k} > 0$。

中国 1949—1980 年是人均资本存量世界最低的国家之一，按照上述理论其效率效益也应该最低。特别是，中国一穷二白（"白"可以理解为人均资本缺乏）、百废待兴（使得投资的不可分性问题更为突出），

---

① 参见 A. Nagurney，*Network Economic：A Variational Inequality Approach*，Dordrecht：Kluwer Academic Publishers，1999，pp. 137–167。

加上西方封锁，资本积累更加不易。而一穷二白、百废待兴、西方封锁的共同作用，也使资本积累难以产生出在西方条件下所能产生的效率效益。k 与 T 之间、k 与 av 之间具有类似于上述 av 和 T 之间的交叉作用关系。限于篇幅，这里不做展开。

命题 11-4：劳动力数量（L）、素质（H）与 E 具有分段（非线性）关系。当劳动力素质达到一定临界值（$\overline{H}$）后，劳动力数量越大，E 就越高；而劳动力素质低于 $\overline{H}$ 后，劳动力数量越大，E 就越低。即：

$$E_t = E_t(av_t, \ Tur_t, \ T_t, \ k_t, \ L_t, \ H_t)\text{①} \tag{11.4}$$

其中，$\dfrac{\partial E}{\partial L} > 0$，当 $H > \overline{H}$；$\dfrac{\partial E}{\partial L} < 0$，当 $H < \overline{H}$。

公式（11.4）表示：① L 过剩导致劳动力廉价所产生的 GDP 增长并不代表效率效益高，仅是创造了一个劳动密集型、经济粗放型、资本主义原始型的发展模式。在 L 过剩的情况下，可以认为，$\dfrac{\partial E}{\partial L} < \dfrac{E}{L}$，因而

$\dfrac{\partial(\frac{E}{L})}{\partial L} < 0$，即劳动生产率随着 L 增加是下降的，这里的经济增长不仅不代表效率效益的增长，反而代表其下降。② $\dfrac{\partial E}{\partial H} > 0$，它表示劳动力素质低，则效率效益低，因而劳动力素质低对企业效率效益具有双重不良影响。

命题 11-5：人口数量（Po）与其他变量交叉作用对 E 具有函数关系：① Po 越大，就越不利于 T 的提高、H 的改善和 k 提高，从而越不利于 E 的提高；② 当技术水平越低、劳动力素质越低、资本数量越少时，Po 越大越不利于 E 的提高。于是，

$$E = E(av, \ Tur, \ T(Po), \ k(Po), \ L, \ H(Po), \ Po) \tag{11.5}$$

---

① 为了方便，本章在公式（11.4）之后，当不明显涉及动态分析时，不加下标 t。

其中，$\dfrac{\partial T}{\partial Po} \le 0$，$\dfrac{\partial k}{\partial Po} \le 0$，$\dfrac{\partial H}{\partial Po} \le 0$；并且，当 $T \to 0$，$H \to 0$，$k \to 0$ 时，

$\dfrac{\partial E}{\partial Po} \le 0$，$\dfrac{\partial^2 E}{\partial Po^2} < 0$。

$\dfrac{\partial^2 E}{\partial Po^2} \le 0$ 意味着 $\dfrac{\partial E}{\partial Po}$ 在不断降低。也就是说，Po 越大，L 就越大，这种条件下的增长越不能代表 E 的提高。这样看来，因人口粗放性增长导致的以经济增长表现的 E 的相对下降是惊人的。[①]

从以上西方理论所提出的五类增长要素、7 个变量（意味着 $n \ge 7$）看，如果用 0—10 作为经济发展效率效益的要素指数来衡量世界各国，那 1949—1980 年的中国是世界上经济发展、效率效益要素条件最恶劣的国家。也就是说，中国不仅在经济发展、效率效益上具有低技术、低资源、低资本、低素质劳动力、高人口数量五大劣势，而且这五大劣势之间又产生不利于效率效益、经济发展的交叉作用；如果把公式（11.1）—（11.5）的要素条件放入美国经济学家 R. R. Nelson 的低水平的均衡陷阱衡量，[②] 中国这个时期应该是世界上效率效益最低、经济发展最失败的国家。然而事实上，中国这个时期的国有企业所展现出来的效率效益却给了相反的回答。

（二）中国特定生产关系条件与企业效率效益的关系

如前所述，脱离生产关系的生产力构成和发展并不存在，脱离生产关系的企业效率效益也不存在。而在西方范式里，资本主义私有制生产

---

① 1949 年中国人口 5.42 亿，参见国家统计局编：《中国统计年鉴 1982》，中国统计出版社 1982 年版，第 103 页；1980 年中国人口达 9.87 亿，参见国家统计局编：《中国统计年鉴 1996》，中国统计出版社 1996 年版，第 69 页。

② 参见 R. R. Nelson, "A Theory of the Low-Level Equilibrium Trap in Underdeveloped Economics", *The American Economic Review*, Vol. 46, No. 5（December 1956），pp. 894 – 908。

关系无论在整体经济发展和个体企业的效率效益衡量上都是恒量和既定前提。然而，按照市场经济一般规律，一个企业能否根据技术发展、资本成本、劳动力成本、市场供需、经济状况、资源条件、竞争需要等市场因素（这7个因素仅为举例）① 来决定使用多少劳动力对企业效率效益具有直接决定作用和关系。这就使中国的社会主义生产关系构成了与西方理论所确立的企业效率效益要素的函数关系。也就是说，生产关系所决定的就业制度差异性对企业效率效益决定具有直接的作用和关系。

然而，这个差异性对企业效率效益产生这样几个效应：① 国有企业因不能解雇或不能不招聘工人，在效率效益"提高""保证"上就形成了一个"绝对、综合性劣势"；② 在投入产出比上，在成本收益比上，在财会账面上，私有企业因技术发展或因资本成本上升、或因劳动力成本上升、或因供求关系变化、或因经济疲软、或因资源条件不利、或因竞争需要自由实行解雇、不聘，从而对其效率效益产生的"正效应"成了国有企业的"负效应"；③ 从经济学和公共管理学看，私有企业解雇、不聘造成失业，因此引起的政府财政支出（即由全社会劳动成员税收承担的失业救济和基本福利保障）实际成为私有企业利润的组成之一，以利润来衡量的效率效益必然提高；而这个支出对国有企业来说需要自身承担，成了成本，从而"降低"效率效益；④ 从经济社会学看，私有企业解雇、不聘导致的各种社会性支出（如犯罪率上升、疾病增加和教育、医疗、住房负效应以及其他社会问题的出现）在公有制经济体制里，事实上由国有企业"承担"（因为没有解雇、不聘），等于企业自身成本（因不能解雇、不聘）上升；而对私有企业来说，这些由于解

① 当一个企业因这7个因素作用而不能保持原有劳动力数量时，它不实行解雇、不聘，不仅使劳动力成本有多重性上升，而且使技术进步和资本效益下降。本章因篇幅限制，不将这些现实存在的交叉作用关系引入衡量公式。

雇、不聘导致的社会性支出则由全社会承担，成为了社会成本，等于全社会纳税人对提高私有企业效率效益的"贡献"。于是，有以下命题：

命题 11 - 6：生产关系所决定的就业制度（ES）与 E 具有函数关系。按照西方要素理论，在其他条件相同时，当一个企业越能根据上述7 种因素来决定使用多少劳动力、何时聘用、何时解雇（用 ES 变小来表示），就越能保证、提高以私有利润为衡量的"效率效益"，反之则不然。而社会主义生产关系要求的就业制度（ES）是人人享有就业保障。[1] 所以，

$$E = E(av, \ Tur, \ T(Po), \ k(Po), \ L, \ H(Po), \ Po, \ ES) \qquad (11.6)$$

其中，$\dfrac{\partial E}{\partial ES} < 0$。

同时，就业制度的差异性又与劳动力数量（L）、资本存量（k）、技术发展（T）分别产生交叉作用，对企业效率效益产生影响。比如，在资本主义就业制度（ES_1）下，一个社会的劳动力基数不是企业聘用或解雇决策要考虑的因素，这就使劳动力数量（L）再次对企业效率效益产生交叉影响。于是，① 劳动力数量越多，私有企业因劳动力廉价而效率效益越高，而在社会主义就业制度（ES_2）下，所有劳动成员都是企业主人，劳动力数量越多，国有企业"效率效益"越低；② 劳动力越多，私有企业利润值就越高、资本积累就越快，资本存量就越大（因劳动力廉价并成为资本招之即来挥之即去的效益杠杆），而国有企业利润值就相对越低、资本积累就相对越慢；③ 由于①和②，当劳动力越多，

---

[1] 生产关系决定的就业制度差异性本身使单个的国有与私有企业效率效益没有可比性。然而，"国有企业效率效益必然低下"的研究无视这一差异性，按照西方要素所做的孤立、割裂式"效率效益"比较、判定，具有典型的"封闭系统"方法论特征。既然对没有可比性的效率效益按照西方理论加以比较，本章不妨就按照西方经济学和管理学一般效率效益要素来对中国 1949—1980 年的国有企业进行预测性衡量。

私有企业技术发展越快、效率效益越高，而国有企业的技术发展应该越慢、效率效益越低。这些 ES 与 L、k、T 的交叉作用对 E 形成如下影响：

$$\begin{cases} \dfrac{W}{P} = f(L), & ES = ES_1 \\[2mm] \dfrac{W}{P} = \overline{w}, & ES = ES_2 \end{cases} \tag{11.7}$$

其中，$\dfrac{W}{P}$ 表示实际工资，f 表示边际产品函数，$\overline{w}$ 表示由国家所规定的工资；且 $f'(L) < 0$。

$$k = k\left(L, \ \frac{W}{P}\right) \tag{11.8}$$

其中，$\dfrac{\partial k}{\partial\left(\frac{W}{P}\right)} < 0$，$\left.\dfrac{\partial k}{\partial L}\right|_{ES_1} > \left.\dfrac{\partial k}{\partial L}\right|_{ES_2}$。

$$T = T\left(L, \ \frac{W}{P}\right) \tag{11.9}$$

其中，$\dfrac{\partial T}{\partial\left(\frac{W}{P}\right)} < 0$，$\left.\dfrac{\partial T}{\partial L}\right|_{ES_1} > \left.\dfrac{\partial T}{\partial L}\right|_{ES_2}$。

无疑，考虑这些关系，就会让公式（11.6）更为复杂。为了避免这种复杂性，本章下面的公式就不明确包含这些关系了。但值得指出的是：正是由于这种复杂性，没有一种现有的计量经济学模型可以用来准确地衡量中国国有企业效率效益，未来也不会有；毕竟，事物的辩证法本质不是某些数量指标所能衡量的。

命题 11-7：工业基础设施强弱（Ii）对 E 具有函数关系。前者越薄弱，以（农）轻重产品增长为衡量的效率效益在短期的直接提高就越难，而从长期看，Ii 的提高对资本、资金需求越大，对技术的需求也越高，其建设难度也越大、周期越长、见效越慢，本身效率效益就越不高。此外，包括重工业在内的工业基础设施的建设规模越大（Si），速度要求越高（Sp）（如受到战争威胁和经济封锁时），必须相对放弃轻工业、商品生产发展，Ii 对以消费品经济增长为衡量的效率效益的影响就越大。[1] 比如，1949—1980 年，中国在全世界最为薄弱的工业基础设施上白手起家，加上 Si、Sp 效应，应该是世界上经济增长率最低的国家，其 E 也应该是最低。于是，公式（11.6）可以改写为：

$$E = E(av,\ Tur,\ T(Po),\ k(Po),\ L,\ H(Po),\ Po,$$
$$ES[2],\ Ii,\ Si,\ Sp) \tag{11.10}$$

其中，$\dfrac{\partial E}{\partial Ii} > 0$，而且，令 $Si_1 > Si_2$，$Sp_1 > Sp_2$，我们有 $\left.\dfrac{\partial E}{\partial Ii}\right|_{(Si_1, Sp_1)} > \left.\dfrac{\partial E}{\partial Ii}\right|_{(Si_2, Sp_2)}$。

命题 11-8：农业基础设施强弱（Ai）对 E 具有函数关系。首先，前者越薄弱，对资本、资金需求越大、技术需求越高，建设难度越大、周期越长、见效越慢，而短期和直接对 E 的改进越不明显。而且规模越大（Si），速度要求越高（Sp），Ai 对 E 的影响就越大。其次，再从 Ai 与人口数量（Po）的交叉关系看，如果一个经济结构不仅农业基础薄弱，而且农村人口比例（Ap）越高，农业总产值占整个国民经济的比重一般就越高，E 受到 Ai 影响就越大。比如，1949 年的中国农业基础设施居于全世界最落后行列，农业人口比例居于全世界最高行列，农业总产值占整个国民经济的比重居于全世界最高行列。基于上述 ① Ai 在 Si、Sp 作用下对 E 的影响和 ② Ai 与 Ap 交叉关系对 E 的影响，公式（11.10）

---

[1] 有一种观点认为：中国 1949—1980 年不应首先发展重工业、国防和科技力量，而应进行商品生产；当廉价劳动力被西方使用、宝贵资源为西方消费者服务，西方资本终究会溢出些好处来，如给（准）殖民地带来的就业、汽车、高楼大厦等。香港不就发展得很好吗？这种买办、准殖民地经济学与台独"日本统治时期经济效率效益高"的论调本质上是一样的。照此逻辑，三座大山也无需推翻，民族独立与主权、经济自主与自立也换不来"资本"效率效益。一个西方封锁下的社会主义国家能够提供就业吗？能够发展生产力吗？能造高楼大厦和汽车吗？能实现自身社会发展目的吗？历史已做出回答。

[2] 在本章中，ES 是一个受到多种变量作用的变量。鉴于篇幅，在公式中没有详细区分它们，但不难根据上下文分清。

可以改写为：

$$E = E(av, Tur, T(Po), k(Po), L, H(Po), Po,$$
$$ES, Ii, Si, Sp, Ai, Ap) \tag{11.11}$$

其中，$\dfrac{\partial E}{\partial Ai} > 0$，而且，$\dfrac{\partial E}{\partial Ai}\bigg|_{(Si_1, Sp_1)} > \dfrac{\partial E}{\partial Ai}\bigg|_{(Si_2, Sp_2)}$，$\dfrac{\partial E}{\partial Ai}\bigg|_{Ap_1} > \dfrac{\partial E}{\partial Ai}\bigg|_{Ap_2}$，$(Ap_1 > Ap_2)$。

命题 11-9：国防及其科技强弱（DS）对 E 具有函数关系。如果美国像中国一样在 1840—1949 年的 100 多年里，反复遭受侵略、被占领、被奴役、被剥削，如果前者像后者一样经历八国联军、签署多种不平等、耻辱性、掠夺性条约，如果前者像后者一样在建国后立即遭到军事威胁、经济封锁，那就不能不发展国防与科技。中国不仅近现代史的教训惨重，而且在 1950—1980 年的短短 30 年中，经历了抗美援朝、中印边界反击战、抗美援越、中越边境反击战等。国防科技的任务越重（DS 越大），E 就越容易受到影响。故公式（11.11）改为：

$$E = E(av, Tur, T(Po), k(Po), L, H(Po), Po,$$
$$ES, Ii, Si, Sp, Ai, Ap, DS) \tag{11.12}$$

其中，$\dfrac{\partial E_t}{\partial DS} < 0$。

在西方范式里，资本主义社会的上层建筑无论在整体经济发展还是个体企业的效率效益衡量上都是一个恒量和既定前提。然而，中国具有由其生产关系决定的不同于资本主义的上层建筑，尽管生产力水平低下，依然要建立其社会事业、社会保障领域。于是有：

命题 11-10：一个新生国家的事业领域的基础设施（Sf）强弱与 E 具有函数关系：① 前者越薄弱，发展需要的投入越高，则 E 就越不易改进。比如，1949—1980 年中国教育、医疗、住房、卫生、交通、通信、文化、体育、社会保险等社会事业领域的基础极为薄弱，E 必然受到影响。② Sf 又与人口数量（Po）交叉作用对 E 产生影响，Po 越大，Sf 对以经济发展

为衡量的 E 的影响就越大，而且必须相对放弃农、轻、重的产业发展。

$$E = E(av, \ Tur, \ T(Po), \ k(Po), \ L, \ H(Po), \ Po,$$

$$ES, \ Ii, \ Si, \ Sp, \ Ai, \ Ap, \ DS, \ Sf(Po)) \tag{11.13}$$

而且，$\dfrac{\partial^2 E^2}{\partial Sf} < 0$（当 $Po \rightarrow +\infty$）。

命题 11-11：从西方性别经济学、经济社会学看，妇女劳动参与（Fp）对 E 产生影响。① 在资本主义市场经济绝大部分时间里，妇女是受到排斥的，是由市场选择、资本挑选的；对妇女的劳动力需求是由企业根据剩余价值量及其获取领域所决定的（美国仍未能做到男女同工同酬）。根据资本主义市场经济规律及理论，这种生产关系作用下的市场"选择""挑选""决定"的妇女参与率越低，使劳均资本、劳均利润较高，企业效率效益越高，反之则不然。正因此，美国 1776 年建国后到 1923 年美国妇女终于获得选举权这段时间里，用政治、民主制度和手段保证将妇女排除在政治、经济、文化、教育的社会主流之外。而中华人民共和国对妇女的经济解放是人类历史上最大规模的、最根本性的生产关系解放标志之一，且发生在一个生产力最为落后、封建压迫最为深重的社会里。在中华人民共和国成立后的头 10 年里，中国适龄妇女参加工作率达 90% 左右，①而美国为 30% 左右。② ② 不过，这个妇女参与率又与劳动力数量（L）产生交叉作用从而影响 E。根据西方"最大化"理论，当 L 已过剩时，再因"妇女解放"把 L 翻一番，这对资本主义市场经济下的企业来说是

① 参见高小贤著：《经济改革中的农村妇女》，载杜芳琴编：《中国妇女与发展：地位、健康、就业》，河南人民出版社 1993 年版，第 230—245 页；陶春芳著：《个人问卷调查中的中国妇女地位》，载杜芳琴编：《中国妇女与发展：地位、健康、就业》，河南人民出版社 1993 年版，第 36— 60 页。

② 参见 Howard. N. Fullertor, "Labor force participation: 75 years of change, 1950 - 1998 and 1998 -2025", *Monthly Labor Review*, Vol. 122, No. 12（December 1999），pp. 3 - 12。

不可思议的。而中国劳动力本来就过剩，因生产关系的社会主义本质使妇女与男子平等地参与经济建设，无疑更会影响 E。[1] 因此，当用西方市场的增长要素和效率效益理论来衡量时，女性是否无条件、平等参与对 E 产生影响；而社会原本 L 过剩作为条件变量又会加重这一影响。因此，公式（11.13）可以改为：

$$E = E(av,\ Tur,\ T(Po),\ k(Po),\ L(Fp),\ H(Po),$$
$$Po(Fp),\ ES(Fp),\ Ii,\ Si,\ Sp,\ Ai,\ Ap,\ DS,$$
$$Sf(Po),\ Fp) \tag{11.14}$$

其中，$\dfrac{\partial E}{\partial Fp} < 0$，$\dfrac{\partial L}{\partial Fp} > 0$，$\dfrac{\partial ES}{\partial Fp} < 0$。

公式表明，按照西方经济学，除非妇女的劳动力素质 H 高于原有男性劳动力的 H 而且 L 也短缺，否则妇女就业对 E 的影响必然是负相关的。这样，中国的 Fp 与 L 过剩、ES 效应以及 Po 效应就形成带有中国特性的、所有私有企业所没有的中国国有企业效率效益决定。忽略这个决定而简单、割裂、封闭地用"利润"为衡量来比较一个国有企业和私有企业，不仅在学术方法上丧失最基本衡量合理性（可靠性更不用谈了），而且表现出对历史的无知以及对西方经济学、管理学、政治经济学、社会学、女权学基本常识的缺乏。

（三）其他带有社会特性的非经济性的干扰变量与效率效益的关系

命题 11-12：从经济社会学、社会经济学角度看，一个国家发展中自身带有特性的事件、政策、社会运动（SM）可以对 E 产生影响。比如，资本主义经济大危机是西方经济（企业）效率效益的重大失败，两

---

[1] 参见 J. Spengler, "The Population Obstacle to Economic Betterment", *The American Economic Review*, Vol. 41, No. 2（May 1951）, pp. 343-354。

次世界大战亦此。再比如，经济政策（Py）的科学性越高、社会主要矛盾定位（Cp）越正确，越是有利于 E 的整体提高，反之则不然。仅从"大跃进"（1958—1960 年）、"文化大革命"（1966—1976 年）来看，中国 1949—1980 年的经济发展中，有 13 年的时间受到了干扰。无论从以工业生产为代表的生产力发展看，还是从以社会主义公有制为代表的新型生产关系看，"大跃进""文化大革命"分别构成中国 1949—1980 年社会主义建设时期中的两个特殊阶段，都干扰了正常的经济发展。无疑，这些阶段越多，持续的时间越长，政策失误越严重，效率效益受到的影响就越大。

$$E = E(av, \ Tur, \ T, \ k, \ L(FP), \ H, \ Po, \ ES(FP), \ Ii,$$
$$Si, \ Sp, \ Ai, \ Ap, \ DS, \ Sf, \ Fp, \ SM(Py, \ Cp)) \qquad (11.15)$$

其中，$\dfrac{\partial E}{\partial SM} < 0$，$\dfrac{\partial SM}{\partial Py} < 0$，$\dfrac{\partial SM}{\partial Cp} < 0$。为了公式的简洁，公式（11.15）省略了 Po 对其他相关变量的交叉作用，以下公式亦是如此。

命题 11-13：社会公平、平等价值观内涵（如强调的程度、范围、方式、角度等）（V）与企业效率效益具有函数关系。不同国家的发展路径、历史经历、社会与经济制度、文化、信仰、价值观、生产力基础、人口与资源等不同，根本不存在什么内涵完全统一的平等、公平、正义价值观，即使西方国家之间也如此。比如，加拿大按照自身价值观（即土地是社会全体成员共同占有、享受的不可再生资源），在房地产业采取国有、集体、私有多种所有制经营，把私有房地产业利润额降到最低。而里根—撒切尔极端资本主义则认为穷人就不应该拥有自己的房子，私有资本决定一切才是社会公平与正义。社会主义生产关系的价值观是人人平等基础上（如生产资料公有制对全体社会成员基本经济生存的保障基础）的公平与正义（如多劳多得）。这样看来，价值观差异性（哪怕同样都是强调平等、公平的价值观）对不同的社会保障事业产生影响，从而对 E 产生影响。按照西方古典、新古典理论，上述里根—撒切尔主义价值观越强烈，效率效益就越高，而社会主义生产关系的平等、公平价值观程度越高，效率效益也就必然低（因为不是私有资本最大化了）。比如，1949—1980 年期间，所有与中国生产力基础、内外部条件相似的国家没有一个像中国这样去发展全民教育、全民社会保险、全民医疗，从规模和程度看，更没有一个具有中国如此巨大的负担。这样看来，中国的 E 应该是全世界最低的。

$$E = E(av, \ Tur, \ T, \ k, \ L(Fp), \ H, \ Po, \ ES(FP), \ Ii,$$
$$Si, \ Sp, \ Ai, \ Ap, \ DS, \ Sf, \ Fp, \ SM(Py, \ Cp), \ V) \qquad (11.16)$$

其中，$\dfrac{\partial E}{\partial V} < 0$。

五、笛卡尔积空间与因素交叉作用下的中国国有企业效率效益衡量

本章依靠整体主义和唯物主义方法论，用交叉科学方法构建了效率效益决定与衡量，既包括西方经济学作用因素，也包括不可忽略的生产关系差异性因素（如就业制度、妇女参与率等），还包括一个国家发展阶段中的相关特性因素（如工农业和事业领域基础设施、国防科技、人口、社会性事件、政策、运动、价值观等）。从方法论看，它比封闭系统下简单、孤立、割裂的一个国有企业和一个私有企业之间的效率效益决定、衡量、比较更具有合理性、客观性，从而也更具有普遍性。比如，给定本章命题 11-1 至命题 11-13 的公式，代入某国家在这 13 个方面的数据或可比性指数，便可对其一段时期内的效率效益进行相对合理、可靠的衡量。从数据本身看，13 个变量关系有的带有基数性质，有的则更为接近序数性质。但无论怎样，在这 13 个方面的变量值极低条件下，按照西方理论，一个国家的经济不可能有较大产出（效率效益）。

在此基础上，笛卡尔积空间衡量和因素交叉作用衡量可以进一步对中国国有企业效率效益进行科学衡量。

（一）笛卡尔积空间衡量下的国有企业效率效益

不妨把13个变量关系的取值都标准化在 $[0, 10]$ 区间里，变量取值10表示它对提高效率效益最为有利，而取值0表示最为不利。比如，1949年中华人民共和国成立时的人口基数（以西方当时现代企业劳动力素质要求为衡量），中国的就业制度（考虑中国不根据"市场"、资本来决定招聘或解雇），中国妇女因社会平等性要求参与经济活动（即不按照西方市场、资本的要求来决定妇女参与数量和领域），如果按照西方资本主义市场经济下企业效率效益的"资源配置"条件、要求来看，都可为0。根据大量已有文献，也运用德尔斐法（Delphi Method），可以确认，在这13个方面 $[0, 10]$ 区间所构成的笛卡尔积空间（Cartesian Product）中，中国1949—1980年经济发展的初始条件相对西方现代企业的条件来说应该收敛在 $[0, 0.5]^{13}$ 中，这就是中国1949—1980年企业创造效率效益所使用的投入估计，构成那一代人、那个发展阶段的经济、企业的效率效益函数的可行性集合。与之对应，西方发达国家则收敛在 $[9, 10]^{13}$ 的笛卡尔空间子集中；比如，美国在所有这些方面都可以取10。从几何效应看，前者创造效率效益的生产可行集合的测度（体积）在 $0—0.5^{13}$ 之间，后者创造效率效益的生产可行集合的测度在 $9^{13}—10^{13}$ 之间。用博弈论和测度论的语言说，前者策略集合的大小、测度趋近于0，后者策略集合的大小、测度趋于极大。所有资本主义国家在创造效率效益上的策略测度都是中国创造效率效益的策略测度的几乎无穷大倍，实际上，这个倍数处于 $[18^{13}, +\infty)$ 之间。这表明，资本主义国家企业效率效益保障、改善的空间相对于中国几乎是无限的。

（二） 因素交叉作用下的国有企业效率效益

本章设立的 13 个变量关系之间的交叉影响作用使上述效率效益差异性进一步加大（限于篇幅，本章并没有穷尽这些交叉影响，对于本章目的而言，也没有必要）。比如，资源与技术之间的（依赖性）约束关系，资本分别与资源、技术的交叉作用关系，劳动力数量与素质之间的临界点关系，人口分别与技术、资本、资源、劳动力素质等的交叉作用关系，就业制度差异性分别与劳动力数量、资本存量、技术改进，分别产生交叉作用；工业基础设施分别与人口、技术发展、资本存量、人均资源、劳动力素质等变量产生交叉作用，事业领域基础设施与这些变量产生交叉作用，等等。这些不同类型、性质的交叉作用都对效率效益差异性产生影响。本章交叉作用的分析和衡量范式表明，即便按照西方经济学的要素理论，即便在西方封闭系统、原子主义方法论指导下的孤立性分析框架下，本章前文所分析的那些中国学者的所谓效率效益"理论"在方法上都是缺乏学术严谨性和可靠性的，更不用说在整体主义、唯物主义的方法论框架下的检验了。

按照贫困恶性循环理论①，从 13 个条件和约束等变量自身之间的动态关系以及上述不同变量之间的交叉关系看，中国在 1949—1980 年面临的远远不是一个贫困恶性循环。比如，从变量关系自身的双向作用看：由于中国人均自然资源低下，企业效率效益受到影响，而产生的结果又反过来作用于人均自然资源利用率；中国总体技术能力与水平低下，企业效率效益受到影响，而产生的结果又反过来作用于技术开发、综合提高的能力；中国人均资本存量低下，企业效率效益受到影响，而产生的结果又反过来影响人均资本积累；劳动力数量大、

---

① 参见 R. Nurkse, *Problems of Capital Formation in Underdeveloped Countries*, New York: Oxford University Press, 1953, pp. 175 – 190。

"人力资本"水平不高，企业效率效益受到影响，而产生的结果又反过来作用于"人力资本"的改进；工农业和事业的基础设施越薄弱，企业效率效益越容易受到影响，而产生的结果又反过来影响工农业和事业领域的建设速度与质量；国防和科技越薄弱，企业效率效益越容易受到影响，而产生的结果又反过来作用于国防和科技能力的提高。再考虑到这些因素之间多元交叉的影响，如人均自然资源低下，就难以用资源来换取技术、资本，这种交叉关系更使企业效率效益低下，那中国的贫困恶性程度加深或数量增多，或复杂性程度增大，或兼而有之。

除上述 13 个方面与 E 产生的变量关系、变量关系的反向作用以及 13 个方面之间产生的交叉关系，我们还可以考虑企业效率效益变化的时间与条件因素作用。西方资本主义已发展了 500 多年，而新成立的中华人民共和国的生产力只发展了短短的 27 年（1953—1980 年）。除时间差异外，从条件上看，因历史等各种原因，后者的发展不可能有前者的殖民主义、帝国主义经济（世界范围的资源、廉价劳动力使用和世界市场占有等优势）为其现代企业效率效益创造的优势条件，无论是资本积累还是技术提高，无论是劳动力资源还是市场效应。到 1939 年时，英国 80% 以上的副食品、日用品由海外殖民地的廉价资源和劳动力提供。这种有利于英国提高自身资本、劳动力、技术、资源、市场"效率效益"的隐含作用是难以估量的。而自 1840 年鸦片战争后，中国不仅没有这样的机会，反而正好是西方"效率效益"保障的掠夺、剥削对象，这种交叉效应远远不能用 0—10 这种数理概念来表示。实际上，中国的人口基数和全民就业制度产生的交叉性影响也无法用 0—10 这种数理概念来表示。而在全世界劳动力最为过剩的市场里，又对世界最大的妇女人口实行平等就业制度，这种交叉效应远远不能用 0—10 这种数理概念来表示。

考虑到本章第一至第四大点所分析的各种集群因素作用，再假设国有企业效率效益低下，再考虑到中国 1949—1980 年经历了自然灾害、"大跃进"的失误、"文化大革命"，遭受了经济封锁、军事包围，又经历了抗美援朝、中印边界战争和抗美援越，那么，其 1949—1980 年的经济发展绝不是什么企业效率效益高低的问题，应该是经济、社会发展全面、彻底失败的问题。可是事实上，这个时期里，尽管"大跃进"的失误和"文化大革命"的破坏，中国仍然做到了 GDP 快速增长、独立工业体系建立、现代工农业基础设施基本建立，原子弹氢弹爆炸、卫星上天，在世界上人口最多的国家里历史性地初步发展了社会事业领域，世界上最大规模的妇女平等地加入经济建设行列，成功地保卫了国家主权、领土。这样看来，作为这一切之根本基础和保障的国有企业的效率效益无疑是高的（尽管在无限理想状态下可以更高）。① 这样看来，以整体主义方法为衡量，那种"国有企业效率效益必然低下"的观点只是封闭系统方法论指导下或某种价值观驱使下的一个伪科学命题。而从中国经济学角度看，考虑到上述四大方面的作用关系所形成的中国与西方的多重差异性，考虑到中国在多个方面与苏联和东欧国家的差异性，考虑到中国自身条件下的社会、经济整体发展目标、目的的实现，可以说，1949—1980 年期间，中国国有企业的效率效益集中体现了当时的"中国特色"社会主义经济，创下了人类历史同条件下科学衡量的"企业效率效益"奇迹。这就是历史唯物主义、整体主义、开放系统方法论下的"企业效率效益"科学衡量的结果，与封闭系统方法论下的衡量相比具有本质区别。

---

① 不仅工业如此，如果考虑到 1949 年前中国农业生产力水平世界最低、人口负担世界最大，考虑到"文化大革命"使 1980 年农业人均产量与 1966 年水平相比提高不多，考虑到生产关系对就业制度的"市场约束"，其农业发展的效率效益也是较高的。可以说，1950—1966 年这个时期里，中国农业生产力水平提高速度是其之前历史上任何一个 17 年间所没有的。

六、结论：方法论科学性与价值观属性决定
效率效益衡量的科学性

本章历史、逻辑反证分析、笛卡尔效率效益空间衡量和因素交叉作用分析充分表明：1949—1980 年的中国，在人均自然资源方面处于世界最低行列，却发展了经济，显示了效率效益；在总体技术能力与水平方面处于世界最低行列，却发展了经济，显示了效率效益；在人均资本存量方面处于世界最低行列，却发展了经济，显示了效率效益；在劳动力数量和人口数量世界最大、劳动力"素质"方面处于世界最低行列，却发展了经济，显示了效率效益；既让最广大人民都有就业保障，又发展了经济，显示了效率效益；既让全世界最大数量的妇女与男性一样平等地加入到经济建设中去，又显示了效率效益；既建立了初步完备的现代化工业基础设施体系，又显示了效率效益；既建立了一定的现代化农业基础设施，又显示了效率效益；既发展了国防从而使得外族和西方列强再也不能凭借军事力量侵入中国，又显示了效率效益；既发展了现代科技从而使一些领域居于世界领先地位，又显示了效率效益；既建立了社会事业领域的基础设施，又显示了效率效益；既建立了公平、平等的社会主导价值观，又显示了效率效益。这些效率效益的显示当然首先是相对中国 1949 年之前的状况而言，也相对任何在本章中 13 个函数关系方面与中国具有可比性的国家而言。但这一切是西方经济学无法理解的，在其封闭系统方法论框架中是无法科学衡量的，也是经济学诺贝尔奖得主们难以理解的，而这恰恰是中国社会主义国有企业的效率效益。

第十二章　案例分析五：国有企业效率效益衡量——历史唯心主义与历史反证主义的方法论对抗

　　基于第十一章13个命题所建立的变量体系及其所揭示的企业效率效益决定，本章逻辑和历史反证法分析将揭示：1949—1980年这个时期中国如果建立类似西方资本主义或非西方资本主义市场经济体制，其经济要么屡遭失败，要么无法避免战争、军阀割据、外族侵略、政权更迭、社会革命；而用西方的效率效益决定关系来衡量中国社会主义经济发展的要素劣势，再加上"国有企业效率效益必然低下"，那中国经济只能是崩溃与失败得更快。然而事实却表明，中国1949—1980年这个时期不仅GDP、工农业总产值增长，而且经济基础设施不断完善，人均寿命得到极大提高，生活水平得到明显改善。即使从1980—1995年这个时期看，如果国有企业效率效益"低下"，私有经济则要增长1 014倍才能实现中国这一时期的经济增长。本章的实证和反证分析将从不同角度揭示：中国国有企业的效率效益是高的，而"低下论"只是一个伪科学命题。

一、福格尔的历史反证法

　　本章在历史唯物主义和交叉科学方法论框架下，借用美国著名经济史学家、诺奖得主罗伯特·福格尔（Robert Fogel）的历史反证法（Counterfactural Historiography）①衡量中国 1949—1980 年以及 1981—1995 年这两个时期的国有企业效率效益，在科学假设、衡量、比较、反证基础上进一步证伪国有企业"效率效益必然低下"（下称"低下论"）这一理论。

历史反证法功能之一是通过对历史做同等或不等条件下的作用因素假设，用以检验决策、模式选择的差异性及目的性。历史反证法不是"假设历史"，而是通过设定一个合理标准，检验同一个历史时期里两种不同模式、决策的结果和效率效益的差异性。从决策科学看，这也是一个信息完整性、实证科学性、选择优化性等博弈的综合衡量。比如，这个方法可以通过结果差异性对比来衡量一个经济模式、政策、方法选择的科学性。福格尔就曾用历史反证法分析、比较美国 19 世纪 50 年代开始的"铁路经济"和一个假设主要依靠水路和陆路交通的同时期美国经济（后者是相对当时"发展铁路经济"模式而提出但被否定的另一种发展模式），并得出结论：美国铁路并非像众人所宣称的那样是经济发展效率效益更高的模式。而经济学和计量历史学（Cliometrics）的交叉研究还表明，如果把用于铁路的投资用于改进、建设陆/水路交通，铁路的优势将微乎其微，而且陆/水路经济会避免一些铁路经济的"社会性成本"（如铁路经济发展中所产生的社会平等、公平、正义问题）。从美国 20 世纪 40 年代后陆路交通的革命性发展以及经济效益看，这一反证结论是具有一定科学性的。

本章对中国国有企业效率效益的反证法衡量不使用具体计量手段。首先，第十一章中 13 个命题的逻辑结构所表现的数理衡量方法本身已对封闭系统下简单、割裂、无视差异性的数量研究所产生的"低下论"做了证伪。其次，本章主要针对的是封闭系统下的比较研究在方

---

① 参见 R. W. Fogel，"A Quantitative Approach to the Study of Railroads in American Economic Growth: A Report of Some Preliminary Findings"，*The Journal of Economic History*，Vol. 22，No. 2（February 1962），pp. 163—197。

法论上的逻辑性（logicality）、合理性（validity）、可靠性（reliability）、适用性（applicability）问题，而不是它们在实证分析中具体数量方法上表现的错误（尽管这种错误在方法论出问题时一般较难避免）。因此，反证法的运用主要是在第十一章 13 个命题的基础上，通过逻辑反证和历史实证主义反证推演出"低下论"的逻辑性、合理性、可靠性问题。再次，在国有企业效率效益问题上，"低下论"的逻辑是荒谬的、方法是错误的、结论是颠倒的，已远不是美国历史学家基于不当数据得出"铁路不可或缺"这一不精确结论的情况了。这就使得本章基于开放系统方法论下的函数关系构建而非基于实证定量的反证分析具有其自身的科学性。也因此，除运用福格尔的实证反证法之外，本章还根据反证的方法原理，进行逻辑反证分析。而第十一章中根据整体主义方法论和交叉科学方法产生的 13 个命题以及相应的指数化处理为不同制度下企业之间的效率效益衡量提供了可比性基础。这就保证了本章的逻辑与历史实证反证研究具有合理性、可靠性。

"国有企业效率效益必然低下"的"理论"生搬硬套封闭系统方法论框架中产生的西方企业效率效益衡量范式（以投入产出比为主），在不考虑其他相关作用因素、条件因素以及各种差异性条件下把中国的国有企业与中西方私有企业做简单、孤立的"利润率"比较。① 在相关实证过程中，这个"低下论"不会、不愿意也不可能运用科学方法对那些相关作用因素、条件因素及其各种差异性做科学的、实事求是的方法处理，从而使比较双方具有起码可比性。这与"低下论"在照搬照套西方

---

① 具有讽刺意味的是，这些中国研究与西方那些较为客观、遵从科学原则的中国效率效益研究产生了截然不同的结果。参见 C. Riskin, *China's Political Economy: The Quest for Development since 1949*, New York: Oxford University Press, 1987, pp. 11 – 376; J. Robinson, *Economic Management, China 1972*, London: Anglo-Chinese Educational Institute, 1973, pp. 1 – 37; B. M. Richman, *Industrial Society in Communist China*, New York: Random House, 1969, pp. 917 – 951。

范式、在封闭条件下对增长要素进行分析时所表现出的高超数理能力截然相反。而这恰恰说明，当意识形态和方法论极端化作祟时，科学本身的严谨性已经不重要了，而数理数量工具也就是成为意识形态的工具而已。这样，"低下论"必然扭曲事实、颠倒历史。

鉴于上述原因，本章的历史和逻辑反证分析试图把"低下论"颠倒的历史、事实再用科学的方法颠倒过来。这个颠倒本身不仅重新证实中国 1949—1980 年社会主义建设时期所取得的成就，证实这个成就不仅是中国经济改革的基础之一，而且是改革指导理论与相关决策科学性的基础之一，是改革的科学社会主义这一本质特征之一，也是中国特色的社会主义的理论内涵之一。

二、逻辑与历史反证法衡量证伪"低下论"

本章通过逻辑反证分析与对历史实证的反证分析揭示"低下论"的逻辑荒谬性以及这个理论在方法论上存在的科学性问题。

（一）理论命题的逻辑反证分析与衡量

理论命题的逻辑反证分析与衡量主要从以下两个方面进行：

1. 制度性质的逻辑反证

反证假设 12 - 1：基于第十一章 13 个命题所揭示的企业效率效益的决定，假设中国 1949—1980 年建立一个类似西方资本主义市场经济的国家并发展以私有制为基础的商品经济，那么，根据企业效率效益的共性与特性要素决定，① 从保证这个私有制下"经济人"利益最大化目的的实现看，② 从中国具有人类历史上规模最庞大、素质低下（按照西方标准）的劳动力看，③ 从中国当时拥有的资本存量看，④ 从中国当时的生产技术水平看，⑤ 从中国当时的人口规模看，⑥ 从中国当时的人均可用资源看，⑦ 从中国所需要发展的各种基础设施看，⑧ 从中国几千年封建社会官与商的组织、文化结构的功能必然性看，⑨ 从中国改革中出现的官商勾结的现象看，① 结果只有两种：要么中国 1949—1980 年多次处于崩溃边缘，多次出现经济危机，多次产生人类有史以来最多的失业人口，多次面临军事侵略、经济封锁，或多次出现社会动荡与革命；要么这个经济制度只有通过对最广大人民群众保持与三座大山制度下相似程度的经济剥削与压迫，保持相同或相似程度的贫富差别、两极分化，保持相同或相似的官商勾结、利益集团结构才能维系，但那将无法避免战争、军阀割据、外族侵略、政权更迭和生灵涂炭——中国的历史已经证实了这一点。

这两种反证结果基于这样的实证逻辑主义的推证：从实证事实看，中国在 20 世纪 70 年代末开始的改革开放中出现了官商勾结、利益集团，它们具有这样的特征：第一，中国有 2 000 多年封建社会官商关系结构、行为准则的土壤（与西方资本主义经济制度中寻租行为在本质和表现形式上都不同）；第二，中国漫长封建社会形成的私有制价值观和文化土壤，一遇到生产资料私有制的"雨水、阳光和空气"，这两种土壤就可能滋生出官商勾结、利益集团；第三，中国经历了 20 世纪 50 年代至 80 年代 30 多年社会主义公有制计划经济建设时期的制度、生产关系、价值观、行为影响，对上述两种土壤进行了改造；第四，20 世纪 70 年代末开始改革开放后，尽管经历了 30 多年的改造，官商勾结、利益集团伴随着生产资料私有化（尤其是对已经发展起来的社会主义工商业进行的私有化市场转型）依然大规模、快速出现。基于此，反证假设可以得出结果：假设按照某学者的"理论"②，1949 年起中国就实行私

---

① 龙斧、王今朝著：《社会和谐决定论：中国社会与经济发展重大理论探讨》，社会科学文献出版社 2011 年版，第 3—25 页。
② 参见张维迎、吴今昌、马捷：《公有制经济中的委托人—代理人关系：理论分析和政策含义》，《经济研究》1995 年第 4 期，第 10—20 页。

有制市场经济，再把 30 多年社会主义公有制计划经济建设时期的制度、生产关系、价值观、行为影响及其对上述两种土壤进行的改造全部抽掉，中国官商勾结、利益集团、利益纷争的程度、规模都会达到空前的疯狂程度，再考虑到上述 ① 至 ⑨ 的条件、环境和作用因素，那中国社会和经济的发展结果只有本章所阐述的这两种。正是从这个意义上讲，"只有社会主义才能救中国"。

上述历史反证分析还表明，即便是改革开放后，中国逐步成为世界第二大经济体，也无法建立西方式的资本主义国家的政治与经济制度。而建立类似 1911—1949 年国民党的制度，无非是用新的三座大山代替旧的三座大山，中国社会矛盾的尖锐性依然会出现，也就会再出现各种形式的剥削压迫。如果中国今天在经济改革中搞资本主义或非资本主义私有化，根深蒂固、无孔不入的、封建制度所固有的文化、意识和政治、经济行为方式、手段模式就有了死灰复燃的土壤、空气和水分，集中体现在官与商、官与官、商与商、官与民、商与民的关系上（这是为什么中国历史几千年，到 1949 年之前，无论生产力怎样发展，朝代、政权怎样更迭，生产关系中所表现出的这个"封建"一致性始终不变）。由此封建模式、私有制和官商集团所形成的三位一体正是中国几千年的典型社会特征。而毛泽东一代人真正为了"最广大人民群众利益"的价值观及其与实践、行为相一致的指导理论使他们选择了一个可能改变这种状况的社会制度，也因此，全国人民才可能与他们同心同德、同舟共济、同甘共苦。①

2. 基于制度性质假设的逻辑反证假设

反证假设 12 - 2：中国 1949—1980 年是社会主义公有制，国有、集

---

① 关于中国选择社会主义的历史必然性分析，参见龙斧、王今朝著：《社会和谐决定论：中国社会与经济发展重大理论探讨》，社会科学文献出版社 2011 年版，第 40—51 页。

体为主，少量个体补充。假设：① 第十一章 13 个命题所揭示的中国资源、技术、资本、劳动力、人口、基础设施、国防和科技、生产关系等因素与经济发展效率效益的关系成立，②"国有企业效率效益必然低下"的结果成立，③ 反证假设 12–1 的结果也成立。那么，中国经济将比反证假设 12–1 的经济失败来得更快，危机更大，企业破产更多、更频繁；较 1949 年前的中国，与其说会发展，不如说会倒退——毕竟 1949 年之前中国的私有制程度远远高于 1949 年之后（帝国主义在中国的商业组织形式是私有制，官僚资本主义尽管带有浓厚封建官商勾结色彩，也是私有制，民族资产阶级还是私有制）。也就是说，中国的基础条件，西方效率效益决定，再加上"低下论"的理论，中国 1949—1980 年将产生全世界发展最慢、失败次数最多的经济。

反证假设 12–3：1895—1945 年台湾作为日本的殖民地，其城市建设、工业基础设施的建立、教育的发展，都相对同时期大陆的"效率效益"要高，企业效率效益相对也要高。假设中华人民共和国 1949 年成立后走台湾的道路，即成为日本或美国的殖民地或"准殖民地"，由日本或美国来主导发展所谓的比较优势经济（相关分析见本书第十六章），那么，日本是否会给中国大陆带来台湾式发展的效率效益呢？台湾成为日本殖民地长达 50 年（1895—1945 年），1945 年人口 600 万，而大陆 1949 年人口为 5.42 亿，假设其他情况不变，为达到类似台湾 1945 年的发展水平，大陆大约需要等待 4 500 年。中国是否可以学习印度的殖民地经验让英国来殖民呢？印度被殖民 200 年，1949 年时的人口为 3.6 亿，人均 GDP 是中国的 1.5 倍。中国以较印度更多的人口，由英国来殖民，那中国想要取得类似印度的经济发展就不会只是 200 年了。而且，如果由日本和英国来殖民，即使某个中国的资本家企业的效率效益有提高，与中国人民又有什么关系呢？这种提高有什么意义呢？当然，立志让"占人类总数四分之一的中国人从此站立起来"的毛泽东那一代人不可能选择这种"效率效益"提高的方式和生产关系。

（二）历史实证的反证分析与衡量

上述逻辑反证分析揭示出那种"低下论"之荒谬性，而历史实证的反证分析将进一步揭示"低下论"的伪科学性。为此，本章把中国社会主义建设时期的"一五计划"（1953—1957 年）和 1949—1980 年的 GDP 变化以及这两个时期的平均寿命变化作为纵向（中国自身发展比较）、横向（与其他国家比较）反证法分析的实证对象和衡量依据。首先，在一定条件下，GDP 可以成为经济发展综合效率效益的衡量指标之一，这个衡量也具有西方认可性。因此，1949—1980 年中国 GDP（或工农业总产值）变化本身就是对国有企业效率效益的一种直观检验，而且以此所做的反证分析将证明，假设中国不存在诸多对效率效益产生不利影响的因素（见第十一章），增长率会更高。其次，诸多西方社会科学领域把一个国家的平均寿命作为其经济发展及其产生的精神、物质生活质量的综合性最强的衡量指标之一，而这个综合性又使一个社会经济发展的实际效率效益具有较合理的可比性（联合国人类发展指数以它作为三大因素之首）。

1. "一五计划"（1953—1957 年）期间中国的 GDP 与人均寿命变化

按不变价格计算，"一五计划"期间实际 GDP/GNP 年均增长 9.2%，[①]按此速度实际 GDP 每 8 年翻一番[②]（经济制度私有制的印度同期 GNP 增长率为 3.4%[③]）。平均寿命从 1950 年的 36 岁提高到 1957 年的 57 岁，

---

① 参见中国国家统计局编：《新中国 50 年统计资料汇编》，中国统计出版社 1999 年版，表 A 04，第 4 页。

② 有人认为，中国 1949—1980 年经济的高增长是因为基数低。但这些人忽视了这样一个事实，即在 1949 年以前的 100 年时间里，中国经济增长的基数更低。这样看来，中国 1949—1980 年的经济增长只能说明主要是生产关系的进步促进了生产力发展。

③ 参见刘树成、姚愉芳、李平：《印度的经济增长、波动与改革》，《数量经济技术经济研究》1997 年第 5 期，第 86—74 页。

比同时期低收入国家的平均寿命多 15 岁。[①] 孤立地看，这个 GDP 增长率和人均寿命变化似乎平常，二者之间也没有什么关联性。但如果考虑到西方的要素理论和中国实际状况，考虑到中国生产力水平、技术、资源条件和世界上独一无二的人口基数，也考虑到战争、国防、工农业基础设施建设等需求，再考虑到中国保障所有人的社会主义就业制度，还考虑到人类有史以来规模最大的社会保障、事业领域的基础设施发展与建设以及所需的庞大支出，再来看这个年均增长 9.2%就不那么简单了，再来看这个人均寿命比相同国家高出 15 岁就不那么简单了，更主要的是，这两个"不简单"的同时发生就更不简单了，如果再加上假设的国有企业效率效益"低下"，那简直是不可思议的奇迹了。

反证假设 12-4：中国上述 GDP 和人均寿命成绩是在生产力极为低下的条件下取得的。假设：① 中国没有与世界上军事、工业、科技和经济最为发达的美国进行一场朝鲜战争；② 中国拥有那些任何一个"高效率高效益"了几百年的西方资本主义国家的一半的经济基础设施；③ 中国在人口、资源、劳动力素质、资本、技术、管理等方面与世界平均水平都相同、相似或接近；④ 这个时期没有冷战，西方国家给中国送上的不是经济封锁、军事威胁、战争与挑衅，而是投资和贸易的鲜花，是允许中国选择自己发展道路的盛意。那么，按照第十一章 13 个命题构成的笛卡尔积空间衡量，中国的社会主义经济在"一五计划"期间是否会经济增长得更快一些，人均寿命是否会提高得更多一些呢？因此表现的国有企业效率效益是否会更高些呢？答案不言而喻。

当然，持"低下论"的"精英""权威""大师"会说，这样比较不合适，中国 1949 年经济基础低下，"一五计划"才使增长率达到

---

① 参见［美］R. 麦克法夸尔、费正清编：《剑桥中华人民共和国史：革命的中国的兴起 1949—1965 年》上卷，中国社会科学出版社 1990 年版，第 162 页。

9.2%，所以没有可比性。但为什么把基础不同、目的不同、性质不同、组织结构不同、生产方式不同、生产条件不同、操作模式不同、劳动力组织形式不同、效率效益衡量标准不同的1949—1980年的社会主义国有企业与私有企业（无论是资本主义私有企业还是带有封建色彩、官商勾结运行模式的"民营"企业）在孤立、封闭、割裂条件下按照西方理论所设定的利润指标来进行比较就有合理性、可比性了呢？这种因意识形态作祟、方法论极端化产生的"双重标准"难道是因为"精英""权威""大师"的方法功底缺失吗？难道是因为加上一点"东施效颦"式的数理数量研究及其所谓的模型就具有"科学性"之美了吗？关于这种"双重标准"的意识形态问题见本书第四、十四章。

2.1949—1980年期间中国GDP与人均寿命变化

中国"一五计划"之后，尽管经历了"大跃进"和"文化大革命"，但工业总产值到1970年时历史性地超过了农业总产值，到1980年已建立了较为完整的工业体系和国民经济体系。也就是说，中国在极端困难的情况下初步实现了原来所设想的发展目标。美国法学家巴拉克·里奇曼（B. M. Richman）对中国、苏联、美国、印度、加拿大的工业发展因素进行了详细的国际和历史比较研究，指出：1950—1966年这17年里中国经济增长、工业进步相对印度同期、苏联1918—1935年的发展更大，与苏联1928—1940年的成就类似；[1] 而且，如果没有"大跃进"和自然灾害，中国GNP、人均收入、工业产出可能比1950—1966年的实际值高出40%—50%，甚至是该实际值的2倍。[2] 即便在"文化

---

[1] 相比中国"精英"们的研究所有制与企业利润率关系的文献，Richman研究企业效率的方法显然更具有科学性。参见 Barry M. Richman, *Industrial Society in Communist China*, New York：Random House, 1969, p. 596。

[2] 参见 Barry M. Richman, *Industrial Society in Communist China*, New York：Random House, 1969, p. 597。

大革命"的"十年浩劫"中，中国的 GDP 年均增长率依然达到 5.2%，[①] 而工农业总产值年增率达到 6.0%。美国经济学家奥托·埃克斯坦（A. Eckstein）对中国 1957—1975 年经济增长的估计得出了与里奇曼类似的结论。[②] 根据统计，中国 1949—1980 年期间，工农业总产值年增率达到 9.2%。[③] 在这个时期里，中国与发达国家相比，尽管经济实力薄弱、人均产值低下，但依然在生产力水平、基础设施、科学技术、国防建设、公共教育、公共医疗、社会保障和各类公益事业方面有着令世界瞩目的发展。尽管中华人民共和国成立后的"前 30 年"是艰难、曲折、复杂的 30 年，是社会主义中国在内外部不利条件下不断摸索、艰苦创业、努力建设的 30 年，是成功与挫折、经验与教训、发展与失误并存的 30 年，但绝不是社会主义公有制和国有企业效率效益"低下"的 30 年。

再从人均寿命看，1949 年中国为 35 岁，世界平均水平是 47 岁（1840—1949 年间中国人均寿命始终远远落后于世界平均水平）。中国尽管经历了"大跃进"和 10 年"文化大革命"，到 1980 年人均寿命为 67.77 岁，而世界人均寿命是 56 岁；1950—1980 年期间，世界人均寿命提高 29.9%，而中国人均寿命提高 88.9%。也就是说，30 年间中国实现了人均寿命从落后世界平均水平 12 年到领先其 9 年共 21 年的转换，是人类历史上第一次也是唯一一次如此规模、程度的人均寿命提高。图

---

① 以 1952 年中国的 GDP 为 100，1966 年和 1976 年 GDP 不变价格指数分别为 237.1 和 392.2（参见国家统计局国民经济综合统计司编：《新中国五十年统计资料汇编》，中国统计出版社 1999 年版，第 5—99 页），由此计算出的复利增长率为 5.2%。

② 参见 A. Eckstein, *Quantitative Measures of China's Economic Output*, New York：University of Michigan Press, 1980, pp. 11 – 27。

③ 参见国家统计局国民经济综合统计司编：《新中国五十年统计资料汇编》，中国统计出版社 1999 年版，表 A 27、A 32，第 30—36 页。

12-1 表明，1970—1975 年，中国人均寿命接近 65 岁，而印度要再过
35 年后，即在 2010—2015 年，才能达到这个水平。中国在人口众多、
资源贫乏、生产力低下条件下人均寿命有这样的提高，全民社会保障、
医疗保障、农村合作医疗、赤脚医生等事业的发展无疑是重要原因，基
本教育、卫生、住房等方面的改善无疑是重要原因，而社会主义经济制
度、国有企业为社会全体成员提供了生存的最基本经济保障是最主要原
因，是中国国有企业高效率效益的一个集中、典型标志（其他标志还有
很多）。正是这些根本性、整体性、制度性的手段让中国人民的心理、
生理、精神、身体压力与负担有史以来第一次降到中国历史最低水平。
20 世纪六七十年代联合国希望第三世界国家向中国学习（不是学习
GDP 年增长率或企业"投入产出比"的资本效率效益）是不无道理的。

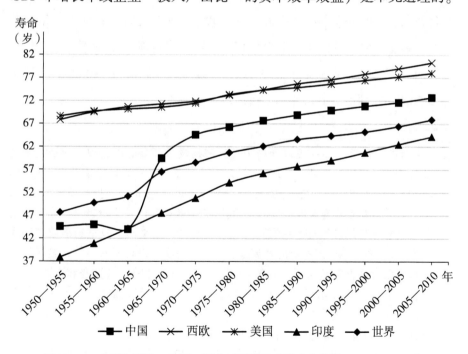

图 12-1　中国与西欧、美国、印度以及世界人均寿命比较：1950—2020 年

资料来源：World Population Prospects 2019，数据录于 United Nations-Life Expectancy at
Birth（e0）-Both Sexes，见 http：//esa. un. org/unpd/wpp/Excel-Data/mortality. htm。

反证假设 12 - 5：上述关于中国 GDP 增长和人均寿命变化的分析，并不是说 1950—1980 年的社会主义经济建设没有挫折、错误、弯路。如果再从历史反证法看，假设中国在第一个五年计划后没有经历 3 年"大跃进"[①]，没有经历 10 年"文化大革命"，中国在取得"一五计划"的成功后继续改进技术、提高劳动力素质、加强基础设施建设、不断提高效率效益、打造并发挥自身优势，到 1980 年将是一个什么发展程度呢？即便经历了 1958—1960 年的 3 年"大跃进"，自 1961 年提出"调整、巩固、充实、提高"的八字方针后，到 1962 年，中国的国民经济就逐步得到恢复和发展，1963—1966 年的 GDP 年平均增长率达到前所未有的 15.3%，[②] 而且已经开始一些"摸着石头过河"式的带有"市场经济"意识的尝试（如允许自留地、包产到户、生产责任制、发展小商品经济等）。按照这个速率推算，假设没有 1966—1976 年的"文化大革命"，中国 1962 年的 GDP 至少可以在 1972 年实现"翻两番"，而且在 1988 年达到 2005 年的实际 GDP 水平（提前 17 年），在 2002 年即可达到 2020 年的实际 GDP 水平（提前 18 年）。[③]

[①] "大跃进"是指 1958—1960 年中国在经济建设中开展的以实现工农业生产高指标为主要特征的群众生产运动。"大跃进"在主观愿望上是想解决当时中国"一穷二白"现状和社会主要矛盾（落后的生产力与先进的生产关系），但其方法、手段却不具有实践指导的科学性。"大跃进"的发生没有从根本上改变中国社会主义经济利益关系的平等性、公平性、正义性，只是经济政策失误而已。而 1961 年中国提出的"调整、巩固、充实、提高"八字方针较快地使中国经济发展重新回到正常轨道。参见龙斧、王今朝著：《社会和谐决定论：中国社会与经济发展重大理论探讨》，社会科学文献出版社 2011 年版，第 52—67 页。

[②] 根据表 12 - 1 数据用复利法计算得出。

[③] 以 1952 年中国 GDP = 100，则 1962 年 GDP = 140.4，2005 年 GDP = 5 677.5，那么 2020 年 GDP = 41 738.7。然后从 $140.4(1 + 15.3\%)^n = 5\,677$，此处 $n = 26$。所以，按照 1963—1966 年的平均增长率，1988 年就会达到 2005 年的发展水平，1993 年就会达到 2012 年的发展水平，2002 年就会达到 2020 年的发展水平。

表 12 - 1　中国实际 GDP 增长速度：1953—1978 年

（单位：%）

年份	GDP 增长率	年份	GDP 增长率
1953	15.6	1966	10.7
1954	4.2	1967	- 5.7
1955	6.8	1968	- 4.1
1956	15	1969	16.9
1957	5.1	1970	19.4
1958	21.3	1971	7
1959	8.8	1972	3.8
1960	- 0.3	1973	7.9
1961	- 27.3	1974	2.3
1962	- 5.6	1975	8.7
1963	10.2	1976	- 1.6
1964	18.3	1977	7.6
1965	17	1978	11.7

资料来源：根据国家统计局国民经济综合统计司编：《新中国五十年统计资料汇编》，中国统计出版社 1999 年版，第 4 页表 A 04 计算。

　　反证假设 12 - 6：对 1950—1980 年与 1981—2021 年的中国进行比较。假设 1981—2021 年中国：①工农业基础设施水平、科技水平远远高于 1950—1980 年，从而使急需发展、建设的相对投资比例降低；②应对战争和威胁、加强国防等不直接产生经济效益反而降低其增长效应（即降低国有企业"效率效益"）的领域建设的需求性、急迫性相对远远低于 1950—1980 年，从而使经济发展可使用的资本相对大大提高；③社会保障、教育、医疗、文化等这些不直接产生 GDP 效益反而降低其增长效应的事业领域基础水平远远高于 1950—1980 年，从而使国家支出比例相对大大降低；④许多原来属于社会保障等事业领域因商业化或准商业化而使全部（如住房）或部分（如医疗、教育、卫生、社会保险等）开支由劳动成员自己负担；⑤劳动力综合素质远远高于1950—1980年，从而产生更高的人均劳动生产率；⑥没有经历1950—1980年"大跃进""文化大革命"的长达13年的对经济发展的干扰、阻碍。那么，根据1950—1980年总产值年增率与寿命增长率、学校增加率、入学增长率、住房改善率、医疗改善率、社会保险改善率以及这6"率"的社会平等性、公平性提高程度的变化比例，来计算、决定1981—2021年的变化比例，那应该是一个什么状况呢？根据第十一章13个方面构成的笛卡尔积空间 [0, 10] 中，中国1949—1980年经济发展的条件相对于西方应该收敛在 [0, 0.5]^{13} 中。假设中国1981—2021年的13个指数至少处于 [2—4] 的区间上，即使不考虑这13个变量关系的交叉作用，则它的可行集合的测度最少应该上升4^{13}倍。而且，这个 [0, 0.5]^{13} 到 [2, 4]^{13} 的转换、提高又是从哪里来的呢？还有什么更能证明中华人民共和国的"前30年"以国有企业为主的效率效益所打下的经济基础、创下的资产、积累的资本正是改革40多年来企业、国家经济效率效益的前提条件呢？为什么用在前者基础上产生的后者的效率效益来否定前者的效率效益呢？世界上有哪个国家的"经济学家""精英""权威"会对自己国家的发展、企业效率效益做这样的在极端意识形态驱使下、封闭系统方法论框架中，充满如此唯心主义、形而上学的"自我否定"的伪科学研究呢？

3. 1980—1995年中国的效率效益反证分析与衡量

在一个经济的效率效益衡量中，工业总产值变化是具有一般性的衡量指标之一。1980—1990年中国国有和集体企业在工业总产值比重中占90%，私有经济占10%。1995年，国有和集体企业产值占工业总产值的70%，私有经济占30%（表12-2）。因此，这两个时期的工业总产值变化不能不与国有企业效率效益相关。中国经济改革开始后的1980—1990年、1991—1995年两个时期，工业总产值年增率分别达12.6%、15.7%，而这两个时期的平均增长率是否说明国有企业效率效益低下呢？

表 12 - 2　中国 1980—1995 年国有企业、集体企业在工业总产值中的价值变动

（单位：亿元；以 1978 年为基年）

年份	工业总产值	国有企业	集体企业	GDP 平减指数
1980	4 796	3 644	1 128.7	1.074 654
1990	13 168.2	7 190.7	4 691.2	1.816 803
1995	28 392.7	9 646.1	10 388.6	3.236 532

资料来源：平减指数根据国家统计局编：《中国统计年鉴1996》，中国统计出版社1996年版，第43页表2-10计算。基年1978年的GDP为3 624.1亿元。工业总产值、国有企业和集体企业产值数据用同一年的平减指数对《中国统计年鉴1996》，第32—35页表12-3进行调整得到。

反证假设 12 - 7：为了证实即使在私有化进程开始后的 20 世纪 90 年代中期中国国有企业效率效益依然是高的，不妨假设它们的效率效益增长率为 0，企业数量因而不能增多，产量也不能增大，私有企业的增长要达到多少才能实现 1980—1995 年的增长呢？由表 12 - 2 可以看出，把国有、集体企业以外的工业产出全部看成是私有企业产出，则其 1980 年的实际产值为 23.3 亿元。假设国有企业和集体企业效率效益"低下"，因而之后的 15 年一直保持在 1980 年的 4 772.7 亿元的水平，那么，1990 年的私有企业工业产值应该为 8 396.0 亿元，而 1995 年的私有企业工业产值应该为 23 620.5 亿元，才能实现中国工业总产值的实际增长。于是，私有企业从 1980 年的 23.3 亿元分别增加到 1990 年和 1995 年的实际工业产值的水平，其增长分别为 360 倍和 1 014 倍。也就是说，中国的私有经济在 1980—1990 年的 10 年时间里翻了 8.5 番，在 1980—1995 年的 15 年时间里翻了 10 番。在整个资本主义的发展史上，没有一个西方国家的私有经济经历过这样的增长率。按照这个中国私有企业"效率效益"，全世界的资本主义都要到中国来学习，而中国的私人企业家可以为西方企业家、管理学家、经济学家和全世界一流大学开设怎样发展市场经济和企业的课程（还需要读什么 EMBA？）。①

以上对 1949—1980 年和 1981—1995 年的历史反证分析表明，用孤立、割裂、封闭系统下产生的效率效益指标来孤立、割裂地比较国有企业和私有企业既是方法论上的东施效颦，又是具体研究方法上的削足适履；同时那种"公有制、国有企业效率效益低下"的理论具有逻辑上的荒谬性和伪科学性。为什么一定要用西方要素理论为指导、以几个"私有资本最大化"为唯一目的和宗旨、以剩余价值为手段（无论是哪种类型的剩余价值）下的私有企业（无论是西方还是中国的）为实证来做比较从而论证国有企业的效率效益低下呢？真是数理分析和数量衡量的能力问题吗？否。②

三、反证法分析对中国改革的启示

本章的逻辑和反证法分析论证了以下几点：第一，根据第十一章 13 个命题所揭示的企业效率效益的决定关系，中国 1949—1980 年无论是建立类似西方的市场经济体制还是台湾地区的经济体制，都将是全世界发展最慢、失败次数最多的经济。第二，还是根据这 13 个命题所揭示

---

① 中国一些私有企业老板、企业"精英"也因自己"一夜暴富"而认为中国有企业业效率效益远远高于西方。一个私人老板在某省电视台上演讲时说道：诺贝尔奖得主又有什么了不起呢？他能像我们（私有企业）这样养活这么多人吗？能创造出我们这样的经济效率吗？"这种愚昧、傲慢、缺乏基本知识的人能在中国社会主义市场经济中成为"精英""成功人士"是值得深思的。

② 但在客观上，在这种"低下论"伪证支持下产生的政策，却可能使中国 99% 的国有企业以及以它们为根本政治基础、社会基础的政党从根本上失去探索怎样在社会主义市场经济条件下提高效率效益的实践机遇与平台，还没有经历这个条件下的改革就被"出售转让"了。如果企业都不存在了，社会主义市场经济的建立和企业效率效益提高又从何谈起呢？依靠"实事求是、解放思想"的唯物主义方法论把这一理论问题在马克思主义的科学社会主义理论指导下搞清楚，是关系到改革方向、性质、目的、宗旨的大问题。

的效率效益的决定关系，当中国选择社会主义公有制，如果"低下论"再成立的话，那这个时期的发展应该失败得更惨重、更迅速，经济发展应该远远落后于 1949 年之前。① 第三，以中国"一五计划"、1950—1980年这两个时期 GDP、人均寿命的实际变化为实证对象的纵向、横向反证法分析证实了社会主义公有制下国有企业的效率效益，而且，假如在西方效率效益决定的条件方面中国具有世界平均基础水平，假如没有"大跃进"和"文化大革命"这 13 年的干扰，假如中华人民共和国 1949 年成立后没有面临经济封锁、军事包围、战争威胁，这个"效率效益"变化的可预期结果将使得"低下论"更加荒谬（这些"假如"都是西方私有企业和中国改革开始后私有企业的现实、真实发展条件）。第四，自 1981—2021年的 40 多年时间里，假设中国在 13 个效率效益命题的指数条件上远远优于 1949—1980 年（这个"优于"首先来源于 1949—1980 年，在最为艰苦的条件下，在"大跃进"和"文化大革命"的干扰下，几代人、几亿人、几十年高效率高效益的发展与积累），假设这期间没有"大跃进""文化大革命"等干扰，根据 1950—1980 年总产值年增率、寿命增长率、学校增加率、入学增长率、住房改善率、医疗卫生改善率、社会保险改善率这7 "率"以及所体现的社会平等性、公平性提高程度，可以反证计算、决定 1981—2021 年的相应变化比例。以上表明，中国 1949—1980 年的效率效益并不低下。第五，如果"低下论"成立的话，1980—1990 年、1991—1995 年里，中国私有经济必须分别具有匪夷所思的翻番（即 10 年翻 360倍、15 年翻 1 014 倍）才能实现现实中的总产值增长。这反过来证明，即

---

① 照此"低下论"逻辑，中华人民共和国的成立简直就是把中国社会推向了灾难的深渊。值得注意的是，当苏联解体时，持有"冷战思维"的西方专家这样评论道：俄罗斯民族终于从 80 多年的社会主义梦魇中苏醒过来。这种充满意识形态的观点与"国有企业效率效益低下论"如出一辙，似乎原来的沙皇俄国无比美好，人民生活幸福，社会平等、公平、正义，而苏联的社会主义却把它推入了梦魇！

便改革开放后这两个时期的国有企业效率效益也是无法否定的。

本章的逻辑实证和历史反证法分析和第十一章效率效益决定分析一起，向经济学提出这样一个理论问题：到底是什么原因、什么因素使1949—1980 年的中国经济不但没有崩溃、没有发生危机，反而在发展上超出了西方经济理论的预测、预料，不仅与"低下论"截然相反而且取得了令西方也承认的成就呢？这是一个与中国今天的经济改革、发展实践结合性极强、对中国发展方向与性质具有指导性的关键性理论问题。因此这也是中国在社会主义性质的改革进程中敢不敢"实事求是"、有没有理论基础去发展中国社会主义公有制经济的方向性问题，也是敢不敢在把国有企业做大做强的同时发展数量更多的国有企业的中国改革的科学社会主义性质问题。

本章的逻辑和实证反证法分析仅仅是针对 1949—1980 年中国社会主义公有制和国有企业效率效益问题展开论证，不是用来否定改革。恰恰相反，这个分析证实了 3 个理论概念：① 中国的任何改革手段、措施、方法、政策都不应该建立在对国有企业的唯心主义、形而上学、不实事求是的否定之上，否则经不起历史检验、实践检验；② 如果按照第十一章的 13 个命题来衡量，那么中国国有企业的效率效益可被视为一个经济发展史上的奇迹，而没有这个"奇迹"就没有 1980 年后的改革基础和条件，即便按照西方效率效益要素来衡量也是如此（西方一些著名学者在衡量、评价中国国有企业时采用了科学、实事求是、唯物主义、整体主义的方法论，与国内一些研究大相径庭）；③ 中国今天经济改革中的政策、理论、思想等方面的问题也应该加以检验、衡量；中国在 20 世纪 90 年代以后，产生了人类历史和平时期少数人暴富程度最高、速度最快的纪录，① 而这

---

① 参见龙斧、王今朝：《以科学、平等和唯物主义方法论指导当前中国改革的讨论》，《社会科学研究》2013 年第 2 期，第 24—33 页；龙斧、王今朝：《从中国房地产业与"内需不足"机理关系看中国经济发展模式问题》，《社会科学研究》2012 年第 1 期，第 17—25 页；龙斧、王今朝：《从中国房地产业看新古典经济学"四化"理论的问题》，《贵州社会科学》2012 年第 2 期，第 48—53 页。

些纪录绝不是也不能用来证实私有化、私有制的效率效益。毕竟，从经济综合结构、现代设施以及产生的效率效益看，从技术能力与手段及其效率效益看，从现代管理素质与水平及其效率效益看，从市场机制能力、合理性程度及其效率效益看，从资本条件、结构及其效率效益看，从劳动生产率水平及其效率效益看，以及从这些要素结合所产生的综合效率效益看，中国1981—2021年的私有企业资本条件都不如西方资本主义企业，但前者的私有资本增长率、资产增加率远远超过了西方企业。

首先，如果这些资本增长率、资产增加率可以用来证实"效率效益"的话，那就应该请西方企业及资本家都到中国来学习私有企业怎样提高效率效益了。其次，这种"超西方"资本增长、资产增加不可能是"马克思主义中国化"的结果，也不可能是社会主义"初级阶段"的结果，更不可能是社会主义"中国特色"的结果（其理论逻辑荒谬性这里就不赘述了）。① 那这个中国私有资本增长率、资产增加率的超西方速度到底是什么原因引起的呢？有几个相关问题值得从历史唯物主义角度来思考：是否因为"出售转让、贱买贱卖"让少数人在一夜间"无本万利"呢？是否因为几代人、几亿人、几十年（1949—1995年）在"三高三低"条件下艰苦奋斗创造并积累的大量生产资料和国家资产资源在"出售转让"中一夜间沦为少数人所有并成为他们的原始积累呢？是否因为这几代人、几亿人、几十年（1949—1995

---

① 考虑到本书第十一章的13个效率效益变量关系，考虑到马克思主义关于社会主义在发达资本主义国家建立的理论，无论是中国1956年完成的对资本主义私有工商业的社会主义改造，还是1949—1980年的中国经济发展，都是马克思主义中国化的尝试和努力。而20世纪90年代开始的对社会主义国有企业的"出售转让"则不是什么马克思主义中国化，从规模、程度、速度和结果看，它也许是对社会主义工商业的一个私有化改造（参见龙斧、王今朝著：《社会和谐决定论：中国社会与经济发展重大理论探讨》，社会科学文献出版社2011年版，第88—97页；龙斧、王今朝：《经济政策决策科学性与社会和谐的关系——中国历史实证分析和检验》，《求索》2009年第1期，第1—6页）。

年）在"三高三低"艰苦条件下建设的现代经济基础设施实际上为少数人的私有资本产生了相对最大的使用价值呢？是否因为贪污腐败、官商勾结为一些利益集团和少数人产生了超常的"效率效益"呢？是否因为本来属于中国所有劳动成员共同占有、平等享受的各种自然资源（包括不可再生的土地资源）所创造的价值也首先为私有资本所享有呢？是否中国的私有资本占有了人类工业化发展"初级阶段"里最庞大、素质最高又最为廉价的劳动力大军呢？如果对这6个方面问题的回答是肯定的，那就部分解释了为什么西方资本主义国家市场经济经历了几百年的时间才产生了今天的少数富有人群，而中国的少数人在富有程度上只用了30年就达到了美国亿万富翁的水平（毕竟几亿人、几十年在"三高三低"条件下的积累远远大于美国资本主义的原始积累）。这种超出西方的"效率效益"绝不可能是马克思主义中国化或中国特色社会主义的原因。这6个方面是西方任何资本主义国家的资本积累、发展初级阶段都没有的资本集合效应。同时，再从马克思主义政治经济学角度看，所有为自然资源的开采、使用、价值创造的劳动者在提供了、创造了使用价值后，得到的是一份工作，私有资本得到的是什么呢？在这种生产关系结构中，又怎样实现"共同富裕"呢？在这些条件和前提下的效率效益"高"又是为谁而高呢？

福格尔和另一美国著名经济学家对美国南方奴隶制农业和北方的个体自由农业做了比较，结论是，美国南方资本主义企业式奴隶经济制产生的效率效益远高于其北方资本主义自由市场经济下的个体农业。[①] 然而，它并没有阻止美国人民、进步人士、思想家、政治家和整个社会的进步力量出于人权、人性、人道和道德原因结束了这种高效率高效益的落后的生产关系。在对美国历史学家和经济学家的调查中，其中72%接

---

① 参见 R. W. Fogel and S. L. Engerman, *Time on the Cross：Evidence and Methods – A Supplement*, Boston：Little, Brown and Company, 1974, pp. 120 – 157。

受福格尔的这一结论。① 可以说，这是一个典型的美国经济发展史上150多年前打破"效率第一，兼顾公平"概念的社会进步性尝试（美国的南北战争、奴隶解放发生在1864—1868年期间），② 也是美国生产关系的进步最终反过来促进生产力发展的极好案例。在指导思想和价值观体系上，它与本书作者关于经济发展、GDP增长与社会进步、和谐不存在线性关系的理论结论有相吻合之处。③

四、结论：国有企业效率效益与中国改革的历史必然性

本章历史和逻辑反证法分析表明，无论从企业本身发展看还是从企业对整个国家经济发展看，1949—1980年的中国国有企业都表现出较高的效率效益。有人会问，既然如此，那中国到底要不要改革呢？当然要，中国的改革与国有企业效率效益本身没有因果关系，改革不是由国有企业的效率效益高低来决定的，而"低下论"正是在二者之间建立起这样的伪因果关系从而达到其对中国国有企业进行私有化改造的目的。从方法论看，效率效益只是一个抽象概念，对其的衡量存在各种差异性

---

① 而在那些不同意（28%）福格尔这一结论的学者中，多数是不同意美国内战的，其目的首先是出于解放南方奴隶，并非不同意他们关于美国内战前南方资本主义企业式奴隶经济制产生的效率效益高于其北方资本主义自由市场经济下的个体农业这一概念。参见 R. W. Fogel and S. L. Engerman, *Time on the Cross: Evidence and Methods – A Supplement*, Boston: Little, Brown and Company, 1974, pp. 60 – 91。

② 欧洲、加拿大打破这种高效率高效益的资本主义奴隶经济制较美国要早50年，这才有了美国奴隶的"北上征程"（"Northern Expedition"）。

③ 本书作者论证了：不是经济增长和GDP，而是经济利益关系、社会主导价值观和社会心理状态与平等性、公平性、正义性的一致性程度决定经济发展与社会进步的程度。参见龙斧、王今朝著：《社会和谐决定论：中国社会与经济发展重大理论探讨》，社会科学文献出版社2011年版，第52—79页。

问题，而且它的提高是一个所有企业都永不停止的管理任务，又怎么可能是中国整个经济体制改革、发展模式改革的原因？从以下几个方面看，改革具有中国社会主义发展的历史必然性。第一，20世纪五六十年代，中国在对苏联模式进行分析的基础上，在总结中华人民共和国成立以后经验教训的基础上，就提出适合中国国情的工业化道路，提出既以工业化为经济发展的重点，又要发展一定商品经济，尊重价值规律。毛泽东就曾提出商品生产可以为社会主义服务的思想。这本身就是一种对苏联社会主义模式的改革。第二，关于非公有制经济，毛泽东曾辩证地、比喻式地、调侃式地提出了"消灭了资本主义，可以再搞资本主义"①；刘少奇同时提出中国并不怕同时存在百分之九十几的社会主义、百分之几的资本主义的思想②；20世纪50年代，邓子恢就提出农村承包责任制；到60年代初，刘少奇、陈云、邓小平、邓子恢等更明确提出了在社会主义集体经济制度下对农村试行"包产到户"责任制。第三，陈云在中国共产党"八大"上就所有制、生产和流通方面提出了"三个主体，三个补充"③的理论：国家经营和集体经营是主体，一定数量的个体经营为补充；计划生产是主体，一定范围的自由生产为补充；国家市场是主体，一定范围的自由市场为补充。这些经济理论以及相应的实践突破了苏联高度集中统一的单一计划经济模式，具有"中国特色"，也是中国经济改革最早的思想形成。第四，周恩来早在1954年就逾越冷战意识形态、东西方对垒这个藩篱，提出了"和平共处五项基

---

① 这句话是1956年12月7日毛泽东与黄炎培、陈叔通谈话时所提到的"新经济政策"中的思想。转引自冯蕙：《关于毛泽东与黄炎培的一次谈话》，《党的文献》1988年第6期，第51页。

② 参见刘少奇1956年12月29日在第一届全国人大常委会第五十二次会议上的讲话。

③ 参见陈云1956年9月20日在中共第八次全国代表大会上发表的《关于资本主义工商业改造高潮以后的新问题》报告。

本原则"。第五，毛泽东在20世纪70年代提出了"三个世界"的理论，尤其明确了对"第二世界"（即西欧资本主义国家）发展经济、贸易、文化关系。这五大历史背景奠定了中国必然走改革开放①（如果西方也对中国开放的话）的道路，表明了即使没有"文化大革命"，中国的改革也是必然的，而且是以"科学社会主义"为性质、以最广大人民群众利益最大化为目的的改革。

这样看来，本章对"低下论"的证伪，以及因此产生的上述理论概念，对中国改革的指导思想与目的，对"科学社会主义"性质的理解至关重要。首先，从改革的本质看，中国的经济改革具有历史的必然性，与国有企业效率效益高低无关，即便国有企业效率效益高，中国仍然会改革、要改革，这是由中国社会主义事业发展的需要所决定的。世界在变化，中国在变化，有变化就要对原有格局、现状进行改革，就如同中国取得了经济发展的巨大成就，依然要继续发展、继续改革。其次，从中国20世纪70年代末开始的经济改革的目的性看，这个改革一是要纠正10年"文化大革命"（1966—1976年）对中国社会主义经济制度和经济发展造成的破坏与阻碍（如"文化大革命"期间，生产和正常经济制度运转受到影响，而劳动就业者却不断增加，那就必然出现"大锅饭""人浮于事""干多干少一个样"的现象）；二是中国已经建立了工农业基础设施、国防科技，社会保障、教育、医疗等基础设施初步建

---

① "改革开放"的"开放"概念常常让人以为1949—1980年中国是闭关自守，不学习先进、夜郎自大的国家。而事实上，中国20世纪50年代就提出"和平共处五项基本原则"；60年代提出"向西发展"；70年代又提出"三个世界"理论，强调要与西方第二世界国家进行教育、科技、贸易等往来。在冷战时期，西方国家对中国实行的是经济封锁、军事威胁、战略包围，并扶持台湾，不是中国想与他们搞开放，他们就会对中国开放的。因此，改革开放的"开放"概念更多地是指解放思想、发展以公有制为主体的多种经济模式，指的是思想、理念对单一经济体制的开放。

立，应该在社会主义制度下加强发展商品经济，把以经济基础设施建设为主的经济体制转向以提高中国人民物质和文化生活水平为主的经济体制。再次，中国需要在人均资源极为贫乏、生产力水平极为低下（相比西方）、技术能力极为落后、全世界人口最多的条件下探索怎样建立使最广大人民物质利益最大化的经济体制，而且这是真正的"中国特色"的社会主义的本质所在，是马克思主义"中国化"的本质所在，是中国社会主义市场经济建立与发展的方向和性质所在。

第十三章　案例分析六："崩溃边缘论""大锅饭论""凭票供应论"①——历史唯物主义与唯心主义的对抗

第十一、十二章从逻辑、实证和反证角度分析了"国有企业效率效益必然低下"（即"低下论"）的观点。而"低下论"之所以在中国产生普遍性影响，与"崩溃边缘论""大锅饭论"和"凭票供应论"这3个概念的社会化形成、制度性传播有着紧密联系。本章从整体主义、历史和辩证唯物主义角度出发，运用交叉科学方法，对这3个概念在方法论上的唯心主义本质及其作用、影响进行剖析。

一、国有企业效率效益衡量的唯心主义"三驾马车"

"崩溃边缘论""大锅饭论"和"凭票供应论"是支撑"国有企业效率效益低下"论的"三驾马车"，它们对中国社会主义建设的历史和事实进行扭曲性、推断性、延伸性的唯心主义处理，再用封闭主义、双

---

① "崩溃边缘论"是指这样一种观点：认定1976年"文化大革命"结束时中国经济的发展已接近崩溃的边缘。"大锅饭论"中"大锅饭"，作为经济学概念，指分配方面存在的平均主义现象，如企业不论经营好坏，工资照发；或职工无论干多干少、干好干坏，都不会在工资分配上受到影响。"凭票供应论"中的"凭票供应"，作为经济学概念，指物资匮乏、商品短缺时期采取的定量消费方式。

重标准在社会主义公有制、国有企业与效率效益低下之间建立起具有伪经济学性质的因果关系，进而否定 1949—1980 年中国几代人、几亿人、几十年为中国社会主义经济建设事业所做的艰苦卓绝的创业性、基础性、建设性和积累性贡献，最终从根本上否定社会主义公有制、国有企业的制度合理性。唯物主义、整体主义的分析表明，"崩溃边缘"是对事实的扭曲，而"大锅饭"和"凭票供应"则是中国特殊条件下、特殊时期里产生的特殊经济现象，而非社会主义公有制、国有企业的一般性经济规律（如凭票供应在西方也出现过）。而对这些特殊性的辩证唯物主义和交叉科学分析反过来恰恰证实中国社会主义公有制、国有企业不仅高效率高效益地发展了中国经济，而且成为中国经济改革不可或缺的基础。

从方法论看，"崩溃边缘论""大锅饭论"和"凭票供应论"之所以集中体现了唯心主义方法论本质，是因为它们的形成既是"文化大革命""近因效应"、西方"光环效应"以及"代表性启发式思维"（参见本书第十四章第二部分）共同作用的典型产物，又是极端化方法论的结果。而其典型特征就是，为了"充分"证实某个事物（如资本主义市场经济、私有化）的正确，它可以把另一事物（如公有制、国有企业）推向错误极端。为此，"依据"可以是推断性、概念性、延伸性的，事实可以经过模糊化、扭曲化处理，如发展缓慢被说成是"崩溃边缘"，"文化大革命"期间出现的"大锅饭"现象可以变成公有制、国有企业的一般性、制度性经济规律，而"凭票供应"只能归咎于社会主义制造的"短缺"，等等，并成为那些持"只有私有化才能救中国"价值观的人反复宣扬的概念，尽管打着"改革"的旗号。于是，在伪事实性、伪因果性的逻辑关系作用下，一个带有统治性的衡量、评价中国社会主义公有制和国有企业效率效益的伪经济学"范式"就产生了。不对这个范式加以分析，不揭示其伪科学性和逻辑荒谬性本质，中国几代人、几亿人、几十年的社会主义建设、发展和创业的历史将被唯心主义所改写，这个历史本来作为中国社会主义改革取得成就的根本政治、经济、社会基础将被否定，而改革的成果将归功于私有化。如此这般，无论是中国自身社会主义经济学的建立还是坚持中国改革的"科学社会主义"性质，都将成为一句空话。

二、中国经济"崩溃边缘论"

一些研究认为"'文化大革命'结束时中国经济已处于崩溃边缘"，又加以延伸使之成为国有企业、公有制效率效益低下的实证依据，并以此作为中国经济改革的具体原因。但这些研究表现出的概念扭曲和因果关系存在方法论问题。

首先，从历史唯物主义和整体主义看，中国经济发展尽管在"文化大革命"10年期间受到破坏、阻碍，总产值年增率依然达到5.2%。[①]如果考虑到"文化大革命"干扰因素，再考虑到中国实际生产力水平，也考虑到中国人口从1966年的6.5亿增长到1976年的10亿多，它还能保持这样的增长率，可谓与"崩溃边缘"相去甚远。不仅如此，这个经济在"文化大革命"这个非正常时期的支撑力反过来恰恰说明中国原来建立的社会主义经济体制和国有企业并非效率效益低下（见后文对"大锅饭"和"凭票供应"的分析）。

其次，从事物发展的因果关系看，假设10年"文化大革命"在1976年结束时中国经济到了"崩溃边缘"，那么是什么原因造成的呢？是因为国有企业具有效率效益低下这一内在本质规律性吗？否。是社会主义公有制这一生产关系造成的吗？否。是社会主义建设时期的计划经济造成的

---

① 以1952年中国GDP为100，1966年和1976年GDP不变价格指数分别为237.1和392.2。参见国家统计局国民经济综合统计司编：《新中国五十年统计资料汇编》，中国统计出版社1999年版，第5—99页。由此计算出的复利增长率为5.2%。

吗？否。如果回答是肯定的，那么根据第十一章的命题分析和第十二章的反证法分析，中国经济无需等到"文化大革命"结束就已经失败、崩溃多次了。这样看来，"文化大革命"这一重大历史事件及其所产生的特殊社会效应才是影响、破坏中国经济发展、企业效率效益的根本原因，而非企业本身的"国有"性质或效率效益低下所致。事实也证实了这一逻辑关系。第十二章的反证法分析表明，从中国 GDP 增长率在 1963—1966 年期间年均 15.3% 看，如果没有"文化大革命"，即便按照简单增长率计算，中国 1988 年的 GDP 就可以达到 2005 年的水平，1995 年就可达到 2012 年的水平。显然，"崩溃边缘论"在扭曲事实的基础上建立了一个伪因果关系。

再次，从"崩溃边缘论"的内涵与目的性看，它的形成不是简单的"计算方法"失误或概念偏差问题。对事实的明显歪曲不啻是在某种目的性和价值观驱使下的产物。它的两大内涵，即中国经济在"文化大革命"结束时到了"崩溃边缘"和这个"崩溃边缘"是由公有制和国有企业效率效益低下所致，构成了其"改革就是对社会主义公有制和国有企业进行私有化改造"的理论依据，为其"私有化"目的奠定了"科学"基础。而对"崩溃边缘论"事实性、逻辑性的证伪表明（参见本书第十一、十二章）：①企业的国有性质本身与其效率效益没有简单线性关系，与"崩溃边缘"也没有因果关系；②在一般正常条件下，社会主义公有制、国有企业可以高效率高效益地发展经济，而对一个生产力水平低下，技术落后，人口众多、资源贫乏国家的经济发展来说尤其如此；③"文化大革命"不仅使中国经济受到全面、严重破坏，使其发展滞缓、效率效益降低，而且使之丧失了在初步建立起来的工农业基础上进一步发挥社会主义经济体制优势的机遇，丧失了在成功与失败、经验与教训基础上根据中国自身条件、自身国情、自身价值观而建立起自身社会主义经济学理论的机遇。这恰恰证明，社会发展的主要矛盾分析、定位的科学性对社会主义经济制度这一新生事物至关重要。如果脱离实事求是的唯物主义方法论，主要矛盾的分析、定位就会偏差，指导理论的科学性就会丧失，而根据这个理论制定的发展模式和解决问题的手段、政策出现错误、问题、偏差就在所难免了。比如，像"文化大革命"那样把"党内资产阶级"作为社会主要矛盾并采用"文化大革命"模式和手段来解决，那错误就难免了。同样，如果把"崩溃边缘论"这一事实扭曲下产生的"公有制/国有企业效率效益低下"的概念作为中国改革的原因和理论基础，再用相应的模式、手段来解决这个问题，那错误也就难免了。

当"崩溃边缘论"被上述 3 个方面的历史唯物主义方法论分析证伪时，其宣扬者常常质问："即便经济没到崩溃边缘，'文化大革命'后难道就不要改革、要回到计划经济时期去吗？"对此本章第五部分将做出回答。但值得指出的是："崩溃边缘"与否和中国是否要进行改革本身是两个不同的问题。按照这种把不同观点加以延伸再推向荒谬极端的逻辑，不是也同样可以质问："即使经济到了崩溃边缘，改革难道是要回到效率效益极高的美国资本主义奴隶经济制时代去吗？"①

三、社会主义经济"大锅饭论"

"大锅饭"本是"文化大革命"时期中国经济的正常生产受限、体制的正常运转受阻、原有规章制度被废除这一特殊时空条件下产生的现象。但在目的性驱使的逻辑构成中，现象常常被概念化、模糊化、延伸化、扭曲化后张冠李戴。于是，"文化大革命"时期"大锅饭"的帽子也就顺理成章地扣在了社会主义公有制头上；于是，这种特殊时空条件下产生的特殊现象被当作社会主义的一般性经济规律；于是，"大锅饭"就成了国有企业效率效益的标志。事实又如何呢？

第一，中国 1950—1966 年期间没有这种"大锅饭"。正如第十一、十二章分析所证实，在这一时期里，中国一穷二白、人口世界最多、资源极

---

① 关于美国资本主义奴隶经济制的效率效益问题，见本书第十二章反证法分析部分。

为贫乏、生产力极为落后、技术极为低下、劳动力素质不高，又经历了自然灾害、"大跃进"的失误，遭受了经济封锁、军事包围，出现了台湾与大陆对峙，以及经历了抗美援朝、中印边界战争和抗美援越；在这种情况下，还要搞工农业基础设施建设以及建立社会保障体系和教育、医疗卫生事业，同时还要建立保卫国家安全和领土完整的国防事业，等等。在这些因素作用下，中国仍然保持了令世界瞩目的总产值年增率。人类历史上、整个西方资本主义500多年发展史上，有这样的"大锅饭"效率效益吗？如果世界上真有这样的在极为艰苦、落后条件下的17年"大锅饭"效率效益，对许多发展中国家来说，那是"好得很"而不是"糟得很"。

第二，"大锅饭"指干多干少一个样，即没有激励机制从而导致效率效益低下。从社会主义这个新型的经济制度下的激励机制建立、摸索与发展看，1949—1966年期间中国根据自身条件、状况制定了行政级别（24个）、工人技术级别（八级工制）、专业和技术级别（在诸多经济、事业领域里）等既具有激励性质又保障社会主义生产关系性质的制度了吗？当然制定了。建立了农民工分评议制、地区收入差异性制等既具有激励性质又保障了社会主义生产关系本质的制度了吗？当然建立了。此外，这个社会的劳动者所具有的价值观、信仰、信念产生了激励作用了吗？当然产生了（见第十二章历史反证法分析）。在生产力极为低下的条件下，这个经济的其他机制性、制度性措施（如安全生产、人性化管理、质量管理、技术创新、团队精神等）构成激励机制的有机部分了吗？当然构成了。① 在1949—1966年的社会主义建设的正常时期，企业"吃大锅饭""干多干少一个样了"吗？当然没有。这不是说这些激励机

---

① 中国1949—1966年尽管生产力水平低下，但社会主义公有制下的安全生产、人性化管理构成其激励机制的一个重要组成部分。而资本主义发展为了"效率效益最大化"，在其历史的绝大部分时间里，尤其是在原始积累和大工业时期，是根本不考虑安全生产、人性化管理的。毕竟，把工人作为国家的主人还是作为具有雇佣劳动力价值的商品，是社会主义与资本主义的一个本质性制度区别。

制、政策、方法、手段就十全十美，就不需要改革了，这就像资本主义经济发展、改革了500多年也没有在激励机制上做到"十全十美"一样（即便从其私有制生产关系下的企业效率效益衡量来看）。那么，既然公有制、国有企业效率效益的一般规律与"大锅饭"连关联性都没有，那这个"大锅饭论"又怎能在其因果关系的建立中避免逻辑短路呢？

第三，即便是"文化大革命"中出现的这个"大锅饭"，也可以从唯物主义、整体主义来分析。中国"文化大革命"对经济制度、秩序、机制、正常运转、常规发展的破坏、阻碍程度可以说不亚于西方1929—1933年的"大危机"（后者是否恰恰因为企业单纯追求"资本效率效益"最大化而盲目投资、盲目生产、供求失衡等从而导致了"大危机"是值得思考的）。① 而任何一个经历过这个危机的西方国家当时在生产力水平、科技能力、劳动力素质、人均产值、人均资源、人均资本、人均劳动生产率方面都高于"文化大革命"时期的中国，在国家现代化程度、经济基础设施方面都要强于"文化大革命"时期的中国，在社会保障、教育、医疗、卫生等事业领域的基础建设的投入需求，从程度和规模看，都相对低于中国，而且任何一个国家的人口都只有中国的几分之一（多数只有十分之一甚至几十分之一），任何一个资本主义国家都因生产关系性质而不需要像中国那样要为每一社会成员提供能保障其基本生存需要的工作。可有哪一个西方国家在"大危机"中保持了5.2%的年增率呢？1929—1933年经济大危机的西方国家哪个不希望能够吃上中国"文化大革命"时出现的这个"大锅饭"呢？

---

① "文化大革命"反映了中国社会主义社会主要矛盾定位上的重大错误，给中国经济的发展带来了严重影响，而那些时常通过"批判'文化大革命'"来彻底否定中国社会主义公有制生产关系及建设时期生产力发展成就的人在谈中国的"文化大革命"时，就不能否认"文化大革命"对生产力和经济的破坏与西方大危机产生的破坏相同，也不能否认西方大危机的出现与私有资本效率效益最大化追求紧密相关。毕竟，科学是容不得京剧的变脸戏法的。

第四，再从人口增减上看，"大危机"期间，美国是承受状况相对最好的西方国家，但仍发生了全国性饥荒和普遍营养不良，导致大量人口非正常死亡；按照1920—1928年这9年里美国人口年增率1.59%做数学递推计算，1929—1937年美国人口年增率仅达到0.74%，较1920—1937年减少1 007万，占1928年美国人口总数的8.3%①。值得指出的是，西方国家届时已"高效率高效益"发展了几百年。而成立才仅仅17年（1950—1966年）的中华人民共和国，在1966年开始的10年"文化大革命"（1966—1976年）中，人口由6.5亿增加到10亿多，而且一方面经济发展受到破坏，一方面要负担原有的6.5亿这部分世界上最多的人口，一方面还要额外负担新增加的相当于美国、英国、法国、意大利人口总和的3.5亿人口的生存需求，居然还做到了GDP年增率达5.2%。如果这也是"大锅饭"的结果，也许罗斯福在美国经济大危机时期也会考虑这种"大锅饭"方法。这样来理解社会主义公有制、国有企业的效率效益就实事求是了，就客观、科学、公正了；这样来理解中国几代人、几亿人、几十年为国家以及为20世纪70年代末开始的经济改革做出的带有社会进步性、中国经济发展历史纪录性的贡献就实事求是了。而在这两个实事求是基础上，对国有企业效率效益就可以做历史和辩证唯物主义分析与衡量了，对它为什么又怎样能够产生一种不同于私有资本—雇佣劳动力—剩余价值创造关系的激励和效率效益就能做出科学的、具有"中国特色的社会主义"性质的解释了。

四、社会主义经济"凭票供应论"

"凭票供应"是中国社会主义"最初级阶段"这个特殊时空条件下产生的一个特殊经济现象，而"凭票供应论"却把它作为社会主义的一

---

① 如果这个人口减少率（8.3%）发生在中国，由于中国20世纪60年代人口达到6.5亿，那就相当于中国将减少5 395万人。

般经济规律并以此来证实其效率效益低下。与"大锅饭论"一样,它用带有价值观色彩的双重标准范式对事物的一个现象通过条件设立、关系设定来做带有偏向性的本质定位。然而,也与"大锅饭论"一样,"凭票供应"无法避免科学上的逻辑短路。

(一) 双重标准与价值观问题

历史上,凭票供应、定量购物在许多西方国家都发生过。英国在第二次世界大战期间和战后因经济恢复对日用品实行凭票供应(如 Ration Card),前后共 13 年(1939—1951 年)。从历史唯物主义和整体主义看,这个英国的"凭票供应"能给我们怎样的方法论启示呢?

第一,在这个期间里英国民众没有抱怨,没有认为这是自身经济制度或企业效率效益低下所致,反而表现出民族主义、集体主义的"同心同德"(即信念、信仰和价值观的坚定性)。而英国学界、政府、在野党、宣传界、教育界也从未把这个"凭票供应"与自身企业或经济体制的效率效益挂钩(即信念、信仰和价值观的恒定性)。

第二,英国(或任何西方国家)的经济学家们对这个"凭票供应"从未套用什么"经济人利益最大化和最优选择"的理论来分析。因为在他们看来,客观环境和特殊时空条件在这里无疑成为"干扰性"变量(即便依然沿用"最大化"理论的话),之后所出现的现象不是经济一般规律性本质,不能用特殊时空条件下产生的"干扰性"变量衡量经济一般规律的效率效益。他们也不会用经济制度、企业效率效益来解释英国这个时期的商品短缺(如用类似匈牙利经济学家亚诺什·科尔内的"短缺理论")。[①] 但中国一些学者为什么对中国问题的分析却不能(或

---

① 对匈牙利经济学家亚诺什·科尔内"短缺理论"的整体主义、历史唯物主义的分析与批判,参见龙斧、王今朝著:《社会和谐决定论:中国社会与经济发展重大理论探讨》,社会科学文献出版社 2011 年版,第 7—193 页。

不愿）考虑其客观环境、特定时空条件和特殊作用因素呢？可以说，在极端化方法论基础上，用事物概念化扭曲事实，用启发式思维建立因果关系，再用一个特殊时期、特定时空条件下产生的特殊现象代替事物的一般性规律（见第十四章关于从一个极端跳到另一个极端的方法论分析），在封建社会或具有浓厚封建传统文化、意识的社会里往往比在资本主义社会容易得多。

第三，从事物发展特殊性看，本来就不应该限定只有战争准备、战争进行、战争恢复期间的"凭票供应"是唯一与所有制、企业效率效益无关的特殊现象或与之无关的干扰变量，否则就如同限定只有感冒才能引起发烧一样。那么，在分析中国时，"凭票供应论"为什么不去考虑战争创伤、经济恢复、一穷二白、生产力落后、技术水平低下、人口众多、资源贫乏、西方经济封锁、国内外战争威胁、全面基础设施建设与社会事业领域发展等等这些干扰变量呢？为什么干扰变量选定及其合理与否只有西方才能决定呢？为什么中国不能因为自身民族、国家、历史的特性因素而选择自己"同心同德"的方式呢？显然，这种双重标准范式具有鲜明的价值观色彩。

第四，从资本主义经济发展史看，英国 1939—1951 年实行凭票供应时是世界上最发达的老牌资本主义国家，市场经济已几百年，工业基础雄厚、生产力发达、科技先进，即便在西方国家里也是首屈一指，海内外"效率效益"全世界最高已几百年。为什么当英国实行"凭票供应"时就会考虑"干扰"因素，而对一个生产力世界上最为落后、经济基础世界上最为薄弱、刚刚从半殖民地半封建解放出来、国家人口最多且物资最为匮乏的中国区别对待呢？显然，这种双重标准范式具有鲜明的价值观色彩。

第五，从殖民主义发展史看，英国作为世界军事强国，是经济殖民主义、经济帝国主义始作俑者中经济受益程度最高、时间最长、范围最广、领域最多的国家，作为世界唯一"日不落帝国"享受了几百年的国际劳动力、市场、资源等最优厚条件，而中国却是这种经济殖民主义、经济帝国主义的最大受害者之一。英国是资本主义市场经济世界性扩张下资源配置、劳动力使用、市场规模、资本积累以及因此带来的技术进步和资本效益的最大受益者，而中国恰恰又因这种扩张而在资源配置、劳动力使用、市场规模、资本积累以及技术进步等方面成为受损害者、受压迫者、受掠夺者、受奴役者。为什么不考虑这一经济外部性条件所形成的作用截然相反的干扰变量呢？显然，这种双重标准范式具有鲜明的价值观色彩。

第六，第二次世界大战爆发前，英国 80% 以上的日常消费品或其原材料长期由海外殖民地的廉价劳动力、廉价资源供应，英国的资本积累因此可以更多用于高科技、工业、军事发展和各种社会保障事业的发展，再成功地把自己的工业和科技产品（甚至日用品）通过不平等价值交换推向海外市场（尤其是发展中国家的市场；从经济效率效益的保障看，这种殖民地战略很成功。美国和许多西方国家利用发展中国家的廉价劳动力、廉价资源、廉价市场和不平等交换所产生的资本和社会保障的效率效益与当年英国的殖民地战略有相同之处）。因此，从一个经济的承受力看，英国当时是老牌资本主义国家中世界市场和资源条件最好、"配置最优化"、技术最先进、资本最雄厚、效益最大化的市场经济，也是科技水平最为发达、人口少于四川省一半的国家，为什么它因为某种客观原因而实行"凭票供应"就可以不是经济制度和企业效率效益导致的短缺？而中国作为当时世界最落后的农业国家，作为人口是英国的 10 多倍的国家，作为人均资源最为贫乏、技术水平最为低下、资本最为短缺的国家，在刚刚结束战争就又受到外部威胁、经济封锁、军事挑衅，需要为捍卫民族独立发展国防事业，同时又要建立经济领域、社会保障和一切事业领域的基础设施，那么实行"凭票供应"就一定是公有制度、国有企业效率效益造成"短缺"的结果吗？显然，这种双重标准范式具有鲜明的价值观色彩。

第七，从制度差异性作用看，中国的社会主义经济制度要为人类有史以来最大规模人口提供最基本经济生存保障（如人人就业），并根据这一具体条件和诸多其他经济、人口、资源、生产力等条件采取了凭票供应。而英国尽管因资本主义制度无需这样做，而且在资本、人口、资源、生产力等要素条件上远远优越于中国，但根据自身面对的情况也采用了凭票供应。为什么同样都是根据自身面对的情况、具有的条件而采取凭票供应，英国的凭票供应就可以是民族、国家的集体主义精神、团结精神、同仇敌忾精神和牺牲精神的表现，而中国的凭票供应就成了社会制度的失败、企业效率效益低下的标志呢？显然，这种双重标准范式具有鲜明的价值观色彩。

第八，从新生事物发展的曲折性、迂回性看，资本主义发展几百年后在20世纪仍然面临各种问题，经历了各种发展曲折（经济大危机、萧条、失业、罢工、阶级冲突、利益集团冲突、资本竞争、垄断竞争、新老殖民主义竞争、各类区域战争直至世界大战等等）。中国的社会主义是一个新生事物，又因各种内外部条件因素作用，也会面临各种问题，经历各种发展曲折、失误，如在1949—1980年经历了长达13年的"大跃进"和"文化大革命"。尽管二者都不是社会主义经济的一般性规律的体现，但是它们的作用在凭票供应的原因权重构成中也是不可忽略的。[1] 为什么

---

[1] "大跃进"和"文化大革命"对中国经济发展、效率效益造成的损害是一个新生的社会主义国家在发展进程中的错误、失误与挫折，它们与世界范围的资本主义经济大危机以及首先在资本主义国家爆发的两次世界大战有着本质的区别。"大跃进"是因各种因素导致的经济发展政策失误，"文化大革命"是社会发展主要矛盾定位的错误，而两次世界大战则是西方列强在"资本效率效益最大化"的制度本质所致。中国一些研究一方面对西方经济大危机、世界大战的制度本质原因避而不谈，却极力把中国特殊条件下特殊时期里的特殊现象视为社会主义制度的一般经济规律的结果。这种带有价值观的厚此薄彼的双重标准分析，无非是想借对"大跃进"和"文化大革命"的批判来否定中国社会主义建设时期的公有制制度。

对资本主义经济发展中所经历的曲折、失误和错误（甚至世界大战、全球经济危机）可以客观地去分析具体原因和特殊性，而对中国的凭票供应却如此主观地把一个特殊现象作为整个制度的本质规律来定论呢？显然，这种双重标准范式具有鲜明的价值观色彩。

（二）双重标准与方法论问题

"凭票供应论"忽略国家之间、制度之间、发展路径之间、基础条件之间、价值观之间、特殊干扰因素之间的差异性，进而成为一个在"双重标准"作用下形成的伪科学命题。从方法论看，它具体蕴涵这样一个逻辑链条：①"凭票供应"作为因变量，受制于经济制度这个自变量：社会主义出现"凭票供应"必然是因为公有制经济制度造成"短缺"，而资本主义市场经济不会出现"短缺"，所以无需"凭票供应"。②当资本主义出现"凭票供应"时，那就必然是因为某种干扰变量的作用（如战争、经济危机或经济恢复时期的需要等），而中国的"凭票供应"因其社会主义性质被排除在这个变量关系考虑之外，只能放在上述①的关系中来解释。③既然西方国家出现"凭票供应"是由于世界大战或战争恢复所致，那么世界大战、战争恢复是唯一具有合理性的"效率效益"干扰变量。④有些非西方的资本主义国家（如印度等）没有"凭票供应"，所以不存在"短缺"；即使有，那也只是企业自身效率效益如何提高的问题，与所有制无关。显然，这类封闭系统方法论下产生的命题条件与逻辑关系在社会科学领域形成了一种带有"意识形态霸权"的"学术范式"[1]：只有西方的经历、现象基础上的条件假设、要素确立、变量关系才能作为经济学效率效益衡量，而社会主义的任何

---

[1] 参见 H. Thompson, "Ignorance and Ideological Hegemony: A Critique of Neoclassical Economics", *Journal of Interdisciplinary Economics*, Vol. 8, No. 4（October 1997），pp. 291 – 305。

问题只能是其公有制所致。[①]

印度或类似的非西方资本主义国家真的不存在短缺吗？任何商品任何人都可以享有吗？实际上，这个短缺只不过是被资本主义市场供求机制所掩盖了，即供求由价格与购买力这个市场关系来决定了——为什么要凭票让每人都享有呢？只要私有制和市场经济把贫富差别拉大，少数人（生产资料占有者）的资产、财富是多数人（依靠资本和市场认可时才有"价值"的雇佣劳动力）的几百倍、几千倍、几万倍，甚至几十万倍，那在这个市场机制作用下就永远不会出现短缺。按照这个逻辑，似乎1949—1980年的中国学习印度就不会出现短缺——同样是生产力低下、人口众多，为什么要"凭票供应"呢？

按照这个逻辑，中国1949年以前没有"凭票供应"，因此也没有"短缺"。但实际上，那个时候肉蛋类虽然不实行全体社会成员定量供应，而是在市场价格机制作用下使原本可能供100家人分享的肉蛋集中到了1家人身上，这样似乎显得肉蛋绰绰有余，但实际上那些靠出卖劳动力而生存的多数人没有和占有生产资料或者拥有权力的少数人享有同等的物资供应。也正是这种逻辑关系和价值观，中国改革中也出现了一种相似的价值观：穷人本来就是少数人"资本效益"的杠杆，自身在沦为雇佣劳动力的那一刻起就已是仰资本鼻息、由市场决定其价值的"商品"了，为什么要用"凭票"来"提高"其价值呢？

五、"三驾马车"对中国价值观和信仰基础的影响

上述分析表明，"崩溃边缘论"是用扭曲事实的手法产生的伪科学

---

① 从带有"意识形态霸权"的"学术范式"的方法论特征看，这种假设条件、变量关系下的演绎模型不仅具有双重标准而且带有种族文化中心主义价值观和社会达尔文主义特征。

概念，"大锅饭论""凭票供应论"则都是把特殊时期产生的特殊现象解释成社会主义公有制、国有企业的一般性规律。它们都具有鲜明的"私有化"目的性，不仅从根本上否定 1949—1980 年社会主义公有制、国有企业几代人、几亿人、几十年为中国经济发展所做的艰苦卓绝的创业和积累，而且在中国改革中产生巨大影响。毕竟，如果不实事求是地根据中国发展的实践、现状、历史、条件和价值观、生产关系来科学衡量国有企业效率效益，如果不依靠唯物主义和整体主义方法论来科学、全面地客观认识中国社会主义建设时期的现象与问题，如果还没有科学地建立起自身的社会主义经济学及其衡量体系时，那"崩溃边缘论"一来，一些人的社会主义价值观与信仰就容易动摇了；"大锅饭论"一来，一些人对社会主义事业的信心不足或怀疑就难免了；"舶来品"一来，一些人就被"大师""哈佛""诺贝尔"光环吓倒了；"短缺论"一来，再想到"凭票供应"，一些人就立刻认为"短缺论"是一种至高无上的真理。可以说，在方法论问题上，"低下论"及其"三驾马车"比 1929 年中国的一些教条主义者使用马克思主义理论和苏联模式来解释、解决中国革命实践问题并把毛泽东的方法称为"山沟里的马克思主义"走得更远。毕竟，当改革使中国经济发展的主要目的转向物质生活的商品生产后，当物质日益丰富、生活条件改善后，如果没有把中国改革前经济发展效率效益的问题与第十一章的 13 个作用因素联系起来进行整体主义方法论的分析，那就很容易受到"三驾马车"的影响，那就会直观地比较"凭票供应"与"物质丰富"并因此感叹"凭票供应"的生活是多么艰苦，就会错误地以为 1949—1980 年期间中国发展的效率效益"低下"、社会主义的"短缺"是没有搞商品生产、市场经济、资本主义、私有化的结果，从而错误地用中国经济发展的第二步来否定第一步，从而就不可能看到中国没有第一步根本不可能有第二步。如果中国 1949 年后像印度或国民党时期的私有化那样（这两个制度下都没有使用"凭票供应"），结果会怎样呢？（请参见第十二章的历史与逻辑反证法分析。）

从唯物主义角度看，社会科学的方法论和它所产生的理论都无法与其构建者的世界观、元方法论、立场分开。[①] 而从存在决定意识的角度看，社会科学的方法论所蕴含的价值观又与它们自身所产生的环境因素紧密相关（这是社会科学与自然科学不同的地方）。这样，考虑到方法论形成、理论建立的环境特性和因此产生的价值观差异性，如果某些西方学者认为中国的"凭票供应""大锅饭"与公有制/国有企业效率效益低下造成的"商品"短缺相关，那是可以理解的。毕竟，他们一方面没有亲身经历、感受中国1840年后所经历的一切，更谈不上身临其境对中西方经济、政治、文化、历史等差异性因素进行具体、实地的科学研究；[②] 另一方面，他们生长于西方社会、研究西方发展路径、规律、现象并在对西方市场经济这一事物的认识基础上形成了相应的西方方法论和理论，因而习惯用这些西方价值观、方法论、实证依据和效率效益理论、要素来解释中国（和许多非西方国家）的现象。而一个中国学者套用西方价值观、方法论下产生的理论来解释中国的问题（如"大锅饭""凭票供应"）就令人费解了。尤其是，如果对一个自己并不了解、并未成长其中、发展了几百年、享有日不落帝国各种经济利益和效率效益"优惠"的老牌资本主义国家实行"凭票供应"能够"客观"地去理解；而对自己身处于其中、成长于其中，对其近现代史、发展路径、经济基础、生产力水平、人口、资源、价值观等各种条件和作用因素有所

---

① 参见 S. Resnick and R. Wolff, "Marxian theory and the rhetorics of economics", in *The consequences of economic rhetoric*, A. Klamer, D. N. McCloskey and R. M. Solow (eds.), UK: Cambridge University Press, 1988, pp. 47 – 63。

② 有极少数西方学者身临其境对中国社会的现实状况、发展变化、制度运作、价值观形成等做了实地考察、分析，亲身经历了一些事件，对中国的事物产生了不同的解释与看法，并不认为中国"凭票供应"是因为效率效益低下造成"商品短缺"所致。

了解的中国实行"凭票供应"却不能客观地、唯物主义地去理解，那就令人匪夷所思了。同样，对中国特定条件下的"凭票供应""大锅饭"，类似匈牙利经济学家亚诺什·科尔内（János Kornai）的"友邦惊诧"是可以理解的，毕竟这是其价值观、意识形态使然，也因其方法论问题而无法客观、公正分析社会主义经济体制及其所面临的各种内外部条件和因素（与西方发展的内外部条件绝然不同①），或干脆以为印度搞了资本主义市场经济，按照西方那样保持"均衡"、配置资源、产权明晰，干不好的滚蛋、干得好的留用，就可以成为一流经济强国、不再存在"短缺"了。

再考虑到方法论形成、理论建立的特性和因此产生的价值观差异性，西方政治界、理论界、宣传界、教育界宣扬、传播中国社会主义公有制与"凭票供应""短缺"之间的简单线性关系就不足为奇了，毕竟它们不会客观了解中国与西方的各种差异性（价值观、意识形态的作用也常常使这种了解成为多余）。但中国"以马克思主义理论为指导"、以"三个代表""四个坚持"为原则，正在进行以"科学社会主义"为性质的改革，在这种条件下如果忽略这些差异性并因此把"崩溃边缘""凭票供应""大锅饭"理解为社会主义经济一般性规律，看成是公有制/国有企业效率效益低下所致，那则是令人费解的。为什么"科尔内"一来就只见树木不见森林（中国国情）了呢？为什么只见某个西方学者说"社会主义必然产生短缺"而不见其他西方学者甚至诺贝尔奖得主，如美国经济学家、诺贝尔奖得主道格拉斯·诺斯（Douglass C. North）说"西方经济理论不适用于中国研究"呢？为什么厚此薄彼、区别对待呢？如果在价值观和意识形态的驱使下有选择地引进、引用西方封闭系统下的理论来解释中国问题，那还怎么坚持实事求是、一分为二、历史

---

① 关于对社会科学方法论形成产生影响的 17 个差异性，参见本书第二章之二的《（四）研究方法、范式的封闭；"假设——演绎模型"》中列举的 17 个因素。

和辩证唯物主义方法论呢？当一些中国邀请的西方精英、大师、诺贝尔奖得主在报告中用生硬的中文讲了一个中国现象（如"大锅饭"或"凭票供应"）时，作为听众的中国学者、教授和学生通常都会轰然一笑，而且佩服得五体投地——西方的精英、专家居然知道中国的"大锅饭""凭票供应"！也就是在这轰然一笑、五体投地的过程中，西方学者对中国问题的解释成了真理，中国的民族精神被否定了，几代人、几亿人、几十年在"三高三低"条件下的艰苦创业被否定了，而中国自身的价值观全都抛在九霄云外。这是一种典型的毛泽东所批判的外国月亮比中国圆的现象。

在推崇"三驾马车"或受其影响的人群中，既有那些在价值观、意识形态上一直就对中国社会主义采取否定态度的人，也有因受"三驾马车"影响而对自身原有社会主义价值观、信仰产生动摇的人；既有那些盲目把西方理论当作普适真理从而接受"低下论"的人（既然西方理论、价值观具有"普适性"，那科尔内的短缺理论就是真理），也有那些在中国国有企业的私有化改造中产生的既得利益者，以及在这个改造中通过官商勾结而形成的带有封建色彩的利益集团。"低下论"的"三驾马车"之所以能够在中国产生普遍性影响，与中国自身存在的极端化认识论、方法论问题不无联系（详见第十四章的方法论、认识论分析）。可以说，这种影响越大，中国改革的"科学社会主义"性质、改革模式、手段、方法的"中国社会主义特色"所受到的影响就越大。

六、"崩溃边缘""大锅饭""凭票供应"与
改革的唯物主义关系

本章用历史唯物主义和整体主义证伪了"三驾马车"。既然中国"文化大革命"结束时经济没有到崩溃边缘，"大锅饭""凭票供应"也不是中国社会主义公有制/国有企业一般性经济规律，那中国需要经济

改革吗？"低下论"者也会通过概念延伸提出类似问题：照这样说，难道中国"文化大革命"结束后要回到过去计划经济时代吗？难道要继续吃"大锅饭""凭票供应"吗？

（一）"崩溃边缘"与中国改革

首先，从事物发展一般性规律看，中国社会主义经济发展的改革从未停止过。中国 1956 年对资本主义工商业的社会主义改造是一种改革，是符合当时的中国国情、有中国特色、与中国社会指导理论、主导价值观和生产关系性质相一致的促进生产力发展的改革，因而是成功的改革；第一个"五年计划"是对旧中国生产方式的彻底改革，也是符合当时中国国情、有中国特色，与中国社会指导理论、主导价值观和生产关系性质相一致的促进生产力发展的改革，因而也是成功的改革；中国"大跃进"在经济发展模式上是不成功的改革，而 1961 年关于在国民经济发展的"调整、巩固、充实、提高"八字方针指导下的中国发展模式则又是对"大跃进"模式的成功的改革。因此，即便"文化大革命"结束时中国经济没有到"崩溃边缘"也同样会进行改革。一个经济发展模式、手段、方法的改革不是非要到"崩溃边缘"才能进行。资本主义发展 500 多年来的经济体制改革也是如此。

其次，从事物发展条件性看，1976 年"文化大革命"结束后，中国经济发展逐步恢复正常，已基本建立了工农业基础设施，发展了必备的国防事业，也初步打下了社会保障和公益事业领域的基础。可以说：① 以国家各类基础设施建设为主的经济体制转向以改善、提高人民物质生活水平为主的经济体制的条件具备了；② 在社会主义分配体制中更好地体现"按劳分配、多劳多得"社会主义分配原则，从而在新阶段里产生更高效率效益的条件具备了；③ 转向以公有制为主体、探索多种所有制经营从而促进物质生产的条件具备了；④ 探索、实践社会主义通过市场经济手段发展商品生产的条件具备了；⑤ 作为生产力水平依然低下

（相比西方）、技术能力仍然落后的发展中国家，探索建立一个以生产力提高、技术提高、管理提高、创新提高、劳动生产率提高为主要标志的经济体制的条件具备了；⑥ 作为一个世界人口最多、人均资源贫乏的发展中国家，通过现代化、科学化、集约化程度提高，使有限的资源更好地为最广大人民利益服务的条件具备了；⑦ 作为一个从半殖民地半封建社会发展而来、在诸多内外部条件不利的情况下积累一些成功的经验又经历了一些失误与挫折的社会主义国家，探索通过改革来为世界最大人口国建立一个不以私有资本效率效益为衡量、为决定、为"激励"、为控制、为主导的区别于资本主义的平等、公平、正义的社会主义经济基础的条件具备了。可以说，这些改革的条件本身也是"中国特色"的社会主义的内涵与本质构成，是马克思主义"中国化"的内涵与本质构成。

再次，从外部条件变化和改革的思想、理论基础看，由于20世纪90年代东西方冷战和对抗结束，世界格局发生变化，西方对中国的经济封锁已结束，战争威胁程度降低，中国现代国防已经建立，工业基础设施建设已经完成，"三个世界"格局形成，再加上"国际经济一体化"的出现，也因为第十二章中所分析的从20世纪50年代就开始具有的社会主义市场、商品经济思想、理论认识与探索性实践，可以说中国社会主义改革的思想、理论基础和外部条件也具备了。这样看来，"文化大革命"结束，中国的社会主义经济改革具有历史必然性。① 这样看来，社会主义公有制/国有企业效率效益的一般规律性与"崩溃边缘"没有因果关系，所谓的"崩溃边缘"与改革又没有因果关系，那么"中国经

---

① 邓小平正是看到了中国已经具备的内外部条件，把他们那一代人从20世纪50年代就已经开始酝酿、思索并形成的相关理论概念加以总结，审时度势，发动了改革，继承和发扬了他们这一代人所立志的建立一个平等、富强、独立的社会主义中国之伟大事业。

济濒临崩溃——公有制/国有企业效率效益导致崩溃边缘——因此要对国有企业进行私有化改革"的逻辑链条又怎样维持呢？当然，与"崩溃边缘论"所蕴含的目的性相对立，这个"建设中国特色的社会主义"的改革不是全面私有化的改革，这个基于"马克思主义中国化"的改革不是全面私有化的改革，这个以"科学社会主义"为性质的改革不是全面私有化的改革。否则，所有西方国家都已完成了"马克思主义本国化"的具有"本国特色"的以"科学社会主义"为性质的改革了。

（二）"大锅饭"、激励机制与中国改革

既然"大锅饭"不是社会主义激励机制的一般性规律，那么中国"文化大革命"前各种激励机制是否十全十美、最好地体现了"按劳分配、多劳多得"的社会主义分配原则了呢？当然不是。但 1949—1966 年的中国，在 ① 物资极为匮乏的条件下，② 生产力十分落后的条件下，③ 整个经济基础极为薄弱的条件下，④ 因建设这个基础而使得商品生产极为有限而且必须用计划来调节、控制的条件下，⑤ 人口众多、一穷二白、资源有限（无论是技术、资本还是人均自然资源）的条件下，⑥ 因社会主义生产关系需要在一个贫穷、落后的社会里首先保证人类历史上最大规模的所有社会成员具有基本经济生存保障的条件下，⑦ 经济产出的很大一部分必须用来建设必不可少的国防事业的条件下，⑧ 经济产出的另外很大一部分必须用来为世界最大人口建设体现社会主义平等、公平、正义价值观的社会保障、事业领域基础设施的条件下，是否还可以建立一整套比 24 个工资级别、各类专业技术等级、工人八级工资制、农村公分制、地区类别工资制等其他物质、非物质的激励机制更好些、更科学些的社会主义激励机制呢？这是学者们可以运用历史和辩证唯物主义方法论对中国社会主义激励机制进行分析的问题。但为什么一个国家、社会不能根据自身条件（如上述 8 个条件）、发展阶段（上述 8 个条件为主要特征）的需求、社会制度及价值观来决定自身的激励机制

呢？在上述 8 个条件作用下，1949—1966 年的中国采取印度的激励机制就会更好些、更科学些吗？采取中国 1949 年前的激励机制就会更好些、更科学些吗？或是采取美国、西方那样的激励机制？不过，那首先要把中国历史、发展路径、制度性质、价值观以及上述 8 个条件与美国、西方进行变量控制处理后才能衡量是否更好些、更科学些。而且，到底是采用美国 1949—1966 年的激励机制还是美国历史上的资本主义奴隶经济制度之下的激励机制呢？当然，"大锅饭论"因价值观和目的性而根本不屑概念、理论的严谨性、逻辑性和方法的科学性，它的目的就是私有化，无论是印度的还是 1949 年前中国的，无论是美国的还是日本的，只要不是社会主义公有制就行。

再从事物发展、变化的必然性看，为什么非要把 1949—1966 年的社会主义激励机制看成是一成不变的呢？西方资本主义 500 多年前的激励机制与今天一样吗？当中国在上述 8 个条件方面都有所改善、进入不同的发展阶段后，是否会在激励机制上更科学地根据现状、条件来改革、改进激励机制从而使它在新阶段里产生更高效率效益呢？当然可能。中华人民共和国成立初期的供给制不是在几年后就根据经济发展阶段，根据平等、公平价值观而转向工资制这个不同的激励机制了吗？这样看来，中国社会主义在不同发展阶段中，在摸索与探求、经验与教训、成功与失败中，不断改革其激励机制是历史的必然，这与西方资本主义国家 500 多年来激励机制因自身各种社会、经济、政治原因而不断改变也是历史的必然没有什么两样。那么，"大锅饭"这个"文化大革命"特定条件下、特定时期里的产物随"文化大革命"结束当然也会结束，又为什么把它视为社会主义公有制和国有企业的一般普遍性规律呢？

这样看来，中国在"文化大革命"结束、经济发展走上正轨并转向以改善、提高人民物质生活水平为主的阶段时，当商品生产发展、物质逐步丰富起来时，转向更科学、更公平的"按劳分配、多劳多得"分配原则并使收入、分配差别在这个原则下有所加大又有什么不可能呢？比如，激励机制产生的收入差别是否可能比 1949—1980 年提高、扩大些呢？当然可能。但首先，这个社会主义分配机制下产生的"收入＋财产"差别绝不是主要由生产资料私人占有形式所导致的"激励"及其产生的差别（即资本主义或封建社会生产关系下产生的"激励"及其差别），绝不是来自于雇佣劳动力产生的剩余价值所引发的"激励"及其产生的差别，绝不是来自属于全国人民共同占有的自然资源首先使少数人效益最大化基础上的"激励"及其产生的差别，绝不是来自于把几代人、几亿人、几十年在"三高三低"条件下创造、积累的资产转移到少数人手中引发的"激励"及其产生的差别，绝不是来自于带有封建色彩的官商勾结基础上产生的官僚资本集团利益所导致的"激励"及其产生的差别。如果是，那"科学社会主义"这一改革性质就被改变了；如果是，两极分化就出现了（无所谓贫富差别有多大、GDP 有多高），那就如同邓小平所说，改革就失败了；如果是，中国社会主义价值观、信仰基础之上的激励就连同这个基础一起会被改变。

（三）"凭票供应"与中国改革

既然"凭票供应"不是社会主义的一般经济规律，那是否在完成了社会主义工农业基础建设、国防建设以及社会保障、事业领域的基础建设后，在结束了"文化大革命"、继而经济建设走上正轨后，就不要发展商品生产、丰富物质生活从而取消"凭票供应"了呢？当然不是。正如第十二章所指出的那样，早在 20 世纪五六十年代中国就提出在工业化基础建设的同时又要发展一定的商品经济，毛泽东一代人就曾提出商品生产可以为社会主义服务的思想。但当商品生产发展、物质丰富起来后，对"凭票供应"取而代之的应该是"凭多劳多得、按劳分配决定的供应"及其差别，而不是"凭生产资料占有、权力占有决定的供应"及其差别（即像资本主义或封建社会的分配关系那样），不是"凭私有资本—雇佣劳动力—剩余价值关系决定的供应"及其差别，更不是"凭带有封建色彩的官商勾结、利益集团作用决定的供应"及其差别。如果是，那"科学社会主义"这一改革性质就被改变了；如果是，两极分化就出现了（无所谓物质有多么丰富、GDP有多高、怎样力图"共同富裕"），那就如同邓小平所说，改革就失败了；如果是，中国社会主义价值观、信仰基础之上的激励，就连同这个基础一起会被改变。

七、结论："崩溃边缘论""大锅饭论""凭票供应论"是唯心主义的方法论产物

本章分析表明，中国经济在"文化大革命"结束时未到"崩溃边缘"，而"大锅饭""凭票供应"则是在特殊时期、特殊条件下，内外部因素共同作用而产生的特殊经济现象，并非社会主义公有制经济的一般规律。而"三驾马车"因逻辑性、严谨性等方法论科学性问题非但不能证实社会主义公有制和国有企业的"低下论"，而且明显蕴含"只有私有化才能救中国"的价值观。如果让这样的方法论、价值观下产生的伪科学概念对中国改革的指导理论与思想以及改革的方法、模式和手段产生影响的话，如果让其对中国的理论界、政治界、舆论界、教育界产生影响的话，如果让其对中国社会主义建设时期的分析与衡量、对中国本土经济学的建设与发展产生影响的话，那将导致中国社会、经济发展上的诸多重大理论与实践问题的错误理解。本章对它们进行的唯物主义、实事求是、整体主义的分析，不仅揭示了它们的伪科学性，而且反过来证明：科学社会主义是可以"救中国"的，中国社会主义经济发展模式的改革也是历史的必然。

第十四章　案例分析七：国有企业效率效益衡量——价值观、意识形态、双重标准范式及其认识论、方法论原因

国有企业在性质、目的、生产方式等方面与私有企业的差异性决定二者在效率效益上没有简单可比性。"国有企业效率效益必然低下"（下称"低下论"）是西方经济学封闭系统方法论的一般性产物。而在中国，它的产生与形成还具有"近因效应""光环效应""代表性启发式思维"（见后文）等唯心主义认识论影响，也是在事物（效率效益）分析上简单化或极端化、矫枉过正、用事物现象代替事物本质等方法论作用的结果。这些方法论的运用在企业效率效益衡量上又产生了一个带有资本主义价值观与意识形态色彩的双重标准范式，其本质就是证明私有化才是唯一提高效率效益的手段。本章整体主义、唯物主义的方法论分析则揭示出这种论点在经济学方法论上的伪科学性。

一、"国有企业效率效益低下"的理论误区

"国有企业效率效益低下"这一理论误区是中国新自由主义的封闭系统方法论产物。

（一）理论误区的科学性问题

第十一、十二章的逻辑、实证与反证分析表明，无论从事物（效率

效益）发展的一般规律性还是从中国事物的特殊性看，1949—1980 年期间，中国国有企业与私有企业（无论中西方）因社会与经济目的不同，组织形式不同，生产方式不同，管理方式不同，操作模式不同，分配与交换关系不同，其市场结构、功能与目的不同，"资本"结构、功能与运作方式不同，在效率效益问题上不存在简单可比性。任何使用西方理论、方法和要素来孤立、割裂地对它们进行效率效益比较、鉴定、衡量，都会出现合理性、可靠性问题；具体方法越是复杂、高深，逻辑性问题就越严重，片面性就越大，科学性就越低。而"低下论"正是在这样条件下产生的一个理论误区。

（二）理论误区的价值观问题

那么，到底是什么原因使这个"国有企业效率效益低下"的理论在中国形成并产生普遍性影响呢？这里既有方法论问题，又有与方法论相关的价值观和意识形态问题。无论是这种封闭系统方法论下产生的"低下论"理论误区，还是其具有代表性的"三驾马车"（见本书第十三章）；无论是西方要素框架下的"增长率"比较研究，还是带有价值观、意识形态性质的"私有化"潮流，都与中国经济学理论建设上的认识论与方法论问题不无关系。

鉴于此，本章从唯物主义认识论、方法论角度剖析"低下论"形成并产生影响的原因与根源，运用交叉科学和整体主义方法证伪"私有化等于高效率高效益"的逻辑方法，并从方法论角度揭示"低下论"带有价值观与意识形态色彩的双重标准范式。毕竟，要发展中国特色的社会主义，要建立社会主义市场经济，要坚持改革的"科学社会主义"性质，就不能不建立、发展"中国社会主义经济学"自身的理论体系，而建立、发展这个理论体系又不可能不研究国有企业，研究国有企业又不能不运用整体主义和历史、辩证唯物主义方法论。而不从认识论、方法论角度证伪"低下论"，并揭示其根源从而加强社会主义经济学研究的科学性，这一切都是难以企及的。

二、"低下论"的认识论问题

"国有企业效率效益低下"的认识论问题主要表现在以下三个方面：

（一）"近因效应"（Recency Effect）的认识论影响

"近因效应"指一个社会刚刚发生的重大经历或事件使人们随后对事物的认识、判断及其指导下的政策、决策和行为产生偏见性（如对事物整体认识的忽略）、极端性、非科学的权重性影响。具体说来，它指某种最近发生的事件所产生的刺激对随后事件的思维过程、概念形成、分析角度、理论出发点造成不平衡、非客观的过重影响，从而忽略随后事件自身的条件、环境和各种影响因素。因此，也称为"新颖效应"。这个概念初创于心理学，后被应用于社会学、经济学、管理学、行为学等科学领域。

"文化大革命"10年里，中国经济体制的正常运转受阻，企业正常生产受限，原有规章制度被废除，诸如管理机制、激励机制、质量提高、级别评审、技术改进等一整套已经逐步发展起来的现代企业制度受到破坏，效率效益自然会受到严重影响，"大锅饭"现象自然会产生，供求差异性自然会扩大。这种供求缺口并非公有制下国有企业不能生产足够商品来满足"广大人民日益增长的物质与文化需求"（"文化大革命"10年里这种"需求"本身都受到批判），而是特殊时期里政治运动直接、全面冲击经济生产而与此同时实际需求不断扩大（人口从1966年的6.5亿增加到1976年的10亿）从而造成的"短缺"后果。显然，这既不是亚诺什·科尔内（János Kornai）的"社会主义短缺"，也不是西方1929—1933年大危机期间的"短缺"。然而，当"文化大革命"结束时，一方面这种特殊时期的现象被人们深恶痛绝，另一方面一种带有情绪的、简单的、机械的、形而上学的、缺乏客观和整体主义分析的"低下论"也就应运而生了（这里暂且不谈那些本来就对社会主义公有制一直持否定态度的观点）。

（二）"光环效应"（Hallo Effect）的认识论影响

"光环效应"指因受某一事物表象的"耀眼"部分影响而丧失对其客观、全面的认识，丧失对其条件、环境、时空差异性的唯物主义认识，从而导致对该事物认识的片面性、简单化甚至极端化。首先，一方面中国 20 世纪 70 年代末开始的改革以"向市场经济转型"为主要特征，而西方资本主义通常被视为市场经济的"鼻祖"。另一方面"文化大革命"10 年中国经济发展受阻，西方经济进入后工业化时代，使中国与西方原来就存在巨大差异的生活水平、科技水平、生产力水平更加拉大了，加上"近因效应"，就使西方市场经济、西方经济理论、西方生活方式及其价值观产生了从未有过的耀眼光环。其次，20 世纪 80 年代，"冷战"结束，西方经济学界一方面把亚洲"四小龙"视为市场经济的"奇迹"，另一方面把苏联、东欧、中国发展引证为社会主义经济制度的失败。这些因素，加上意识形态作用，与西方国际经济一体化中的极端自由化、市场化、利润化思潮一起，使西方资本主义市场经济的"光环效应"被更加放大了。再次，这一时期，新古典经济学因其计量化、数理化方法的广泛使用而被称为"主流经济学"，其"普适性""科学真理"的光环也被放大了，而它所蕴含的极端资本主义价值观和方法论非科学性成分则被遮掩了。结果，新古典经济学对中国的经济学研究和经济发展模式的实际影响也就顺理成章了，中国自身在衡量中国国有企业效率效益（以及其他社会主义经济功能、运行领域）上用西方经济学方法代替实事求是、一分为二的历史和辩证唯物主义的方法也就在所难免了。

（三）"代表性启发式思维"（Representative Heuristics）的认识论影响

这种思维方式指当受到某种因素的作用、影响、启示而在两种没有必然联系的事物之间建立起关联性甚至因果性关系，从而导致主观上对事物现状、本质或环境的认识错位。① 正是上述中国"文化大革命"的"近因效应"和西方理论的"光环效应"交织作用，对企业效率效益分析上的观点、认识、认知产生了这种"启发式"效应。

比如，西方经过500多年资本主义历程而逐步发展、建立的市场经济私有制理论（包括建立在私有资本—雇佣劳动力关系基础上的效率效益要素、"经济人"利益最大化、"市场均衡""产权明晰"等）蜂拥而入，导致在西方私有制—市场化—资本化—商业化—利润化特定条件下产生的方法论及其研究模式被推崇、敬奉为"科学真理""普适真理""唯一真理"。在这种"代表性启发式思维"作用下，用这些西方资本主义市场经济条件下产生的理论来衡量、鉴定中国 17 年（1950—1966年）社会主义国有企业效率效益可谓天经地义，一个公式、一个方法、一个定律就可以否定一个理论，就可以推翻一个信仰、改变一个主义；一个封闭系统方法论下产生的数理模型就可以改造一个经济制度。原有根据自身社会制度、基础条件、经济现状、国情、价值观、信仰、理论等发展起来的反映自身民族精神、独特优势的管理制度、规章规则、质量标准、职称评审、技术提高以及激励机制等就在这种形而上学、教条主义、唯心主义、从一个极端跳到另一个极端的方法论指导下受批判、被诋毁。当"文化大革命"的"近因效应"更加放大了西方理论的"光环效应"时，在评价、分析、衡量由中国几代人、几亿人、几十年在"三高三低"条件下艰苦创业、历尽牺牲"最大化"、奉献"最大化"、国家与民族利益"最大化"所建立起来的国有企业之效率效益时，自身历史、发展路径、实际国情、具体条件和价值观都可以忽略、都可以不顾，中国一穷二白、贫困落后、人口众多、资源贫乏、生产力低

---

① 参见 A. Tversky and K. Kahneman, "Judgment under Uncertainty: Heuristics and Biases", *Science*, Vol. 27, No. 185（Septemper 1974）, pp. 1124 – 1131。

下、技术落后、基础薄弱、社会保障事业领域的建设需求与压力都可以忽略、都可以不顾，复杂国际环境、外部战争威胁、西方军事包围也可以忽略、也可以不顾。

再比如，当以资本主义市场经济为典型特征的"国际经济一体化"这个大环境加重上述"光环效应"时，受影响者不仅对市场经济崇拜、对西方经济学理论"全盘接受"，而且在分析自身经济落后的根本原因上产生错位，完全放弃对社会主义经济规律自身的一分为二研究。[1] 颇得中国学界青睐的匈牙利经济学家亚诺什·科尔内（János Kornai）的"短缺理论"使用部分西方现代经济学理论研究冷战时期社会主义经济体制的"弊病"，许多观点却落入"封闭系统"陷阱，[2] 即把"经济"和其自身发展规律与社会发展特殊条件、环境因素割裂开来，认为一个国家、社会的经济发达、商品丰富程度是否像西方一样，与其发展的历史、文化、人口、资源、生产力、价值观、受剥削压迫和被殖民以及遭受侵略奴役的经历等因素无关，与一个国家、社会面临的现实挑战（如军事包围、战争威胁、经济封锁等）无关，自然也就无法理解1949—1980年的中国为什么不首先大力发展商品经济。而实际上，中国这个时期的商品"短缺"并非她所面临的主要社会、经济发展问题，也并非社会主义经济制度所致，毕竟1949年以前各种商品短缺更广泛存在，并非中国社会主义的建立改变了1949年以前的商品丰富、生活美满。当然，从"封闭系统"方法论角度，加上意识形态驱使，把西方经济学的"短缺理论"作为衡量全世界经济与社会发展的"金科玉律"，是很容易把一个新生的、生产力本来就极为落后的国家的"短缺"归咎于社会

---

[1] 参见刘国光：《经济学教学和研究中的一些问题》，《经济研究》2005年第10期，第4—11页。

[2] 参见 G. J. Gordon and M. E. Milakovi，*Public Administration in America*，Thompson Rivers University：Thompson Learning Incorporated，2001，p. 38。

主义社会制度的。其实，西方经济学理论流派众多，因角度、方法、研究背景、对象和价值观而不同，并对不断出现的新环境、新问题产生不尽相同的新观点。① 在多元主义影响下，当"封闭系统"在西方学术、理论界受到越来越多的抵制时，西方社会也对"资本效率效益最大化"、市场决定配置等极端资本主义价值观做出相应调整，如罗斯福的"新政"，加拿大的税收，日本的劳资政策，法国等国家在一些企业所实行的"四天工作日"或"三十小时工作周"（即在经济萧条时不由市场调节来决定劳动力供需并避免失业和下岗）或西方国家的劳工保护法案等等。美国作为极端资本主义国家，从 20 世纪初开始就在垄断、竞争、市场、公司治理、人力资源、金融、银行、保险、兼并、收购、税收、分配、能源、自然资源、环保、劳资关系等许多经济发展的功能领域颁发了几千条法令、法规、法则。② 更不用说欧美"民权运动"在经济分配、经济利益方面做出的政策调整，更不用说它们在经济领域里针对种族、性别、年龄、宗教、体重、高矮、胖瘦、残疾、政治信仰、劳动保障条件等各种社会属性特征（如果按照传统经济学理论定义的话）所颁布的法规、法则。如果抛开它们是否具有促进社会平等、公平、正义之目的不谈，至少欧美"民权运动"所倡导的理论、思想与传统市场经济的"效率、效益、利润、竞争、一切由市场调节"等规律或理论相悖。③

综上所述，在对中国国有企业效率效益的认识问题上，一方面，

---

① 参见［印］阿马蒂亚·森著：《以自由看待发展》，任赜、于真译，中国人民大学出版社 2002 年版，第 9—85 页；［瑞典］冈纳·缪尔达尔著：《亚洲的戏剧——对一些国家贫困问题的研究》，谭力文、张卫东译，北京经济学院出版社 1992 年版，第 3—42 页。

② 参见龙斧、王今朝著：《社会和谐决定论：中国社会与经济发展重大理论探讨》，社会科学文献出版社 2011 年版，第 223—229 页。

③ 这里不是说西方国家不存在资本主义市场经济引发、产生、导致的各种问题，只是举例说明，无论是它们的经济政策，还是它们的社会政策领域，都没有简单受制于推崇极端资本主义的新古典经济学理论。

"近因效应"放大了"光环效应"，二者又一起导致了"代表性启发式思维"，在事物认识上产生了一种唯心主义的联系，即公有制、国有企业造成短缺，进而把"大锅饭"、效率效益低下当成社会主义国有企业的一般性规律；另一方面，这种思维模式与矫枉过正的心理基础产生了一种既定的唯心主义的联系：要想提高效率效益，只能对国有企业进行"改革"，对社会主义工商业进行私有化改造。

三、"低下论"的方法论问题

上述认识论问题导致了对国有企业效率效益分析、衡量上的方法论科学性问题。这些方法论问题在当前中国经济的改革讨论中带有一定普遍性。

（一）非此即彼——把效率效益问题简单化

类似"宁要'不完美'的改革，不要不改革的危机""宁要资本主义的苗，不要社会主义的草""宁要私有化的高效率高效益，不要公有制的低效率低效益"，都是这类对事物分析简单化的表现，而命题自身就蕴涵一种逻辑荒谬性和方法极端性。首先，它对事物概念、内涵做强加定性，如最先确定"资本主义必然且只能产生苗，社会主义必然且只能产生草""私有制必然产生高效率高效益，公有制必然效率效益低下"。其次，它制造了一个非"A"即"B"、黑白分明的逻辑结构，任何观点、思想只有两种选择，这样结论也就简单了——谁不要"不完美的改革"就一定是要"不改革的危机"，谁不要"资本主义的苗"那一定是要"社会主义的草"，谁不要私有化的高效率效益，就是要公有制的"大锅饭"，从而使任何改革方法、手段科学性的讨论都成了生死选择，如同"文化大革命"时期"要不要革命"的"大是大非问题"。再次，在上述前提下，"改革"的内涵、性质、目的与手段、方法的一致性分析被代替或取消了，对这些方面的科学性分析也被代替或取消了。

结果，任何"改革"口号下对国有企业进行改革的方法、手段、模式、政策都必然是正确的，而与这种"改革"不同的观点、意见都必然是错误的。用这种荒谬、极端的"宁要"方法论下产生的命题来划定范畴、逼迫选择从而达到自己的目的。这种非"A"即"B"方法论极端化下产生的"非此即彼""唯我独尊"是中国封建传统文化的一大特征。纵观中国历史，这种方法论及其结果屡屡给社会与民族带来心理的伤害、思想的混乱、信心的丧失、价值观的矛盾、前进的迂回和发展的挫折。

（二）矫枉过正——从一个极端跳到另一个极端

就事物（如效率效益）发展、衡量来说，某个理论、政策、方法、手段自身之科学性不是建立在对过去的全面否定之上。然而，"光环效应""近因效应""启发式思维"常常伴随"矫枉过正"，导致一些人对事物的认识从一个极端跳到另一个极端。比如，这些受"矫枉过正"认识论影响的人认为：既然昨天的"越大越好，越公越好"不对，那今天中国特色的社会主义就应该是"越商越好，越私越好"；昨天认为私有资本"每个毛孔都滴着肮脏的血"，今天它就可以是发展社会主义的"美丽天使"；[①] 昨天"工农商学兵一起来炼钢"，今天就可以"工农商学兵一起来经商"；"文化大革命"中为批"唯生产力论"提出"宁要社会主义的草，不要资本主义的苗"，今天为了 GDP、"政绩"或其他目的就"宁要资本主义的苗，不要社会主义的草"；昨天认为国有企业是国家经济发展的中坚力量、社会主义生产力的代表、社会主义生产关系的标志，今天就认为国有企业是"效率效益低下""大锅饭""失败"的代名词，再把"文化大革命"中"中国经济发展缓慢"与国有企业效率效益之间建立

---

① 关于现代私有资本的政治、经济、社会属性分析，参见龙斧、刘媛媛：《从资本属性看劳资关系的平等性和公平性》，《当代经济研究》2009 年第 2 期，第 1—7、72 页。

起简单线性关系（手段），再继而论证社会主义公有制和国有企业的"失败"（目的）。上述表现手法或观点可以截然不同甚至表面相反，但方法论本质却一脉相承。比如，在割裂、孤立、封闭状态下通过利润率高低比较来证实"低下论"，就是这种极端化方法论的典型表现。为达到某种目的而依靠从一个极端跳到另一个极端的"方法论"是中国封建传统文化的又一大特征。纵观中国历史，正是这种极端化方法论及其产生的理论与实践结果，屡屡给社会与民族带来心理的伤害、思想的混乱、信心的丧失、价值观的矛盾、前进的迂回和发展的挫折。

（三）"文化大革命"逻辑——把不同观点、声音推向荒谬极端

这是一种在事物（效率效益）的讨论中，对不同观点、意见、声音进行妖魔化处理（即"文化大革命"中的"戴帽子、打棍子"）从而达到某种目的的方法论手段。比如，在社会主义公有制和国有企业问题上，对与己不同的观点、具体问题（如改革方法）的讨论立即戴上"极左""要走回头路""要吃大锅饭""要回到计划经济年代"，或干脆就是"要反对改革"的帽子。

首先，从逻辑上看，这种方法论的荒谬性、简单性和极端性在于，设 A 不等于 C，如果 B 不等于 A，那 B 就必然等于 C；既然我是正确的极端（A），谁要与我不一样（如 B 或其他任何选择），必然只能是荒谬与错误的极端（C）。这个手法并非没有先例，"文化大革命"中就有"不革命也是反革命"的逻辑命题。正是在这种方法论指导下，国有企业被定性为失败、效率效益低下，因此才搞改革开放、出售转让；谁要客观、唯物主义、科学地、实事求是地分析国有企业效率效益，那必然是反对改革开放。其次，从特征上看，这种荒谬、简单、极端方法论常常为了"充分"证实某个事物的伟大、英明、正确，把另一事物加以否定并推向错误极端（"文化大革命"逻辑常常如此）。为此，"依据"可以是概念化、模糊化、推断化、延伸化、扭曲化的"事实"（如经济发

展停滞就可以说成是"崩溃边缘";"文化大革命"中出现的"大锅饭"通过启发式思维可以延伸、改变后变成公有制、国有企业效率效益问题)。最后,从话语体系看,这种方法论下的观点表面与"文化大革命"不同,但方法论本质一样,那就是它们都带有某种目的,非跳到极端而不能达到,或非对过去做全面的否定而不能推行("文化大革命"对社会主义建设时期也大有"妖魔化"语言)。这种方法论极端化、简单化也是中国封建传统文化的一大特征。纵观中国历史,正是这种把不同观点、声音推向荒谬极端的方法论,屡屡给社会与民族带来心理的伤害、思想的混乱、信心的丧失、价值观的矛盾、前进的迂回和发展的挫折。

(四) 用事物现象代替事物本质

这种方法论在事物分析上用带有选择性的或在特定条件下产生的现象代替普遍性现象,并以此来证明事物的一般规律,无论是用"文化大革命"时期出现的"大锅饭"还是某个私有企业的增长率来证实国有企业效率效益低下都是其典型表现。比如,一些理论、观点用改革开放后的 GDP 增长来证实中国社会主义公有制经济的失败和国有企业效率效益的低下。这种由 A(1949—1980 年社会主义建设、积累)产生 B(改革的基础条件)再由 B 产生 C(GDP 增长)的历史唯物主义、基于中国国情的逻辑关系,变成了用 C 否定 A 的唯心主义、形而上学、机械方法论下的逻辑关系。

首先,从第十一、十二、十三章中的方法论、实证和反证分析看,1949—1980 年,尽管发生了"大跃进""文化大革命"(共长达 13 年),尽管国有企业在诸多内外部不利因素条件下发展,GDP 增长速度并不慢,平均年增率达 6.7%。[①] 如果考虑到第十一章中 13 个作用关系和第

---

① 参见国家统计局国民经济综合统计司编:《新中国五十年统计资料汇编》,中国统计出版社 1999 年版,第 4 页。

十二章中所分析的其他差异性、特殊性因素作用，即在实事求是、唯物主义、整体主义方法论框架下来衡量国有企业的发展，其效率效益是高的。如果抛开这些作用关系和差异性、特殊性因素，仅用西方市场条件下产生的衡量西方企业效率效益的因素来孤立、封闭地比较某个或某几个西方私有企业和中国国有企业的投入产出比，这个效率效益是"低下"的。不过，再用西方市场条件下的"企业效率效益"因素来孤立、封闭地衡量中国私有经济的效率效益结果又会怎样呢？中国1980—2020年GDP增长221倍（或翻了8番），其中技术效应占多大比例、起到了怎样的作用呢？现代科学管理效应又起到多大作用呢？劳动生产率的提高又起到多大作用呢？现代市场结构与功能（如内需市场的合理性、科学性等）又起到多大作用呢？产品、服务的多维创新又起到多大作用呢？现代物流、运行管理的价值创造又起到多大作用呢？资本追加的实际效率效益又起到多大作用呢？都与GDP一样成为世界第二了吗？如果没有，那么，世界最大日用品市场 + 世界最大廉价劳动力大军 + 世界规模最大的资源耗竭性使用等效应在这个"GDP世界第二"中又起到多大作用呢？这样看来，这个时期的GDP持续增长也不能说明是私有化提高了效率效益。这样看来，最广大人民群众的充裕、廉价劳动力在中国GDP增长中起了主要作用，而不是什么私有企业的效率效益。

其次，从事物的现象与本质关系看，一个现象可以反映不同的本质特征。因此，以一分为二、辩证唯物主义方法分析事物本质尤为重要。比如，"世界第二大经济体"只是经济增长的标志之一，其本身不证明"高效率高效益"。应该看到，在2021年世界人均GDP排名中，中国占第61位。① 如果考虑到百姓实际收入与物价指数、核心消费（住房、医

---

① 数据来自 Statistics Times 发布的《2021 全球 GDP 排行榜》，2021 年 5 月 21 日，见 GDP Indicators 2021-StatisticsTimes. com。

疗、教育、社会保险）开支的比例变化，考虑到私有资本的暴利率，考虑到国家资产、资源、资本产生效益后少数人所占的分配比例，最广大普通劳动者在这个 GDP 中所享受到的实际效益又会受到什么影响呢？也应看到，"GDP 增长"可以由许多不同手段来实现：既可能依靠现代科学管理、科技运用、资本效益、劳动力素质提高、产品质量与创新、内需市场的合理性提高等因素，也可能依靠廉价劳动力、资本的简单且大幅度追加、资源的耗竭性使用、一些行业领域政策支持等因素；以环境污染、生态破坏为代价，或兼有依靠过去几十年西方因发展模式转型把劳动力密集型、资源消耗型、环境污染型、生态破坏型的日用商品生产、加工工业转移到第三世界国家从而形成了低廉商品的国际市场空间。还应看到，中国依靠人类历史上最为庞大、最为廉价的劳动力大军带来 GDP 增长，只是过渡性手段。人口众多、劳动力"充裕"（过剩）以及因此产生的"廉价"根本不是什么经济发展的比较优势（西方经济学从未有过这样的"比较优势"理论）。如果是"比较优势"，为什么中国制造的商品在中国市场的价格高于在西方市场出售的价格呢？为什么在中国市场上，西方的日用品又是中国相同产品价格的好几倍呢？仍应看到，即便 GDP 增长源于技术、管理、劳动生产率等西方理论所划定的作用要素，也不代表中国以"科学社会主义"为性质、具有"最广大人民群众利益最大化"的效率效益。否则西方资本主义国家就是最具有"科学社会主义"性质的国家了。如果只看事物现象而忽略本质，或用现象代替本质，或用一个现象掩盖多重性本质，或否定现象与本质的不一致性，那"效率效益"就成了一个伪科学命题。这样看来，既然 GDP 增长本身不能代表高效率高效益，它又怎样能够用来说明、佐证、鉴定中国 1949—1980 年的公有制和企业的效率效益高低呢？

在上述各种极端化方法论的共同作用下，在"近因效应""光环效应""代表性启发式思维"的共同作用下，对公有制、国有企业效率效益问题的实事求是、客观公正、唯物主义、敢于接受不同声音的讨论就难以实现。① 结果，社会主义建设时期的几代人、几亿人、几十年在 "三高三低" 条件下的艰苦奋斗、无私奉献以及因此创造的经济成果被一笔勾销。结果，这些艰苦创业的成果一方面一夜间成为私有化后企业 "效率效益" 的重要基础与来源，另一方面又被作为国有企业 "效率效益低下" 的论据、证据。结果，中国 "社会主义" 经济学的建立与发展以公有制、国有企业效率效益低下为理论基础。而正是基于这种 "理论基础"，一些 "矫枉过正"、改变社会主义生产关系性质且不利于生产力发展的政策、手段、模式应运而生了。图 14 – 1 综合展示 "低下论" 在中国形成、产生的认识论和方法论机理关系。

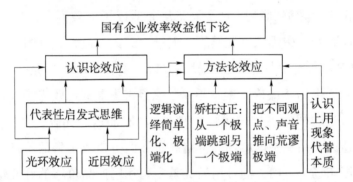

图 14 - 1　国有企业效率效益低下论产生的认识论和方法论机理

四、"低下论" 的伪逻辑方法——"私有化等于高效率高效益"

在上述认识论、方法论作用下，在割裂生产关系与生产力辩证关系

---

① 这种极端化方法论的典型表现之一就是：关于公有制、国有企业问题的客观公正、实事求是、唯物主义的概念在理论界、学术界、教育界难以立足；这些领域的一些 "掌门人"（如官员、编辑、评委、教材审核者等）用 "崩溃边缘论" "大锅饭" "凭票供应" 等广泛 "佐证" 公有制、国有企业效率效益低下的概念，这些概念成为 "文化大革命" 后出生的几代人的一般性认识。

的条件下，一个"私有化等于高效率高效益"的伪逻辑概念就形成了。毕竟，国有企业"效率效益低下"总是以私有企业为比较对象、为鉴定标杆的。而从实践角度看，无论是20世纪90年代后期开始对中国99%的国有企业、行业、产业（包括大量还在盈利的企业、行业、产业）进行私有化改造（"出售转让"），还是提出要对仅剩的数量不到1%的大型国有企业再进行私有化改造，都是围绕"效率效益"问题，从而为这种逻辑方法提供了"实证依据"。

它在封闭条件下孤立、简单对比几个国有企业和几个私有企业的投入产出比以及利润增长率，完全忽略第十一章中13个效率效益作用关系和第十二章、第十三章中其他差异性、特殊性因素作用，从而得出"私有化等于高效率效益"的结论。这样，一个逻辑链条就形成了：① 改革就是要提高国有企业的效率效益；② 只有私有化才能提高效率效益。因此，要达到①只能依靠②，而只有②才能产生①。这种逻辑似乎要证实私有化才是唯一提高企业效率效益的手段，而实际上它已经在把私有化作为目的了。让我们从交叉科学角度，从事物发展的一般性规律和特殊性方面，来看一下这个颇有影响的逻辑链条是怎样缺乏逻辑性的。

第一，企业效率效益是一个动态性、发展性、有条件性、具有相对性的事物。脱离此，割裂式地横向比较只能导致理论的荒谬性和方法上的不合理性。正如十一章所述，私有化本身与效率效益之间从来就没有简单、单一因果关系；西方市场经济下的私有化市场经济发展了500年不仅存在企业效率效益低下、破产倒闭，而且存在通货膨胀、经济危机、市场不均衡等问题；美国在企业和质量管理上不如日本效率效益高也不是因为前者私有化不如后者。也如第十一章所述，根据管理学、市场学、组织行为学和企业创新学理论，大型企业（包括垄断行业、企业）效率效益（即增长率）因各种原因普遍低于中、小企业，但从来不是因为前者私有化程度不如后者造成的（比如，西方大型企业普遍没有中小企业增长率高），因此，中小企业的效率效益不能用来衡量大型企业，二者没有可比性。

第二，再从事物的一般规律性看，中国国有企业的性质、发展背景、经济目的、生产方式、组织形式、资本性质、积累过程及其分配方式和目的等，以及它们所反映的社会生产关系本质，都与西方私有企业具有根本差异性；而中国经济和政治制度、发展路径、基础设施、历史文化、价值观、人口总量、人均资源、生产力水平以及国家、社会所面临的首要经济任务、目的等方面也与西方国家具有根本差异性。这两大差异性，决定了私有企业（无论大小）的效率效益（如利润增长率）不能简单用来衡量国有企业的效率效益（对这一点，客观的西方学者并不否认）。这些决定关系使任何试图用国有与私有企业的利润对比来证实私有化与效率效益之间的简单线性关系的研究丧失了科学性。

第三，从中国事物发展的特殊性看，大量私有企业的资本积累、发展过程本身就具有带封建色彩的贪污腐败、行贿受贿、官商勾结特征，而且这些特征又使它产生了另一个结果特征，即创造了人类历史和平时期贫富差别、两极分化的程度与速度两大纪录。① 显然，这两方面特征就决定了这类私有企业的效率效益与私有化本身无关，与西方私有化市场经济的效率效益要素无关。当然，有的私有企业具有国有企业所没有的能够直接产生各种"效率效益"的一个"优势条件"，那就是前者可以直接用自身资产、资金、股份作为行贿、官商勾结的资本手段，而国

---

① 参见龙斧、王今朝：《中国改革开放时期经济发展与经济发展的非线性关系：对科学发展观的经济学思考》，《江海学刊》2009 年第 2 期，第 66—75 页；龙斧、王今朝：《经济政策决策科学性与社会和谐的关系：中国历史实证分析和验证》，《求索》2009 年第 1 期，第 1—6 页；龙斧、王今朝著：《社会和谐决定论：中国社会与经济发展重大理论探讨》，社会科学文献出版社 2011 年版，第 26—40 页。

有企业不具备这一"市场优势条件"。这种在特殊条件下产生的"效率效益"既不能说明"私有化"的效率效益奇迹,也与国有企业效率效益毫无可比性。

第四,改革开放以来,中国私有企业利润增长率远远高于西方私有企业。但从效率效益一般作用因素和规律看,导致前者创世界纪录的"高效率高效益"是因其某种技术能力在世界上独树一帜了吗?是因其产品、服务的质量或设计而创出某种世界品牌了吗?是因其发展了某种先进管理理论、模式从而使管理、决策科学程度高于西方企业了吗?是因其资本的市场效益、成本效应达到了世界优化水平了吗?是因其组织结构、运行机制的科学化、合理化程度极高从而创造了世界水平的价值链效应吗?是因其劳动力素质在世界上首屈一指吗?是因其 EMBA 管理知识对企业利润发挥了创造性效率效益作用吗(而不是依靠行贿、贪腐、官商勾结变得富有之后再来读 EMBA)?似乎这种"高效率高效益"既不是社会主义市场经济的产物,也不是资本主义市场经济的产物。到底是什么原因是值得深思的。

对有些私有企业的效率效益奇迹来说,这个答案并不复杂。设想,在 20 世纪末、21 世纪初的"出售转让"中,一个私有企业以几百分之一、几千或几万分之一的价格(其中还不乏国有银行贷款)贱购了一个有着几十年积累、资产良好、有市场保证、机械化程度达到一定水平、原材料供应廉价以及拥有国家为其运行提供辅助性的经济设施(如铁路、公路、医院、学校等等)的国有企业,并在接手后裁减掉这个国有企业二分之一的工人(被他们裁掉的工人最终由政府出资安置),降低留用工人的福利待遇(剩下的工人因考虑就业不得不接受),同时享有政府一系列"支持民营企业发展"的政策和政府出资帮助企业搬迁改造以及提供的优惠银行贷款条件,等等,这样产生的私有企业(私有化)效率效益能不高吗?但这个"效率效益"有四大代价:一是由中国人民几代人、几亿人、几十年在"三高三低"条件下创建、积累的国有资产流失；二是下岗、失业的人员与在岗工人一起构成人类历史上最大的廉价雇佣劳动力大军；三是这个企业从此之后的效率效益首先是为私有资本服务；四是私有化改造过程本身可能带来结构性贪污腐败和官商勾结。可以说，这四个代价构成许多中国私有企业的原始资本积累、效率效益的基础。

第五，再从事物特殊性看，20世纪90年代后期开始，在西方"效率效益"理论驱使下，不仅大量国有企业、行业、产业为"提高效率效益"被私有化了，而且原本属于社会主义事业领域的教育、医疗、卫生、住房也都部分或全面私有化、市场化、商业化了。而恰恰在过去100年时间里，被作为"效率效益鼻祖"的西方国家却在这些领域里加强了"国有""社会""集体"管理性质。比如，西方国家因价值观取向（如不能利用生命自然产生和结束本身让私有资本"盈利"）把墓地管理作为社会的事业管理领域（由政府或社区管理），而中国（恰恰是世界人口最多的国家！）却让私有资本在埋葬逝者中获取利润！可以说，以不同产业、行业、事业领域的自由化、私有化程度、规模、范围为衡量，中国的私有化程度超过一些西方国家。能用这些来说明中国私有化程度高就认定它产生了比西方更高的效率效益了吗？到底基于什么原因使作为"效率效益鼻祖"的西方（政府）在这些社会事业、保障领域（教育、医疗、卫生、住房等）转而采取"效率效益"低下的方法来进行发展呢？是因为中国在这些领域里的管理效率效益远远低于西方政府而不得不依靠私有化来保证效率效益吗？是因为中国改革的性质或社会制度所体现的价值观与西方不同，所以要用私有化来提高这些领域的效率效益吗？对这些归谬法的问题的回答和思考可以揭示私有化与效率效益关系的整体主义本质。

第六，再从管理学、组织行为学和一般市场经济规律看，一个企业提高效率效益的手段、方法成百上千，案例成千上万。中国是否只有私有（资本）化一个方法来"提高"其效率效益呢？比如，既然大型国有企业、银行既不缺乏资金、技术，也不因为没有私有化而效率效益低下，又不是对其实行宏观管理的政府没有人力、物力、财力（比如，从2010年起中国财政收入在全世界仅次于美国，又是全世界具有博士学位的政府人员最多的国家），到底还有其他什么原因非要用这种降低国有企业资本、资产效率效益的私有（资本）化手法来提高其效率效益呢（见后文分析）？既然私有资本、企业家已经在富有程度、速度上创造了历史纪录，既然中国存在贫富差别、两极分化，既然提出要"共同富裕"，为什么又让私有资本到属于最广大普通劳动者共同享有的大型国有企业中再分享一勺人民创造的价值呢？是为了后者的效率效益最大化吗？其中的原因是值得认真思考的。但有一点可以肯定，基于上一轮国有企业"出售转让"产生的私有资本原始积累和随之而来的"效率效益"、暴富效应，基于上一轮国有企业"出售转让"中出现、形成的社会性、结构性贪污腐败、官商勾结，当这些既得利益者打着"坚持改革""市场经济"、国有企业效率效益太低、国有企业垄断利润太高等各种旗号对国有企业及其行业进行私有化"改革"时，秘诀之一就是，私有化、"市场经济"再加上带有封建色彩的权力"资本"与私有资本"交易"机制，就构成了官商勾结之基础、获利之源泉、暴富之空间。毕竟，有了人类历史上最庞大的创造剩余价值的雇佣大军，加上自然资源的私有资本权、价值创造权、开采使用权以及利润享有权，又加上各种政策性支持手段，再加上社会性、结构性的贪污腐败及金钱开道、权力通行各种潜规则机制（这种机制在历史上曾有最完善、最缜密、最根深蒂固的封建传统和权力特征，在中国死灰复燃不是一件耸人听闻的怪事），对那些属于"既得利益者"来说，每一个可能私有化、"市场化"的领域都是千载难逢的发财致富机遇。而一些官员热衷这种"市场经济"、GDP增长、支持民营发展、用私有化提高国有企业"效率效益"等等，无非都是这种机制下的行为特征。如此看来，把私有化等同于"效率效益"只有一个结果，那就是最广大人民群众利益受到最大的损害，无论这个被私有化的企业创造出什么震惊世界的"效率效益"来。

从上述6个方面的交叉科学检验来看，从事物的一般规律性和中国事物的特殊性来看，把私有化等于高效率高效益是价值观驱使下产生的伪逻辑方法，也有形而上学性质的封闭系统、还原主义方法论影响。

五、带有价值观与意识形态倾向性的双重标准范式

无论是上述"低下论"的极端化方法论还是其伪逻辑方法都经不起唯物主义、整体主义方法论的检验。于是，在具体分析社会主义公有制、国有企业效率效益的问题时（无论是1949—1980年还是改革时期），一种典型的经济研究"范式"就产生了，其特征就是在效率效益问题的原因探求和解决方法上的双重标准。

（一）效率效益的双重标准范式

一方面，这个双重标准范式裁定资本主义市场经济、私有化才能产生企业效率效益，因此，如果资本主义企业有效率效益问题，那首先与私有制无关或干脆无需有关，也就是说，要谈企业效率效益必须在私有制神圣不可侵犯的价值观基础上进行。另一方面，它又裁定社会主义国有企业任何问题都只能是公有制所致（无论是"效率效益"太低还是"垄断利润太高"），而"公有制神圣可以被侵犯"，并以此提出表面五花八门而万变不离其宗的私有化或私有资本注入之类的"改革"方案（美国和西方国家的政府、官方研究机构、世界银行等也频繁敦促中国对大型国有企业进行私有化改造）。这样一来，国有企业效率效益问题就必然是公有、国有性质问题，而私有企业的效率效益问题却是管理、技术或市场问题；社会主义的国有企业"垄断"是因为没有注入私有资

本、没有私有化，而资本主义的私有企业垄断却是"有利有弊"的组织结构和竞争问题；社会主义的计划经济就是"奴役""短缺"、先天无效率、"公地悲剧"，而资本主义的市场经济则只有外部性等一时失灵问题，可以用其他市场机制来弥补；国有企业"效率效益低下"所以必须出售转让（包括效率效益高的也难逃此运）、上亿人可以下岗失业，而私有企业不盈利、濒临破产可以用"保就业"的名义来"维持、注资、债务重组"（破产、失业本是市场经济规律之一，但这时私有化推崇者就避而不谈效率效益和市场规律了；当然"维持、注资"等过程可以构成中国官商勾结、贪污腐败的另一个平台、空间）；国有企业出一个事故就提出只有私有化才能解决，私有企业发生众多事故最多关门、罚款或惩罚个人了事；私有制下的带有封建色彩的贪污腐败、官商勾结、利益集团仅仅是因为"市场经济的不完美改革"，而国有企业问题就会导致"改革危机""亡党亡国"等等，不一而足；按照这种逻辑，社会主义国家的一切经济问题就是制度、"短缺"问题，资本主义国家的一切经济问题就是"均衡"、效率问题。

（二）双重标准的价值观基础

这种双重标准的逻辑性问题从根本上体现了极端资本主义市场化、商业化、自由化和带有封建色彩的私有化价值观。这种价值观在具体事物的讨论上必然会区别对待。不是吗？如果国有企业一有问题就用私有化来解决；那么，私有企业问题不断，是否用公有化、国有化来解决呢？比如，西方的私有企业垄断行业利润丰厚（同时效率低下），是否可以用公有化或注入公有资本来解决？当然，这时那些"私有化才能救中国"的人就会说：私有财产（指生产资料、资本）神圣不可侵犯——无论效率效益高还是低。那么公有财产、公有生产资料（如国有企业）是否无论效率效益高低都可以"大刀阔斧"地来侵犯呢？这里除了双重标准的价值观和意识形态作用还有别的解释吗？正是在这里，这个双重标准范式一方面先验地断定私有企业效率效益或其他任何问题与私有制无关或干脆无需有关，也就是说：在私有制神圣不可侵犯基础上再来孤立地谈企业效率效益。而另一方面，它又先验地断定国有企业的效率效益或其他任何问题只能是公有制所致，再用孤立、封闭的比较方法在所有制和效率效益上建立一个简单的因果关系——国有企业问题就是因为没有私有化！而且，结论简单了，解决方法也就简单了：无论怎样都必须对社会主义工商业、农业进行私有化改造，即使具体"理由"在逻辑上相互矛盾也在所不惜。比如，20 世纪 90 年代后期到 21 世纪初，中国大量的国有企业被"私有化"（出售转让）的理由是"效率效益太低"，而要对仅剩的大型国有企业和银行进行私有化改造的理由却是"它垄断利润太高"（即效益太高）。这就意味着：国有企业效率效益低下，所以要私有化；国有企业效率效益太高，所以也要私有化。这两个逻辑结合在一起就是，无论国有企业效率效益高低，都必须私有化。这岂不成了实际上的"只有私有化才能救中国"吗？显然，在这个双重标准范式下，国有企业无论规模大小、效率效益高低，都因本身"国有性质"被私有化判了"死刑"。而实际上，这种双重标准下产生的"理由"有时在西方市场经济理论的分析框架中都难以成立。比如，"低下论"认为：大型（国有）企业因垄断效率效益太高所以要注入私有资本。从西方经济学、管理学、金融学、战略学、市场学常识看，不同所有者的资本融合有各种原因。但西方资本主义市场经济下没有一个大型企业本身在具有技术、资产、资源优势且在盈利的企业为"提高效率效益"而采取外来资本进入、改变原有股权结构的手段，因为这本身就是降低自身技术、资产、资本、资源效率效益的表现！如果这样一个西方大型企业管理者打着"提高效率效益"的幌子（当然会有"私下交易"），让某个或某几个私有企业投入一些资本就给其实际所有权股份，那他在第一时间就会被董事会解雇并被送上法庭。

上述表明，这种价值观、意识形态与双重标准范式相互依托，前者是后者的方法论基础，后者是前者的具体手段和表现。难怪西方学者指出，这种西方经济学理论满载极端资本主义价值观又同时明显表示出意识形态的霸权主义。① 上述还表明，方法论的逻辑荒谬性和极端性必然导致具体问题（如效率效益）分析、原因探究、解决方法上的双重标准，又常常用研究方法的技术性（如西方封闭系统下产生的针对西方市场经济效率效益分析使用的计量方法等）来掩盖其极端私有化价值观倾向性和目的性。可以说，用双重标准来分析、解释中国昨天（即 1949—1980 年）和今天改革中的国有企业问题正是这种带有价值观倾向性的目的所驱使，与"私有化等于高效率高效益"的伪逻辑方法殊途同归。

当然，值得注意的是，那些用双重标准衡量企业效率效益从而得出只有私有化才能解决国有企业问题的观点中间，有一类并非真要西方市场经济的那种私有化，因为中国私有资本在经济改革中获得的"暴利"在西方市场经济私有制下根本不可能获得。前者是带有浓厚封建色彩的官商勾结、利益集团②作用的结果，是西方市场经济模式与方法"有选择"的引进，再与带有封建色彩的官商勾结机制结合而形成的一个特殊"市场效应"的结果。这其中一大特征就是："双赢"才能共存、"均沾"才能平衡，而唯有"暴利"才能实现"双赢、均沾"。中国封建社会的官商勾结行为准则几千年都是如此。在这种"改革"价值观面前，国有企业和它们的性质、目的本身自然就成了阻碍，至于效率效益高低与否、利润大小与否都不过是"欲加之罪"罢了。

---

① 参见 Herb Thompson, "Ignorance and Ideological Hegemony: A Critique of Neoclassical Economics", *Journal of Interdisciplinaru Economics*, Vol. 8, No. 4 (October 1997), pp. 291 – 305。

② 关于这种带有浓厚封建色彩的官商勾结、利益集团的行为表现、特征种类、形成原因等分析，参见龙斧、王今朝著：《社会和谐决定：中国社会与经济发展重大理论探讨》，社会科学文献出版社 2011 年版，第 88—96、223—240 页。

六、结论：唯物主义和整体主义是中国本土经济学的科学方法论

首先，本章分析表明，认识论、方法论的科学性是分析、解决中国问题时不"离开中国具体实际"、不"盲目照搬照套"的关键。而"低下论"正是在"光环效应""近因效应""代表性启发式思维"等认识论与简单化、极端化、矫枉过正等方法论作用下离开了中国具体实际、盲目照搬照套西方理论，成为一个理论误区。

其次，本章对"低下论"所表现出的认识论和方法论特征、性质和问题的分析表明，在对中国国有企业效率效益的分析与衡量中，不能简单套用西方在封闭系统条件下以西方资本主义社会、经济500年发展的实证基础上产生的一些理论、方法、要素来简单衡量中国，否则必然落入唯心主义、形而上学、还原主义的陷阱。这与新民主主义革命时期不能简单用人数、装备、通信、资源、待遇、机械化能力等这些条件、指标来衡量、决定国民党和共产党军队的"效率效益"一样，不能因前者具备上述各种条件优势就简单认为其"效率效益"高从而决定共产党军队应该按照国民党军队来建设，更不能因此按照国民党的军事理论、发展模式来对共产党的军队进行制度性质的改革和改造。

再次，本章分析还表明，"低下论"的产生除认识论、方法论根源外，也是极端私有化的价值观使然。无论"私有化等于高效率高效益"还是效率效益衡量的双重标准范式，不仅在方法上存在合理性、可靠性、逻辑性问题，而且都带有明确的"只有私有化才能解决国有企业效率效益问题"价值观目的性。"低下论"正是在这种价值观目的性驱使下把国有企业的任何问题都与公有制之间建立起直接、唯一、根本的因果关系，是典型的伪科学论证方法。实际上，这种在伪科学方法指导下运用封闭系统框架下产生的西方要素理论来衡量、对比中国国有与私有企业效率效益的

研究，以及因此得出的结论，即便在西方学术界也会受到质疑。

　　"低下论"在中国的形成与影响既源于主观上的认识论、方法论问题，也有客观上的原因：① 在经济学领域，中国还未能根据自身社会主义经济发展的实践、路径、内外部因素以及成功的经验和失败的教训，从历史和辩证唯物主义出发来科学、全面、系统地建立中国自身的社会主义经济学体系，因此较难对自己的经济体制进行"一分为二"的优劣势分析；② 面对西方封闭主义方法论下的市场经济理论和"效率效益要素"，缺乏根据第十一章中所设立的 13 个效率效益作用关系来客观地、根据历史唯物主义和整体主义方法论从自身社会主义性质、目的去分析、衡量、鉴定企业效率效益；③ 缺乏对国有企业存在问题的客观、全面、实事求是、一分为二的认识。这样，西方经济发达、物质丰富、车水马龙、高楼大厦就简单成为否定中国国有企业、宣扬"一切私有化"的理论基础了。这样，对国有企业效率效益的认识就更容易把"近因效应""光环效应"放大，就更容易"矫枉过正"、诉诸极端化方法，就更容易从一个极端跳到另一个极端了。从方法论看，这与那种要套用苏联方式来解决中国革命问题并把毛泽东诬蔑为山沟里的马克思主义的形而上学方法论没有什么两样。历史证明，一个国家、民族不怕贫困，不怕战争，不怕灾害，不怕挑战，不怕犯错误（如"文化大革命"），不怕有失误、走弯路（如"大跃进"），不怕人口众多、资源贫乏，就怕没有实事求是的方法论思想，就怕没有自身价值观，就怕没有自身的坚定信念，就怕没有自身恒定的信仰，就怕没有自身与价值观、信念、信仰相一致的指导理论和发展目的。没有自身理论、信念、信仰和价值观而从一个极端跳到另一个极端、以事物现象代替事物本质的国家、民族，不管其历史多么辉煌、多么悠久，无论其 GDP 总量怎样领先于他国，将无法科学地把握经济发展与社会进步之间的关系，永远不会站在人类社会进步的前沿。纵观近现代史，那些仅仅沉溺于物质满足、经济增长率的民族无不被强国的价值观、信念、主义的洪流席卷而去，最终顺旋涡而下，丧失自我。

第十五章　案例分析八："核心消费决定论"[①] ——中国内需不足问题上的交叉 科学与纯粹经济学对抗

自20世纪70年代末改革开放以来，中国经济的持续增长令世界瞩目，但消费内需不足始终是一个挥之不去的痼疾。本章基于开放系统和整体主义方法论，交叉运用决策科学结构递进和计量经济学多元交叉变量建模方法，论证中国内需市场结构由于家庭核心消费范畴的形成而出现的四种扭曲，对GDP增长的合理性，对日常/边际消费价格，对家庭收入—支出的关系产生决定性影响。这四种扭曲和三大决定关系表明，核心消费是中国消费内需不足单个最大影响因素，从而推出"核心消费决定论"，与西方封闭系统方法论框架中产生的消费理论形成对比。

一、中国内需不足问题的由来

一国的最终消费率为年消费支出额的GDP占比，包括居民消费和政府消费，而居民消费一般占最终消费的80%。发达国家的最终消费率

---

① "核心消费决定论"针对中国消费内需不足、投资与消费结构扭曲、供给（侧）与需求（侧）结构性失衡引起的"国内大循环"问题，由本书作者在2010年国家自然科学基金项目《中国内需市场结构合理性与"扩大内需"政策效应性的机理研究——决策优化模式探求》（编号：71071118/G 0104；2011—2014年）中首先提出，撰有系列文章。

为 80% 上下，世界平均水平的最终消费率在 70% 上下，其中居民消费率约为 60%，[①] 而中国居民消费率长期在 40% 徘徊，低于 60% 的世界平均水平。[②] 2018 年，我国居民消费率仅为 39.37%。[③] 2019 年，我国全国居民人均消费支出在扣除价格因素后比上一年回落 0.7 个百分点。[④] 在新冠肺炎疫情冲击下，2020 年前三季度，全国居民人均消费支出实际下降 6.6%，其中城镇居民人均消费支出实际下降 8.4%。[⑤]

中国从 1998 年就开始提出扩大消费内需，尽管刺激需求的手段不断使用，效果却微乎其微。大量相关研究基于西方传统需求理论（C + I + G + NX）和封闭系统方法论框架中的微观消费理论，而中国的内需不足却更深层次地反映了其经济发展模式中具有自身特色的结构性问题。毕竟，给定中国 40 年经济持续增长、家庭收入上升、消费品琳琅满目、投资不断增加、平均失业率较低等条件，对依然存在的内需不足这个"经济怪象"，无论是英国经济学家凯恩斯（John Maynard Keynes）的绝对收入理论还是美国经济学家杜森贝利（James Stemble Duesenberry）的相对收入理论，无论是美国经济学家莫迪利安尼（Franco Modigliani）的生命周期理论还是弗里德曼（Milton Friedman）的持久收入理论，无论是美国经济学家霍尔（Robert Hall）的随机假说还是卡贝里罗（Richard Caballero）、扎德斯（Stephen P. Zeldes）的预防性储蓄假说，

---

① 参见朱颖：《最终消费率及结构变化中的中外比较和启示》，《山东经济》2011 年第 5 期，第 27—32 页。

② 参见方福前：《从消费率看中国消费潜力与实现路径》，《经济学家》2020 年第 8 期，第 27—38 页。

③ 参见周利、张浩、易行健：《住房价格上涨、家庭债务与城镇有房家庭消费》，《中南财经政法大学学报》2020 年第 1 期，第 68—76 页。

④ 参见方晓丹：《居民收入和消费稳定增长 居民生活水平再上新台阶》，2020 年 8 月 14 日，见 http://www.stats.gov.cn/tjsj/zxfb/202001/t202001191723769.html。

⑤ 参见国家统计局：《2020 年前三季度居民收入和消费支出情况》，2020 年 10 月 19 日，见 http://www.stats.gov.cn/tisi/zxfb/202010/t20201019_1794598.html。

无一能够准确、全面地加以解释。

（一）从发展模式看

中国诸多领域的商业化、私有化、市场化、利润化已成为经济发展模式中的一个典型特征，[①] 不仅原有国有企业、行业、产业私有化了，而且原本属于社会事业领域的住房、教育、医疗、卫生也全部或部分私有化、市场化了。这种趋势所产生的 GDP 效应是否反过来阻碍了中国自身合理内需市场的形成，是否阻碍了经济的有机、稳定、持续发展，而内需不足、消费疲软仅仅是其表象之一，都是值得思考的问题。

（二）从宏观调控看

中国自 1998 年后多次提出"扩大内需"并以追加投资、信贷消费及实施宽松的货币政策等为主要手段，尤其是 2008 年国际金融危机爆发后，中国外需急剧下降，更是提出投资 4 万亿以拉动内需的举措。"以投资拉动内需"是西方刺激需求的一个典型经济政策，并在一定条件下产生了效应，为什么中国与西方却同源异流呢？这样看来，一味地追加投资是否就能够解决这个具有"中国特色"的问题也是值得思考的。

（三）从决策科学看

"扩大内需"目的定位的科学性、针对性是决定其成功与否的关键。[②]

---

① 参见龙斧、王今朝著：《社会和谐决定论：中国社会与经济发展重大理论探讨》，社会科学文献出版社 2011 年版，第 295—381 页；龙斧、王今朝：《中国改革开放时期经济发展与社会和谐的非线性关系——对科学发展观的经济学思考》，《江海学刊》2009 年第 2 期，第 66—75 页；龙斧、王今朝：《20 世纪中国经济发展与社会和谐的非线性关系论证》，《南京社会科学》2009 年第 3 期，第 12—20 页。

② 参见龙斧、王今朝：《从决策科学看中国"扩大内需"战略的目的定位》，《经济学消息报》（第三版）2009 年 10 月 16 日。

中国内需不足一直存在，与外需下降并无因果关系，而国际金融危机导致的外需下降只不过使这个自身结构性问题更加凸显而已。如果"扩大内需"仅是弥补外需下降的权宜之计，那这个定位可谓治标不治本。毕竟，中国"以投资拉动内需"的结果已经反复证实了这一点。而且，中国的这个"内需不足""消费疲软"是否恰恰与这个"投资过热"具有内在关系呢？如果是，通过继续投资来解决内需不足就无异于抱薪救火。因此，要使"扩大内需"产生宏观战略效应，它必须针对中国发展模式中"内需不足"的结构性问题，而要具有这种针对性又必须首先准确锁定最根本的结构性影响因素。

上述 3 个方面的问题表明，无论是中国内需问题的理论解释还是对中国 GDP 增长与"内需不足"长期并存这一实践现象的分析，无论是"投资拉动内需"政策的决策科学性还是其刺激消费的手段效应性检验，都必须首先结合中国发展模式具体实际和特性对"内需不足"的根本性原因加以科学的分析与锁定。正因此，本章从中国自身发展问题出发，分析中国内需市场结构、消费结构的合理性问题及其原因，从而揭示这两个结构合理性问题构成中国内需不足的根本性影响因素，并论证简单使用"以投资拉动内需"的战略手段对中国合理内需市场的建立只能是南辕北辙。

二、中国消费内需不足的研究与辨析

中国"内需不足"主要指家庭、居民消费不足，而非政府消费（见后文）。围绕消费内需不足问题的原因和解决方法方面，大量主流研究依然是在封闭系统方法论框架下，诉诸西方（新古典）经济学的各种理论：供给与需求关系理论，预防性储蓄理论，生命周期理论，消费行为理论，"后凯恩斯主义"理论，"替代弹性""消费排序"和"选择差异"理论，"欧拉方程""跨期优化"理论，收入—消费定理、储蓄—

消费定理、价格—消费定理，等等，也有研究已经看到本章所提出的家庭"核心消费"对中国消费内需产生的影响和作用。还有研究分不清宏观经济结构的消费（内需）与消费（者）行为学的理论，用后者的微观消费者行为解释中国宏观经济结构问题。

（一）收入分配对内需不足的影响

不少研究指出收入差距是导致我国家庭、居民消费不足的原因，提出国家扩大内需在于通过降低税收、健全社会保险、低薪补助等提高家庭收入。[1] 这些研究未能从根本上解释为什么家庭绝对收入增加而消费没有相应增加。毕竟，收入差距主要体现中国一次分配的公平性问题，而这一问题本身难以解释在 GDP 持续高速增长条件下家庭消费率却没有相应上升。比如，美国的一次分配也存在公平问题，但居民消费占GDP 的比例已经从 1980 年的 63.0 % 上升到 2012 年的 70.9%[2]（尽管GDP 增速远慢于中国），这与中国居民消费占 GDP 比例从 1980 年的50.8%下降到 2012 年的 36.0%形成鲜明对比。[3] 而本章分析将表明，缩小一次分配差距、降低税收、健全社会保险、低薪补助等手段无法从根本上解决"核心消费"作用下中国结构性的消费内需不足。

林毅夫、袁志刚等认为收入分配影响总消费，因而提出通过保就

---

[1] 参见丁任重、张素芳：《扩大内需与国民收入分配调整》，《求是》2010 年第 1 期，第 34—36 页；娄峰、李雪松：《中国城镇居民消费需求的动态实证分析》，《中国社会科学》2009 年第 3 期，第 109—120 页。

[2] 根据 The White House, *Economic Report of the President 2013*, Washington：the Superintendent of Documents, U. S. Government Printing Office, p. 322 的 Table B-1 数据计算得到，见 2013-ERP. pdf（whitehouse. gov）。

[3] 中国数据根据《中国统计年鉴 2012》得到（参见中华人民共和国国家统计局编：《中国统计年鉴 2012》，中国统计出版社 2012 年版，第 44、380 页），也根据《中国统计年鉴 2020》中相关数据计算（参见国家统计局编：《中国统计年鉴 2020》，中国统计出版社 2020 年版，第 78—79 页）。

业、收入再分配政策作为增加总消费的政策思路。① 但首先，中国就业率一直较高，在已有的就业与消费变量关系下增加就业的同时也会相对增加产出，消费内需不足依然存在。这样看来，中国的内需不足主要指就业者的消费不足，与保增长促就业是不同的经济学概念。显然，简单运用凯恩斯消费函数理论难以解释中国"内需不足"。其次，在中国一次分配平等性、公平性和正义性问题与高于西方的市场价格（如房价等）交叉作用下，收入再分配要达到怎样的程度才能真正抵消这个交叉作用从而达到刺激消费的目的呢？最后，收入再分配政策如果集中于公共交通、基础设施等，虽能促进总消费，但中国的基础建设内需（消费）一直在上升，而内需不足是指家庭为单位的消费不足，所以总消费上升也根本不能解决这个问题。

从方法论角度看，收入差距与内需不足有关联性，前者的缩小可能在某种程度上改善后者。但前者是否就是中国内需不足的最根本原因值得思考。不少分析带有对消费者行为的一般经济学"感觉"，即认为缩小或缓解贫富差别可以刺激消费。这种在西方消费—收入决定基础上建立的"因果"关系通常导致在中国问题根源分析上的错位，从而使内需不足问题的解决成为一种缓解性、改善性的权宜之计。首先，既然是市场决定，为什么不能根据这个收入差距来确定价格呢？是否所有存在收入差距的经济体制都必然产生内需不足呢？到底是什么原因使得这个市场价格弹性机制丧失的呢（见本章第三、四部分分析）？是收入差距本身吗？为什么西方的收入差距却没有这种"市场机制扼杀"的作用呢？其次，从西方（新古典）经济学看，当市场关系都处于均衡状态下，如有一个稳定、合理的消费结构，那么额外的税改、利率降低、工资提

① 参见林毅夫：《增加内需和改善收入分配迫在眉睫》，《创新科技》2012年第7期，第6—7页；袁志刚、朱国林：《消费理论中的收入分配与总消费》，《中国社会科学》2002年第2期，第69—76页。

高、社会保险改善可以刺激消费。但在价格机制、收入与消费关系的结构性扭曲作用下（见本章第三、四部分分析），这些手段所带来的有限收入增加又能产生多大的消费刺激效应呢？再次，如果某些消费（如本章所分析的核心消费领域）具有生活必要、必然性质又同时出现上述结构性扭曲，那么这个降低税收、健全社会保险、低薪补助等要达到什么程度才能使内需不足得到根本性解决呢？本章将证明，只要这个程度达不到，只要结构性扭曲存在，税改、社会保险、低薪补助所带来的有限收入增加只会导致更多储蓄，而这个更多储蓄又会通过利率和发展模式的结构性问题（如为保证 GDP 增长率的投资）而更加恶化，扭曲将更加严重，内需将更加不足，消费将更加减少，从而形成经济发展模式中的一个痼疾性恶性循环。最后，根据马歇尔价格—收入关系理论，"必要、必然"消费价格变动对不同收入阶层具有不同效应、影响（即在他们收入中所占的基数比例不同），而这些效应、影响越大，收入差距就越大。从这个角度看，收入差距本身不仅不是一般市场条件下内需不足的最根本影响因素，而且是这种"必要、必然"消费及其"畸形"价格作用的结果。

（二）预防性储蓄的消费影响

不少研究认为，中国消费不足的主要因素是预防性储蓄增加。① 首

---

① 参见万海远、李庆海、李锐：《房价下跌的消费冲击》，《劳动经济研究》2019年第 7 卷第 5 期，第 31—52 页；郑骏川：《住房价格波动对经济增长的影响——基于房产抵押效应与财富效应的视角》，《技术经济与管理研究》2018 年第 4 期，第 98—103 页；刘荣茂、李亚茹：《基于 PVAR 的消费信贷对经济增长动态影响实证分析》，《商业经济研究》2018 年第 7 期，第 181—184 页；C. C. Curtis and N. C. Mark, "Business Cycles, Consumption and Risk Sharing: How Different Is China?", *Frontiers of Economics and Globalization*, Vol. 9, No. 1 (July 2011), pp. 3 - 22。

先，从性质看，预防性储蓄主要指对未来经济的不稳定性可能导致的个人收入不稳定性这种预期心理动机和风险意识驱使下的储蓄行为。而中国居民流动性、失业率、工作更换频率都低于西方，他们的收入不确定性并非经济、收入持续增长条件下产生的"内需不足"的最根本性原因。其次，预防性储蓄旨在应对未来不可预料的不时之需，而为住房、教育、医疗等的储蓄属于目的明确的必须、必要、必然支出，不具预防性储蓄性质。再次，预防性储蓄一般具有储蓄稳定性和收入比例性特征，而购房储蓄不具备这些特征；从宏观经济角度看，预防性储蓄本身不会造成收入持续增长条件下的消费持续不足。这也就是说，预防性储蓄本身并不造成经济结构中持续、广泛、全面的内需不足，除非长期的收入增长全部用来增加本来的正常预防性储蓄。但真要如此，一个经济学伪命题就会应势而生：经济波动越小、GDP 增长时间越长、就业越稳定、收入越提高，消费率就越低下。

（三）"以投资拉动内需"的问题

国内有研究基于西方供给理论，认为加大投资就能增加就业，增加就业就能刺激消费，从而就能解决中国内需不足。[1] 尚静也指出：能够满足并推动需求的投资才构成有效供给。[2] 冯俏彬、贾康认为：中国一些政策对投资（如房地产）产生不当刺激。[3] 然而，投资在西方市场经济里的确可以拉动内需，在中国却同源异流。中国投资长期

---

[1] 参见林毅夫：《供给侧改革研究之一：供给侧改革与当前经济发展》，《河南社会科学》2016 年第 24 卷第 1 期，第 1—4 页；林毅夫：《增加内需和改善收入分配迫在眉睫》，《创新科技》2012 年第 7 期，第 6—7 页。

[2] 参见尚静：《我国有效供给不足的原因与对策研究》，《时代经贸》2016 年第 28 期，第 58—59 页。

[3] 参见冯俏彬、贾康：《"政府价格信号"分析：我国体制性产能过剩的形成机理及其化解之道》，《财政研究》2014 年第 4 期，第 2—9 页。

高于世界平均水平，但中国的消费内需不足或消费率低下与投资没有产生线性关系。投资产生的就业和消费增加并不能提高平均消费，更何况投资增加必然引起商品价格的增加，导致消费下降，即这种"以投资拉动内需"的举措只是简单地引起 GDP 增长时消费总量的增加，对消费率低下、消费内需不足本身非但不起作用，反而加大其规模从而使内需问题更加凸显。可以说，这种经济持续增长、物价相对稳定、收入直线提高、储蓄不断上升、投资规模不断增大、就业率不断增加与消费长期不足的同时发生，已构成中国经济发展模式中的一个结构性特征和典型化常态，无论是西方消费函数理论、消费功能理论，还是"工资—消费""储蓄—消费""价格—消费"定理，都无法加以解释。

（四）"核心消费"领域的家庭支出对消费的影响

根据本章定义，家庭"核心消费"由住房、医疗、教育、社会保险的家庭支出构成。有大量研究分析它们分别怎样对中国消费内需产生作用与影响。首先，从住房消费看，大量研究表明，房价增速高于国际警戒线、高于经济增速、高于实际工资增速。[①] 这 3 个"高于"都强调房价既对居民形成重大经济负担又严重影响消费，都对消费产生明显抑制。其次，大量研究指出核心消费其他 3 个领域（教育、医疗、社会保

---

① 参见周利、张浩、易行健：《住房价格上涨、家庭债务与城镇有房家庭消费》，《中南财经政法大学学报》2020 年第 1 期，第 68—76 页；龙斧、薛菲：《房价上涨抑制家庭消费 淤堵国内大循环畅通》，《中国社会科学》（内部文稿）2020 年第 6 期，第 127—142 页；牛虎：《住房价格波动对居民消费的"挤出效应"分析》，《商业经济研究》2020 年第 1 期，第 41—43 页；Li, Jing, Xu, Ying and Chiang, Yat, "Property Prices and Housing Affordability in China: A Regional Comparison", *Journal of Comparative Asian Development*, Vol. 13, No. 3（October 2014）, pp. 405 – 435.

险）的家庭支出也给家庭消费带来沉重负担。① 对家庭教育支出与消费关系的研究表明，前者的上涨对后者产生明显负效应；当经济阶层变量嵌入后，这种效应更加显著。②

闫坤等、何立新、Feng、Wang 等的研究则表明，除了教育、医疗等价格上涨过快以外，社会保险体系不健全也有降低居民消费的效应。③这些研究为本章从结构主义角度分析中国"内需不足"的机理关系从而锁定最根本影响因素并在此基础上建立"核心消费决定论理论"，都提供了有力的支持和实证主义铺垫。

---

① 参见赵爽：《基于供给侧改革的消费对经济增长拉动作用实证分析》，《商业经济研究》2020 年第 3 期，第 42—44 页；周琳娜、白雪秋：《以人民为中心的供给侧结构性改革——基于马克思主义政治经济学的人民视角》，《学术论坛》2019 年第 42 卷第 5 期，第 90—96 页；邹海峰、沈鹏远：《养老金制度对居民家庭消费的影响——来自于 CHFS 调查数据的新证据》，《消费经济》2018 年第 34 卷第 3 期，第 29—34 页；王金波：《社会保障支出影响城镇居民消费的经济学分析——基于动态一般均衡视角下的再审视》，《经济问题探索》2017 年第 7 期，第 11—19 页。

② 参见龙斧，梁晓青：《代际消费不平等：阶层化视角下子女教育支出对家庭消费的挤出效应》，《南方人口》2019 年第 34 卷第 4 期，第 26—36 页；徐小鹰：《家庭高等教育消费与城镇居民消费关系研究》，《商业时代》2013 年第 13 期，第 131—133 页；姜淼、郭正日：《我国城镇居民教育支出与消费升级的动态关系研究》，《南方金融》2013 年第 7 期，第 37—39 页；［法］P. 布尔迪约、J. C. 帕斯隆著：《再生产——一种教育系统理论的要点》，刑克超译，《商务印书馆》2002 年版，第 193—200 页。

③ 参见闫坤、程瑜：《新形势下促进居民消费的财政政策研究》，《宏观经济研究》2009 年第 5 期，第 26—31 页；何立新：《中国城镇养老保险制度改革的收入分配效应》，《经济研究》2007 年第 3 期，第 70—80 页；Feng, Jin, He, Lixin and Sato, Hiroshi, "Public pension and houshold saving: Evidence from urban China", *Journal of Comparative Economics*, Vol. 39, No. 4（December 2011），pp. 470 – 485；H. Wang, Licheng Zhang and William Hsiao, "Ill health and its potential influence on household consumptions in rural China", *Health Policy*, Vol. 78, No. 2 – 3（October 2006），pp. 167 – 177。

三、合理内需市场决定与中国消费总量决定的结构理论

中国内需不足既与内需市场类型及其比例合理性相关，又与家庭消费类型、功能所决定的中国消费总量相关。

（一）中国内需市场决定：消费型内需相对积累型内需

国家的总需求由居民消费、投资、政府购买和净出口构成。根据中国内需不足性质（主要指家庭、居民消费不足，见后文），本章用 GDP 来衡量总需求，把这个总需求划分为积累型需求和消费型需求。所谓积累型需求（AD_a），指带有生产性、基础建设性、行/产业发展性、扩大再生产性质的需求，加上本国的净出口[①]；而消费型需求（AD_c）指本国家庭、个人终端性、非生产性的对国内产品的消费需求。尽管政府购买通常被视为消费，但它属于一种政策性变量，超出家庭决策之外，且由于它占 GDP 的比重在 1978—2011 年期间保持在较为稳定的区间 [12.8%，16.0%] 里，[②] 本章对此不加考虑。这个积累型与消费型需求的划分不仅对分析、锁定中国"内需不足"的最根本影响因素十分重要，而且二者之间本身存在机理关系。而更为重要的是，这个划分及其二者关系的揭示与中国改革开放后"以投资拉动内需"宏观政策的科学

---

① 本章把净出口作为积累型内需的原因之一，是因为终端消费者不构成中国自身消费内需部分，这样出口生产的投资就构成积累型内需，即这种表面上的外需实际上产生了与积累型内需类似的效应。这和宏观经济学把出口视为投资的观点是一致的。而且，出口型需求增长掩盖了中国自身消费需求不足，也正是因为 2008 年国际金融危机导致中国出口型需求的下降，才更加暴露了中国消费内需的结构性不足。

② 参见中华人民共和国国家统计局编：《中国统计年鉴 2012》，中国统计出版社 2012 年版，第 44、380 页。

性、目的性和解决内需不足这一经济发展模式痼疾的针对性直接相关。

第一，中国积累型内需从未存在"不足"，反倒是长期"过热"，并成为经济发展模式的一个结构性问题。图 15-1 表明，中国投资率从 1998 年的 35.0% 上升到 2010 年的 47.0%，之后始终维持在 40.0% 以上。图 15-1 还表明，出口占 GDP 比例由 1998 年的 18.0% 飙升到 2006 年的 35.3%，仅是在 2008 年国际金融危机爆发后而下降。这种经济过热、外向型成分过高表明，在中国内需中，积累型需求一直旺盛。因此，把中国宏观经济笼统地称为内需不足是不准确的。

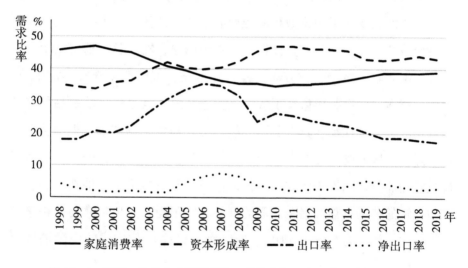

图 15-1　1998—2019 年中国消费率、投资率与（净）出口率的时间序列

资料来源：根据国家统计局编：《中国统计年鉴 2020》，中国统计出版社 2020 年版，第 78—79、98、101、345 页数据计算而来。

第二，与积累型需求相比，家庭消费率从 1981 年的 52.5% 下降到 2010 年的 34.6%，2019 年家庭消费率仅达 38.7%。而考虑到进口的消费品，中国的消费内需就更低了。显然，相对 GDP 增长，中国（家庭）消费型内需自 20 世纪 90 年代开始明显下降，而在 21 世纪里尤其严重。这样看来，中国的内需不足明显是指家庭消费型内需不足，而不是也不可能是"积累型内需不足"。

第三，尤其值得注意的是，中国相对 GDP 持续增长而出现的消费型需求下降必然伴随储蓄率的上升。这些原本用来实现消费型需求的收入又通过信贷、经济政策转化为积累型需求，一方面对本来已经过热的投资如夏热握火，另一方面使中国经济对国际市场波动的抗震能力大大降低。而一旦国际市场不景气，中国依靠加大投资来稳定由于外需下降所导致的总需求下降，以保证就业和 GDP 增长,[①] 必然产生积累型需求在总需求中的比例的进一步提高。

第四，在现代市场经济发展中，中国资本形成率的上升速度是罕见的。一方面它反映了积累型和消费型需求比例的扭曲，另一方面则对消费品价格的持续上升负有直接责任。中国的投资在增长，消费品生产在增长，家庭收入在增长，劳动力投入在增长，但消费需求却相应下降。因此，资本要保证其价值实现或增长，途径之一就是依靠消费品价格的超常上涨，尤其在那些具有居民必然、必要消费的领域里。根据价格—需求弹性一般概念，在中国这个世界最大的消费市场上，资本本应靠规模收益而非价格刚性来实现其增值。但由于其资本形成率的畸形、供给侧中投资的持续火热和消费内需的低下，它不得不主要依靠高价格来实现。而这个代价自然转嫁到由"最广大人民群众"构成的中国消费者身上。

上述 4 个方面的关系分析表明，积累型需求与消费型需求在经济发

---

① 从各级政府、官员关于经济方面的计划、报告、总结看，世界上没有一个国家比中国更为强调 GDP。而在 GDP 前 50 名的国家里，从对"代表最广大人民群众利益"的教育、医疗、住房、社会保险方面的绩效来看，中国并不排在前列。毕竟官员升迁、政绩考核与这些方面的函数关系极低。一个县建造全世界同级政府最奢华办公大楼或支持一个民营企业发展，既可以计为 GDP 增长（通过积累型投资内需上升）又可能让个人财富增长（其中的招标、资助、贷款、施工等过程就可能成为官商勾结、贪污腐败的土壤和平台），既能有巨大政绩又能有个人利益。

展结构中的比重合理性蕴含相互作用的辩证关系，也是中国"国内大循环"最重要的一环。积累型需求没有一个相匹配的消费型需求市场，不仅效益无法实现，通膨可随时变为通缩；而在积累型投资扩张下，通缩也可迅速转变为通膨，需求市场结构的合理性就不存在。反倒是，GDP增长与社会平均收入上升非但没有引起消费上升，反而伴随着储蓄率上升和消费的相对下降。这个综合效应又引起货币过剩、利率下降。而这个综合效应加上"政治 GDP"的作用，促使投资率持续、不断上升，进而导致非合理消费增长条件下的经济增长。结果，一个经济发展模式中的需求结构性恶性循环就形成了（见图 15-2）。尽管中国本身是世界最大的消费市场，而这种经济过热、外向型成分过高、资本形成率过快、国内消费疲软趋势性走向反映中国发展模式中供给（侧）与需求（侧）的结构性问题，内需不足仅是其表象而已。西方 2008 年金融危机导致中国外需下降只不过把这一结构性问题更加凸显与暴露出来。

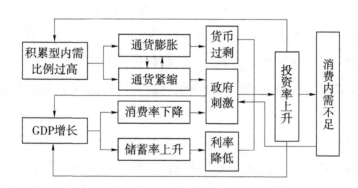

图 15-2　中国经济发展模式中的一种恶性循环

（二）中国消费总量决定：核心消费相对日常/边际消费

积累型与消费型需求的结构设定为锁定中国"内需不足"范畴、"扩大内需"针对性提供了宏观指向。但具体在消费型需求中，又到底是什么结构原因导致了消费不足呢？即到底是什么引起收入增长—消费下降—储蓄率上升这个"三合一"结构性效应呢？

首先，从市场学、消费行为学等角度看，消费者需求一般受制于消费习惯、种类、频率、重要性、收入、价格敏感度等，这些因素之间又存在相互影响、交叉作用的关系。而不同种类的消费品之间又因价格、偏好等不同而在消费频率、数量等方面存在互补或替代关系。但这些因素都无法从根本上解释中国消费率的下降。其次，任何一个消费者都有预防性储蓄，但这个储蓄本身有一个临界点，在这个临界点范围内它是合理的，超出临界点就一定是因为消费者的行为选择受到其他重要介入性变量的作用。而中国"核心消费"对消费结构的扭曲正是起到了这种作用。如果把这种储蓄和储蓄率上升简单归因于"未来经济可能出现的波动"的预防心理而产生的储蓄行为，那无异于不分畛域。

本章根据美国经济学家哈维·莱宾斯坦（Harvey Leibenstein）的"功能和非功能需求理论"以及凯恩斯（John Maynard Keynes）的"消费函数理论"，结合中国家庭消费的结构与特征，区分"核心消费""日常消费"和"边际消费"。核心消费（CC）指住房、教育、医疗、社会保险，具有必要和必然消费、不可替代、无消费行为差异三大本质特征，即消费者已经面对的消费负担（这一性质决定了为这种消费的储蓄准备不同于"预防性储蓄"）。日常消费（DC）指家庭、个人日常生活必需消费如衣食、交通、通信、日用品等等。日常消费既有与核心消费相同的必要、必然性质，又受到价格、种类、数量、频率、偏好等差异性影响。边际消费（MC）指满足前两种消费后的选择性消费，如奢侈、享受、偶然型消费等。这三大消费类型因各自特点、性质、功能、市场约束等作用产生以下影响关系：

（1）核心消费数量、频率变化相对日常/边际消费的数量、频率较为稳定。

（2）核心消费价格波动一般不对自身消费数量、频率具有线性影响（即不决定这类消费的可有可无、可多可少，价格上升一般不导致消费放弃，价格下降不引起消费数量、频率大幅增加）。

（3）核心消费价格对日常/边际消费价格直接产生正向影响并成为后者变化单个最大影响因素，但不是反之，即后者价格变动对核心消费价格没有较大影响。

（4）因消费性质、频率、功能差异性，核心消费价格变动引起的日常/边际价格变动不成 1:1 相应比例（见后文），即前者微小变动会引起后者的较大变动，但不是反之。

（5）因消费性质、频率、功能以及各自单项价格占收入比例差异性，核心消费支出在收入中所占的比例对日常/边际消费数量、质量、种类、频率等产生双重影响：不仅最基准消费会受到"可多可少"的影响，而且基准消费水平之上的消费会受到"可有可无"的影响；在收入支出中，前者比例越大，后者比例越小。

（6）核心消费价格对家庭储蓄率变化直接产生正向影响，并成为后者变化单个最大影响因素；日常/边际消费价格与储蓄率没有这种直接影响关系或相同程度、时间的线性关系。

（7）核心消费价格对收入—储蓄关系产生双重影响：其上升不仅影响原收入中的储蓄大小（如核心消费价格本身过高引起原有收入的储蓄过大），而且严重影响收入增长部分的储蓄倾向（如核心消费价格本身过高、持续上升引起收入增长大部或全部流入储蓄）。①

（8）日常/边际消费价格对储蓄率一般没有与上述（6）、（7）相同程度、时间的对原有收入储蓄率的影响，更没有其对收入增长部分的储蓄率的影响。

（9）日常/边际消费价格波动对自身消费数量、质量、种类、频率有紧密关系，但对核心消费数量、频率没有较大影响。

---

① 正是这一明显线性关系，税改、低薪补助都不可能极大刺激日常/边际消费，更不可能从根本上改变中国内需市场结构、消费结构的不合理性问题。

以下矩阵分析（表 15 - 1）揭示出上述三大消费之间的变量关系，反映了它们上述交叉、双向或单向的变量作用。该表显示，核心消费对其他两种消费产生重要决定作用。

表 15 - 1　核心消费、日常消费和边际消费之间的影响关系

消费种类 衡量领域		核心消费			日常消费					边际消费				
		价格	数量	频率	价格	数量	质量	种类	频率	价格	数量	质量	种类	频率
核心消费	价格		0	0	1	1	1	1	1	1	1	1	1	1
	数量	0		0	1	1	1	1	1	1	1	1	1	1
	频率	0.5	0		1	1	1	1	1	1	1	1	1	1
日常消费	价格	0	0	0	弹性、替代和收入效应					0	0	0	0	0
	数量	0	0	0	供求关系		0	0	0	0	0	0	0	0
	质量	0	0	0		0		0	0	0	0	0	0	0
	种类	0	0	0		0	0		0	0	0	0	0	0
	频率	0	0	0		0	0	0		0	0	0	0	0
边际消费	价格	0	0	0	0	0	0	0	0	弹性、替代和收入效应				
	数量	0	0	0	0	0	0	0	0	供求关系				
	质量	0	0	0	0	0	0	0	0		0.5		0.5	0.5
	种类	0	0	0	0	0	0	0	0		0	0		0
	频率	0	0	0	0	0	0	0	0		0	0	0	

注：该表用 [0，1] 区间上的值来定性表示三大消费之间以及它们内部行变量对列变量作用关系的大小。0 表示无影响，1 表示最大影响，0.5 表示中间性影响。

以上从内需市场到消费总量关系合理性的结构递进分析，为中国"合理内需市场"内涵界定提供了依据。以下对这两方面的结构性扭曲分析将揭示出中国内需不足的根本性原因。

四、中国消费结构的四大经济学"扭曲"

GDP 增长与消费比例的关系，核心消费与日常/边际消费价格的关

系，核心消费与家庭收入比例的关系，都对中国消费结构合理性产生影响，而且这三大关系具有政治经济学与经济社会学本质。

（一）GDP 增长与消费比例的"扭曲"

根据印度经济学家、诺贝尔奖得主阿马蒂亚·森（Amartya Sen）的社会福利理论和经济公平性理论，也根据上述三大类型消费关系（1）、（2）、（3）、（9），GDP 和家庭收入的持续上升应该引起核心消费比例相对日常/边际消费比例的下降。于是有：

$$\frac{CC}{(DC+MC)}=f(Y) \tag{15.1}$$

其中，Y 表示 GDP，且 $f'(Y) \leqslant 0$，公式（15.1）表示，在消费总量中，核心消费与日常/边际消费的比例应该随着 GDP 上升而下降，或保持不变。但中国不然。首先，家庭消费率从 1981 年的 52.5% 下降到 2010 年的 34.6%，到 2019 年也仅达 38.7%。[①] 其次，图 15-3 表明，2017 年核心消费在居民生活消费总支出中的比重上升到 1981 年的 25.1 倍，其中又以住宅消费占居民生活消费支出比重最大。而如果考虑到统计数据遗漏，中国核心消费占 GDP 的比重会更高。图 15-3 还表明，中国 GDP 上升非但没有引起核心消费比例相对日常/边际消费的下降，反而引起它的全面、持续上升，而根据三大消费类型影响关系（3）、（4）、（5）、（6）、（7）、（8），这又直接导致日常/边际消费比例下降，从而形成中国经济消费结构的"第一次扭曲"。[②]

---

① 数据根据《中国统计年鉴 2020》中相关数据计算。参见国家统计局编：《中国统计年鉴 2020》，中国统计出版社 2020 年版，第 78—79、98 页。

② GDP 增长与核心消费的扭曲关系同时揭示：仅仅依靠不可再生的自然资源——土地与极端私有化、商业化、利润化、市场化下产生的房地产，仅仅依靠庞大的廉价劳动力大军、耗竭性资源使用、低廉价格，并以积累型与消费型内需结构扭曲为手段来增长 GDP，不是科学的经济发展模式。

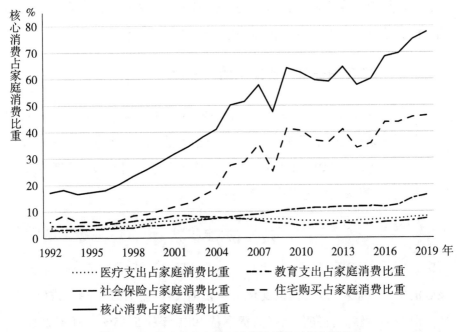

图 15 - 3　核心消费占居民消费比重的时间序列变化

数据来源：国家统计局编：《中国统计年鉴 2020》，中国统计出版社 2020 年版，第98、624—625 页；国家统计局住户调查办公室编：《中国住户调查年鉴 2020》，中国统计出版社 2020 年版，第 327—328 页。

中国消费违背公式（15.1）而形成图 15 - 3 首先是由于以下公式而产生的：

$$\frac{CC}{DI} = f(P_1) \tag{15.2}$$

其中，P_1 表示核心消费价格，DI 表示家庭收入。假设 $f'(P_1) > 0$，它表示核心消费价格的上升引起了核心消费支出占家庭收入比例的上升。

其次则是由于如下公式而产生：

$$\frac{DC}{DI} = g(CC)，\quad \frac{MC}{DI} = h(CC) \tag{15.3}$$

其中，$g' < 0$，$h' < 0$。（15.3）的两式分别表示核心消费对日常/边际消费的"挤出"性效应。实际上，如果没有核心消费的作用，则在家庭收入

持续增长的条件下，日常/边际消费本来可以得到相应的增长。但当 $\dfrac{\Delta CC}{CC} > \dfrac{\Delta DI}{DI}$ 而 $\Delta CC \gg \Delta DI$ 时，核心消费对日常/边际消费的挤出作用将会大于家庭收入对日常/边际消费的凯恩斯效应。

在公式（15.2）、（15.3）的作用下，一方面，中国核心消费占 GDP 的比重上升，另一方面中国总消费，特别是日常/边际消费占 GDP 的比重下降就形成了。它也反过来说明，中国 GDP 增长的主要原因是依靠积累型内需的不断上升和中国核心消费的畸形增长。

（二）核心消费与日常/边际消费的价格关系"扭曲"

根据三大消费类型影响关系（3）、（4）、（5）、（9），核心消费价格与日常/边际消费价格形成影响关系；其价格越上升，对日常/边际消费的挤出效应就越大。为了衡量这个效应，我们划定核心消费价格上升的综合临界点（cr_1），即某一年家庭名义收入增长值（如 1 000 元），减去日常/边际消费合理价格增长率与合理数量增长率所需要的支出（如 600 元），再减去不变价格条件下核心消费数量的合理增长率所需要的支出（如 300 元），剩下的就是核心消费支出因价格增长而增长的临界点（即 100 元）。如果假设家庭教育、医疗和社会保险支出与前一年完全相等，再假设这 1 000 元不会被用于增加任何储蓄，再假设前一年房价为 100 万元，则房价在该年的增长率最多只能是 0.01%。否则，在价格—供需关系上，核心消费价格增长率超过合理增长的临界点后，必然挤出日常/边际消费。具体说来，它们形成以下函数关系：

1. 核心消费价格对日常/边际消费价格的作用

核心消费价格变动必然引起日常/边际消费价格的正向变动，而且由于二者消费性质、单项价格等差异性，它们明显存在上涨百分比和单价上涨幅度差异性，即核心消费价格的代数级数上涨完全可能引起

经济学方法论：思考、批判与案例

日常/边际消费价格的"几何"级数上涨。因为，当核心消费上涨10%，只有日常/边际消费价格的成倍上涨才能维持原有的市场需求结构，否则，需求结构进而生产结构就会出现重大扭曲。用P_2、P_3来表示日常和边际消费价格。于是，

$$P_2 = P_2(P_1) \tag{15.4}$$

其中，$P_2'(P_1) > 0$，$\varepsilon_{P_1}^{P_2}|_{P_1 > cr_1} > 1$。

$$P_3 = P_3(P_1) \tag{15.5}$$

其中，$P_3'(P_1) > 0$，$\varepsilon_{P_1}^{P_3}|_{P_1 > cr_1} > 1$，而且 $\varepsilon_{P_1}^{P_2}$、$\varepsilon_{P_1}^{P_3}$分别表示P_2对P_1的弹性和P_3对P_1的弹性。就更加确立了这样一种扭曲：核心价格超过临界点（cr_1），日常/边际消费价格成倍数上升。

但P_2、P_3对P_1没有影响，即我们有：

$$P_1'(P_2) = 0, \ P_1'(P_3) = 0 \tag{15.6}$$

2. 核心消费价格对日常/边际消费的作用

核心消费价格对日常/边际消费程度（数量、频率、种类等）具有反向影响，即便排除上述价格倍数影响因素，且假设日常/边际消费价格不变，核心消费的价格上升或高挺，都将导致日常/边际消费程度的实际下降。而当日常/边际消费价格上升，其消费程度则实际受到双重扭曲，即核心消费价格上升对日常/边际消费直接产生挤出效应，又通过直接影响后者价格而对日常/边际消费产生挤出效应。即公式（15.3）变为：

$$DC = DC(CC, \ DI, \ P_1) \tag{15.7}$$

其中，$\frac{\partial DC}{\partial P_1} < 0$，当$P_1 > cr_1$时。再考虑到公式（15.4）和日常消费价格对其日常消费的影响，公式（15.7）进而变为：

$$DC = DC(CC, \ DI, \ P_1, \ P_2) \tag{15.8}$$

其中，$\frac{\partial DC}{\partial P_2} < 0$，当$P_1 > cr_1$时。

3. 核心消费价格对价格—需求效应的作用

GDP 和消费品生产（数量、种类）的持续增长一般引起价格相对下降（甚至导致一些价格的绝对下降）。再根据三大消费类型影响关系 (9)，日常/边际消费品价格的变动本来对消费种类、数量、频率产生直接影响，即市场机制通过价格弹性（如物价降低）作用于日常/边际消费需求（如消费上升）。但这一效应由于核心消费价格的超高以及上升后的价格向下的刚性而极大丧失，即核心消费的价格效应会导致这个日常/边际消费自身的价格—需求效应下降甚至丧失。

核心消费价格的上述 3 个方面的作用共同形成对中国消费结构的"第二次扭曲"：

$$\left\| \frac{\partial DC(CC_1)}{\partial P_2} \right\|_{DC} < \left\| \frac{\partial DC(CC_2)}{\partial P_2} \right\|_{DC},$$

$$\left\| \frac{\partial MC(CC_1)}{\partial P_3} \right\|_{MC} < \left\| \frac{\partial MC(CC_2)}{\partial P_3} \right\|_{MC} \qquad (15.9)$$

其中，$\|\ \|$ 表示某种适当定义的范数算子，它的脚标用于表示对日常消费与边际消费所使用的范数。我们设 $CC_1 \gg CC_2$。于是，（15.9）表示：当核心消费极大上升后，日常/边际消费品的市场机制的作用大大降低。

（三） 核心消费与家庭收入比例的"扭曲"

根据三大消费类型影响关系（1）、（3）、（5）和消费的收入提供曲线理论，[①] 家庭收入变动本来对日常/边际消费需求种类、数量、频率产生直接影响，即市场机制通过收入弹性（如绝对收入的持续增加）作用于日常/边际消费需求（如消费增加）。但这一效应由于核心消费价格高

---

① 参见 A. Chai and A. Moneta，"Retrospectives：Engel Curvs"，*Journal of Economic Perspectives*，Vol. 24，No. 1（February 2010），pp. 225 – 240；Hal R. Varian，*Intermediate Microeconomics：A modern approach*，New York：W. W. Norton & Company，2005，p. 754。

挺、无弹性与超比例上升而极大丧失，即核心消费的价格效应导致这个日常/边际消费的自身收入效应下降，从而形成中国消费结构的"第三次扭曲"。

$$\left\|\frac{\partial DC(CC_1)}{\partial DI}\right\|_{DC} < \left\|\frac{\partial DC(CC_2)}{\partial DI}\right\|_{DC} \qquad (15.10)$$

其中，$\varepsilon_{DI}^{DC}(CC_1) < \varepsilon_{DI}^{DC}(CC_2)$。

$$\left\|\frac{\partial MC(CC_1)}{\partial DI}\right\|_{MC} < \left\|\frac{\partial MC(CC_2)}{\partial DI}\right\|_{MC} \qquad (15.11)$$

其中，$\varepsilon_{DI}^{MC}(CC_1) < \varepsilon_{DI}^{MC}(CC_2)$。

公式（15.10）、（15.11）明显表示：在核心消费高挺不下这一条件的作用下，日常/边际消费随家庭收入 DI 增长而增长的效应下降，而且，日常/边际消费对 DI 的弹性也下降了。

值得指出的是，正是因为这个核心消费对收入—消费关系的结构性扭曲，以及上述两大经济学扭曲的间接效应，中国的储蓄率上升的性质不能用西方"预防性储蓄"概念来定义。中国这种为了"必要、必然"且已经存在的核心消费而导致的储蓄行为与西方的预防性储蓄行为有本质上的差异性。

（四）"第四次扭曲"——"三大经济学扭曲"导致的政治经济学与经济社会学"扭曲"

由于上述扭曲关系的形成，贫富差别（ID）越大，这种核心消费对日常/边际消费的影响关系就越强；房价、教育、医疗、社会保险的成本性越大，储蓄率就越大，对日常/边际消费的挤出效应就越大。反过来，核心消费占收入比例越大，又导致贫富差距越大，二者的双向影响形成中国经济社会结构中另一个恶性循环。设 $ID_1 < ID_2$，则有：

$$\left\|\frac{\partial DC}{\partial CC}\right|_{ID_1}\right\| < \left\|\frac{\partial DC}{\partial CC}\right|_{ID_2}\right\| \qquad (15.12)$$

$$ID = ID\left(\frac{CC}{DI}\right) \tag{15.13}$$

其中，$ID'\left(\frac{CC}{DI}\right) > 0$。

考虑到贫富差距的影响，式（15.1）、式（15.4）、式（15.5）就变为如下公式：

$$\frac{CC}{(DC + MC)} = f(Y,\ ID) \tag{15.14}$$

$$P_2 = P_2(P_1,\ ID) \tag{15.15}$$

$$P_3 = P_3(P_1,\ P_2,\ ID) \tag{15.16}$$

而考虑到前面三大扭曲公式的价格、收入影响关系，贫富差别成为它们的限制性中介变量，因而式（15.9）—（15.11）中的函数也会发生变化，于是有：

$$\left\|\frac{\partial DC(CC_i,\ ID)}{\partial P_2}\right\|_{DC} \neq \left\|\frac{\partial DC(CC_i)}{\partial P_2}\right\|_{DC},$$

$$\left\|\frac{\partial MC(CC_i,\ ID)}{\partial P_3}\right\|_{MC} \neq \left\|\frac{\partial MC(CC_i)}{\partial P_3}\right\|_{MC} \tag{15.17}$$

$$\left\|\frac{\partial DC(CC_i,\ ID)}{\partial DI}\right\|_{DC} \neq \left\|\frac{\partial DC(CC_i)}{\partial DI}\right\|_{DC},$$

$$\varepsilon_{GDP}^{DC}(CC_i,\ ID) \neq \varepsilon_{GDP}^{DC}(CC_i) \tag{15.18}$$

$$\left\|\frac{\partial MC(CC_i,\ ID)}{\partial DI}\right\|_{MC} \neq \left\|\frac{\partial MC(CC_i)}{\partial DI}\right\|_{MC},$$

$$\varepsilon_{DI}^{DC}(CC_i,\ ID) \neq \varepsilon_{DI}^{DC}(CC_i) \tag{15.19}$$

上述"双向影响"分析表明，从中国内需不足根源分析看，收入差距本身只是一个条件性因素，并非其最根本影响因素。而更为重要的是，核心消费不仅引起价格效应扭曲和收入效应扭曲，而且对大多数消费者形成事实上的最大垄断。从日常/边际消费的替代行为看，消费者可以有多少、有无的选择，但对核心消费则不行。没有住房又没有对住房加以"均衡"的租房机制（除非二者价格之间具有制约性弹性关系），消费者不能选择不住房、不租房，也不能选择不接受教育（除非辍学，而这意味着核心消费在教育上导致的社会阶层差异性），也不能选择不接受医疗（如患了癌症，或要动大手术，或要治疗慢性病），也不能选择不接受基本社会保险。从经济学角度看，中国所形成的核心消费领域的垄断是对市场机制（竞争效应、价格效应、技术—质量改进效应、收入消费效应等）的扼杀。而从政治经济学和经济社会学角度看，这种具有消费绝对性、市场全社会性、收入控制性的垄断，在其"必要、必然"消费机制作用下，加深了世界上最大人口的贫富差别、两极分化。

一方面，贫富差别作为中介变量使核心消费对中国内需不足产生更大影响。另一方面，核心消费又反过来加重贫富差别。因此，许多西方国家正是利用核心消费领域的政策来消除这种扭曲从而达到缩小贫富差别的结果（当然无法从根本上解决这一问题）。比如，一些自然资源极为丰富、生产力极为发达、生产效率极高、人口相对中国极少的资本主义国家，基于对土地等经济资源的政治属性的认识使它不成为个人暴富的生产资料，在资源开发使用、房地产业、医疗、社会保险、教育的发展上表现出以长远、和谐、平等、公平、可持续发展为内涵的"忧患意识"和模式上的"科学发展观"，而非"市场机制决定"或"市场的资源配置"。[1]

对于中国少数富有人群来说，价格与收入效应趋近于 0。当核心消费的尖端市场以满足极少数极为富有的人群为目的而制定价格时（如高

---

[1] 参见龙斧、王今朝：《从中国房地产业看新古典经济学"四化"理论的问题》，《贵州社会科学》2012 年第 2 期，第 48—53 页；龙斧、王今朝著：《社会和谐决定论：中国社会与经济发展重大理论探讨》，社会科学文献出版社 2011 版，第 295—400 页。

档房、高档医疗、精英教育等),核心消费所有档次的"商品"价格都会受到影响,这又是政治经济学与经济社会学一个很强的交叉点;当这个高端市场价格效应直接影响中低端市场价格,客观上增加的中、低端市场消费压力,加上核心消费本身的"必要、必然"性质,价格又在这种刚性需求作用下再次受到上升刺激;当这两个价格效应产生作用时,中国"最广大人民群众"消费者实现自身核心消费需求的唯一出路就是在日常/边际消费上采取削减、放弃的方法,采取把收入增加部分全部或绝大部分融入储蓄的方法。这就形成了中国消费结构的第四次扭曲。这表明,任何政府工作报告单纯用 GDP 增长率,或用房价增长率低于物价增长率,或用平均收入增长率高于消费指数增长率来表明"政绩"都是在掩盖上述经济学和政治经济学的扭曲。这也表明,根据核心消费的性质、功能、频率稳定性,要缩小贫富差别、两极分化,GDP 增长、家庭收入的提高必须引起核心消费在收入支出比重中的实质性降低。核心消费比例越低(而非 GDP 排名越高),内需就越充足,合理内需市场就越能建立,越能体现一个社会经济利益关系的平等性、公平性、正义性。这样,核心消费在 GDP 中的比重及其对日常/边际消费的影响就成为中国经济发展模式、性质(改革的科学社会主义性质与否)、目的(改革的最广大人民群众利益最大化与否)的一个政治经济学、经济社会学衡量。

五、中国内需市场的"核心消费决定"理论

中国家庭消费结构中的核心消费分别对中国 GDP 增长合理性、日常/边际消费价格、家庭收入—支出关系产生决定,并进而对中国内需市场产生决定。

(一)核心消费对 GDP 增长合理性的决定

从宏观角度看,在 GDP 持续增长条件下,当上述结构性"扭曲"

发生时，内需不足成为必然结果。这也反过来印证，在核心消费对日常/边际消费产生挤出效应并因此造成持续性、结构性内需不足条件下的 GDP 增长不是来自消费内需的增长，而是更多来自"基础建设投资""进出口增长""土地财政"作用下的积累型内需增长。而这个宏观比例失调越大，就会产生两个结果：① 它所表现的宏观经济结构中内需市场的合理性就越低。② 一个通过合理内需市场作用于消费增长从而促使 GDP 进一步增长的良性循环程度越低；"以（积累型）投资拉动内需"宏观政策的力度越大，其从根本上改变中国内需市场结构不合理性问题的决策科学性越低。这表明，GDP 增长的良性（合理性）程度（V）取决于积累型内需和消费型内需比例（$\frac{AD_C}{AD_A}$）的合理性（Pe）；而在消费型内需中，它又取决于核心消费与日常/边际消费比例的合理性（VC）。于是：

$$V = V(Pe) , \quad Pe = Pe(VC) \tag{15.20}$$

其中，$V' > 0$，$Pe' > 0$；所以，$V = V(Pe(VC))$。而

$$VC = VC\left(\frac{CC}{DC + MC}\right) \tag{15.21}$$

其中，$VC' < 0$。

这样，从宏观经济发展结构、模式看，核心消费无疑是影响中国 GDP 增长合理性的最根本因素之一。只有 Pe 在其临界点（cr_2）之内时，中国的 GDP 增长才会有效来自消费内需的增长，中国的合理内需市场才有可能建立。

（二）核心消费对日常/边际消费价格的决定

上述"扭曲"分析表明，核心消费占整个消费的比例合理性由其价格决定，而其价格的合理性由综合临界点（cr_3）决定。这个临界点由两个方面构成：① 核心消费价格增长率在原始基数合理基础上不能高于

1980—2020 年平均家庭实际收入增长率；② 这个价格增长率在原始基数合理基础上不能高于这 40 年日常/边际消费价格增长率。核心消费价格超过这个比例临界点（程度也受制于积累型和消费型内需的比例合理性，即 Pe）后的任何上涨必然引起日常/边际消费品价格的"几何"级数上涨。

1. 核心消费的双重价格决定

核心消费价格对日常/边际消费产生最直接影响，并且产生双重决定关系，即核心消费价格 P_1 超过临界点 cr_3 越大，不仅日常/边际消费价格 P_2、P_3 就越高，而且后者的价格弹性效应（ε_{DC}、ε_{MC}）就越低（即便日常/边际消费价格下降也不会产生应有的需求上升）。在这种双重决定作用下，想通过日常消费品和边际消费品价格的稳定（事实证明根本难以稳定！）与有限的收入调整来刺激消费需求不会产生应有效应，除非日常/边际消费价格成倍数下降，收入成倍数上升。也因此，西方需求理论基础上的刺激手段与方式对中国模式中的"内需不足"不可能起到类似西方的效应。于是有：

$$\left.\frac{\partial P_2}{\partial P_1}\right|_{P_1>cr_3}>0,\ \left.\frac{\partial P_3}{\partial P_1}\right|_{P_1>cr_3}>0 \qquad (15.22)$$

$$\left.\frac{\partial \varepsilon_{DC}}{\partial P_1}\right|_{P_1>cr_3}<0,\ \left.\frac{\partial \varepsilon_{MC}}{\partial P_1}\right|_{P_1>cr_3}<0 \qquad (15.23)$$

公式（15.20）和公式（15.23）一起构成影响中国消费需求的多重、交叉影响机制：当中国积累型和消费型内需的比例合理性 Pe 过低时，必然引起核心消费、日常/边际消费价格上升；这一效应与核心消费的价格效应共同作用于日常/边际消费价格，使得日常/边际消费价格上升，而日常/边际消费就越来越低了。

2. 双重价格决定产生的双向价格弹性作用

核心消费对日常/边际消费不仅具有上述双重价格决定效应，而且两种效应本身也产生双向作用，即核心消费价格影响日常/边际消费价格弹

経済学方法論：思考、批判与案例

性的程度越大，日常/边际消费价格弹性就越小；而日常/边际消费价格弹性越小，核心价格就相对越高（即当价格弹性丧失时，日常/边际消费价格自然做趋高选择，这样，即便核心消费价格不变，也等于变相提高了核心消费价格）。[①] 即我们有公式：

$$\frac{\partial \varepsilon_{DC}}{\partial \left(\left. \frac{\partial \varepsilon_{DC}}{\partial P_1} \right|_{P_1 > cr_3} \right)} < 0, \quad \frac{\partial \varepsilon_{MC}}{\partial \left(\left. \frac{\partial \varepsilon_{MC}}{\partial P_1} \right|_{P_1 > cr_3} \right)} < 0 \qquad (15.24)$$

$$\left. \frac{\partial P_1}{\partial \varepsilon_{DC}} \right|_{P_1 > cr_3} < 0, \quad \left. \frac{\partial P_1}{\partial \varepsilon_{MC}} \right|_{P_1 > cr_3} < 0 \qquad (15.25)$$

公式（15.24）与公式（15.25）一起形成中国消费市场结构中由核心消费价格导致的一个恶性循环，其结果最大限度影响消费内需。

（三）核心消费对家庭的收入—支出的决定

根据宏观经济学基本概念，我们有：

$$DI = CC + DC + MC + S \qquad (15.26)$$

其中，S 表示家庭储蓄。用 λ 表示核心消费支出占家庭收入的比例，即 $\lambda = \frac{CC}{DI}$；用 θ 表示日常和边际消费支出占家庭收入的比例；用 s 表示储蓄率，即 $s = \frac{S}{DI}$。于是，$\lambda + \theta + s = 1$。根据公式（15.26），核心消费对家庭的收入—支出具有如下决定关系：

1. 核心消费对家庭的收入—支出的占比决定

上述"扭曲"分析表明，核心消费占家庭实际收入的比例合理性也

---

① 此外，为了获得合理的利润率，所有日常/边际消费品的生产商都受到了核心消费价格高挺的影响，都因之而提高了成本。而当日常/边际消费价格上升后，消费者用于核心消费的收入减少了，而消费者就不得不去银行寻求贷款来满足其对核心消费的需求，这就相当于核心消费的实际价格上涨了。这样看来，中国为满足核心消费的储蓄根本不是西方的预防性储蓄。

由临界点（cr_4）决定，用 $cr_4 = 0$ 来表示核心消费占家庭收入的比例合理性没有超过临界点，而 $cr_4 = 1$ 表示相反的情况。于是，cr_4 的值是如下4种条件的函数：

（1）2020年的核心消费占家庭收入比例（λ_2）不能高于1980年的核心消费的家庭收入比例（λ_1）（考虑到40年前核心消费领域就存在，而日常/边际消费的很多种类、方式并不存在，2020年后者占家庭收入的比例应该更大），即 $\lambda_2 < \lambda_1$。这是因为，假如 $\lambda_2 = \lambda_1(1+g)$，日常/边际消费支出将下降 $\dfrac{g\lambda_1}{(1-s-\lambda_1)}$ 倍（假设储蓄率不变）；g 越大，$\dfrac{g\lambda}{(1-s-\lambda)}$ 就越大。①

（2）核心消费支出的40年增长率不能高于收入的40年增长率（如果考虑到核心消费价格对日常/边际消费价格的"几何"级数影响，其增长率必须远远低于收入增长率），即对于任何一段时期，有 $g < 0$。比如，设平均房价与年平均工资的比例为15，则在保持储蓄不变的情况下，只有收入的年增长率超过房价增长率的15倍，日常和边际消费才会增长。

（3）即使实际收入增长率高于核心消费增长率，核心消费价格上升的数量（ΔP_1）不能大于收入实际增长数量（ΔDI），即 $\Delta P_1 < \Delta DI$。

（4）家庭储蓄增长率不能高于其收入增长率，即 $\dfrac{\Delta S}{S} < \dfrac{\Delta DI}{DI}$。

把上述4种条件的集合抽象为一个状态空间，即把 $\{\lambda_2 < \lambda_1\} \cup \{g < 0\} \cup \{\Delta P_1 < \Delta DI\} \cup \left\{\dfrac{\Delta S}{S} < \dfrac{\Delta DI}{DI}\right\}$ 记为 $st*$。于是，只有当 $st*$ 同时满

---

① 而 λ 的变化对 $g\lambda/(1-s-\lambda)$ 的影响超过了 g 变化对 $g\lambda/(1-s-\lambda)$ 的影响。也就是说，当核心消费占家庭收入比例过高后，控制核心消费支出的增长率（即控制核心消费价格）不是解决核心消费对中国内需不足影响的根本性政策，而是维持、延续这种状况的政策。

足 4 个条件时，才能够产生 $cr_4 = 0$ 的结果。而 $st*$ 补集中的任何一点都可能产生 $cr_4 = 1$ 的结果，即上述任何一种关系的失衡都将导致临界点逾越，都将以消费内需的降低为代价。于是有：

$$cr_4 = cr_4(\lambda_2 - \lambda_1, \ g, \ \Delta P_1 - \Delta DI, \ \frac{\Delta S}{S} - \frac{\Delta DI}{DI}) \qquad (15.27)$$

这些决定关系表明，当超过这里的临界点（即 $cr_4 = 1$）后，核心消费在家庭收入中的比例对日常/边际消费产生最直接影响，前者占家庭收入（DI）比例越高，后者所占比例就越低；作为单个支出权重最大的因素，它决定日常消费的"可多可少"和边际消费的"可有可无"。这种核心消费对日常/边际消费的决定关系就产生了：

$$\frac{(DC + MC)}{DI} = f\left(\frac{CC}{DI}\right) \qquad (15.28)$$

当 $cr_4 = 1$ 时，此式成立。

公式（15.28）表明，当 $cr_4 = 1$ 后，住房、教育、医疗和社会保险（图中简称社保）这些原本与家庭的日常/边际消费存在互补关系的范畴就转变为与后者对立的范畴。家庭的核心消费价格越高，对日常边际消费的挤出效应就越大，结果日常边际消费占家庭收入的比例就越低。

中国经济运行越偏离上述 4 个临界点，核心消费价格越是偏离临界点，日常/边际消费曲线就越呈倒 U 型，甚至回到最低底线，见图 15 - 4。

图 15 - 4 反映了这样一种现实，即当所有临界点被突破前，核心消费的价格随着收入的上升而合理上升，不会影响日常/边际消费的增长及其在收入中的比重，而在临界点突破后，核心消费价格的任何上涨都必然导致日常/边际消费占收入比重的下降。而随着越来越多的临界点被突破，日常/边际消费占收入比重就越小，倒 U 就越明显。在图 15 - 4 中的水平的虚线表示没有临界点被突破，核心消费品价格与其他商品价格、家庭收入水平、GDP 增长保持一致的条件下，中国日常/边际消费的支出占收入比重将保持稳定。

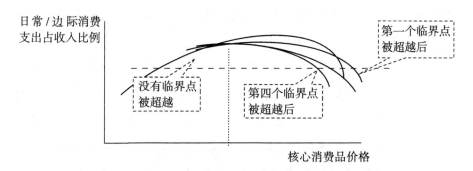

图 15 - 4　临界点跨越导致日常/边际消费占收入比例形成倒 U 型

2. 核心消费的家庭收入支出的结构性垄断决定

核心消费对家庭收入不仅产生上述决定，而且因其必要和必然消费性质会使核心消费自身价格弹性丧失（如即使需求降低、住房空置，价格也不会降低），从而形成实际上的"核心消费"对家庭收入—支出比例的社会性、结构性垄断（Mo）。至于核心消费领域中出现的官商勾结、行贿受贿、贪污腐败等都是这种垄断所衍生的必然经济行为（B）。[①] 而 B 越大，核心消费领域里的交易成本就越大，核心消费在家庭收入中的比例就越高。实际上，核心消费已经形成中国经济结构中的一种社会性、强迫性垄断，构成初次分配、二次分配之外的另一种对劳动者终身收入具有垄断性的再分配决定机制。于是有：

$$P_1 = P_1(Mo, B) \qquad (15.29)$$

其中，$\partial P_1/\partial Mo \gg 0$，$\partial P_1/\partial B \gg 0$。

在公式（15.29）的作用下，核心消费价格很容易突破上述 $st*$ 的 4 个条件约束，从而使本章所分析的上述机制发挥作用。在一次或再分配领域中的微小改良（如调整工资、降低中低收入所得税等）无法抵消

[①]　这种垄断的一个特殊效应就是，它不是通过价格、技术等来控制市场、打垮对手、垄断产品，而是通过带有封建色彩的权力"资本"与私有资本的"交易"机制来把持市场、维持过高价格从而获得"合法"经济利益。

这样一个社会性、制度性再分配结构的作用，从而对于"扩大内需"无异于杯水车薪。

在这种垄断决定作用下产生的收入分配不平等可以被视为中国核心消费效应的一个结果。这也就是说，即使中国社会收入一次、二次分配比较平等，核心消费领域上述决定效应的存在依然会让中国出现内需不足，造成不平等。上述分析表明，核心消费对家庭收入决定产生交叉作用，①不仅决定家庭核心消费支出（支出大小、储蓄比例、储蓄周期），进而②引起日常/边际消费支出变化的"连锁"交叉效应，而且③通过使核心消费在家庭收入中的比例极大和持续上升，大大降低家庭实际收入，同时④结构扭曲性的价格上涨又大大降低了家庭收入的实际增加。这种核心消费、价格机制的循环累积效应就决定了中国家庭收入—消费结构的不合理性，内需不足就成为必然结果。见图 15 - 5。

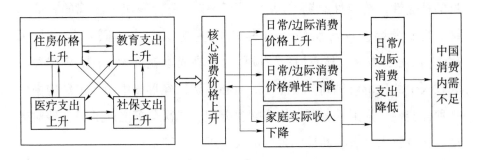

图 15 - 5   中国新消费结构的形成及其对内需不足的决定

六、结论：中国本土经济学的"核心消费决定论"理论

本章从中国内需市场、消费总量关系到它们的结构性扭曲进而再到核心消费决定日常/边际消费的递进分析表明，核心消费是内需不足的根本性原因。从内需市场与消费总量关系看，当 GDP 持续增长伴

随积累型需求的畸形上升和消费型需求的长期疲软时，当核心消费对日常/边际消费产生挤出效应时，"内需不足"的宏观条件就形成了。这个综合效应不仅导致消费下降，而且引起储蓄上升、资本形成加快的连锁反应，并最终导致积累型需求进一步上升和消费型需求进一步下降的恶性循环，构成中国经济结构的"第一次扭曲"。而核心消费自身的畸形价格对日常/边际消费的价格分别产生正向和反向作用，使后者价格上升、弹性下降、市场机制受到破坏，构成中国经济结构的"第二次扭曲"。当这个效应也直接发生在核心消费与家庭收入的关系上时，即当核心消费价格高挺、无弹性与超比例上升使正常的收入—消费的市场机制效应极大丧失时，经济结构的"第三次扭曲"就形成了。同时，GDP长时期高速增长、家庭收入持续增加本应带来社会贫富差别的缩小（社会主义市场经济尤其应该如此）。然而，核心消费不可避免地导致贫富差距更加拉大、收入分配更加不公，从而形成中国经济与政治关系的"第四次扭曲"。值得指出的是：中国的核心消费因其消费绝对性、市场社会性、收入控制性，已经形成对世界最大消费人群的实际垄断。一般税改、健全社会保险、低薪补助根本不可能改变这种由日常/边际消费疲软引起的结构性、痼疾性内需不足，也根本不可能改变这种核心消费对中国最广大消费者所形成的结构性垄断。

本章对核心消费的三大经济决定关系进行交叉变量、多元函数分析表明：在 GDP 增长条件下，核心消费所占比重决定 GDP 增长的合理性程度；核心消费价格不仅决定日常/边际消费价格而且决定后者的弹性效应和市场机制（即本章所指出的"双重决定"）；核心消费在家庭收入中的比例合理性既决定日常消费的"可多可少"和边际消费的"可有可无"，又决定家庭收入的实际增加与否。本章为这三大决定关系所设立的临界点衡量（cr_1、cr_2、cr_3、cr_4）表明：首先，任何核心消费的临界点突破都必然引起内需不足，而一个临界点突破程度和多个临界点突破决定内需不足的程度。其次，在上述多重、交叉决定作用下，想通过日常/边际消费价格的稳定或有限的收入调整或财政手段来刺激消费需求不会产生相对应的"扩大内需"效应，除非日常/边际消费价格成倍数下降且收入成倍数上升。也因此，西方需求理论基础上的刺激手段对中国的"内需不足"不可能起作用，而积累型投资需求的增长对中国内需不足只能是火上浇油、雪上加霜。再次，既然核心消费是致使中国合理内需市场无法建立、造成内需不足的根本影响因素，即便国际金融危机过去、中国出口增加、投资上升并引起表面内需上升，也丝毫不能改变中国经济中的结构性扭曲和三大决定作用下的内需不足。本章"核心消费决定"的分析表明，cr_1、cr_2、cr_3、cr_4 这 4 个临界点构成中国内需比例合理性和消费结构合理性的一个综合交叉性经济约束。因此，对中国合理内需市场的建立来说，核心消费较其他任何因素都具有更高程度的影响合理性和可靠性。这一函数关系的确立有助于对扩大内需任何政策的实际效应性和决策科学性衡量。

本章分析还表明，核心消费的结构性扭曲和带有垄断性的机制决定可以"规范"任何消费者收入的"改善"并将其纳入核心消费领域（中国房价高挺不下甚至继续上升就是证明）。因此，只有通过制度性改革打破市场化、商业化、利润化、私有化的核心消费垄断结构，才能从根本上解决中国的结构性内需不足问题，并名副其实地缩小收入差距、贫富差别。那么，核心消费领域的社会化（即不是私有化、市场化、商业化/产业化）、打破核心消费的垄断并把其控制在本章设定的临界点之内是否会影响中国 GDP 增长呢？第一，GDP 增长只是手段而不是目的，不能以发展模式中合理内需市场的建立为代价，不能以经济结构的扭曲为代价。否则，它就不具有现代经济的良性、优化和科学性。第二，核心消费在 GDP、消费结构、家庭收入中比例的实质性降低将提高家庭实际购买力，从而刺激日常/边际消费，而因此导致的扩大再生产不仅可以保证 GDP 增长，而且可以通过市场机制加强竞争、提高质量、改善技术、加强现代管理从而改进落后的生产力。这两个方面的良性循环的实现才可能把中国 GDP 增长推入一个合理、健康、有机、可持续的轨道。第三，在这个过程中，即便 GDP 增长放慢，那也是具有科学性、必要性的调整，是把扭曲的经济与政治经济关系再扭转过来。毕竟，GDP 增长有很多种方法，用以低技术、低质量、低价格、低管理、廉价劳动力、高资源消耗为主要特征的出口来维系 GDP 增长，以扭曲市场机制、带有垄断性质的核心消费来维系 GDP 增长，是典型的"激素式催长"，既不是中国特色的社会主义市场经济形式，也不是资本主义市场经济形式。第四，西方发达国家在核心消费领域方面采取了各种社会化的改革政策、措施（常常被里根—撒切尔主义称为"社会主义化"或用"天下没有免费的午餐"加以批判），并不受制于"GDP 增长"。中国作为社会主义应该采取力度更大、本质不同的改革政策、措施，才能实际上体现其社会主义市场经济的本质特征。第五，从中国改革的性质与目的看，GDP 增长只是一个手段，必须与"科学社会主义"这一改革性质相一致，必须与"最广大人民群众利益最大化"这一改革目的相一致。而中国经济发展模式转型中，再没有什么比对"核心消费"现状进行改革更能体现这两个一致、更能有利于建立中国自身的合理内需市场和名副其实的"社会主义市场经济"。因此，怎样"扩大内需"是中国经济发展模式转型科学与否、改革成功与否的一个历史性抉择。

第十六章　案例分析九：西方比较优势理论与中国经济发展模式关系——历史唯物主义方法论与西方封闭系统方法论的对抗

　　中国改革开放后，许多研究把西方经济学的"比较优势"理论视为中国经济发展模式的一个指导理论。一方面，它们认为中国"人口红利"与西方资本、技术的结合是改革取得经济发展成就的主要原因。另一方面，它们以此为据进行历史反证，指出中华人民共和国头30年经济发展模式和指导理论的重大错误中就包括"闭关锁国"、"一边倒"、没有在"比较优势"理论指导下以中国的"人口红利"与西方国家开展贸易关系，结果经济发展缓慢、国家贫困落后。这两个方面的观点汇集而成的综合认识、概念和思想方法，不仅在中国学界、教育界、思想界而且对一些政策的制定都产生了一定的影响。而这一"西学东渐"却在理论上忽略了其西方经济学的制度基础，在方法论上忽略了其"封闭系统"局限性和价值观本质，从而在中国经济发展模式和指导理论等问题的研究上表现出教条主义和形而上学特征。本章以西方经济学比较优势理论及其中国影响为例，剖析其封闭系统和唯心主义方法论本质，这不仅是方法论科学性的案例分析，也是对中国本土社会主义经济学构建的一个启发（见本书《第六章　中国经济学本土化的六大方法论决定》）。

　　首先，"比较优势"（Comparative Advantage）只是西方经济学诸多流派的诸多国际贸易理论中的一个用以论证国际贸易关系合理性的解释性、概念性理论，但它被视为中国改革发展模式的指导理论并产生"划时代"影响，却是西方经济学（家）始料不及的。毕竟，抛开这一概念的实践指导意义不说，仅从其学术和理论本身来看，西方流派众多，对"比较优势"的批判不少。既然如此，它为什么能够对一个"以马克思主义为指导""以社会主义公有制为主体"的中国改革与发展模式产生如此影响呢？难道它真的对中国社会主义性质的经济发展、改革与探索实践具有针对性、适用性和指导性吗？它真的具有"普世（适）性"吗？中国经济改革所取得的成就应该归功于以"人口红利"为特征的比较优势理论吗？它真的能够成为中国社会主义建设的"前30年"经济发展的指导理论，从而可使中国早就富强起来了吗？

其次，根据推崇比较优势理论的中国新自由主义观点、思想方法和逻辑曲线，中国是人口大国，劳动力众多，"人口红利"就应该成为其经济发展模式的实践和理论依据。但劳动力众多、廉价、过剩是英国经济学家大卫·李嘉图（David Ricardo）"比较优势"的理论内涵吗？H-O-S①基于要素禀赋的比较优势理论是指任何制度条件下、任何性质的劳动力吗？中国社会主义建设的"前30年"以"比较优势"为指导理论并以此形成发展模式就可以取得经济发展的成功吗？中国的改革主要是依靠劳动力众多、廉价、过剩的"比较优势"来取得成功的吗？如果真如此，许多发展中国家都存在劳动力众多、廉价并与西方资本和技术发生各种方式的结合，岂不都应该取得经济发展的成功吗？

对上述两方面问题的方法论思考与分析不仅对科学认识、正确理解中国改革成就的原因、中国这个"前30年"经济发展的性质与结果以及二者之间的内在关系十分重要，而且对中国经济发展模式的指导理论的科学定位十分重要，而对这个理论定位与中国发展实践、制度性质所

---

① H-O-S 这里指赫克歇尔—俄林—萨缪尔森定理，即：Heckscher-Ohiln-Samuelson Theorem。

保持的一致性检验也是不无裨益的。

鉴于此，本案例分析首先基于整体主义与历史唯物主义方法论，分析西方比较优势理论的封闭系统方法论本质，及其封闭性、孤立性、限制性范式所存在的科学性问题，揭示李嘉图（David Ricardo）比较优势理论作为西方经济学的一个国际贸易理论具有典型"实验室"封闭验证特征，论证它不仅在理论、学术上存在科学性问题，而且在实践中更是缺乏适用性。其次，本案例基于历史唯物主义和整体主义方法论，对中国社会主义经济发展的"前30年"在特定的历史背景、作用因素、条件要素交叉影响下所形成的经济发展模式进行逻辑实证主义和历史比较方法检验，从而推证在这个"前30年"里是否应该"一边倒"、是否能够不"一边倒"，其发展模式是否应该被称之为"一边倒"，这个"前30年"是否"闭关锁国"，这个"比较优势"是否应该成为或能够成为其经济发展主要模式或其指导理论。基于上述，本案例铺垫出历史实证、反证、事物发展客观规律展示的逻辑曲线，证实这个"前30年"经济发展模式、宏观政策及其指导理论，尽管有错误、有曲折、有失误，但总体来说与中国的发展实践紧密结合，不仅在艰难条件下取得巨大成就，而且与中国改革开放以来的经济发展有着最紧密、最根本的内在联系；在这个模式下取得的经济、社会发展成就是改革开放后中国经济得以迅速发展的最根本基础和最大优势。

一、对西方经济学比较优势理论的 历史唯物主义再认识

对西方经济学比较优势理论，不同的方法论可以产生不同的认识。

（一）比较优势理论及其构建的封闭系统方法论本质与特征

本研究并不否定西方比较优势理论在封闭系统方法论框架中、在条

件与作用因素控制下对国家之间贸易交换原理的论证科学性成分。无论是基于劳动生产率差异还是要素禀赋构建的比较优势理论，都强调根据不同国家在不同或相同产品生产上的绝对或相对优势进行国际分工，再通过国际贸易交换就可以产生更大的经济总价值（或资本总回报）。但这个基于"实验室"验证产生的"比较优势"主要是一个概念性、思想性、认识性理论，而且主要针对西方国家历史上存在的"孤立主义""保护主义"思想。而在具体实践中，由于各种"实验室"之外的因素、要素作用和其他原因，它难以成为一个国家的整体、综合经济发展模式，更不用说其指导理论了。即便在国际贸易领域本身，在生产要素的国际流动性不断加强、贸易形式不断复杂化、多元化条件下，比较优势原则也难以指导一个具体行业甚至企业的实践。①

从方法论看，无论是李嘉图的比较优势理论还是瑞典经济学家伊·菲·赫克歇尔（E. F. Heckscher）和贝蒂·俄林（Betty Ohlin）提出后由美国经济学家保罗·萨缪尔森（Paul A. Samuelson）发展的 H-O-S 要素禀赋理论（Heckscher-Ohlin-Samuelson theory of factor endowments），无论是把李嘉图"两个国家、两种商品"范式扩展到"两个国家、多种商品"的理论构建②还是对于"多个国家、多种商品相互交换"的分析与商榷，③ 无论

---

① 参见 D. W. Mackenzie, *Outsourcing America*: *What's Behind Our National Crisis and How Can We Reclaim American Jobs*, New York: American Management Association, 2005, pp. 89 – 90。

② 参见 Rudiger Dornbusch, Stanley Fischer and Paul A. Samuelson, "Heckscher-Ohlin Trade Theory with a Continuum of Goods", *Quarterly Journal of Economics*, Vol. 95, No. 2 (September 1980), pp. 203 – 224; R. Dornbusch, S. Fischer and P. A. Samuelson, "Comparative Advantage, Trade, and Payments in a Ricardian Model with a Continuum of Goods", *The American Economic Review*, Vol. 67, No. 5 (December 1977), pp. 823 – 839。

③ 参见 Alan V. Deardorff, "How Robust is Comparative Advantage", *Review of International Economics*, Vol. 13, No. 5 (May 2005), pp. 1004 – 1016。

是仅限于不存在可交易中间产品条件下的比较优势解析①还是考虑外包、全球采购和可交易中间产品的比较优势探求，② 都带有条件控制性、要素限定性、封闭实验性、社会与文化等因素排除性的方法论特征和本质。比如，为证实劳动生产率差异性产生比较优势的大量案例分析和模型构建就集中表现了这种封闭性和限定性；英国和葡萄牙两国消费者只喝一种酒，对酒的口感，喝酒方式、频率和目的完全一样，而度数、质地也完全一样；两国消费者也都只是用一种布料，对这种布料质地、款式等方面的喜爱程度都一样，用途也一样。这种控制性、限定性的验证主要为证明国际贸易的合理性和边际价值创造性，本身难以成为一个国家经济发展模式的形成依据和指导理论的制定依据，毕竟后者是一个多元、复杂条件和作用因素交叉又不断变化的产物。比如，第二次世界大战结束后日本在各方面向欧美"一边倒"，而欧美都是汽车制造的大国强国，生产力水平发达，劳动生产率很高，日本为什么还坚持发展自己的汽车行业呢？基于日本"人口红利"的比较优势与欧美进行贸易交换不就可以迅速发展经济了吗？第二次世界大战后，"亚洲四小龙"之一的韩国也在各方面向欧美"一边倒"。当欧美和日本的汽车制造业无论在劳动生产率还是技术、资本、资源、品牌、市场都占绝对优势的情况下，为什么韩国也要发展自身汽车制造业而不是依靠自身人口红利、资源红利、市场红利进行交换呢？而这还只是从经济贸易角度去思考比较

---

① 参见 Richard Jones，"Comparative Advantage and the Theory Tariffs：A Multi-country，Multi-commodity Model"，*Review of Economic Studies*，Vol. 28，No. 75 – 7 （June 1961），pp. 161 – 175。

② 参见 Andrew J. Cassey，"An Application of the Ricardian Trade Model with Trade Costs"，*Applied Economics Letters*，Vol. 19，No. 13 （November 2012），pp. 1227 – 1230；Yoshinori Shiozawa，"A New Construction of Ricardian Trade Theory — A Many-Country，Many-Commodity Case with Intermediate Goods and Choice of Production Techniques"，*Evolutionary and Institutional Economics Review*，Vol. 3，No. 2 （March 2007），pp. 141 – 187。

优势理论的国家适用性、实践指导性。如果考虑一个国家其他领域中相互关联、相互影响、相互作用又不断变化的其他因素的作用，比较优势理论的封闭系统"实验室"性质更是显露无遗。1920—1933 年美国仅因一个由阶级性、种族性、宗教性因素的交叉作用产生的"禁酒时代"（The Prohibition Era）就改变了美国和加拿大之间酿酒业的比较优势关系。

（二）比较优势理论的历史唯物主义和政治经济学思考

当人类社会进入 19 世纪，一方面，经济帝国主义、经济殖民主义确立了西方国家与被其殖民、侵略、压迫、剥削、掠夺的国家之间的政治、经济关系，并使这种关系逐步常态化、制度化和国际化，是社会达尔文主义在世界经济体系和国家间关系上的集中体现。尽管西方国家在殖民手段、方法、过程上各有不同，尽管它们之间因资本发展不平衡或利益纷争，或因划分、瓜分、重组而爆发政治、经济甚至军事冲突，但从世界范围看，它们的宗旨与目的都一样，即为资本这个不断膨胀的怪兽寻求比本国更为廉价的国际"人口红利""资源红利"和"市场红利"，收割比自身国家的市场更高的资本回报率。另一方面，西方国家手工业向大工业的转型使资本的制度性不断加强，劳动生产率不断提高，国际性外溢与流动也不断形成，西方国家之间的政治、外交、军事关系也因此不断向经济贸易领域发展。西方国家之间是否、怎样推进这种相互间的经济贸易关系，是让其成为政治、军事或外交关系基础上的一种随机性、零散性、偶发性延伸，还是形成一种稳固、长期、规范、制度化的资本国际贸易关系就成为了一个资产阶级的重要经济学、政治经济学问题。毕竟，在西方资本主义国家中，保护主义（Protectionism）、孤立主义（Isolationism）、地缘政治中心主义（Geopolitical centralism）、地缘经济中心主义（Geoeconomic centralism）依然盛行，传统依然强大。正是在这种国际形势下，英国著名资产阶级经济学家李嘉图

(David Ricardo) 在 1817 年发表的《政治经济学及其赋税原埋》一书中提出"自由贸易理论"，并为其建立了逻辑实证主义、劳动生产率、成本相对差异性基础上的"比较优势"学说。① 作为英国议员他反对几乎一切政府对经济贸易的干预，支持废除带有国家保护主义色彩的《谷物法》就是其中一例。自李嘉图之后，西方国家政党、政客在国际贸易问题上的争辩中，这个理论产生的思想常被用来反对依然存在、某个时期仍然盛行的孤立主义、保护主义、单边主义、制裁主义、意识形态中心主义等等。

在围绕中国经济发展模式、指导理论问题上，许多研究无视上述历史背景下产生的西方比较优势理论的制度本质，强调中国只要利用"人口红利"这个"比较优势"，只要提供庞大、廉价劳动力，西方资本就会光顾、中国经济就会发展，甚至干脆认为中国经济就是这样发展起来的。这些观点也忽略这样一个世界经济发展史上的事实，即西方经济帝国主义、经济殖民主义几百年来从未停止寻求更大更多殖民地或经济落后国家的市场、资源和廉价劳动力，并把它们通通纳入国际资本这架巨大机器之中从而攫取更多更大的资本回报。在近现代世界经济史进程中，西方资本不仅获取了人口红利，而且还获得了市场红利、资源红利、环境红利、政治红利、军事红利、国际战略红利，殖民主义、帝国主义的政治家、理论家和经济学家对此从不隐晦。既然历史上有那么多曾沦为西方的殖民地、准殖民地、半殖民地的国家，在独立前和独立后都为西方资本提供了人类历史上最大的"人口红利"和上述各种"红利"，都处于西方这样或那样的"国际分工"之中，又有多少成功、长期、稳定地发展了自身经济并产生了自己的经济发展模式呢？非洲"人口红利""资源红利"提供了几百年了，又有多少成功地发展了自己的经济呢？

---

① 参见 David Ricardo, *On the Principles of Political Economy and Taxation*, UK：Cambridge University Press, 2015, pp. 1 - 603。

二、对中国发展模式与西方"世界分工"、比较优势理论关系的历史唯物主义思考

如同对西方经济学其他理论一样，一些中国研究在比较优势理论运用中仅看到封闭系统方法论产生的数理模型及其在限制、孤立、封闭条件下的这个市场经济规律，却在其中国实践适用性上脱离了历史唯物主义、整体主义的方法论轨道。它们不仅认为中国改革开放和经济发展模式应该以"比较优势"理论来指导，而且以此做历史反向推证，指出中国社会主义的"前30年"如果搞市场经济、搞比较优势、利用"人口红利"与西方国家搞贸易合作，中国经济应该早就发展起来了。甚至有研究认为，在这个"前30年"里中国"拒绝参加国际分工的闭关锁国政策，都是无视中国现阶段的实际国情，是无视比较优势的存在与利用的现实范例，那些做法都曾经使中国人尝到了苦果"[1]。这类研究不少，角度也不尽相同，但字里行间透露出这样一种主观臆想，似乎这个"前30年"里，中国共产党、政府领导人、知识分子和人民缺乏"聪明才智"，缺乏对这种基于"人口红利"的西方比较优势理论科学性、正确性甚至伟大性的认识，采取了错误的经济政策和发展模式。这些观点以及他们所推崇的西方比较优势理论真的比当时的领导者、政策制定者更高明、更正确吗？当然不是。实际上，这种比较优势才能真正"救中国"、更好"救中国"的观点不仅在理论上荒谬，而且其唯心主义的历史反向推证落入封闭系统方法论陷阱。

（一）旧中国的100年与比较优势理论的132年

对中国社会主义建设的"前30年"经济发展模式是否应该遵循比

---

[1] 蒋德恩：《当代关于比较优势理论的几个认识误区》，《河北经贸大学学报》（综合版）2006年第3期，第55—62页。

较优势理论的分析，不能割裂这个发展模式与旧中国经济基础、发展模式、生产力水平以及经济发展模式本身无法避开的政治、经济和历史因素。1949 年中华人民共和国成立以前就有诸多西方资本获取中国这个世界上最大的"人口红利""市场红利"和"资源红利"。但在这个从1848 年起就被几乎所有西方"民主"列强压迫、剥削过的半殖民地半封建国家，在随后长达 100 年里也没有实现基于"比较优势"的经济贸易关系而实现经济迅速发展。有观点说这是因为中国战乱所致，但中国战乱、贫困、落后、满目疮痍本身难道没有资本主义列强的经济殖民主义和经济帝国主义的作用吗？各路中国封建军阀及其身后的西方列强们为什么不依靠"比较优势"来"救中国"呢？比较优势理论从 1817 年诞生到 1949 年长达 132 年，西方国家今天应该比中国一些学者更谙熟其科学性、"普适性"——如果它真是如此的话，应该比中国一些学者更清楚地意识到只要依照这个"科学真理"不仅西方国家资本价值回报最大化而且中国也能快速发展经济。但西方列强对中国为什么不选择平等贸易、和平共处、双赢互利却选择在规模、程度上史无前例的枪炮征服、殖民剥削、侵略压迫呢？当晚清政府割地赔款、开放商埠并给予各种"治外法权"来与西方"和解"，西方列强为什么还是不考虑比较优势呢？1931 年起就霸占中国东北的日本作为发达资本主义国家为什么不与中国搞比较优势而是选择全面侵略、奴役、压迫和剥削中国呢？但这里更重要的问题是，对上述这些问题，一个具有基础历史知识的普通学生就可以做出基于历史唯物主义的解答，为什么到了中国一些经济学"精英""大师"那里就单一诉求西方经济学封闭系统方法论框架下产生的比较优势，而忘却中国半殖民地半封建时期的极弱致贫、极贫致弱的历史和西方国家经济帝国主义、经济殖民主义的本质呢？忘却中华人民共和国 1949 年成立时面对战争留下的满目疮痍、社会混乱呢？忘却她当时是世界最贫穷落后、生产力水平最低、没有任何现代工业、农业和经济基础设施的国家呢？忘却她既要荡涤一切旧社会遗留的污泥浊水

（如黄、赌、毒）又要恢复经济、整顿社会呢？忘却她需要即刻建立教育、文化、交通、通信、金融、医疗、卫生等现代社会运行、管理领域的基本制度呢？忘却她具有世界最多人口这一因素和上述这些因素产生的交叉作用和影响呢？忘却国际关系格局中冷战的冲突和东西方的对抗及其对她的压力呢？忘却西方对她的经济封锁、政治孤立、军事包围、战争威胁呢？忘却国民党蒋介石集团时刻准备反扑、进攻并要颠覆这个新生政权呢？忘却她与侵略朝鲜、直接威胁中国安全的世界上最强大的美国及其 15 个随从国进行了一场战争？忘却自 1848 年起的 100 年里正因为西方列强（的资本和优势技术）带给中国的不是"比较优势"下的贸易交换而是战争、压迫、剥削、掠夺、攫取、奴役、欺辱了吗？忘却正是旧中国自身的贫困羸弱、丧权辱国、割地赔款、屈辱忍让，才使新中国（指 1949 年成立的中华人民共和国）必须建立强大的国防？这 13 个"忘却"及其所涉及的 28 个方面所构成的综合因素作用，以及它们之间所产生的交叉影响作用，构成复杂的、独特的、只有新生的中华人民共和国才会面对的挑战、困难、压力。很显然，从开放系统和复杂系统方法论看，比较优势救不了这个新生的共和国，不仅不适用当时的中国国情，也不适用于那些对中国施行经济帝国主义、经济殖民主义手段的西方国家。毕竟，李嘉图等西方经济学家们的"比较优势"根本不是针对中国这类国家与西方国家的双边经济贸易关系所创建的理论。纵观非洲与西方国家的关系历史，由后者一手创建的资本主义奴隶经济制在几百年时间里为什么不基于比较优势理论来发展双边经贸关系从而使双方受益最大化并使非洲国家像"亚洲四小龙"那样快速发展经济呢？毕竟，经济帝国主义、经济殖民主义、资本奴隶主义可以给西方国家带来远远大于比较优势理论所能带来的各种利益、红利和回报，而其基于劳动生产率差异性的各种成本却又远远低于"比较优势"的成本差异性核算。当然，这几百年里的英国与葡萄牙之间、其他西方国家之间的经贸关系就不能简单采取经济帝国主义、经济殖民主义的方式了；除了为争夺殖民地、瓜分落后国家利益时的矛盾、冲突达到彼此战争临界点外，就要利用彼此的比较优势来发展经济贸易关系了；毕竟，对西方国家资本主义经济发展的相互利益关系来说，基于比较优势理论的经贸关系比起保护主义、孤立主义、门罗主义就要显得正确、科学了。

（二） 中华人民共和国成立后能够以比较优势为经济发展的指导理论吗？

从历史唯物主义检验下的世界政治经济关系格局及其逻辑曲线看，1949 年成立的中华人民共和国在当时的东西方冷战条件下，要参加或被允许参加西方资本主义国家把持并由其政治、军事、经济、价值观、意识形态力量所控制、所支撑、所规范的"世界分工"，就 ① 必须承认推翻三座大山、打倒国民党蒋介石政权是错误的，② 必须放弃共产党领导的新民主主义革命及其胜利，③ 必须把美国和西方国家支持的国民党蒋介石政权请回大陆，④ 必须拱手交出政权、任凭西方国家所支持的国民党政权宰割才有可能——毕竟这个国民党政权在 1949 年之前和之后相当长时间里一直是美国和西方国家认可、支持、建交的对象，一直是美国和西方国家的政治、军事、战略盟友，一直是美国和西方国家经济、军事援助的对象，一直是美国和西方国家所寄希望来打倒中国共产党的腐朽、没落、黑暗政治势力。但这还远远不够，按照他们的逻辑，中国共产党还必须放弃自己的信仰、宗旨、目的、价值观，改名为德国的社会民主党、英国的保守党或工党、美国的共和党或民主党之类的名称——毕竟中华人民共和国成立之际和随后若干年里美国的麦卡锡反共浪潮已到疯狂、邪恶、歇斯底里的程度，他们会和一个共产党政权、共产党国家、社会主义经济来搞什么基于"比较优势"的"世界分工"？这样看来，不是中国"闭关锁国"，而是当时冷战中的美国和西方国家对"共产主义红色中国"要闭其关、锁其国。这样看来，不懂得（或没学习过）历史唯物主义方法论，不懂得（或没学习过）当时的世界政治经济关系格局，不懂得旧中国历史和当时中国的国情，来妄谈什么应该"利用比较优势"来"参与世界分工"，可谓比胡适的"中国应该搞两党制"的逻辑曲线更加荒谬。这种逻辑上的荒谬和"理论"上的方法论科学性背叛也被人类社会发展史所证伪。经过艰苦奋斗推翻一个旧制度、建立一个新制度的国家，为"利用比较优势"来发展经济而做出类似上述4个"必须"的国家，人类历史上一个都没有，资本主义没有，社会主义也没有。显然，在1949年中华人民共和国成立后，中国根据自己的价值观、自己的信仰、自己的制度追求做了符合自己实际条件的经济发展模式选择，因而是科学的、正确的，后来的事实也证明其选择是英明的。而在这个历史背景和时代条件下，"利用比较优势"（即所谓的"人口红利"）参加资本主义市场经济制度下的"世界分工"不啻是痴人说梦。

三、中国"一边倒""闭关锁国"的历史唯物主义检验

从历史唯物主义方法论看，中国1950—1980年既不是新自由主义学者所说的"一边倒"，也不是什么"闭关锁国"。

（一）中国为什么选择"一边倒"？

有错误观点认为：中华人民共和国成立初期或整个头30年在经济发展上采取"一边倒"的策略。随着时间推移，伴随着宣传与教育，人们很容易把这个表面上的"一边倒"与中华人民共和国的"前30年""拒绝参加国际分工""采取闭关锁国政策"进行逻辑上的链接，而这种逻辑链接在中国今天经济学领域里营造了这样一个假意识和幻觉，即中国当时可以不一边倒，可以有选择，可以向西方资本和市场开放从而可以用"人口红利"的比较优势赢得西方资本、技术的青睐。这些观

点、理论真的比当时毛泽东一代共产党人、民主党派、知识分子综合构成的中国社会主义发展政策的制定者、模式选择者更高明、更正确吗？尤其是，毛泽东那一代人中不仅很多留学于包括美国在内的各个西方国家，而且那一代人对当时的西方国家和冷战中的西方阵营的制度本质和各种敌对势力比今天崇拜、宣扬比较优势的学者有着更深刻的了解，对当时的世界政治经济关系格局比后者有着更深刻的了解，对旧中国经济结构、状况、弊病、羸弱及其政治、社会原因有着更深刻的了解，对为什么中国共产党能够带领人民推翻有世界最强大、最发达、最懂"比较优势"的美国及其西方国家所支持的国民党蒋介石政权有着更深刻的了解，对刚刚诞生的中华人民共和国面临的大量急需解决的社会、政治、经济、外交和国际问题有着更深刻的了解。

一方面，从中华人民共和国 1949 年成立到 20 世纪 80 年代之前，西方国家、西方资本和西方的市场经济并不是手捧鲜花、礼貌有加、和蔼可亲地想与中国和平相处，想在高档酒店、会议室或饭桌上与中国来谈什么基于比较优势基础上的经贸合作、投资协议。恰恰相反，掌握"世界分工"、谙熟比较优势的西方国家对中国采取的是政治孤立、经济封锁、军事包围、战争威胁。它们对中国的孤立、封锁、包围、威胁在政治上是那样的立场坚定，在意识形态上是那样的泾渭分明，在手段上是那样的无奇不有，以至于中华人民共和国成立整整 21 年后才恢复在联合国的合法席位，美国和许多西方国家整整 30 年后才与中国建交、承认中华人民共和国的国家合法性。不仅如此，美国和西方阵营把中国的领土台湾视为"不沉的航空母舰"，在上面驻扎军队、建立基地、支持这个领土上以颠覆中华人民共和国为宗旨的国民党政权，并与这个政权保持外交、经济、军事关系。在这种世界政治经济背景下和国际关系格局中，中国社会主义的经济发展具体应该怎样由比较优势理论来指导从而使西方在"世界分工"中施舍一些残羹冷炙呢？当时的中国是除苏联外的西方资本主义国家阵营的首要打击对象、首要敌人、首要消灭对象，具体怎样做才能全面倒向西方国家，或倒向它们一点呢？为证实比较优势理论的"伟大"，那种"中国可以不选择一边倒，可以利用人口红利、比较优势与西方开展经贸关系来发展中国经济"的自诩高明的唯心主义观点不惜把历史的逻辑曲线颠倒过来。

另一方面，首先，对中华人民共和国的成立，以苏联为首的社会主义国家率先予以外交承认、国体承认、政权承认。① 对一个刚刚诞生、面临内部无数困难和外部孤立、封锁与军事挑战、战争威胁的新生国家，得到世界上其他国家的外交承认、国体承认、政权承认极为重要。其次，中国共产党作为执政党的性质、目的、宗旨和中国这个新生国家的社会主义制度性质，都与苏联为首的社会主义国家相近、相同。后者不仅对中国的抗美援朝给予支持和援助，而且在后来的中国社会主义建设、经济发展中给予重大、全面支持和援助。再次，中华人民共和国成立不到一年美国就首先入侵朝鲜半岛，把朝鲜内战变成国际战争并把战火烧到中国边境，公开直接威胁中国安全。在这种情况下，中国出于自己国家的长治久安、长期发展和价值观的多重考虑决定出兵朝鲜，抵抗美国军队的入侵，中美双方就此处于交战状态，而苏联和社会主义阵营国家都站在中国一边。

这样看来，与其说"一边倒"，不如说中国在当时世界错综复杂的国际关系格局里，做了一个与自身政治信仰、价值观、社会制度相一致的选择，一个既合情合理又科学正确的选择，而不是一些观点所影射、污蔑的所谓的缺乏知识、盲目冲动、意识形态驱使、极端且狭隘的"一边倒"。

---

① 这种基于意识形态、冷战需要、国际战略地缘优势争夺、国际关系冲突、东西方对抗等原因的"国家承认、政权承认"直到冷战结束后多年仍有发生，如以美国为首的西方国家 2008 年承认"科索沃共和国"，美国 2017 年宣布耶路撒冷是以色列首都并设大使馆。任何试图用比较优势理论来说服矛盾双方停止冲突、利用比较优势产生"共赢"的努力，都会被矛盾、冲突、对抗的双方国家耻笑。

（二） 中国真是"一边倒""闭关锁国"吗？

中华人民共和国成立后不仅与苏联等社会主义国家建立了外交关系，也与非社会主义国家建立了外交关系；成立头几年里，包括欧洲资本主义国家在内的许多非社会主义国家与中国建交，如缅甸、印度、印尼、丹麦、挪威、巴基斯坦、锡兰（斯里兰卡）、瑞士、芬兰、越南、瑞典、列支敦士登等。法国于 1964 年，意大利于 1970 年，奥地利与冰岛于 1971 年，英国、希腊、德国、荷兰、日本于 1972 年，西班牙于 1973 年，先后与中国建交。到 1979 年中华人民共和国成立 30 年之际，美国、葡萄牙与中国建交，届时世界上已有 110 多个国家与中国建交。显然，中华人民共和国成立后的头 30 年的外交政策、包括经贸在内的国际关系既不是"一边倒"也不是"闭关锁国"，既不是以意识形态划线也不是以国家制度性质为界。当然，中国不是为经济发展、比较优势而没有原则地建交，也不会为了利用比较优势、人口红利而搞"两个中国""一中一台"或"台湾独立"，或放弃主权尊重、领土完整、和平共处、平等互利等基本原则，也不会在国际事务上为了让"人口红利"得到西方资本青睐而放弃立场与原则，唯唯诺诺、忍气吞声、卑躬屈膝、苟且偷生，墙头草两边倒、有奶就是娘（如汪精卫、蔡英文、台独之流）。毕竟，为经贸关系上的比较优势、人口红利产生的经济效益和资本总价值而放弃这些基本原则，与汪精卫没有两样——20 世纪 30 年代日本不是在经济、军事、科技、资本方面都几十倍、几百倍地强于中国吗？日本在第二次世界大战时不是主动提出"大东亚（比较优势）共荣圈"（即你出劳工、我出资本和技术从而"共荣共存"）吗？毕竟，中国共产党、中国人民、中国知识分子的精英们不是这种龌龊之辈，他们坚定、顽强、独立、自信，既坚持自力更生又坚持平等基础上的友好与互利、不怕孤立与封锁、不怕威胁与战争叫嚣。这些不仅是他们的智慧与人格写照，而且融入中华民族复兴的灵魂与精神之中，这些才是中国经济发展模式的最大、永久优势之一，而不是什么基于"人口红利"之上的西方比较优势。

这样看来，中华人民共和国"前30年"非但不是什么"一边倒"而是愿意与任何国家发展外交、经贸、文教、科技关系，无论经济发达与否、社会制度或意识形态相同与否。正是在这个友好、开放价值观指导下，中国1953年就提出著名的"和平共处五项原则"，1955年万隆国际会议《关于促进世界和平与合作的宣言》包括了这些中国原则，即"互相尊重主权和领土完整，互不侵犯，互不干涉内政，平等互利，和平共处"。中华人民共和国在其"前30年"里已逐步为世界大多数国家所接受，不仅在各国大量双边条约中得到体现，而且被许多国际多边条约、文献所确认，如1970年第25届联大《关于各国依联合国宪章建立友好关系及合作的国际法原则宣言》和1974年第6届特别联大《关于建立新的国际经济秩序宣言》都明确、清晰地把这五项原则包括在内。可以说中国的"和平共处五项原则"本身就包含了国际贸易关系的比较优势内涵——其中的"互利"当然是基于不同国家在经济、文化、教育、科技领域里各个方面存在的各种类型差异性和因此实际存在的互补性、可交换性。但这"五项原则"的理论无论从科学性、普适性还是当时国际形势下国际贸易（或其他）关系发展的针对性、适用性、开放性、整体性看，都超出李嘉图基于资本主义市场经济下两个西方国家劳动生产率差异性和H-O-S基于要素禀赋产生的比较优势理论。首先，它以和平共处、平等相待、互相尊重主权和领土完整为前提、为基础、为双边和多边关系准则，也只有坚持这些原则，国际贸易关系中比较优势所带来的双边利益才能持久、广泛、公平、稳定，从而产生国家间经贸关系的正能量。其次，没有这个"五项原则"，经济帝国主义、经济殖民主义、资本极端形式的法西斯主义、资本奴隶主义、种族文化中心主义、西方政治和经济中心主义，都可以一面披上"比较优势"的外衣，一面挥舞着制裁、封锁甚至战争威胁的大棒，谈何"人口红利"基础上的比较优势？

四、中国没有参与基于"比较优势"的
"世界分工"带来的是"苦果"吗?

诚然，中华人民共和国在其"前30年"里摸索怎样建立一个新国家、新社会、新制度的过程中走过弯路、犯过错误、有过教训。但资本主义国家、资本主义市场经济发展几百年，尽管在全世界殖民地、落后国家获取无数资源、劳动力、市场，依然不断走弯路、犯错误、有教训，直到今天。从经济发展角度看，中华人民共和国头3年经历了经济恢复和抗美援朝，1966—1976年"文化大革命"10年经济发展受到阻碍，所以真正在和平、稳定、不受各种重大干扰的情况下来发展经济也就是1953—1966年这14年。期间，尽管有"大跃进"的经济政策失误，尽管有发展中的曲折，但这一代中国共产党人、中国人民所克服的困难、解决的问题、战胜的敌人、建立的国家、树立的民族精神以及经济上取得的巨大成就是中国历史上任何一个14年都无可比拟的，又岂是在西方资本主义市场经济诸多贸易理论中的一个比较优势理论指导下所能取得的? 以下仅以中国1953—1957年第一个"五年计划"为参考。

中国"一五计划"（1953—1957年）基本完成对手工业、资本主义工商业的制度性、革命性、人民利益性的改造，设计并实施了从加工订货等初、中级形式再到公私合营高级形式的国家资本主义的过渡，确立了计划经济体制以支持国家工业化建设；在农村建立了以农业合作化（社）的社会主义集体所有制经济。中国"一五计划"期间取得的成就包括[1]:

---

[1] 参见曾汉晖、林智贤：《"五年计划"与中国经济发展历程》，《中国经济》2011年4月20日；刘国光主编：《中国十个五年计划研究报告》，人民出版社2006年版，第80—110页。

全国新增的固定资产相当于 1952 年的 1.9 倍；工矿项目的建设、启动、运行达 1 万多个，其中大、中型项目 921 个，苏联帮助建设的 156 个大型建设项目有 135 个已施工；中国作为世界上人口最多、生活最贫困、经济最落后、生产力最低下、资本与技术最缺乏、几乎没有任何现代工业基础的国家，从无到有地发展起包括飞机、汽车、发电、重型机械、新式机床、精密仪表、电解铝、无缝钢管、合金钢、塑料、无线电等工业，使中国在工业生产力、基础设施建设、现代工业基础能力等方面实现了质的飞跃。农业方面，1957 年农业总产值比 1952 年增长 25.0%，粮产量增 19.0%、棉产量增 25.8%，全国新增耕地达 5 867 万亩（1 亩 = 0.066 7 公顷），完成原定计划 101%；新增灌溉面积 21.810 万亩，相当于 1952 年全部灌溉面积的 69.0%。1957 年工农业总产值比 1952 年增长 67.8%，工业总产值增长 128.5%，国民收入增长 53.0%。交通运输方面，5 年里新建铁路 33 条，新建、修复干线、复线、支线 1 万千米，宝成铁路、鹰厦铁路、武汉长江大桥先后建成；包括川藏、青藏、新藏公路在内的全国公路通车里程达到 25 万多千米，比 1952 年增加 1 倍。民生方面，1957 年全国职工平均工资比 1952 年增长 42.8%（这是在没有商品房价、教育、医疗、社会保险生活负担下的工资增长），农民收入增加 30.0%，人民平均消费水平提高 34.2%，国防、科技、文化、教育、医疗、卫生、艺术等现代社会的事业领域得到全新和快速发展。同样重要的是："一五计划"的经济成就取得的方式、性质直接增强了国家自强、民族自信、人民团结、社会稳定以及各个事业领域的全面建立与发展，这些建立与发展又反过来对经济发展产生各种"优势"效应（比如教育与科技力量的建设）。这一切，无论是比较优势下的"人口红利"或任何西方经济学理论指导下的发展模式都是根本无法做到的。考虑到本章上述 13 个"忘却"中的 28 个方面的作用因素和条件（或可被视为"要素禀赋"）对经济发展的负效应，从经济发展的领域范畴、质变程度、提增速度、涉及的人口和"市场"规模以及产生的综合经济效应看，中华人民共和国的第一个"五年计划"所取得的成就是中国历史上包括改革 40 多年在内的任何一个 5 年都难以比拟的。而从 1817 年西方经济学比较优势理论的产生到 1957 年中国完成"一五计划"整整 140 年，世界发展史上又有多少国家在相同条件下仅在 5 年里就取得这样的经济基础设施、生产力水平、工农业和科技以及国防事业的量变和质变成就呢？这个成就可谓经济发展史上的一个奇迹。再考虑到本章上述 13 个"忘却"的 28 个方面的作用因素和条件（或可被视为"要素禀赋"）对经济发展的负效应，假设中国这 5 年以"比较优势"作为发展模式指导理论，在西方资本攫取"人口红利"的条件下换取廉价劳动力回报，这个回报要大到什么程度，又需要多少个 5 年才能取得"一五计划"所取得这些成就呢？

五、结论：西方"比较优势"理论既不能指导 也无法解释中国经济发展

本案例分析试图表明：一方面，西方经济学在封闭系统方法论下产生的比较优势理论具有条件控制性、要素限定性、实验封闭性特征，在实践适用性上存在各种问题，即便在西方资本主义市场经济条件下也是如此。另一方面，比较优势理论以西方资本主义经济制度为研究基础，以这个基础上几百年发展而形成的市场机制为研究范畴，以这个基础、范畴里的国际经贸关系特征、规律为研究对象，因此在理论的普遍性上存在封闭性问题。考虑到这两个方面的问题，无论是用该理论解释中国改革开放经济发展的成就还是把该理论作为中国经济发展的一个指导理论都是错误的，而基于这个理论及其思想、原则来诟病中国社会主义"前 30 年"的经济发展模式则更是唯心主义、形而上学方法论的经典发挥了。

本研究基于整体主义、历史唯物主义方法论的分析表明：

　　首先，1949 年中华人民共和国成立后，中国既没有放弃原则、丧失立场地去选择与自身价值观、信仰、社会经济制度不一致的"一边倒"，也没有在意识形态支配下"闭关锁国"，反而是在"和平共处五项原则"基础上愿意与所有制度相同或不同的国家发展包括经济贸易在内的各种关系，反倒是西方国家、阵营、集团根本无视"比较优势"而对中国进行孤立、封锁、包围、威胁和战争。

　　其次，中国社会主义的"前 30 年"在建设、发展上无论是取得的成就、进步还是经历的曲折、困难与是否建立以比较优势为特征的发展模式毫无关系，而在稳定、正常条件下的计划经济发展的 1953—1966 年的 14 年里所取得的成就（考虑进中国各种"要素禀赋"）堪称奇迹——一个没有用西方比较优势理论指导、不以这个理论构建经济发展模式的奇迹。这对那些只会唯心主义地套用西方经济学理论却忘记中国历史与发展路径的人来说，对那些忘却、忽略中华人民共和国成立后所面临的各个方面的挑战、困难和问题的人来说，是难以理解也不愿意去理解的。

　　再次，正是中国的社会主义建设时期中的几代人、几亿人、几十年在"三高三低"条件下，经过自力更生、艰苦奋斗、英勇创业、不怕曲折、无畏挑战、纠正错误、虚心学习，才在世界人口最多、最贫穷、最落后的土地上建设起今天改革开放赖以成功的现代经济基础设施和科技、国防体系以及社会保障事业，建设起一个既愿意与世界上其他国家和平共处、平等互利，又自信、自强、自立且不接受任何外来势力欺辱、霸凌的现代国家。这一切不仅最好地诠释了"中国人民从此站起来了"，而且从带有一定普适性的角度，在具有一定普适性的方面，解释了为什么那么多非西方国家即便在独立后，用那么多人口红利、市场红利、资源红利、政治红利、军事红利（允许西方驻扎军队、建立军事基地），经历了长时期的基于"比较优势"原则与西方资本、技术有那么多领域的结合，却仍然没有很好地、全面地、迅速地发展自己的经济。这样看来，中国社会主义经济建设的"前 30 年"的成功建设与发展及其积累的经验、教训，从根本上成为改革开放经济发展的最重大、最首要、最必要的中国优势底蕴，是改革开放经济发展的根本基础与条件，其作用、意义、价值和打造的独特竞争优势①又怎么是西方国际贸易比较优势所能比拟、所能替代的？

对中国的经济改革，对其社会、经济、历史和现实发展问题的研究，可以使用、借用西方理论，但不能脱离历史和辩证唯物主义方法论和整体主义方法论而对这些理论主观拔高、抬高、捧高。中国经济学界在科学的方法论指导下，经过认真研究、仔细挖掘、客观总结，一定能够总结出中国发展的客观规律，构建出自身的"优势"理论。但这个理论建设的最终实现要依靠最基础的教育，需要每一个经济学学生、老师、学者在系统学习、教授、传播西方经济学比较优势理论（或其他理论）的同时，也必须依靠历史和辩证唯物主义、整体主义方法论对其进行剖析，并系统学习、教授、研究、传播中国社会主义建设与发展时期的宝贵经验。这些经验是中华民族几代人积累的国家经济建设与发展的镇国之宝，是社会主义市场经济建设与发展所必须传承的最大优势，是社会主义经济学最值得汲取的知识和理论源泉。否则，中国自己的经济建设与发展就只能依靠套用某个西方理论来解释、来分析并反过来证实这个西方理论的"伟大"，就只能构建出一个中国式西方经济学或中国特色的西方经济学，这样既辜负前人又愧对来者。

---

① 关于这个中国社会主义经济建设与发展的"独特竞争优势"，参见龙斧、王今朝著：《社会和谐决定论：中国社会与经济发展重大理论探讨》，社会科学文献出版社 2011 年版，第 11、59、71、216—220 页。

后　记

我先在中国学习、工作又赴美国留学，在获取美国终身教授和正教授后，再返回中国从事科研和教学工作，因此本书是我中美两国人生经历所产生的对不同社会、不同制度、不同发展模式的一个认识与再认识的综合知识积累，也是我在美国大学（普林斯顿大学、锡拉丘兹大学、印第安纳大学、纽约和俄勒冈州立大学、杜克昆山大学）从事经济学、管理学、社会学领域科研、教学30余年及在武汉大学从事科研与教学16年的一个知识集成。

在我的成长历程中，从小学到大学，从读博士到工作，我得到诸多教师、教授、学者、前辈的教育、培养和帮助；正是有了他们的教育、培养和帮助，我才得以在知识积累和科学研究的道路上砥砺前行、坚持不懈。因此，这本书既是他们对我所付出的心血、传授的知识的一个结晶，也是我对他们的一个人生汇报。此书完成之际，我向中国人民解放军总字150部队子弟小学、南京外国语学校、上海外国语大学、南京大学、中国国际友好联络会及美国普林斯顿大学、锡拉丘兹大学、印第安纳大学等所有教育、培养过我的教师、教授、学者、前辈们表示深深的感谢！其中特别感谢我曾经的导师、美国锡拉丘兹大学 Maxwell 社会与公共事务管理学院、马丁惠特曼商学院的 Julia Loughlin 教授、Richard Loder 教授、Peter Koveos 教授；特别感谢我曾经的导师、美国普林斯顿大学伍德威尔逊研究院前院长 Henry Bienen 教授，以及曾与我共同研究中国问题的普林斯顿大学 Lynn White 教授和原东亚系主任 James Liu 教授；特别感谢长期以来与我共同从事学术研究、商讨方法论科学性的美国印第安纳大学西南分校终身教授 Yan He。此外，我也特别感谢长期支持我进行中国问题研究、具有中美两国大学校长管理风范的武汉大学前校长刘经南院士；特别感谢长期支持我进行中国问题研究的中外著名马克思主义理论家和经济学家、中国社会科学院学部委员程恩富教授。

在我的人生成长历程中，我的父母、哥哥姐姐们和其他亲人们不仅给予我生活上的关爱、思想上的培养，而且给予我学习和工作上的教诲、支持与帮助。这些关爱、培养、教诲和帮助使我终身受益，也是我人生价值观形成的基础。在此，我也向我的亲人们表示深深的感激，此书也是我对他们的一个回报。

本书的部分理论、观点和分析曾以文章形式在《求是》、《红旗文稿》、《马克思主义研究》、《中国社会科学》、《光明日报》、《科学社会主义》、《外国经济学说与中国研究报告》、《中国社会科学文摘》、《马克思主义文摘》、《国外社会科学》、《当代经济研究》、《社会科学研究》、《海派经济学》、《当代中国与世界》、中国人民大学《复印报刊资料》、北京大学《中国与世界研究中心研究报告》等报刊和 SSCI、SCI 期刊发表或被转载，也在四川省、河北省、贵州省、江苏省、江西省、湖南省、湖北省、陕西省、上海市、吉林省、福建省、南京市等省市社会科学院以及河北经贸大学、中国人民大学、北京大学、上海财经大学、华南师范大学等主办的期刊上发表，还有的在国务院国有资产监督管理委员会、兵器工业部等部委主办的刊物上发表；本书的部分理论、观点、分析也在"求是理论网""中共中央党校中国干部学习网""国务院发展研究中心信息网""中国社会科学网"以及国务院国有资产监督管理委员会、国务院发展和改革委员会等网站发表或被重复转载。在此，向上述各单位一并特别致谢！

本书的撰写得到了中国国家自然科学基金（编号：71071118/G 0104；编号：70773081/G 0301）、武汉市创新和理论攻关项目基金（编号：

200810321142）、武汉大学人文社会科学研究院基金的支持，在此，一并特别致谢！同时，对武汉大学人事部、人文社会科学研究院、科学技术发展研究院、社会学院、经济与管理学院长期以来给予我的科研支持表示感谢！

　　本书在出版过程中得到了武汉大学经济与管理学院王今朝教授、政治与公共管理学院傅征副教授、社会学院薛菲博士后以及这里未能提及的其他学者、同仁们的支持和帮助；人民出版社周果钧编审为此书的出版给予了很多专业的指导；我的博士和硕士研究生蔡玲、黄思、杨晓蕾、朱云、甘颖、夏俊萍、于思敏、郑佳鑫、孙德昊、于桐月、张衡、李玉霞为本书做了校对工作。在此，一并向他们表示感谢！

龙斧（Frank F. Long）

2022 年 6 月 5 日